全国高等教育自学考试指定教材
法律专业

公证与律师制度

(2010年版)

(附：公证与律师制度自学考试大纲)

全国高等教育自学考试指导委员会　组编

主　编　马宏俊
撰稿人　马宏俊　齐　玮　张　纲
　　　　袁　钢　程　滔
审稿人　牛文忠　王士刚　王进喜

北京大学出版社
PEKING UNIVERSITY PRESS

图书在版编目(CIP)数据

公证与律师制度:2010年版/马宏俊主编.—北京:北京大学出版社,2010.10
(全国高等教育自学考试指定教材)
ISBN 978-7-301-17878-2

Ⅰ.①公… Ⅱ.①马… Ⅲ.①公证制度-中国-高等教育-自学考试-自学参考资料 ②律师制度-中国-高等教育-自学考试-自学参考资料 Ⅳ.①D926

中国版本图书馆CIP数据核字(2010)第193051号

书　　名:	公证与律师制度(2010年版)
	附:公证与律师制度自学考试大纲
著作责任者:	马宏俊　主编
责 任 编 辑:	孙战营　郭瑞洁
标 准 书 号:	ISBN 978-7-301-17878-2/D·2702
出 版 发 行:	北京大学出版社
地　　址:	北京市海淀区成府路205号　100871
网　　址:	http://www.pup.cn
电　　话:	邮购部 62752015　发行部 62750672　编辑部 62752027
	出版部 62754962
电 子 邮 箱:	law@pup.pku.edu.cn
印　刷　者:	河北滦县鑫华书刊印刷厂
经　销　者:	新华书店
	880毫米×1230毫米　32开本　14.625印张　421千字
	2010年10月第1版　2025年3月第19次印刷
定　　价:	22.00元

未经许可,不得以任何方式复制或抄袭本书之部分或全部内容。
版权所有,侵权必究
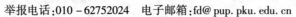
举报电话:010-62752024　电子邮箱:fd@pup.pku.edu.cn

组 编 前 言

21世纪是一个变幻莫测的世纪,是一个催人奋进的时代。科学技术飞速发展,知识更替日新月异。希望、困惑、机遇、挑战,随时随地都有可能出现在每一个社会成员的生活之中。抓住机遇,寻求发展,迎接挑战,适应变化的制胜法宝就是学习——依靠自己学习、终生学习。

作为我国高等教育组成部分的自学考试,其职责就是在高等教育这个水平上倡导自学、鼓励自学、帮助自学、推动自学,为每一个自学者铺就成才之路,组织编写供读者学习的教材就是履行这个职责的重要环节。毫无疑问,这种教材应当适合自学,应当有利于学习者掌握、了解新知识、新信息,有利于学习者增强创新意识、培养实践能力,形成自学能力,也有利于学习者学以致用、解决实际工作中所遇到的问题。具有如此特点的书,我们虽然沿用了"教材"这个概念,但它与那种仅供教师讲、学生听,教师不讲,学生不懂,以"教"为中心的教科书相比,已经在内容安排、形式体例、行文风格等方面都大不相同了。希望读者对此有所了解,以便从一开始就树立起依靠自己学习的坚定信念,不断探索适合自己的学习方法,充分利用自己已有的知识基础和实际工作经验,最大限度地发挥自己的潜能达到学习的目标。

欢迎读者提出意见和建议。

祝每一位读者自学成功。

全国高等教育自学考试指导委员会
2005年1月

目 录

上篇 公证制度 ………………………………………………… (1)

第一章 公证法律制度概述 …………………………………… (1)
　　第一节 公证法律制度的概念、特征 ……………………… (1)
　　第二节 公证法与其他相关法律的关系 …………………… (5)
　　第三节 公证法律制度的建立与发展 ……………………… (9)
　　第四节 公证法律制度与市场经济的协调发展 ………… (12)

第二章 公证活动的基本原则 ………………………………… (15)
　　第一节 真实原则 ………………………………………… (15)
　　第二节 合法原则 ………………………………………… (18)
　　第三节 独立原则 ………………………………………… (19)
　　第四节 自愿与法定公证相结合的原则 ………………… (20)
　　第五节 回避原则 ………………………………………… (21)
　　第六节 保密原则 ………………………………………… (22)
　　第七节 使用本国和本民族语言文字原则 ……………… (23)

第三章 公证机构与管理体制 ………………………………… (25)
　　第一节 公证机构的性质和任务 ………………………… (25)
　　第二节 公证机构的设立 ………………………………… (30)
　　第三节 公证协会 ………………………………………… (33)
　　第四节 公证管理体制 …………………………………… (35)

第四章 公证员 ………………………………………………… (38)
　　第一节 公证员概述 ……………………………………… (38)
　　第二节 公证员的权利与义务 …………………………… (43)
　　第三节 公证员的职业道德 ……………………………… (46)
　　第四节 公证员的法律地位 ……………………………… (49)

第五章 公证书 ………………………………………………… (51)
　　第一节 公证书概述 ……………………………………… (51)

第二节　公证书的效力 ……………………………………（52）
　　第三节　公证书的制作 ……………………………………（58）
第六章　公证执业区域 …………………………………………（64）
　　第一节　公证执业区域概述 ………………………………（64）
　　第二节　公证执业区域的划分 ……………………………（65）
　　第三节　公证机构执业的例外规定 ………………………（68）
第七章　公证法律责任 …………………………………………（71）
　　第一节　公证法律责任概述 ………………………………（71）
　　第二节　公证刑事法律责任 ………………………………（74）
　　第三节　公证行政法律责任 ………………………………（78）
　　第四节　公证民事法律责任 ………………………………（81）
第八章　公证程序 ………………………………………………（85）
　　第一节　申请和受理程序 …………………………………（85）
　　第二节　审查核实程序 ……………………………………（90）
　　第三节　出证程序 …………………………………………（94）
　　第四节　公证期限、终止公证和拒绝公证 ………………（98）
　　第五节　公证复查程序 ……………………………………（101）
　　第六节　争议的处理程序 …………………………………（105）
第九章　涉外及涉港澳公证 ……………………………………（108）
　　第一节　涉外公证 …………………………………………（108）
　　第二节　涉港澳公证 ………………………………………（114）
第十章　公证证明活动 …………………………………………（119）
　　第一节　民事法律行为公证 ………………………………（119）
　　第二节　有法律意义的事实公证 …………………………（122）
　　第三节　有法律意义的文书公证 …………………………（124）
　　第四节　常见的公证证明活动 ……………………………（126）
第十一章　公证法律事务 ………………………………………（133）
　　第一节　法律、行政法规规定由公证机构登记
　　　　　　的事务 ……………………………………………（133）
　　第二节　提存事务 …………………………………………（134）
　　第三节　保管事务 …………………………………………（137）

第四节　代书和咨询事务 …………………………………… (138)

下篇　律师制度 …………………………………………………… (140)

第十二章　律师法律制度概述 ……………………………………… (140)
第一节　律师法律制度的概念、特征 ………………………… (140)
第二节　律师法与相关法律的关系 …………………………… (141)
第三节　律师法律制度的建立与发展 ………………………… (144)
第四节　律师法律制度与市场经济的协调发展 ……………… (149)

第十三章　律师 ……………………………………………………… (152)
第一节　律师概述 ……………………………………………… (152)
第二节　律师业务 ……………………………………………… (161)
第三节　法律职业资格与律师执业许可 ……………………… (176)
第四节　律师的权利与义务 …………………………………… (184)
第五节　律师的法律责任 ……………………………………… (192)

第十四章　律师事务所 ……………………………………………… (207)
第一节　律师事务所概述 ……………………………………… (207)
第二节　律师事务所的设立 …………………………………… (210)
第三节　律师事务所的管理 …………………………………… (218)
第四节　律师事务所的法律责任 ……………………………… (221)

第十五章　律师管理体制 …………………………………………… (226)
第一节　律师管理体制概述 …………………………………… (226)
第二节　律师的司法行政管理 ………………………………… (227)
第三节　律师协会的行业管理 ………………………………… (241)

第十六章　律师职业道德和执业行为规范 ………………………… (246)
第一节　律师职业道德 ………………………………………… (246)
第二节　律师执业行为规范 …………………………………… (248)
第三节　律师行业责任 ………………………………………… (260)

第十七章　律师技能：会见 ………………………………………… (266)
第一节　会见当事人 …………………………………………… (266)
第二节　会见证人 ……………………………………………… (268)
第三节　会见被追诉人 ………………………………………… (270)

第十八章　律师技能：阅卷 …………………………………………(279)
　　第一节　律师阅卷的范围 …………………………………………(279)
　　第二节　律师阅卷的主要内容 ……………………………………(286)
　　第三节　律师阅卷的方法 …………………………………………(293)
第十九章　律师技能：谈判 …………………………………………(300)
　　第一节　谈判前的准备 ……………………………………………(300)
　　第二节　陈述与反驳 ………………………………………………(305)
　　第三节　谈判的策略与技巧 ………………………………………(308)
第二十章　律师技能：调查 …………………………………………(315)
　　第一节　调查的目标和种类 ………………………………………(315)
　　第二节　尽职调查 …………………………………………………(327)
　　第三节　证据收集 …………………………………………………(338)
第二十一章　律师技能：论辩 ………………………………………(352)
　　第一节　律师论辩概述 ……………………………………………(352)
　　第二节　律师论辩方法 ……………………………………………(359)
　　第三节　律师论辩技巧 ……………………………………………(361)
第二十二章　律师技能：咨询与代书 ………………………………(365)
　　第一节　法律咨询 …………………………………………………(365)
　　第二节　法律代书 …………………………………………………(369)
后记 ……………………………………………………………………(376)

公证与律师制度自学考试大纲
（含考核目标）

一、课程性质与设置目的 ……………………………………………(380)
二、课程内容与考核目标 ……………………………………………(382)
上篇　公证制度 ………………………………………………………(382)
　第一章　公证法律制度概述 ………………………………………(382)
　第二章　公证活动的基本原则 ……………………………………(386)
　第三章　公证机构与管理体制 ……………………………………(390)
　第四章　公证员 ……………………………………………………(393)

第五章　公证书 …………………………………………（396）

　　第六章　公证执业区域 ……………………………………（400）

　　第七章　公证法律责任 ……………………………………（402）

　　第八章　公证程序 …………………………………………（406）

　　第九章　涉外及涉港澳公证 ………………………………（410）

　　第十章　公证证明活动 ……………………………………（413）

　　第十一章　公证法律事务 …………………………………（416）

下篇　律师制度 …………………………………………………（419）

　　第十二章　律师法律制度概述 ……………………………（419）

　　第十三章　律师 ……………………………………………（422）

　　第十四章　律师事务所 ……………………………………（427）

　　第十五章　律师管理体制 …………………………………（431）

　　第十六章　律师的职业道德和执业行为规范 ……………（434）

　　第十七章　律师技能:会见 ………………………………（437）

　　第十八章　律师技能:阅卷 ………………………………（439）

　　第十九章　律师技能:谈判 ………………………………（441）

　　第二十章　律师技能:调查 ………………………………（444）

　　第二十一章　律师技能:论辩 ……………………………（447）

　　第二十二章　律师技能:咨询与代书 ……………………（450）

三、有关说明与实施要求 ………………………………………（453）

附录　题型列举 …………………………………………………（455）

后记 ………………………………………………………………（457）

上篇 公证制度

第一章 公证法律制度概述

第一节 公证法律制度的概念、特征

一、公证、公证法、公证法学和公证法律制度的概念

(一) 公证

公证(notary)来源于拉丁语 Nata,最初用于表示为国家和社会公认的证明活动。公证最早出现在古罗马共和国时期,距今已有两千多年的历史。关于公证的定义,我国《公证法》第 2 条明确规定:"公证是公证机构根据自然人、法人或者其他组织的申请,依照法定程序对民事法律行为、有法律意义的事实和文书的真实性、合法性予以证明的活动。"

据此,公证不同于一般意义上的证明,公证是公证机构根据当事人的申请依照法定程序,证明民事法律行为、有法律意义的事实和文书的真实性、合法性的一种执业活动,其行为主体是公证机构,其进行公证后出具的公证书具有法定效力;后者是指公民、法人或者其他组织以书面、口头方式作出的对某种事实情况加以说明不直接具有法律效力的行为。

(二) 公证法

公证法是指国家立法机关为规范公证活动,保障公证机构和公证员依法履行职责,预防纠纷,保障自然人、法人或者其他组织的合

法权益而制定的法律规范的总称①,其既有实体法的内容,也有程序法的内容。

公证法是公证机构进行公证活动的法律规范,也是当事人申办公证事项的规范。根据公证法规定的范围的大小,可将公证法分为广义的公证法和狭义的公证法。狭义的公证法仅仅指系统规定有关公证活动的法律规范的公证法典,如 2006 年 3 月 1 日起施行的《中华人民共和国公证法》。广义的公证法是指一切规定有关公证活动的法律规范的总和,包括公证法典和含有规范公证活动内容的法律、法规、决定和规章等等。

公证法是公证工作的基本法,它对公证制度的法律地位和公证执业活动的基本原则,以及公证机构、公证员、公证程序、公证效力和公证法律责任等具有重要的意义。

(三) 公证法学

公证法学是法学中的一个部门法学,是对公证立法和公证法的适用进行理论概括的科学。它以公证法律作为研究对象,揭示公证法律的内容、形式、制定、实施的一般规律,系统阐述公证法律的原理、原则、制度,产生的时代背景、历史沿革、制定依据,以及与其他法律、法规的关系,探讨公证法律具体规范的特点及其在实践中的作用等。

(四) 公证法律制度

公证法律制度是规范公证证明活动以及进行公证活动中形成的各种法律关系的法律规范的总称,是公证机构和公证人员以及其他公证参与人办理公证事项必须遵循的行为规范。②

二、公证法律关系

(一) 定义

公证的法律关系是受公证法所调整的公证机构、公证当事人、公证利害关系人以及其他公证参与人,在办理公证事项,进行公证活动

---

① 关今华主编:《律师与公证》,厦门大学出版社 2007 年版,第 346 页。
② 宋朝武、张力:《律师与公证》,高等教育出版社 2007 年版,第 193 页。

过程中形成的,以公证法上的权利义务为内容的法律关系。①

(二) 要素

公证法律关系的要素是指构成公证法律关系不可缺少的因素和条件,与其他法律关系相似,其构成要素包括主体、客体、内容三部分。

1. 公证法律关系的主体

根据《公证法》的规定,公证法律关系的主体有公证机构、公证当事人、公证代理人、公证利害关系人和其他公证参与人。

公证机构,是指依法设立,不以营利为目的,依法独立行使公证职能、承担民事责任的证明机构。公证机构是公证证明活动的主持者。

当事人,是指与公证事项有法律上的利害关系并以自己的名义向公证机构提出公证申请,在公证活动中享有权利和承担义务的公民或法人。公证法律关系的主体对公证法律关系产生、发展和消灭起着决定作用,如果没有当事人的申请和公证机构的受理,公证活动就无从谈起。

公证利害关系人是指与公证事项有法律或者事实上的利害关系,因公证机构向其核实有关情况而参与公证程序,享有一定权利和负有一定义务的主体。

其他公证参与人是指公证机构在办理公证事项的过程中,为了调查核实有关的情况,保障公证程序的顺利进行,而参与公证程序活动的人。主要包括证人、翻译人员、勘验人员、鉴定人员和其他协助人。

2. 公证法律关系的客体

公证法律关系的客体就是公证活动中权利和义务所共同指向的对象,而公证活动中权利、义务共同指向的对象无外乎是公证机构依法定程序予以证明的民事法律行为、有法律意义的事实和文书。因此,公证法律关系的客体是民事法律行为、有法律意义的事实和文书。

---

① 宋朝武、张力:《律师与公证》,高等教育出版社2007年版,第198页。

3. 公证法律关系的内容

法律关系的内容指的是法律关系主体的权利和义务,就此而言,公证法律关系的内容指的就是公证法律关系主体所享有的权利和所负有的义务。在公证法律关系中,公证机构和申请公证的当事人的权利和义务是对等的,正是由此,才能保证公证行为的公正性,使公证行为具有法定效力,从而达到维护当事人合法权益的目的。①

三、公证的特征

公证的特征,是公证制度本身所具有的属性,是公证活动区别于其他有关活动的标志。根据《公证法》的规定,公证具有如下法律特征:

第一,公证是一种证明活动。

根据法律规定,公证机构是受司法行政机关领导的专设的证明机构,公证的对象是民事法律行为、有法律意义的事实和文书,公证的内容是民事法律行为、有法律意义的事实和文书的真实性和合法性。因此,公证不是产生或者赋予当事人实体权利义务关系的行为,而是对当事人之间存在的实体权利义务关系加以证明的活动,具有程序性的特点。

第二,公证是一种非诉讼活动。

一般认为公证活动属于非诉讼领域的一种活动,这主要相对于民事诉讼活动而言的。两者的区别在于:首先,发生的时间不同。公证活动是在纠纷发生前,通过对法律行为、有法律意义的事实和文书的真实性、合法性进行确认,来维护国家、公民、法人及其他组织的合法权益。而人民法院的审判活动,是在当事人之间发生争议后,依照诉讼程序解决争议,维护当事人的合法权益。前者的目的在于预防纠纷,后者的目的在于解决纠纷。其次,法律依据不同。与人民法院按照诉讼法规定的诉讼程序不同,公证机构进行公证活动严格依照公证程序。再次,法律后果不同。公证活动是通过对法律行为、有法律意义的事实和文书的真实性、合法性进行确认,赋予其法律上的证

---

① 董世平、连春亮主编:《基层法律服务教程》,群众出版社2008年版,第78页。

明力。而人民法院的审判活动恰是通过对有争议的法律关系进行消灭或变更,以起到定纷止争的作用。① 最后,当事人不同。公证的当事人都属于申请人,不存在被申请人,并且申请人之间没有明显的对立或者利益冲突;而人民法院的审判活动中,存在着对立或者利益冲突的双方当事人。

第三,公证证明具有特殊的法定效力。

公证的证明不同于一般的证明。我国《公证法》第36条规定:"经公证的民事法律行为、有法律意义的事实和文书,应当作为认定事实的根据,但有相反证据足以推翻该项公证的除外。"《公证法》第37条规定:"对经公证的以给付为内容并载明债务人愿意接受强制执行承诺的债权文书,债务人不履行或者履行不适当的,债权人可以依法向有管辖权的人民法院申请执行。前款规定的债权文书确有错误的,人民法院裁定不予执行,并将裁定书送到双方当事人和公证机构。"《公证法》第38条规定:"法律、行政法规规定未经公证的事项不具有法律效力的,依照其规定。"据此,公证机构出具的公证书具有证据效力、强制执行的效力、法律行为成立要件的效力及强制执行的效力,这是其他一般证明活动所不能比拟的。另外,公证还具有普遍的效力,我国公证机构出具的公证文书,可以持往国外使用,国外的公证证明文书依照有关规定,也可以在我国使用。

第二节　公证法与其他相关法律的关系

在法律规范的体系中,与公证法关系最密切的是民商事实体法和民事诉讼法。

一、公证法与民商法的关系

(一) 民商法是公证制度的基础

公证证明的事项大多是民商事实体法规范的对象,公证既遵循公证程序规范,还必须遵循民商事实体规范。所以,作为实体法的民

---

① 董世平、连春亮主编:《基层法律服务教程》,群众出版社2008年版,第79页。

商法,是公证证明活动的基础和依据。

有的学者认为,公证法是民法典的配套法规。一国的公证立法往往分为两部分,一部分是公证法典或公证人法,这是公证机构的组织法和公证程序法;另一部分是民法典、公司法、民事诉讼法、证据法中关于公证之运用的各项规定,这些是公证机构的活动法,这两部分内容综合起来才构成一个国家的完整的公证法律制度,任何部分的残缺都将造成公证制度的"跛脚"状态。①

(二) 公证法是正确实施民商法的保证

《公证法》可以使公民、法人和其他组织能够清楚地认识到如何有效的保护自身的合法权利,并依法自觉履行自己应尽的义务。通过公证活动,可以调整和规范公民、法人和其他组织的民事、经济和商事活动,使其法制化和制度化,并且切实有效地保证民事法律行为的真实和有效。

(三) 公证法和民商事法律是不同的法律规范

公证法是公证机构在公证活动中,必须遵循的各项法律制度的总和,它的一切活动都由有关的公证法律加以调控。民商法是调整平等主体之间的财产关系和人身关系的法律规范的总和。

(1) 公证制度着重解决公证机构及其工作人员在公证活动中的程序、制度和原则问题,属于程序法的范畴;民商法是解决平等主体之间的权利义务关系,属于实体法的范畴。

(2) 公证机构受理公证申请,并依法作出公证的专门证明机构,是由国家依法设立的,反映了公证活动的证明力和公益性,属于公法的范畴;民商法规定的是平等主体之间的人身关系和财产关系,可以由当事人根据意思自治的原则处分其权利和义务,属于私法的范畴。

总之,公证法作为程序法,与民商法有着密切的联系。公证法律制度的对象要通过实体法的规定来确定,其作用的范围也受到相应实体法的制约。没有实体法的支持,公证也就失去了用武之地。公证的一切程序也就缺少了作用对象,公证的业务范围势必受到影响。

---

① 徐国栋:《公证制度与民法典》,载《中国司法》2005 年第 7 期,第 23 页。

二、公证法与民事诉讼法的关系

民事诉讼法是指调整法院、当事人以及其他诉讼参与人在解决民事纠纷的过程中所产生的各种诉讼法律关系的法律规范的总称。公证法与民事诉讼法的关系如下：

（一）联系

（1）公证法与民事诉讼法都是程序法，在许多法律制度上有相似之处，两者可以相互借鉴。

（2）公证法的实施有利于减轻人民法院的负担，起到预防纠纷和减少诉讼的目的。

（3）经过公证的法律文书、事实和行为可以直接作为定案的依据。

（4）经过公证赋予的强制执行效力的债权文书，可以依照民事执行程序由人民法院强制执行。

（二）区别

1. 性质不同

公证属于非诉讼活动，是证明行为；民事诉讼是司法活动，是国家行使审判权的体现。

2. 法律后果不同

公证是对法律行为、有法律意义的事实和文书的真实性、合法性进行确认，赋予其法律上的证明力。按照民事诉讼法，人民法院通过审判活动，对当事人争议的法律关系作出判决和调解协议，从而终局的解决纠纷，确定当事人之间的权利义务关系。

3. 不服法院裁判与不服公证解决的方式不同

在公证活动中，当事人、公证事项的利害关系人认为公证书有误的，可以向公证机构提出更改错误的复查，也可以向法院提起民事损害赔偿之诉。在诉讼活动中，当事人对未生效的一审裁判不服，可以向上级法院提起上诉；当事人对已生效的裁判不服，可以申请启动审判监督程序。

三、公证法与行政法的关系

所谓行政法,是指行政主体在行使行政职权和接受行政法制监督过程中与行政相对人、行政法制监督主体之间发生的各种关系,以及行政主体内部发生的各种关系的法律规范的总称。它由规范行政主体和行政权设定的行政组织法、规范行政权行使的行政行为法、规范行政权运行程序的行政程序法、规范行政权监督的行政监督法和行政救济法等部分组成。其重心是控制和规范行政权,保护行政相对人的合法权益。行政法与公证法的关系如下:

(一)联系

公证机构行使的证明权是国家的公共职权。而行政法中的行政主体行使的行政职权也是属于公共职权。

(二)区别

1. 调整对象不同

公证法的调整对象是指公证当事人在公证活动中所涉及的各种法律关系。行政法的调整对象是行政关系,具体指行政主体在行使行政职权和接受行政法制监督过程中而与行政相对人、行政法制监督主体之间发生的各种关系以及行政主体内部发生的各种关系。

2. 主体性质不同

公证法的主体之一是公证机构。公证机构不是国家行政机关,其独立对其证明行为负责,公证机构之间不存在上下隶属和领导关系。众所周知,行政是专指国家的行政管理,即国家行政机关依据国家法律、法规在其职权范围内对国家事务进行管理的一种组织活动;而公证则是指公证机构根据当事人的申请,依法对法律行为、有法律意义的文书和事实的真实性、合法性进行证明的一种活动。公证机构不同于国家行政机关,它独立对自己的证明行为负责,相互之间不存在上下隶属和领导关系。

3. 主体是否可以采取强制性措施不同

国家行政机关为实施管理职能,可以行使形成权(依法作出设立、变更、终止某些法律关系的权力)、命令权、处罚权,可以对某些有争议的行政法律关系,在其职权范围内作出决定,采取强制措施;

而公证机构和公证当事人之间不是管理和被管理的关系,它只有依法作出证明或不证明的权力,无权解决任何争议,更不能对当事人直接实施强制性措施。

4. 主体是否具有主动性不同

行政机关有权作出单方面的具体行政行为,无须相对人的申请或同意;而公证机构必须在当事人申请的前提下,才能作出证明,即使是必须公证的事项,公证机构也不能强令当事人进行公证。

四、公证法与宪法的关系

宪法是法的组成部分,它集中反映各种政治力量的实际对比关系,确认革命胜利成果和现实的民主政治,规定国家的根本任务和根本制度,即社会制度、国家制度的原则和国家政权的组织以及公民的基本权利义务等内容。宪法是根本法,具有最高的法律效力。宪法与公证法的关系如下:

(一)联系

公证法的完善有利于保障宪法的正确实施。《宪法》中关于公民基本权利的某些规定,也被规定于《公证法》中。

(二)区别

法律地位不同。宪法在内容上所具有的国家根本法的这一特点,决定了它的法律地位高于公证法,具有最高法律权威和最高法律效力。宪法是制定公证法的依据,公证法的内容都必须符合宪法的规定,其与宪法相抵触时无效。

第三节 公证法律制度的建立与发展

一、新中国公证制度的确立与发展

中华人民共和国成立后,1951年9月3日,中央人民政府委员会颁布了《中华人民共和国人民法院组织暂行条例》,规定由县级人民法院和中央及大行政区、直辖市人民法院管辖公证及其他法令所规定的非诉事件。同时,各地也陆续制定了地方性法规,如1951年的《北京市人民法院公证暂行办法》、1952年的《中南区公证试行办法》。从此,我国在大中城市和部分县城相继建立了公证组织,办理公证业务(1951年到1954年,我国公证业务涉及的主要是国家机关、国营企业与私营企业订立的经济合同,当时简称公私合营合同),有效地维护了国家和公民的合法权益。

1955年4月,司法部召开了第一次全国性的公证工作会议。会议明确提出当时公证工作的重心是合同公证业务,并加强对资本主义工商业改造的法律监督和对涉外公民权利义务关系的文书和事实的公证。随着对私营企业的社会主义改造工作的深入进行,司法部于1956年1月发布了《关于公证业务范围的通知》。《通知》指出,公证工作"应当大力加强并开展有关公民权利义务关系方面的公证业务"。当时确定在30万以上人口的市设立公证处,不满30万人口的市和侨眷比较多的县可在人民法院附设公证室。到1957年6月,全国已有52个市设立了公证处,在533个市县人民法院设立了公证室,还有652个县人民法院兼办公证业务。《通知》还要求:各地公证组织在原业务范围之外,应加大力度办理有关公民权利义务关系方面的业务。此后,公证工作的范围扩展至遗嘱、继承、收养子女、房屋、买卖、死亡、亲属关系等多方面,仅1957年,全国办理公证业务近三十万件,公证队伍也在发展壮大。

从1949年到1957年,是新中国公证制度的初创和初步发展时期,也是我国公证制度初见规模的时期。这一时期的公证制度得到初步发展,在法制建设中,发挥了重要作用。①

二、公证制度受到的冲击和影响

1958年,随着"左"倾思潮的泛滥,法律虚无主义的思想严重冲击着我国的法律制度的建设,公证制度随之遭到削弱。1958年以后,各地都陆续撤销了公证处,除少数几个大城市基于国际惯例需要办理涉外公证事项而保留了公证处,并交由人民法院管理,办理少量

---

① 时显群、刘国涛主编:《律师与公证学》(第2版),重庆大学出版社2005年版,第322页。

公证外,其他公证处全部被撤销。这期间,国内的公证业务基本上停止,公证工作受到严重的削弱与破坏。而在随后十年"文化大革命"期间,我国的公证制度处于被全面取消的状态,给国家、集体和个人造成了巨大的损害。

三、公证体制改革和《公证法》的颁布实施

1978年,党的十一届三中全会以后,我国实行改革开放的基本国策。国内强调健全社会主义民主与法制,公证制度开始走出了低谷,又逐步在全国得到恢复与发展。1979年9月,第五届全国人大常委会第十一次会议决定恢复中华人民共和国司法部,各地司法行政机关也相继恢复重建。1980年2月15日,司法部发出《关于逐步恢复国内公证业务的通知》,要求首先恢复收养子女、遗嘱、继承、委托、赠与等几项主要的公证业务。同年3月,司法部颁发了《关于公证处的设置和管理体制问题的通知》,规定"在直辖市、省辖市、县设公证处;暂不设公证处的市、县,由所在地基层人民法院设公证员(或审判员兼)办理公证业务";"公证处归司法行政机关领导,司法部通过各省、自治区、直辖市司法厅、局对全国公证工作实行领导";从而统一了全国公证组织的建制。同年9月,司法部召开了全国公证工作座谈会,部署了公证工作的性质、原则、任务和程序,为恢复、发展和健全公证组织提供了前提。

1982年4月13日,国务院正式颁布的《公证暂行条例》,标志着我国公证制度进入到一个新的时期。20世纪90年代以后,为了加强公证制度的规范化建设,司法部先后颁布了一批行政规章,如1992年《招标投标公证程序细则》、1997年《公证服务收费管理办法》、1998年《公证服务收费标准》。2002年6月11日,司法部部长办公会议审议通过了《公证程序规则》,自2002年8月1日起施行。该《规则》的正式颁布施行,对于规范公证程序,保障公证活动的正常、有序进行,发挥了重要作用。

《公证暂行条例》颁布以来,一些专家学者提出适时制定公证法典,司法部也多次组织公证法的研讨活动,并受国务院委托拟定《公证法》草案。在社会各界的努力下,2005年8月28日,第十届全国人大常委会第十七次会议审议通过了《中华人民共和国公证法》,该法在2006年3月1日施行。《中华人民共和国公证法》的颁行,标志着有中国特色的公证法律制度的最终成型,我国的公证制度日臻完善。①《公证法》是中国第一部规范公证活动的重要法律,具有重要意义。它不再将公证机构定性为国家机关;公证机构不按行政区划层层设立;公证员由司法部任命,非因法定事由不被免职;公证的债权文书可申请法院执行;公证机构因过错造成损失的要赔偿等等。这是公证体制改革的重要成果,是对《公证暂行条例》的重要发展,对公证事业的健康发展具有深远的现实意义和历史意义。

随后,司法部于2006年3月8日颁布实施的《公证员执业管理办法》,自2006年7月1日起施行的《公证程序规则》,基本形成了公证法律、法规的完整体系。

第四节 公证法律制度与市场经济的协调发展

公证法律制度是17世纪欧洲资产阶级革命之后的产物。因为只有商品生产和商品交换发展到一定的阶段才能产生市场经济,才真正需要公证制度,对市场经济予以保障。具体而言,公证法律制度在市场经济中的作用表现如下:

一、公证法律制度对市场交易安全的保障作用

在市场经济中,交易是常态,但是交易是伴随着可能摧毁人们交易目的种种风险和不确定性的过程。人们为了最大限度地将这种风险和不确定性降至最低,以确保交易的达成,就设计了相应的制度或机制来克服风险的倾向,公证制度即是其一。公证制度通过赋予人们的交易行为以国家认可的真实合法的效力,使人们对于交易进行的结果的有序性及稳定性产生一种心理预期,并对任何企图规避义务和责任的侥幸心理施以强大的心理压力,从而使人们放心已达成

---

① 时显群、刘国涛主编:《律师与公证学》(第2版),重庆大学出版社2005年版,第324页。

的交易来合理安排事务。

公证机构通过公证活动,可以有效地制止不法行为,解决公民、法人在民事、经济活动中遇到的法律问题,促进经济的发展。公证机构还直接参与招标、拍卖、开奖、抽签、评选等活动的现场监督,保障这些活动严格依法执行,保障广大参加人的合法权益。

二、公证法律制度的预防纠纷作用

公证是通过为当事人提供法律服务和法律保障,使公证当事人之间在权利义务关系上得以维持合理、合法的平衡,权益得到同等的保护,不因一方的优势或弱势地位而发生倾斜,从而达到预防纠纷、减少诉讼,避免不法行为的发生,保证国家法律的正确实施的目的。通过公证,就是要使整个民事活动有序安全、社会和谐,这是我国公证为社会真正需要的内在价值。[①]

公证活动一般发生在纠纷发生之前,有助于降低当事人的交易风险和交易成本,有助于消除纠纷隐患,促进当事人依法行使权利和履行义务,从而达到预防纠纷和减少诉讼的目的。可以说,公证制度是一种预防性的证明活动,具有预防纠纷、减少诉讼、促进经济稳定和社会和谐的作用。

三、公证机构的独立法律地位

公证的独立性是指公证机构独立地行使公证证明权,独立承担责任。公证的独立性是公证法律服务活动的本质需要。公证法律活动是建立在公证与当事人双方之间信任的基础上,当事人请求公证的目的,旨在通过公证人所掌握的法律知识、技能和能力使双方合意的契约、文书合法化,从而取得证明效力。独立性具体表现在两个方面:第一,行使职权的独立性,即公证机构依照法律的规定,独立行使职权,不受行政机关、社会团体和个人的非法干涉;第二,承担责任的

---

① 段伟:《公证员法律职业化建设问题的研究》,载《中国司法》2006年第9期。

独立性,即公证机构以自己的财产对外承担责任。①

公证机构的独立性是公证机构的中间人角色的保证。只有具备独立性,公证员作为公认中立第三者的中间人角色才能得到当事人的承认,方能避免当事人对公证员所担当的角色产生可能的合理怀疑,保证公信力的实现,从而促进市场经济健康稳定的发展。

四、专业化的公证员队伍建设

公证行业通过职业化建设,可以不断提高公证员的法学理论水平,使其对法律知识有广泛的涉猎和深刻的理解;同时不断增强公证员的办证实践经验和技能,提高驾驭判断证据真伪的能力。注重公证员的理论研究能力培养,使公证员善于结合工作实践研究探索公证新理论、解决新问题,使其尽快成为公证学领域的专才。

当前,社会主义市场经济正不断建立和完善,房地产、金融、证券等新兴公证业务不断增加,涉外经济和涉外民事活动也日益增多。不论是国内公证还是涉外公证,都迫切要求公证员队伍不断提高自身的素质,加强整体队伍的职业化建设,促进市场经济的发展。

---

① 陈孝才:《论我国公证制度的立法完善》,载中国优秀硕士学位论文全文数据库,2008(04)。

第二章 公证活动的基本原则

公证活动的基本原则,是指公证机构办理公证时必须遵循的基本准则。公证的基本原则是公证活动的前提、基础和依据,体现了公证活动的性质、任务、职能和活动规律,是公证机构和公证员实施公证行为的法律准绳。因此,必须深刻掌握各项基本原则的本质内涵和固有特征,并理解其在公证活动中所起的指导作用。

第一节 真 实 原 则

真实原则是公证活动应当遵循的核心原则,其含义在于:公证机构和公证员在办理公证业务时,要查明公证的事项是否真实。也就是说,公证文书中所证明的法律行为、具有法律意义的事实和文书是确实发生的事实,没有任何虚假因素。真实就是符合客观实际,反映事物的本来面目。真实性是办理公证的基础,是整个公证业务的出发点和立足点。失去真实性的公证不仅无法发挥公证应有的作用,反而会造成公证活动的混乱。

我国《公证法》第2条规定:"公证是公证机构根据自然人、法人或者其他组织的申请,依照法定程序对民事法律行为、有法律意义的事实和文书的真实性、合法性予以证明的活动。"《公证法》第27条第1款规定:"申请办理公证的当事人应当向公证机构如实说明申请公证事项的有关情况,提供真实、合法、充分的证明材料;提供的证明材料不充分的,公证机构可以要求补充。"《公证法》第31条又明确规定:"有下列情形之一的,公证机构不予办理公证……(五)当事人虚构、隐瞒事实,或者提供虚假证明材料的……(七)申请公证的事项不真实、不合法的……"由此可见,在公证活动中,坚持真实原则是我国公证机构必须严格遵守的重要原则。

一、当事人申请公证确系自己的真实意思表示

以欺诈、胁迫手段或乘人之危,迫使他人作出办理公证的意思表示,违背了意思自治原则,因而不具有真实性。世界各国对于以胁迫、欺诈或乘人之危所为的意思表示,都不予以认可或承认。我国《民法通则》第58条规定,一方以欺诈、胁迫的手段或者乘人之危,使对方在违背真实意思的情况下所为的行为无效。因此公证员在公证活动过程中,也要把审核当事人真实意思表示放在首位,这样才能确保公证活动的真实性。对于不真实的意思表示,公证机构应当拒绝办理公证。

二、当事人申请公证的事项必须真实可靠

申请公证的当事人,必须向公证处客观如实地陈述公证的目的和要求,并提供一切必要的证据、文件和材料,以证明公证的事项的真实性。公证员对待证事项作出确证性证明的途径是多种多样的,有的公证业务需要公证员的亲自参与,通过耳闻目睹来进行公证,例如,办理委托、声明、遗嘱、合同等签字属实类的公证、证据保全和现场监督类的公证等;有的公证类别属于法律事实方面,就需要当事人的积极配合并提供证据来证明公证事项的客观真实性,如亲属关系公证、婚姻状况公证、学历公证等。这些公证业务中,需要当事人自己提供证据来证明事实的客观真实性,公证机构根据当事人提供的证据材料出具公证书。可见,从理论上来说,办理公证业务的举证责任在当事人方。但值得注意的是,公证员对当事人提供的证据材料要认真核查,主要是查清提供的证据材料有无伪造、隐瞒事实、夸大或缩小等虚假现象。如果发现可能有虚假事实,就要彻底查清,以确保公证的真实性。

(一)对民事法律行为类公证证明事项的真实性审查标准

法律行为公证就是证明当事人所表现出来的行为具有真实性和合法性的活动,它是公证机构的一项主要业务。公证机构和公证员在办理公证过程中,仅对当事人的法律行为的真实性承担证明责任。对法律行为载体的内容,公证处并不承担审查真实性的法律责任,只

能尽最大能力保证法律行为的内容不违反法律规定。例如，对自然人遗嘱的公证，公证员首先要审查立遗嘱人是否具有民事行为能力、神志是否清醒、是否出于真实意思表示，其次，审查遗嘱上的签字或指纹是否真实。对于遗嘱的内容及立遗嘱人是否具备处分权利，公证处不承担证明责任，公证员只需将自然人立遗嘱的法律后果和法律责任告知当事人即可。《遗嘱公证细则》第11条规定，公证处应按照《公证程序规则》的规定着重审查遗嘱人的身份及意思表示是否真实、有无受胁迫或者受欺骗等情况。

（二）对有法律意义的事实类公证证明事项的真实性审查标准

公证证明的具有法律意义的事实是一种客观情况，它与当事人的主观意志无关，主要指能够引起一定法律后果的非争议性的权利和事实，主要包括亲属关系公证、婚姻状况公证、收养关系公证、出生公证、死亡公证、经历公证、有无犯罪记录公证等。这类公证要求公证机构和公证员除对待证事项所必须具备的形式要件进行审查外，还必须对其实质内容进行审查，保证其内容必须是真实、合法的。例如，出生公证，公证机构首先要审查当事人的身份及证明材料是否真实，更重要的是对证明材料内容的真实性进行审查，保证确实是有关机关出具的真实、合法的证明。

（三）对有法律意义的文书类公证证明事项的真实性审查标准

公证机构对具有法律意义的文书进行公证，是通过证明文件上的签名、印鉴、日期属实，或者证明文书的副本、复印本、影印本等与原件相符等方式，达到证明该文书客观存在、内容真实、合法的目的。对于这类公证的真实性审查标准，公证机构应分别对待。对于文书文本相符类公证，通常公证机构不对文件的内容进行实质性审查，文件只要没有明显违法或者涉及国家秘密的内容，公证机构一般不予进行其他实质性审查。对于证书类公证，公证机构必须对证书内容的真实性进行严格审查，保证该证书确系盖章单位所出具的。

（四）公证员必须客观全面地收集证据，并且认真、系统地分析审查判断证据

为了查明某种法律行为、有法律意义的事实和文书的真相，公证员应运用唯物主义的反映论，去寻求、发现、提取和保全能够反映被

证明对象的多种证据,不能仅凭经验和想象来代替客观全面细致的证据核实与收集工作,否则将造成错误的公证。公证员对于当事人提供的证据及亲自收集的证据材料要进行全面系统的审查,去伪存真,去粗存精,准确地认定待证事实是否具备真实性。

第二节 合法原则

合法原则,是指公证机构证明的法律行为、具有法律意义的事实和文书的形式、内容、取得方式及公证程序,都应当符合国家的法律、法规、规章的规定,不违反国家政策的公共利益。我国《公证法》第3条规定:"公证机构办理公证,应当遵守法律,坚持客观、公正的原则。"

合法原则可以从两个方面理解:一方面,公证机构办理公证业务应当遵守法律规定。具体说,主要包含以下几层含义:(1) 公证机构及其公证员办理公证业务,进行公证活动,都要遵守公证法和与其配套的行政法规、规章中有关公证制度的规范,恪守职业道德,遵循执业纪律和行业规范;(2) 公证机构及其公证员,办理公证业务要按照法律规定的程序,对于符合法定条件的申请才能办理,并依法进行核实、审批,不得擅自出证,出具的公证书要符合法律规定格式和要求;(3) 应当遵守与公证业务相关的实体法的规定。公证机构办理的公证业务不仅形式应当合法,而且内容也应当合法。公证机构必须严格依照法律规定办理各项公证业务,对当事人申请公证的动机、目的和产生的法律后果进行审查,审查当事人申请办证的动机、目的和结果是否合法,当事人的意思表示与所制定文件的含义是否一致。而且还要审查公证证明所指向的标的物是否合法,当事人是否有处分标的物的权利。例如,遗嘱公证中涉及夫妻财产的,立遗嘱人只能立遗嘱处分己方所拥有的财产份额。当然,有时公证证明的事项是不取决于人的主观意志的事实,这样的事项不存在合法性的问题,例如,自然人的出生公证、亲属关系公证、死亡公证与经历公证等。对于这类事项的公证,只要是真实的,公证机构就可以遵循法定程序进行办理。

此外,还需要注意,公证机构办理的公证业务除应当符合法律规定外,还应当符合我国的人情事理和公序良俗,凡是伤天害理或者有损公共道德准则的事项,公证机构都不应当予以办理公证。

第三节 独立原则

我国《公证法》第 6 条明确规定:公证机构是依法设立,不以营利为目的,依法独立行使公证职能、承担民事责任的证明机构。这表明公证机构办理公证业务的依据是事实和法律,也表明公证机构是国家专门设立的法律证明机构,独立行使司法证明权,依法履行公证机构的职责,不受任何团体和个人的非法干预,维护公证程序,保证办证质量,维护公证机构的权威和当事人的合法权益。这是独立行使公证职能原则。

公证机构独立行使公证权是维护社会主义法制统一的需要。依据国家法律、法规、规章来认定法律行为、法律事实和具有法律意义的文书是否具备真实性、合法性,这关系当事人的切身利益。这种权利只有交由专门机构来行使,非经专门机构不得私自办理公证业务,才能使社会主义法制实现在全国的统一,使法律具有不可侵犯的权威。公证机构独立行使公证职权,也是公证执法的需要。适用法律对有关事项进行证明时,只有排除了其他任何单位、个人的干涉,才能保证公证证明的公正性。同时,独立公证又是公证机构正常工作的前提,如果任何单位或个人都可以干预公证机构正常的公证工作,必然会使公证员无所适从,又何以开展公证工作。

当然,公证机构独立公证,并不意味着公证机构依法公证的活动可以不受任何制约和监督。一方面,为保证公证活动中正确适用法律,公证处的本级或上一级司法行政机关根据当事人的申请,对公证处或下级司法行政机关作出的有关公证内容的决定,可以依法进行审查。另一方面,公证机构依法公证也需要取得各级党政机关、群众团体等单位的配合、支持与监督。

第四节　自愿与法定公证相结合的原则

自愿公证,是指公证机构办理公证业务,必须根据当事人的自愿申请,由当事人基于自己的真实意愿自行决定是否申请办理公证。法定公证,是指法律、法规和规章明确规定的必须采用公证形式设立、变更、终止的法律行为,或者确认有法律意义的文书和事实,当事人必须申请办理公证,否则就不发生法定效力。我国公证机构办理公证实行自愿与法定公证相结合的原则。

我国《公证法》第2条规定:"公证是公证机构根据自然人、法人或者其他组织的申请,依照法定程序对民事法律行为、有法律意义的事实和文书的真实性、合法性予以证明的活动。"公证活动是一种非诉讼活动,只有在当事人自愿申请的基础上,公证机构才能开展公证业务,任何机关、团体、个人都无权干涉。哪些事项必须由公证机构办理公证,这都是要由法律、法规和规章明确加以规定的。凡是法律没有明确规定的事项,都必须遵照当事人自愿申请办理公证的原则,公证机构不得以职权强制当事人办理公证业务。自愿原则包含两层意思:(1) 当事人的自愿申请是公证机构办理公证的先决条件。没有当事人的申请,公证行为无法成立。任何机关、团体、个人都无权强迫当事人申请公证,也无权对当事人没有提出的公证证明事项强行公证。(2) 自愿原则贯穿公证的全过程。公证活动的发生基于当事人的自愿申请,也可以在公证结束后,撤销公证。公证机构和公证员不得阻挠或变相阻挠。

我国《公证法》第11条第2款规定:"法律、行政法规规定应当公证的事项,有关自然人、法人或者其他组织应当向公证机构申请办理公证。"《公证法》第38条规定:"法律、行政法规规定未经公证的事项不具有法律效力的,依照其规定。"自愿公证与法定公证并不矛盾,两者是相辅相成,互为补充。虽然当事人申请办证是处分自己的民事权利,任何机关、组织和个人无权干涉,但是也不能排斥国家从规范自然人、法人和其他组织的行为,调整民事、经济法律关系的角度出发,规定某些重要的法律行为必须通过公证的形式加以解决。

哪些事项应当由公证机构办理公证,必须依据法律作出明确规定,公证机构和当事人都不能随意确定。

应当指出的是,法定公证也应当是建立在当事人自愿申请的前提下,而不是公证机构强制办理公证。对于法律明确必须办理公证的事项,公证机构和有关机关应加强宣传教育,提高公民、法人和其他组织的法律意识,主动、自觉地办理公证。法定公证与自愿公证相结合既贯彻了意思自治原则,又保障了市场运行中重大而复杂的法律关系被强制"事前调整",有利于发挥公证作为民、商事活动的过滤器,维护社会秩序,促进社会发展的作用。

第五节 回避原则

我国《公证法》第23条第1款第3项规定,公证员不得"为本人及近亲属办理公证或者办理与本人及近亲属有利害关系的公证",此规定指的是回避原则。公证活动的回避原则,是指公证员在公证活动中不能办理与本人、配偶及他们的近亲属有利害关系或其他关系的公证,以防止因不公证而损害他人或公共利益。认真贯彻此项原则,一则可以防止公证员因沾亲带故,对公证的事项先入为主,利用职权徇私舞弊,作出不公证的偏袒证明;二则可以避免引起他人对公证工作的嫌疑和非议,以利于公证工作的顺利开展。

公证中的回避原则包括两个方式:一是公证员依法自行回避;二是当事人申请回避。自行回避,是指办理公证的公证员遇有法律规定应当回避的事项时,自觉主动地退出对该项公证业务的办理。申请回避,是指当事人有权依据法律规定申请某个或某几个公证员不参加承办本人的公证业务。公证员回避的情况有以下几种:

第一,公证员不许办理本人、近亲属的公证业务。如果公证员在所办理的公证业务中处于当事人地位,公证结果与其有利害关系,那么就有可能影响公证的正确审查与出证。如果承办人员虽非当事人,但是当事人的近亲属,也有可能出现偏袒一方当事人的情形,因此也应回避。这里的近亲属,主要指夫、妻、父、母、子、女、同胞兄弟姐妹等。

第二,公证员不许办理与本人及近亲属有利害关系的公证业务。如果公证员与公证的事项有直接或间接的利害关系,那么就必然会影响其公正地办理此项公证,同时当事人也会对此产生怀疑,怀疑公证员能否公证办理,进而影响公证机构的公信力。因此,这种情形出现后,公证员应予以回避。

第三,公证员不许办理本人与当事人有其他利害关系,可能影响正确办证的公证业务。这是一条弹性规定,只有在公证员与当事人有其他关系可能影响正确办证的前提下,才可以构成回避的理由。

申请回避是当事人享有的重要权利,而且贯穿于公证的全过程。在公证的开始和进行中均可以提出回避。当事人既可以以书面形式申请回避,也可以口头申请回避。但无论用何种形式申请回避,都必须依据事实,说明理由。

综上所述,在公证活动中实行回避制度,可以有效地维护当事人的合法权益,也可以消除当事人的思想顾虑,便于公证员正确的行使证明职权,这一原则体现了现代公证制度的文明性。

第六节 保密原则

保守秘密是公证机构的一项重要原则。保密原则是指公证机构及其公证人员,以及其他受公证处的委托、邀请或因职务需要而接触公证证明事务的人,对其在公证活动中所接触到的国家秘密和当事人的隐私不得泄露,负有保密义务。我国《公证法》第22条第1款规定:"公证员应当遵纪守法,恪守职业道德,依法履行公证职责,保守执业秘密。"该规定同样适用于接触公证证明事务的鉴定人、翻译人、见证人和其他公职人员。保密原则是由公证制度的性质和特点所决定的,因为公证机构只有对当事人申请的公证证明事项严格保守秘密,才能更好地维护当事人的合法权益,取得群众对公证机构的信赖。

公证员保守秘密的内容十分广泛,包括:

第一,公证机构对参加办理公证证明事务的人员要严格控制。除必须到场的当事人及其帮助办证的代理人、翻译人员外,其他任何局外人都不应当参与公证程序和办证事务。

第二,公证员除对本人办理的公证证明事务有保密的责任外,对本公证处其他公证员办理的公证证明事务,也同样有保密的责任。

第三,公证员不仅要对公证证明事项的内容保守秘密,还要对拒绝公证的事项的内容保守秘密,以及对与公证证明事项有关的其他事项保守秘密。

第四,接触公证证明事务的鉴定人、翻译人、见证人和其他公职人员也负有保密责任。

第五,公证员要对当事人申请办证的目的、动机、用途等保守秘密。

第六,公证书只能发给申请公证的当事人或其代理人。根据当事人的申请,可以发给若干份副本;未经当事人申请,不得将公证书发给其他人员。

第七,办理公证的有关档案材料,应设专职人员保管,未经法定程序批准,不得查阅和复制。

保密原则是就通常情况下绝大部分公证证明事项而言的,有些公证证明事项,如招标投标现场监督公证、开奖现场监督公证等都是需要公开的,无需也不允许保密。

第七节 使用本国和本民族语言文字原则

使用本国和本民族语言文字原则,是指公证机构和公证员在公证活动中应当使用本国的和本民族的语言文字进行各种行为,并使用本国的和本民族的语言文字制作公证文书。

语言文字是一个国家和民族的象征,任何一个主权国家都会使用规定的语言文字处理其主权范围内的各种事务。我国作为一个独立的主权国家,有权按照自己的意志管理国家事务,不受其他国家的控制和干涉。公证机构和公证员在公证活动中,使用本国语言文字是维护国家主权的一个重要方面,是国家尊严的具体体现。特别是在涉外公证活动中使用本国语言文字,体现和维护了我国的主权尊严。

我国《宪法》第 4 条第 4 款规定："各民族都有使用和发展自己的语言文字的自由……"。《公证法》第 32 条第 2 款规定："公证书应当使用全国通用的文字；在民族自治地方，根据当事人的要求，可以制作当地通用的民族文字文本。"《公证程序规则》第 43 条具体规定："制作公证书应当使用全国通用的文字。在民族自治地方，根据当事人的要求，可以同时制作当地通用的民族文字文本。两种文字的文本，具有同等效力。发往香港、澳门、台湾地区使用的公证书应当使用全国通用的文字。发往国外使用的公证书应当使用全国通用的文字。根据需要和当事人的要求，公证书可以附外文译文。"这些规定是我国各民族人民平等的宪法原则在公证活动中的具体体现。

贯彻和适用本国和本民族语言文字原则具体体现在以下两个方面：

第一，在涉外公证证明事务中，公证机构应当使用汉语普通话和中文，对不通晓我国通用语言的外国当事人，应依法为其提供翻译。公证员不得直接运用外国的语言进行公证活动。对于任何使用外国文字制作的文书，必须翻译成中文并经过认证，公证机构才可以对中文本的文件给予公证。

第二，公证机构在行使公证职务时，对于不通晓普通话和汉字的少数民族当事人，必须为他们提供翻译。在少数民族聚居和多民族共同居住的地方，公证机构在发布公告、制作公证书及其他文件的活动中，都必须使用当地民族通用的语言文字。在办理不同民族当事人之间所订立的合同公证时，应分别采用各自民族通用的语言文字进行公证活动，以切实维护当事人的合法权益。

在公证活动中，贯彻使用本国和本民族语言文字原则，对外有利于维护国家主权，对内有利于体现民族平等。认真贯彻执行这一原则，可以充分体现各民族不分大小，一律平等的法律地位，有利于保障公证活动顺利地进行。

第三章 公证机构与管理体制

第一节 公证机构的性质和任务

一、公证机构的性质

公证机构是公证制度得以实施的组织载体,公证机构的性质决定着公证机构的组织形式和管理模式,决定着公证机构的经费来源、运行机制、分配模式和承担责任的方式等方方面面。我国《公证法》第6条规定:"公证机构是依法设立,不以营利为目的,依法独立行使公证职能、承担民事责任的证明机构。"这是从功能方面对公证机构的性质作出的规定。公证机构既非国家机关,亦非企业事业单位,而是类似法律服务性质的中介机构,专司证明活动,独立承担民事责任。

根据我国《公证法》的规定,公证机构具有以下几个特征:
(1) 公证机构的法定性。

法定性包括三层意思:一是"依法设立"是指公证机构必须依据《公证法》规定的条件和程序设立。未依法设立的机构,不得行使公证证明权,办理公证。二是公证机构"依法独立行使公证职能、承担民事责任的证明机构",其含义是公证机构的职能是法律赋予的专门证明职能。三是根据《公证法》的规定,公证机构的业务法定,效力法定。

(2) 公证机构是非营利性法人。

公证机构的设置是以非营利为目的的,具有公益性。公证机构的设立在于承担部分社会职能,预防纠纷,减少诉讼,因而具有公益性。但是公证的非营利性与公证机构按照规定的标准收取公证费是不矛盾的。因为公证机构通过自己的劳动,来满足当事人的要求,必然消耗一定的精力和成本,收取公证书费主要是补充相应的付出。

非营利性要求公证机构不能唯利是图、单纯地追求经济效益,而要以社会正义为己任。所以说,公证机构要收费,但不等同于企业,不能以追求利益为目的。

(3) 公证机构的独立性。

公证的独立性是指公证机构独立地行使公证证明权,独立承担责任。它是公证法律服务活动的本质需要。公证法律服务活动,建立在公证与当事人之间双方信任的基础上,当事人请求公证最本质的目的,旨在通过公证人所掌握的法律知识、技能和能力,使双方合意的契约、文书合法化,从而取得证明效力。

独立性具体表现在:第一,行使职权的独立性,即公证机构依照法律独立行使自己的职权,不受行政机关、社会团体和个人的非法干涉;第二,承担责任的独立性,即公证机构以自己的财产对外承担责任。公证机构要独立的行使公证职能,对民事法律行为、有法律意义的事实和文书的真实性、合法性予以独立证明并承担民事责任。

(4) 公证机构是统一行使证明职能的机构。

公证机构履行的是具有社会公信力的证明职能。公证证明文书是国家专门机构出具的证明文书。在我国,除了驻外使馆可以办理特别范围内的公证事务外,公证职能通常由公证机构行使,其他任何个人、团体、机关都无权出具公证文书,这一方面体现了公证机构行使证明职能,另一方面也体现了行使职能的统一性。

(5) 公证机构具有服务性。

公证机构的服务性要求公证人要具有较强的专业知识,向社会提供专业服务。之所以认为公证机构具有专业性,主要是,公证属于法律服务性的工作,其行为活动依据服务对象的申请,工作结果是使当事人正确行使权利、履行义务,这是一种较为专业的法律服务。

(6) 公证机构具有非政府性。

公证机构是提供法律服务的组织。在社会生活中,人们为了寻求商品生产和商品交换中的交易安全,找到了"公证"这种第三者予以证明的途径。之所以被人们选择出来用以保护自己的利益,是因为它们具有公平正义的性质,这是公证制度的灵魂。公证性质要求公证人必须站在客观公正的立场,尊重事实,不偏不倚,只是根据事实和法律维护当事人的合法权益和社会公共利益,从而使当事人的利益得到平衡,具有一定的国家公务性质。公证的组织形式首要的表现是非政府性,虽然从国家机关到法律服务组织的过渡过程中,公证组织形式可以是事业法人,但最终要以法律服务组织的形式出现。公证机构不能是国家行政机构的组成部分,这一性质体现了公证组织相对于政府的独立性,也决定了它在组织形式、人员编制及财政来源等诸多方面与政府组织存在很大差异。[①]

总之,公证机构有很多特征,但是非营利性和独立性是公证机构的两个基本特性,是公证机构赖以向社会提供公信力的基础。公证机构如果不具有非营利性和独立性,其出具的公证书的公信力就会受到社会普遍合理怀疑,而受到社会普遍合理怀疑的公证文书,就不再具备良好的品性。

二、公证机构的任务

公证机构的任务是根据自然人、法人或者其他组织的申请,办理下列公证事项:合同;继承;委托、声明、赠与、遗嘱;财产分割;招标投标、拍卖;婚姻状况、亲属关系、收养关系;出生、生存、死亡、身份、经历、学历、学位、职务、职称、有无违法犯罪记录;公司章程;保全证据;文书上的签名、印鉴、日期,文书的副本、影印本与原本相符;自然人、法人或者其他组织自愿申请办理的其他公证事项。法律、行政法规规定应当公证的事项,有关自然人、法人或者其他组织应当向公证机构申请办理公证。

公证机构的任务还有:根据自然人、法人或者其他组织的申请,可以办理下列事务:(1)法律、行政法规规定由公证机构登记的事务;(2)提存;(3)保管遗嘱、遗产或者其他与公证事项有关的财产、物品、文书;(4)代写与公证事项有关的法律事务文书;提供公证法律咨询。

上述"公证事项"与"事务"的不同之处在于:前者必须出具公证书,后者是事务性的工作,不需出具公证书。这样把公证机构的任务分为两方面是必要的,以免把不同性质的任务混淆起来。

---

① 曾书红:《公证机构定位》,载《法治与社会》2009年第6期。

《公证法》还规定,公证机构不得有下列行为:(1) 为不真实、不合法的事项出具公证书;(2) 毁损、篡改公证文书或者公证档案;(3) 以诋毁其他公证机构、公证员或者支付回扣、佣金等不正当手段争揽公证业务;(4) 泄露在执业活动中知悉的国家机密、商业秘密或者个人隐私;(5) 违反规定的收费标准收取公证费;(6) 法律、法规、国务院司法行政部门规定禁止的其他行为。

《公证法》对公证机构既规定了禁止行为,又规定了应建立业务、财务、资产等管理制度,对公证员的执业监督制度、执业过错责任追究制度,以及公证机构应当参加公证执业保险等制度。这些规定都是必要的。[①]

三、公证机构的权利与义务

(一) 公证机构的权利

1. 核实权

《公证法》第29条规定,公证机构对申请公证的事项以及当事人提供的证明材料,按照有关办证规则需要核实或者对其有疑义的,应当进行核实,或者委托异地公证机构代为核实,有关单位或者个人应当依法予以协助。

为了保证公证质量,实现公证的公正,应当赋予公证机构核实权。因为当事人有举证责任,但有时当事人提供的材料真假难辨,仅仅利用当事人提供的证明材料无法审核是否属实故需要公证机构向有关单位或个人了解情况,获取第一手资料,从而审核申请公证的事项及证明材料的真伪。

2. 受理或不予受理当事人的公证申请的权利

《公证程序规则》第19条规定,符合下列条件的申请,公证机构可以受理:(1) 申请人与申请公证的事项有利害关系;(2) 申请人之间对申请公证的事项无争议;(3) 申请公证的事项符合《公证法》第11条规定的范围;(4) 申请公证的事项符合《公证法》第25条的规定和该公证机构在其执业区域内可以受理公证业务的范围。法律、行政

---

① 熊先觉、刘运宏著:《中国司法制度学》,法律出版社2007年版,第378页。

法规规定应当公证的事项,符合前款第1项、第2项、第4项规定条件的,公证机构应当受理。对不符合本条第1款、第2款规定条件的申请,公证机构不予受理,并通知申请人。对因不符合本条第1款第4项规定不予受理的,应当告知申请人向可以受理该公证事项的公证机构申请。据此,公证机构有受理或者不予受理当事人公证申请的权利。

3. 终止公证或拒绝公证的权利

《公证程序规则》第48条规定,公证事项有下列情形之一的,公证机构应当不予办理公证:(1)无民事行为能力人或者限制民事行为能力人没有监护人代理申请办理公证的;(2)当事人与申请公证的事项没有利害关系的;(3)申请公证的事项属专业技术鉴定、评估事项的;(4)当事人之间对申请公证的事项有争议的;(5)当事人虚构、隐瞒事实,或者提供虚假证明材料的;(6)当事人提供的证明材料不充分又无法补充,或者拒绝补充证明材料的;(7)申请公证的事项不真实、不合法的;(8)申请公证的事项违背社会公德的;(9)当事人拒绝按照规定支付公证费的。

《公证程序规则》第50条规定,公证事项有下列情形之一的,公证机构应当终止公证:(1)因当事人的原因致使该公证事项在6个月内不能办结的;(2)公证书出具前当事人撤回公证申请的;(3)因申请公证的自然人死亡、法人或者其他组织终止,不能继续办理公证或者继续办理公证已无意义的;(4)当事人阻挠、妨碍公证机构及承办公证员按规定的程序、期限办理公证的;(5)其他应当终止的情形。

4. 解答法律咨询,调解公证事项的纠纷,办理法律规定的其他法律事务的权利

《公证程序规则》第56条规定,经公证的事项在履行过程中发生争议的,出具公证书的公证机构可以应当事人的请求进行调解。经调解后当事人达成新的协议并申请公证的,公证机构可以办理公证;调解不成的,公证机构应当告知当事人就该争议依法向人民法院提起民事诉讼或者向仲裁机构申请仲裁。

(二)公证机构的义务

1. 保密的义务

《公证程序规则》第6条规定,公证机构和公证员办理公证,不

得有《公证法》第13条、第23条禁止的行为。公证机构的其他工作人员以及依据本规则接触到公证业务的相关人员,不得泄露在参与公证业务活动中知悉的国家秘密、商业秘密或者个人隐私。当事人有权要求公证机构对其所申办的公证事项予以保密,但如果公证事项中涉及违法行为或侵害他人利益的情形除外。

2. 出具公证书的义务

《公证程序规则》第35条第1款规定,公证机构经审查,认为申请公证的事项符合《公证法》、本规则及有关办证规则规定的,应当自受理之日起15个工作日内向当事人出具公证书。公证机构有出具公证书的义务。从公证受理之日起,当事人须按要求提供欠缺的资料和证明,公证机构自确认当事人提供和补充的资料或证明符合公证要求起,在规定期间内为当事人出具公证书。但是,若半年内未按要求补交材料的,则视为放弃申请。

3. 回避的义务

《公证程序规则》第23条规定,公证机构受理公证申请后,应当指派承办公证员,并通知当事人。当事人要求该公证员回避,经查属于《公证法》第23条第3项规定应当回避情形的,公证机构应当改派其他公证员承办。也就是说,公证法律关系当事人发现有关公证人员(包括鉴定、翻译等人员)与其申办的公证事项有利害关系,属于应回避的范围之内,有权要求有关的公证人员回避。

4. 接受复议或者申诉的义务

公证法律关系当事人对公证机构的任何决定或出具的公证书有异议时,均有权根据有关规定向公证机构或司法行政机关提出申诉或要求进行复议。

第二节 公证机构的设立

一、公证机构的设立的原则

公证机构的设立是指依照法定程序,公证机构得以成立并获得办理公证业务资格的过程。设立公证机构必须按照法定的程序进行,任何未经法定程序设立的公证机构都是非法的。

一国公证机构的设立的程序与其他机构设立的原则密切相关。对于公证机构的设立,目前有四种学说:(1)自由设立主义,国家对于机构的设立,不加以任何干涉,不作任何限制,完全由当事人自由决断;(2)特许设立主义,机构的设立需要专门的法令或者国家特别许可;(3)许可设立主义,机构设立时除了应符合法律规定的条件外,还须经过主管行政机关的批准,主管行政机关按照规定进行审查,作出批准或者不批准的决定;(4)登记主义,法律预先规定机构成立的条件,一旦符合成立条件,无需经过主管部门批准,就可以直接到登记机关进行登记,机构即可成立。

我国《公证法》第9条规定,设立公证机构,由所在地的司法行政部门报省、自治区、直辖市人民政府司法行政部门按照规定的程序批准后,颁发公证机构执业证书。据此,我国公证机构采取的原则是许可设立主义。

二、公证机构的设立条件

《公证法》第8条规定,公证机构应当具备下列条件:(1)有自己的名称;(2)有固定的场所;(3)有二名以上的公证员;(4)有开展公证业务所必需的资金。

(一)有自己的名称

名称是表示公证机构特征的文字符号。公证机构的名称是参与公证活动的表征,犹如自然人的姓名一样,受法律保护。在民商事领域,法人名称的取得,须符合法律的规定,如企业法人的名称就必须符合企业名称登记管理规定的规定。而对于公证机构名称的取得,本法并没有具体规定。根据二十多年来的公证实践,各地公证机构统称公证机构,公证机构一般以所在地的行政区划名称或者行政区划名称加字号冠名。公证机构的名称是出具公证书时必需的,同时也是承担责任的依据。

(二)有固定的场所

场所是公证机构所在的空间位置,包括办事机构的所在地和活动场所所在地。由于公证机构的活动设施属于资产的范围,故这里的场所专指公证机构办事机构所在地和活动场所所在地。

（三）有二名以上的公证员

这是对设立公证机构人员数量上的要求。公证机构设立时，其组成人员至少要有二名公证员。这既有利于保证公证机构开展工作，又有利于公证员之间的监督。

（四）有开展公证业务所必需的资金

拥有独立的资金，是公证机构正常开展公证业务、承担民事责任的物质基础，因此，公证机构设立必须有必需的资产。这里的资金是指经费，经费可以实物、货币的形式表现，在本质上仍属于财产。至于公证机构在设立时，多少数额的经费算是"必需"，《公证法》并没有具体规定。一般而言，以要能正常开展公证业务为"必需"。[①]

三、公证机构的设立程序

根据《公证机构执业管理办法》第 14 条规定，设立公证机构的审批权依法属于省、自治区、直辖市人民政府司法行政部门，其他任何机关无权批准公证机构的设立。

设立公证机构由所在地的司法行政机关组建，逐级报省、自治区、直辖市司法行政机关审批。申请设立公证机构，应当提交下列材料：设立公证机构的申请和组建报告；拟采用的公证机构名称；拟任公证员名单、简历、居民身份证复印件和符合公证员条件的证明材料；拟推选的公证机构负责人的情况说明；开办资金证明；办公场所证明；其他需要提交的材料。

省、自治区、直辖市人民司法行政部门在审批时，应当依法审查如下内容：

（1）该公证机构的设立是否符合统筹规划、合理布局的原则；

（2）该公证机构的设立是否符合公证机构的设立的原则，即《公证法》第 7 条的规定。

（3）该公证机构是否已经具备了《公证法》所要求的四项条件。

[①] 吴凤友主编：《中华人民共和国公证法释义》，中国法制出版社 2005 年版，第 34 页。

(4) 报送的主体是否正确。即是否由所在地的司法行政部门逐级报送审批。

省、自治区、直辖市司法行政机关应当自收到申请材料之日起30日内,完成审核,作出批准设立或者不予批准设立的决定。对准予设立的,颁发公证机构执业证书;对不准予设立的,应当在决定中告知不予批准的理由。批准设立公证机构的决定,应当报司法部备案。

第三节 公证协会

一、公证协会的职责

(一) 公证协会的定义

公证协会是公证业的自律性组织,依据章程开展活动,对公证机构、公证员的执业活动进行监督。在《公证法》颁布前,我国并没有"公证协会"的称谓,只有公证员协会。实际上,公证协会是公证员协会的延续,将"公证员协会"修改为"公证协会",主要是考虑到协会会员除了公证员外,还有公证机构和地方公证协会,因此使用"公证协会"一词更准确。

(二) 公证协会的职责

按照《中国公证员协会章程》第4条规定,公证协会的职责包括:一是协助政府主管部门管理、指导全国的公证工作,指导各地公证员协会工作;二是维护会员的合法权益,支持会员依法履行职责;三是举办会员福利事业;四是对会员进行职业道德、执业纪律教育,协助司法行政机关查处会员的违纪行为;五是负责会员的培训,组织会员开展学术研讨和工作经验交流;六是负责全国公证员统考考试大纲、试卷及相关辅助材料的编印,负责试卷的评判、考试成绩的登录及其他相关的具体工作;七是负责公证宣传工作,主办公证刊物;八是负责与国外和港、澳、台地区开展有关公证事宜的研讨、交流与合作活动;九是按照《两岸公证书使用查证协议》的规定,负责海峡两岸公证书的查证和公证书副本的寄送工作;十是负责公证专用水印纸的联系生产、调配,协助行政主管部门做好管理工作;十一是对外提供公证法律咨询等服务;十二是履行法律、法规规定的其他职责,完成司法部委托的事务。

二、公证协会的组织机构

1990年3月30日,中国公证员协会在第一次全国公证员代表大会上宣布成立,审议通过了《中国公证员协会章程》,选举了协会的领导机构。2002年,该协会对《中国公证员协会章程》进行了修改,依2002年的《章程》规定,公证协会的组织机构包括:

1. 全国会员代表大会

全国会员代表大会是中国公证员协会的最高权力机关每3年召开一次。代表大会的代表由省、自治区、直辖市地方公证员协会的代表大会选举产生,任期3年,连选可以连任。全国会员代表大会须有2/3以上代表出席才能召开,代表大会决定重要事项,需要经过出席人数2/3以上通过。根据《公证员协会章程》的规定,全国会员代表大会主要行使以下职权:(1)定期修改协会章程;(2)决定讨论协会的工作方针和任务;(3)选举和罢免理事合理事;(4)审议和通过理事会的工作报告和财务报告;(5)行使全国会员代表大会认为应当由其行使的职权。

2. 理事会

全国会员代表大会设有理事会,理事会是大会闭会期间的执行机构,对全国会员代表大会负责。理事会由全国会员代表选举若干人组成,理事会会议每年举行一次,根据需要可以提前或者推后召开。理事会主要履行以下职责:(1)执行会员代表大会决议;(2)向全国会员代表大会报告工作;(3)选举常务理事并从中选举会长、副会长,会长和副会长都应当是执业的公证员,公证协会的会长是协会的法定代表人;(4)根据需要增补或罢免个别理事或常务理事;(5)决定设置或撤销协会的办事机构和工作委员会、专业委员会、专项基金管理委员会;(6)制定协会的办事规则和年度工作计划。

3. 常务理事会

公证协会设常务理事会,常务理事会是在理事会闭会期间行使理事会部分职权的机构。常务理事会由理事会选举产生,对理事会负责。常务理事会每年至少召开两次会议,主要听取并审议会长、副会长、秘书长及办事机构的工作报告,研究决定重要事宜。秘书长、副秘书长由常务理事会聘任或者解聘。①

第四节 公证管理体制

公证是独立的法律行业,公证员与公证机构是直接向社会提供法律服务的机构,有其特有的运行规律和管理需要。公证管理体制,是司法行政机关、公证员协会对公证机构、公证员进行监督管理的活动,以及监督管理的制度规范。

2000年7月国务院批准的《司法部关于深化公证工作改革的方案》提出,要"完善司法行政机关宏观管理和公证员协会行业管理相结合的公证管理体制"。对公证业实行行政管理与行业管理相结合,是各国的通行做法,它反映了公证业管理的一般规律。

一、司法行政机关的行政管理体制

《公证法》第5条规定,司法行政部门依照本法规定对公证机构、公证员和公证协会进行监督、指导。《公证法》把司法行政部门对公证的管理明确界定为监督和指导,并且确认了司法行政机关与公证机构、公证员与公证协会之间的关系,规定了司法行政机关的管理权限的形式。

(一)监督管理的范围

《公证机构执业管理办法》第24条的规定,司法行政机关依法对公证机构的组织建设、队伍建设、执业活动、质量控制、内部管理等情况进行监督。根据《公证机构执业管理办法》的相关规定,我国将司法行政机关对公证行业的监督分为两级,一级是省、自治区、直辖市司法机关,另一级是设区的市和公证机构所在地的司法行政机关,两级司法行政机关各有监督管理的范围:

---

① 刘金华、俞兆平:《公证与律师制度》,厦门大学出版社2007年版,第51页。

（1）省、自治区、直辖市司法行政机关对公证机构的下列事项实施监督：公证机构保持法定设立条件的情况；公证机构执行应当报批或者备案事项的情况；公证机构和公证员的执业情况；公证机构的监控情况；法律、法规和司法部规定的其他监督检查事项。

（2）设区的市和公证机构所在地的司法行政机关对本地公证机构的下列事项实施监督：组织建设情况；执业活动情况；财务制度执行情况；内部管理建设情况；司法部和省、自治区、直辖市司法行政机关要求进行监督检查的其他事项。

（二）年度考核

公证机构由所在地司法行政机关在每年的第一季度进行年度考核。年度考核应当按照《公证法》的要求和《公证机构执业管理办法》第 26 条规定的监督事项，审查公证机构的年度工作报告，结合日常监督检查掌握情况，由所在地的司法行政机关对公证机构的年度执业和管理情况作出综合评估。考核等次及其标准，由司法部制定。年度考核结果，应当书面告知公证机构，并上报上一级司法行政机关备案。

司法行政部门在履行"监督、指导"职责时，应当遵守《公证法》关于公证机构"依法独立行使公证职能"的规定，司法行政部门无权干预公证机构及其公证员独立行使办证权，无权撤销公证书，但对公证机构及其公证员执业活动的违法行为有权实施行政处罚。

二、公证协会的行业管理体制

公证机构所进行的活动是具有特定意义的职能活动，但公证机构不同于其他行政机关。公证活动也不同于其他行政管理活动，具有很强的专业性。因而，如果将对公证员职业道德和职业纪律等的管理和监督权仅仅赋予司法行政机关，容易导致因司法行政机关专业知识的欠缺而难以作出公正的评价。这就得依照另一种管理体制，即行业管理，或由行业自律完成。行业自律，是维护本行业良好形象的客观要求，也是行业成熟的重要标志。中国公证员协会于 2003 年 3 月被国际拉丁公证联盟接纳为正式会员，我国的公证制度进一步得到国际社会公证组织的普遍认同。

根据法律规定,公证协会是我国公证业的自律性组织,依据章程开展活动,对公证机构、公证员的执业活动进行监督。根据《公证法》的规定,全国设立中国公证员协会,省、自治区、直辖市设立地方公证协会。中国公证协会是全国公证业的行业管理组织,负责对全国范围内的公证机构和公证员的执业活动进行监督,省级公证协会是省级行政区域内公证业的行业监督组织,负责对本行政区域内公证机构和公证员的执业活动进行监督。中国公证协会与省、自治区、直辖市设立的地方公证协会之间没有隶属关系,中国公证员协会对地方公证员协会进行监督和指导。

公证协会不是有关公民自愿组织的,而是法定组织——公证业协会,是由公证员、公证处、公证管理人员及其他与公证事业有关的专业人员、机构组成的行业自律性组织。因此,公证协会与《社会登记管理条例》所称的社会团体是有所不同的,公证机构、公证员必须加入公证协会,地方公证协会必须加入中国公证协会,并接受行业自律管理。[1]

公证协会的行业自律与司法行政机关的监督管理两者相结合,共同构成了我国公证制度的管理体制,这种"两结合"的管理体制将是公证行业的一项长期制度。在行政管理与行业自律"两结合"的管理体制下,要正确处理司法行政机关和公证协会的关系,要充分发挥两个方面的优势,避免出现争相管理或者互相推诿的现象,既要有分工,又要有合作,既要有相互独立,又要相互配合。

---

[1] 张峰、李玉成主编:《基层司法行政实务》,群众出版社2008年版,第102页。

第四章 公 证 员

第一节 公证员概述

一、公证员的任职条件

根据我国《公证法》的规定,公证员是指在公证机构从事公证业务的执业人员。公证员是公证机构的核心人员,公证员的数量根据公证业务需要确定。省、自治区、直辖市人民政府司法行政部门根据公证机构设置情况和公证业务的需要核定公证员配备方案,报国务院司法行政部门备案。

(一)公证员任职的积极条件

根据我国《公证法》第18条和《公证员执业管理办法》的规定,担任公证员应当具备以下条件:

1. 国籍条件

在我国,担任公证员的首要条件是具有中华人民共和国国籍,是中华人民共和国公民。外国人、无国籍人、具有双重或者多国国籍的人,不能担任我国公证机构的公证员。

2. 年龄条件

公证员职业的特点是,要求公证员具有较为丰富的法律知识、人生阅历和社会实践经验,以及处理各种复杂问题的能力。如果公证员的年龄偏小,则难以胜任此项工作;如果公证员的年龄偏大,又避免不了因年老体衰导致的工作能力下降。因此,法律规定担任公证员的年龄应当在25周岁以上65周岁以下。

3. 品德条件

公证员依法办理公证业务,出具公证书,行使的是国家赋予的证明权,公证行为本身具有真实性、合法性和权威性。只有具有良好的道德与品行的人,才能承担起如此重大的责任,才能依法履行职责,维护当事人的合法权益。因此,我国法律规定担任公证员应当公道正派、遵纪守法、品行良好。公道是指公正、公平、公开,从而得到公认;正派是指无私、无畏、无偏袒,从而能够出以公心;遵纪守法是指遵守国家宪法、法律、法规和执业纪律;品行良好是指公证员应当具有良好的品德和言行,自觉维护社会公德、遵守职业道德、举止文明。

4. 业务条件

由公证员从事公证工作的性质决定,对公证员的业务条件要求应当是比较高的。根据法律规定,主要应当具有以下两方面的要求:(1)通过国家司法考试;(2)在公证机构实习2年以上;具有3年以上其他法律职业经历,并在公证机构实习1年以上,经考核合格。

此外,为了吸收具有较高法学造诣和丰富法律工作经历的高层次人员进入公证队伍,提高公证员队伍素质,我国《公证法》第19条还规定了公证员任职的特许条件,即从事法学教学、研究工作,具有高级职称的人员,或者具有本科以上学历,从事审判、检察、法制工作、法律服务满10年的公务员、律师,已经离开原工作岗位,经考核合格的,可以担任公证员。

(二)公证员任职的消极条件

我国《公证法》一方面规定了公证员任职的积极条件,即具备法定条件的人员,经过法定的审批程序就可以担任公证员;另一方面也规定了公证员任职的消极条件,即具备一定条件的人员,就不能担任公证员。根据我国《公证法》第20条的规定,有下列情形之一的,不得担任公证员:(1)无民事行为能力或者限制民事行为能力的;(2)因故意犯罪或者职务过失犯罪受过刑事处罚的;(3)被开除公职的;(4)被吊销执业证书的。[①]

二、公证员的资格

从1990年起,我国部分省市开始实行公证员资格考试,1991年7月,司法部下发了《关于举行1992年全国公证员资格统一考试的通知》,通知决定为了提高公证人员的业务素质,从1992年起举行首

---

① 刘金华、俞兆平:《公证与律师制度》,厦门大学出版社2007年版,第41页。

次全国公证员资格统一考试,实行全国统一命题,统一评分标准,统一划定合格分数的统考方式。考试合格者,由省、自治区、直辖市司法厅(局)颁发由司法部统一制作的《公证员资格考试合格证书》。

2001年《国家司法考试实施办法(试行)》实施,司法部停止了全国统一公证员资格考试,要求公证员必须通过国家司法考试。另外《公证法》第19条规定,从事法学教学、研究工作,具有高级职称的人员,或者具有本科以上学历,从事审判、检察、法制工作、法律服务满10年的公务员、律师,已经离开原工作岗位,经考核合格的,可以担任公证员。对曾经从事法律职业的人员,符合该项条件的,可以仅考核合格,考核合格的,担任公证员。

根据上述规定,资格取得有两种:通过国家司法考试;曾经从事法律职业且考核合格。

三、公证员职务的任免

作为特殊的法律职业人员,公证员的素质是公证质量的最基本的保障,它关系到证明能否有效发挥,关系到公证行为的公信力。

(一) 公证员的任命程序

《公证法》第21条规定,担任公证员,应当由符合公证员条件的人员提出申请,经公证机构推荐,由所在地的司法行政部门报省、自治区、直辖市人民政府司法行政部门审核同意后,报请国务院司法行政部门任命,并由省、自治区、直辖市人民政府司法行政部门颁发公证员执业证书。据此,公证员的任命程序是:(1) 提出申请;(2) 机构推荐;(3) 报请审核;(4) 行政任命;(5) 颁发证书。

1. 提出申请

它是指符合公证员条件的人员提出自愿担任公证员的书面请求。具体而言,即是符合公证员任职的基本条件或者符合公证员任职的特许条件,且又不属于规定的禁止条件的个人,以书面形式提出自愿担任公证员的请求。

2. 推荐

符合公证员条件的个人提出申请后,还必须由公证机构负责推荐。作为推荐人的公证机构,对其推荐的人员是否符合公证员任职条件负有考查、证实义务。

3. 报请审核

根据公证机构的推荐,由所在地的司法行政部门把申请人的申请和相关证明材料报请省、自治区、直辖市人民政府的司法行政部门,由省级司法行政部门进行审核。对于符合条件的申请人,应当依法报请国务院司法行政部门;对于不符合任职条件的申请人,应当驳回其申请,并退回相关材料。

4. 任命

对于省级人民政府司法行政部门依法报送的符合任职条件的申请人,由国务院司法行政部门统一任命。

5. 颁发执业证书

省级人民政府司法行政部门根据司法部的任命,对申请人颁发公证员执业证书。这是公证员产生的最后一个环节。公证员执业证书,是其能够独立办理公证业务的凭证,在没有获得执业证书之前不得单独办理公证业务。

对于公证员的数量,《公证法》第17条规定,公证员的数量根据公证业务需要确定。省、自治区、直辖市人民政府司法行政部门应当根据公证机构的设置情况和公证业务的需要核定公证员配备方案,报国务院司法行政部门备案。

(二) 公证员的免除程序

公证员有违法行为,或者出现法律规定的情形,不应当或者不适宜担任公证职务的,应当依法定程序予以免除。

《公证法》第24条规定,公证员有下列情形之一的,由所在地的司法行政部门报省、自治区、直辖市人民政府司法行政部门提请国务院司法行政部门予以免职:(1) 丧失中华人民共和国国籍的;(2) 年满65周岁或者因健康原因不能继续履行职务的;(3) 自愿辞去公证员职务的;(4) 被吊销公证员执业证书的。据此,公证员的免除内容是:

(1) 符合四个免除条件之一

第一,丧失中华人民共和国国籍的。

第二,年满65周岁或者因健康原因不能继续履行职务的。为了保障公证员具备良好的从业条件,当公证员年满65周岁,或者因健康原因不能继续履行职务时,应当免除其公证职务。

第三,自愿辞去公证员职务。公证员不愿从事公证员职务,或者另外有重要职务担当等原因的,可以辞去公证职务,自愿辞职的也需要依法履行免除其公证员职务的程序。

第四,被吊销公证员执业证书的。公证员有规定的违法情形的,可以撤销其公证员资格,被吊销公证员资格的,其公证员职务也被免除。

(2) 公证员职务的免除程序

第一,由公证员所在地的司法行政部门报省一级的人民政府司法行政部门提出;由省一级人民政府的司法行政部门提请国务院司法行政部门;由国务院司法行政部门予以免职。被吊销公证员执业证书的,由省、自治区、直辖市司法行政机关直接提请司法部予以免职。

第二,提请免职,应当提交公证员免职报审表和符合法定免职事由的相关证明材料。司法部应当自收到提请免职材料之日起20日内,制造并下达公证员免职决定。

第三,公证员依法免职的,司法行政机关应当发布公告。

四、法律职业共同体

一般而言,法律职业共同体主要是由法官、律师和检察官等法律人构成的,从广义上讲法律职业人员还包括从事法律教育和法学研究的法学家及法律职业的辅助者。公证员在法律职业中扮演着十分重要的角色,起着预防纠纷、减少诉讼的重大作用。

法律职业共同体具有使用特定的概念系统、独特的思维方式、相同的法律教育和职业训练、共同的价值目标、共同的法治信仰等特质。这些特质使法律共同体彰显着法律正义的旗帜。在普通法系国家中,公证人一般由律师兼任,公证人的角色与律师群体融为一体而成为法律共同体金字塔的基石,和全社会共同践行法律的正义。在大陆法系国家中,公证人是国家委托的一个特殊职业群体,是寻求友善、共识和公平的法律专业人员,获得了与法官、检察官的职业认同和相互尊重。因此,倘若我们以普通法系国家的视角研究法律职业共同体的组成,极可能将公证人员搁置一边,忽略了公证人员在大陆法系国家的法律职业共同体中所扮演的角色。在我国,认识到公证员是法律职业共同体的典型代表不仅能充分发挥公证的职能,更重要的还在于使公证员队伍树立起与律师、检察官、法官相同的法律信仰、法律理想和对法律职业的崇尚;使公证员与其他法律职业者一样成为维护法律正义的使者;使公证职业成为一种专门化的职业而受到全社会的尊重,共同构建社会主义的法治大厦。

公证员作为法律职业共同体的一员,是神圣的。从国家司法考试中遴选公证员是提高公证员队伍素质的重要环节,也是公证员真正融入法律职业共同体的起点。德国公证人在法律职业群体中具有崇高的地位,与其选拔公证人十分严格不无关系。在德国,要成为公证人,与成为法官、律师一样,必须通过两次司法考试,这是值得我们借鉴的。倘若我们一味降低对公证员的要求,公证的公信力从何而来?缺乏专业基础的公证行业不但难以壮大,甚至还可能走向衰落。

第二节 公证员的权利与义务

一、公证员的法定权利

公证员的权利是指依法设立的,为保障公证员执行职务而赋予的各项权利。作为公证员,在公证活动中,依法享有一定的权利,有利于公证员更好的履行职责。《公证法》第22条规定,公证员有权获得劳动报酬,享受保险和福利待遇;有权提出辞职、申诉或者控告;非因法定事由和非经法定程序,不被免职或者处罚。公证员在办理公证的过程中,还享有受理和不予受理当事人的公证申请的权利;审查当事人主体资格,申请公证事项以及提供证明文件的真实性、合法性的权利;在公证文书中署名的权利;收取公证费的权利等。[1]

(一)获得劳动报酬,享受保险和福利待遇

根据《宪法》的有关规定,中华人民共和国公民有劳动的权利与

---

[1] 段伟:《公证员的权利、义务和责任》,载《中国公证》2007年第1期。

义务。劳动者有权获得报酬,享受福利待遇和保险。公证员作为法律工作者,既然在公证活动中,付出了一定的脑力劳动和体力劳动,就有权获得报酬、享受保险和福利待遇。

另外,公证活动的非营利性与公证员获得工资福利权利保障的权利不同,公证员付出一定的劳动,依法当然应当获得工资福利权利保障。

(二) 提出辞职、申诉或者控告的权利

《宪法》第41条规定,中华人民共和国公民对于任何国家机关和国家工作人员的违法失职行为,有向有关国家机关提出申诉、控告或者检举的权利。可见,申诉控告权利是公民的宪法权利。《公证法》规定,公证员有辞职的权利。公证员辞职的,由其原从业的公证机构所在地的司法行政部门报省、自治区、直辖市人民政府司法行政部门提请国务院司法行政部门予以免职。这是因为,公证员是自由职业者,有权自己决定是否继续在某公证机构工作,也有权决定是否继续从事公证事业。

(三) 非因法定事由和法定程序,不被免职或者处罚

公证的性质和宗旨决定了公证员只服从于法律,其只有违反法律才应受到制裁,任何组织和个人不得在法律规定的事由和程序之外,凭自身意志对公证员进行处罚。由于公证员是经过严格的事由和程序最终由司法部任命的,所以公证员的免职、处罚也必须经过法定程序由法定机关作出。

二、公证员应承担的义务

义务,是国家规定并体现在法律关系中的,人们应该和必须适应权利主张而作出或抑制一定行为的负担或约束。公证员的义务,是指依法设立的,公证员在公证活动中必须承担的责任。根据《公证法》第22条第1款的规定,公证员应承担如下义务。

(一) 遵纪守法

公证职业的法律性、严肃性、社会性等要求公证员本身必须遵纪守法。公证员遵纪守法是公证工作的保障,是公证工作取得和保持社会公信力的保障。遵纪守法不仅是公证员的义务,也是一名公证

员应当具备的条件。

遵纪包括遵守党纪、政纪和公证执业纪律。司法行政部门、其他国家机关、公证协会和公证机构为保障公证执业行为的正当性,也会制定各种纪律,对此,公证员也应当予以遵守。

守法,包括遵守宪法、法律、遵守党的政策。宪法是国家的根本法,具有最高的法律效力,是一切法律的依据。法律是依据宪法制定的,由国家强制力保障实施的行为规范。遵守宪法和法律,是各国家机关、各社会组织和每个公民的义务。公证员应当树立宪法至上的思想,忠诚于宪法和法律,维护宪法和法律的权威,自觉在宪法和法律规定的范围内活动。公证员还必须遵守党的政策,因为当前我国的法律不健全,某些时候,党的政策就成为指导社会行为的规则。

(二) 恪守职业道德

公证活动是一项高度职业化的行为,职业道德是其生存和职业健康发展的重要依托。职业道德是某一特定的领域的从业人员应当普遍遵守的行业道德准则,其提出和建立是社会化大生产分工细化、民众权利扩张的结果。中国公证协会于2002年制定了《公证员职业道德基本准则》,规定了忠于事实、忠于法律、爱岗敬业、规范服务,加强修养、提高素质,清正廉洁、同业互助四个方面的内容,这是公证职业道德核心内容,是所有公证员的道德指引。

(三) 依法履行公证职责

公证员履行职责,必须遵循法律规定,依据法定程序办理公证,保护当事人的合法权益。具体来说,公证员不得有下列行为:(1) 同时在两个以上的公证机构执业;(2) 从事有报酬的其他职业;(3) 为本人及其近亲属办理公证或者办理与本人及其近亲属有利害关系的公证;(4) 私自出具公证书;(5) 侵占、挪用公证费或者侵占、盗窃公证专用物品;(6) 为不真实、不合法的事项出具公证书;(7) 毁损、篡改公证文书或者公证档案;(8) 法律、法规和司法部规定禁止的其他行为。

(四) 保守执业秘密

公证员在公证活动中,会接触到许多涉及当事人的商业秘密、个人隐私的事务,甚至会接触到国家机密。公证员不得泄漏在执业活动中知晓的国家秘密、商业秘密或者个人隐私。对于在办证过程中形成的内部意见、内部材料和不应当透漏的其他与公证工作有关的信息,一律不得泄露。另外,根据《公证程序规则》,公证机构的其他工作人员以及依据本规则接触到公证业务的相关人员,不得泄露在参与公证业务活动中知悉的国家秘密、商业秘密或者个人隐私,公证事务的鉴定人、翻译人、见证人和其他公证参与人员,都有保守秘密的义务。

第三节 公证员的职业道德

职业道德是某一特定领域的从业人员应当普遍遵守的行业道德准则。公证员有公证员的职业道德。公证员的职业道德是指在公证活动中,公证员从思想到工作所应当遵循的行为规范的基本准则。对公证员来讲,职业道德的优劣是公证工作成败的关键;高尚的道德情操是公证机构为社会提供优质法律服务和赢得社会公众信赖的根本保障;树立良好的职业道德是保障公证工作实现正义、提高信誉和发展壮大的重要方略。中国公证协会于2002年制定了《公证员职业道德基本准则》。公证员职业道德的内容如下:

一、忠于事实、忠于法律

公证人的诚实和恪守信誉是其执行职务的最基本要求。针对合同的双方当事人来说,公证人是掌握法律的专业人员,其权利必须用于维护双方当事人的合法权益,不能利用职务之便偏袒任何一方,不能因为自己的行为造成当事人的权利受损。诚实守信义务还包括了任前宣誓等内容,目的也在于保证公证人行为的公正性和信誉度。

忠实于事实与法律。在法国,公证人的职责不仅是证明或确认法律行为或法律事实的真实性,更主要的是要引导当事人按照法律办事。公证人要就申请公证的事项提出有关的法律建议,并记录在案,当事人如不接受公证人的建议,坚持违法行为,公证人可以拒绝公证。公证人还要收集、核实有关情况,并帮助当事人制作或完善法律文件,以确保公证事务的真实性、合法性。①

公证行为是履行公证员对民事法律行为、有法律意义的事实和文书的真实性、合法性予以证明的行为。因此,公证员应当忠于宪法和法律,坚持以事实为根据,以法律为准绳,按照真实合法的原则和法定的程序办理公证事项;公证员在履行职责时,应当恪守独立、客观、公正的原则,不受非客观事实和法律之外因素的影响;公证员应当忠实地维护法律的尊严,切实保障法律的正确实施和公众权利的平等实现。

二、爱岗敬业、规范服务

公证员应当珍爱公证事业,努力做到勤勉敬业、恪尽职守,为当事人提供优质的法律服务;公证员在执业过程中,应当独立思考、自主判断、敢于坚持正确的意见;公证员应当珍爱公证事业,努力做到勤勉敬业、恪尽职守,为当事人提供优质的法律服务;公证员应当依法履行职责,不得超越法律规定的权限办理公证事务;公证员在履行职责时,应当告知当事人、代理人和参加人的权利和义务,并就权利和义务的真实意思作出明确解释,避免形式上的简单告知;公证员在执行职务时,应当平等、热情地对待当事人、代理人和参加人,并要充分注意到其民族、种族、国籍、宗教信仰、性别、年龄、健康状况、职业的差别,避免言行不慎使对方产生歧义;公证员应当按规定的程序和期限办理公证事务,及时受理、审查、出证,不得因个人原因和其他主观因素拖延推诿;公证员应当不断提高工作效率和工作质量,杜绝疏忽大意、敷衍塞责和其他贻误工作的行为;公证员应当注重礼仪,做到着装规范、举止文明,维护公证员的职业形象。现场宣读公证词时,应当语言规范、吐字清晰,避免使用可能引起他人反感的语言表达方式;如果发现其他公证员有违法行为或已生效的公证文书存在问题,应当及时向有关机关或部门反映。

---

① 段伟:《公证员的权利、义务和责任》,载《中国公证》2007年第1期。

三、加强修养、提高素质

公证员应当具有忠于职守、不徇私情的理念和维护平等、弘扬正义的良知,自觉维护社会正义和社会秩序;公证员应当不断提高自身的道德素养和业务素质,保证自己的执业品质和专业技能能够满足正确履行职责的需要;公证员有权利并有义务接受教育培训,应当勤勉进取,努力钻研,不断提高执业素质和执业水平;公证员应当具有开拓创新意识,有研究和探索前沿性学科、掌握和运用先进科学技术的积极性和自觉性;公证员不得通过非正常程序或不恰当场合,对其他公证员正在办理的公证事项或处理结果发表不同意见;公证员不得在公众场合或新闻媒体上,发表泄私愤、不负责任的有损公证严肃性和权威性的言论;公证员在日常生活中,应当严格自律,自觉约束自己的行为,成为遵守社会公德和倡导良好社会风尚的楷模。

四、清正廉洁、同业互助

公证是一种严肃的法律行为,为了保证其真实性、合法性,要求公证员不得经商和从事与公证员职务、身份不相符的活动;公证员应当妥善处理个人事务,不得利用公证员的身份和职务为自己、家属或他人谋取私人利益;公证员不得接受当事人及其代理人、利害关系人的答谢款待、馈赠财物和其他利益;公证员应当与同行保持良好的合作关系,尊重同行,公平竞争,同业互助,共谋发展;公证员应当相互尊重,不得在任何场合损害其他同事的威信和名誉。公证员不得从事以下不正当竞争行为:(1) 不得利用新闻媒体或其他手段炫耀自己,贬损他人,排斥同行,为自己招揽业务;(2) 不得利用与行政机关、社会团体、经济组织的特殊关系进行业务垄断;(3) 其他不正当手段的竞争。

公证员的职业道德不仅适用于我国的公证员,而且还适用于公证员助理和公证机构的其他从业人员。

第四节 公证员的法律地位

《公证法》第 16 条规定,公证员是符合本法规定的条件,并且在公证机构从事公证业务的执业人员。依据该条的规定,公证员的概念是必须符合《公证法》规定的条件,并且在公证机构从事公证业务的执业人员方可称其为公证员。这就从法律上确定了公证员的职业化,公证员以行使公证证明权为专门职业,并具备独特的职业意识、职业技能、职业道德和职业地位。可以说,公证员是法律工作者,是公证机构的核心人员,是独立办理公证事项的执业人员,其职责是受理、承办具体的公证事项,草拟、出具公证文书,并在公证书上署名。由此可见,公证员具有独立的、中立的法律地位。

一、依法履行职务

根据《公证法》的规定,公证机构在性质上是拥有独立的财产与民事地位,独立承担民事责任的民事主体。公证机构在履行职务的过程中,要独立行使公证职能,对民事法律行为、有法律意义的事实和文书的真实性、合法性予以独立证明并承担民事责任。《公证法》第 22 条第 1 款规定,公证员应当遵纪守法,恪守职业道德,依法履行公证职责,保守执业秘密。

《公证程序规则》第 2 条规定,公证机构办理公证,应当遵守法律,坚持客观、公正的原则,遵守公证执业规范和执业纪律。《公证程序规则》第 5 条规定,公证员受公证机构指派,依照《公证法》和本规则规定的程序办理公证业务,并在出具的公证书上署名。依照《公证法》和《公证程序规则》的规定,在办理公证过程中须公证员亲自办理的事务,不得指派公证机构的其他工作人员办理。

二、行使证明权

公证员是一个根据法律的规定对当事人申请的公证事项进行证明的人。经过公证的事项被赋予了法定的证据效力,这种使一般的证据提升到特殊的、具有法定的证据效力的权力是我国的《民事诉讼法》、《公证法》等法律、法规赋予的。也就是说,公证员之所以能够通过证明法律行为、有法律意义的文书、事实,达到预防纠纷、减少诉讼,保障交易安全的目的,是我国法律所赋予的权利。①

证明权是社会公共权力的一个组成部分。公证的法定效力来源于《公证法》等相关法律、法规的授权,将那些原属于政府的权力转嫁给非国家机关的公共组织来享有,即权力性质还是国家权力——公共权力,但在行使主体上发生了变化。由法律授予公证机构享有证明权力的意义在于:一方面通过法律确认和保障公证员享有并行使一定权力,保证其不受其他机关、单位或个人的干涉;另一方面通过法律规定公证员合法行使权力,防止对其他社会成员造成不利影响,也为其他社会成员寻求救济保护提供法律依据。

三、公平正义的司法理念

现代司法理念具体包括中立、公正、独立、民主、人权、效率、公开等,现代司法理念是一种高尚的司法信仰和精神追求。

公证员在斟酌案件、收集、审查证据,出具公证文书,尤其是在运用自由心证判断的过程中,司法理念和思维方式发挥着极大的作用。在法律适用过程中,公证员不但要将法律思维贯穿始终、还要运用证据学原理、逻辑学的三段论、自己的执业经验(经验法则)等对各种证据证明力的大小、有无独立进行判断,从而推定出法律的结论,并以此作为办理公证的依据。② 不可否认,公证员在法律工作的过程中必然会带有个人的主观色彩,因此,如果没有公平正义的司法理念作为公证员适用法律的指导,就无法保证公证员的中立地位,也就不能实现公证员的职业化建设。

---

① 段伟:《公证员法律职业化建设问题的研究》,载《中国司法》2006 年第 9 期。
② 李向军:《略述现代司法理念下职业公证员的思维方式》,http://www.zgsxsf.gov.cn/old/Untitled-019.htm,最后访问日期:2010 年 6 月 10 日。

第五章 公 证 书

第一节 公证书概述

一、公证书的概念

公证书,是指公证处根据当事人的申请,依照事实和法律,按照法定程序制作的、具有特殊法定效力的证明文书。公证书是公证机构活动的结果,是公证效力和作用的集中体现。

二、公证书的内容

《公证程序规则》第42条规定:"公证书应当按照司法部规定的格式制作。公证书包括以下主要内容:(1) 公证书编号;(2) 当事人及其代理人的基本情况;(3) 公证证词;(4) 承办公证员的签名(签名章)、公证机构印章;(5) 出具日期。公证证词证明的文书是公证书的组成部分。有关办证规则对公证书的格式有特殊要求的,从其规定。"

(1) 公证书编号。编号采用按年度、公证机构代码、公证书类别、公证书编码的方式。如"(2009)京方正内民证字第12345号"。

(2) 当事人及其代理人的基本情况。当事人为公民的,应写明其姓名、性别、出生日期、公民身份号码等。当事人为法人的,应写明法人名称、住所、法定代表人等。有代理人的,应写明代理人的基本情况。

(3) 公证证词。这是公证书的核心内容。应写明公证证明事项、范围和内容及所依据的法律、法规。

(4) 承办公证员的签名(签名章)、公证机构印章。

(5) 出证日期。以审批人审核批准的日期为生效日期,批准日期即为出证日期。

三、公证书的生效

《公证法》第 32 条规定,公证书自出具之日起生效。《公证程序规则》第 44 条又做了具体规范,规定:"公证书自出具之日起生效。需要审批的公证事项,审批人的批准日期为公证书的出具日期;不需要审批的公证事项,承办公证员的签发日期为公证书的出具日期;现场监督类公证需要现场宣读公证证词的,宣读日期为公证书的出具日期。"

四、公证书的发送

公证书做好后,公证机构应将制作好的公证书正本及当事人要求的若干份副本发给当事人。公证机构留存公证书原本(签发稿)和一份正本附卷。《公证程序规则》第 46 条规定:"公证书出具后,可以由当事人或其代理人到公证机构领取,也可以应当事人的要求由公证机构发送。当事人或其代理人收到公证书应当在回执上签收。"

第二节　公证书的效力

一、证据效力

证据效力,是指公证书在法律上具有的能够直接证明公证所确认的法律行为、有法律意义的文书和事实是真实的、合法的效力。我国公证机构依法出具的公证书主要起这种证明作用,具有普遍的证明效力。在诉讼中,它对人民法院确定案件的事实,能起到强有力的证据作用。

公证机构出具的公证文书,在法律上具有最高证据效力。《公证法》第 36 条规定:"经公证的民事法律行为、有法律意义的事实和文书,应当作为认定事实的根据,但有相反证据足以推翻该项公证的除外。"这一规定从法律上确认了公证书在诉讼中是一种可供人民法院直接采信的证据,它的证据效力要强于其他任何证明文书。这是因为公证机构是证明机关,在公证过程中,公证机构要对公证对象进行认真全面的调查、核实,只有公证机构能够确认公证的法律行为、有法律意义的事实和文书真实、合法的才给予公证。因此,公证证明是公证机构对行为、事实和文书的真实性、合法性审查、确认的证明,故具有无可争议的法律证明力,可以直接作为认定事实的根据,供机关、团体、企事业单位和公民直接使用,为及时调整经济、民事法律关系提供可靠的法律凭据,这是其他书证所不具备的。公证书的证据效力强于一般证据,这也是一切公证行为所必然取得的结果。

证据效力是公证书的最基本的效力,任何公证书都具有证据效力。公证书的证据效力是广泛的,不仅体现在诉讼活动中,而且表现在日常的民事、经济交往和行政管理活动中。公证书是证明法律行为、有法律意义的事实和文书的真实性、合法性的可靠的法律文书。在国际上,公证书也得到广泛的承认,在域外也具有法律证明力,是进行国际民事、经济交往不可缺少的法律文书。这是公证证据效力在空间上的延伸。

当然,公证书也难免出现疏漏和错误。因此,我国《公证法》第36条作了"但书"规定,即"但有相反证据足以推翻该项公证的除外"。对这种确有错误的公证书,当然不能把它当做证据,也就不会发生法律上的证据效力。但是,必须明确,对这种足以推翻公证证明的"相反证据"的举证责任在于另一方当事人。只有在人民法院审查了相反证据,确认其有充分的理由时,才能推翻公证书。没有相反的证据或者虽有相反证据,但不足以推翻公证证明时,公证书具有可靠的、强有力的证据效力,这是毋庸置疑的。

二、法定公证事项公证书的效力

(一)由法律、法规和规章规定某些法律行为必须办理公证,否则不发生法律效力

1. 法定公证事项公证书效力的概括性规定

法定公证事项公证书的法律效力,是指法律、行政法规规定应当公证的事项,有关自然人、法人或者其他组织应当向公证机构申请办

理公证,未经公证,该事项不能产生法律、行政法规规定的法律效力。《公证法》第 38 条规定:"法律、行政法规规定未经公证的事项不具有法律效力的,依照其规定。"依照该条,法定公证的具体法律效力根据法定公证事项的不同而有所区别:对于民事法律行为,公证是其生效要件;对于有法律意义的事实、文书,法定公证的法律效力根据设定该法定公证事项的各法律、行政法规确定。

2. 关于民事法律行为法定公证的效力

法律、行政法规规定某民事法律行为应当公证时,公证就成为该民事法律行为生效要件之一。

例如,我国《民事诉讼法》第 240 条规定:"在中华人民共和国领域内没有住所的外国人、无国籍人、外国企业和组织委托中华人民共和国律师或者其他人代理诉讼,从中华人民共和国领域外寄交或者托交的授权委托书,应当经所在国公证机关证明,并经中华人民共和国驻该国使领馆认证,或者履行中华人民共和国与该所在国订立的有关条约中规定的证明手续后,才具有效力。"这就是说,在我国域外制作的委托书,要在我国国内使用时,必须办理公证才能发生法定效力。如果没有经过公证机关的公证,委托授权的法律行为将不被认为生效,也就不发生相关的法律后果,授权委托书就不具有相应的法律效力。相应地,我国公民、法人发往域外使用的文书,根据发往地的法律规定,也须经公证证明,再经外事机关或外国驻华的使馆、领事馆认证,才能在国外发生法律上的效力,取得使用国的承认。

3. 关于有法律意义的事实和文书的法定公证的效力

法律、行政法规规定某些具有法律意义的事实、文书应当公证的,有关自然人、法人或者其他组织应当向公证机构申请办理公证,否则不能产生该法律、行政法规规定的法律效力。至于该法律效力的具体内容是什么,则根据该法律、行政法规的规定确定。

(二)按照国际惯例、国际条约或双边协定确定某些事项必须办理公证

根据国际惯例、国际条约或双边协定,在国外使用的某些文书,必须经过公证,才能在使用国发生法律效力。如出国留学使用的学

历证书、亲属关系证明、出生证明等文书,都必须办理公证。当然,两国协议免除公证的情况也是存在的。

(三) 由当事人约定某种法律行为必须办理公证

对大多数法律行为,法律未规定其必须具备公证形式,但如果当事人对其约定必须经公证才能生效,则公证即成为该项法律行为的要件,如未按双方约定办理公证则不能发生法律效力。当然,不难看出,约定公证只能发生于双方或多方法律行为的情形,单方法律行为不存在约定公证的问题。实践中最常见的是双方当事人在合同最后条款明确约定"本合同经公证后发生法律效力"。这也是民商往来中当事人意思自治原则的体现,双方当事人未经法律、法规和规章的强制,但他们意识到公证会给契约之履行带来保障。在这种极大的信任下,当事人自由选择了公证,便于保证法律行为的真实、合法和避免以后发生纠纷。

三、债权文书公证书的强制执行效力

(一) 对强制执行效力的理解

公证书具有强制执行效力,是指赋予了具有强制执行效力的债权文书经公证证明后,如果债务人到期不能清偿债务时,债权人有权持此文书向有管辖权的人民法院申请强制执行。我国《公证法》第37条第1款规定:"对经公证的以给付为内容并载明债务人愿意接受强制执行承诺的债权文书,债务人不履行或者履行不适当的,债权人可以依法向有管辖权的人民法院申请执行。"这是我国法律赋予公证机构的一项特殊职能,是法律强制性在公证活动中的体现,对充分发挥公证职能,规范和及时调整民事、经济活动,维护正常的经济秩序和当事人的合法权益具有重要意义。公证的强制执行效力可以使一些逾期不履行的、没有争议的债权文书不经过民事诉讼程序,而由当事人直接申请有管辖权的人民法院强制执行,这样有利于迅速解决债务人不履行债务问题,及时保护债权人的合法权益,从而平息纠纷,减少诉讼,避免因诉讼而导致人力、物力和时间上的损耗,促进社会主义市场经济的有序发展。

公证机构作出的赋予债权文书具有强制执行效力的公证证明,

同审判机关作出的给付判决是相同的,都具有强制执行的法律效力。为了在实践中落实这一制度,我国《民事诉讼法》第 214 条第 1 款规定:"对公证机关依法赋予强制执行效力的债权文书,一方当事人不履行的,对方当事人可以向有管辖权的人民法院申请执行,受申请的人民法院应当执行。"这就表明,债权人有权根据公证机构的证明,直接申请人民法院强制执行追索债务,而不需要再向人民法院起诉。这就为赋予具有强制执行效力的债权文书的效力得以实现提供了法律上的保障。

(二)赋予强制执行效力的条件

应该明确,并不是任何经过公证的文书,也不是一切债权文书都具有强制执行的效力。公证机构所赋予具有强制执行效力的债权文书是一种特定的公证文书,应当符合一定条件和特定范围。最高人民法院和司法部 2000 年联合公布了《最高人民法院、司法部关于公证机构赋予强制执行效力的债权文书执行有关问题的联合通知》,该《通知》第 1 条明确规定了公证机构赋予强制执行效力的债权文书应当具备以下条件:

(1)债权文书具有给付货币、物品、有价证券的内容。

具有给付内容是债权文书可以被强制执行的基础,但只有具有给付货币、物品或者有价证券的内容,才属于公证机构可以赋予强制执行的条件。这里把债权文书限定在一定范围内,主要是考虑到涉及货币、物品或有价证券为内容的债权债务关系是比较明确的,对这种较明确的、简单的债权债务关系加以证明,是公证机构能够做到的。

(2)债权债务关系明确,债权人和债务人对债权文书有关给付内容无疑义。

从公证的性质看,能够赋予强制执行效力的应当是无争议的事项,如果债的关系本身就存在争议,当事人应当寻求其他途径解决。一般来说,公证机构无权处理存在争议、应当由诉讼解决的事项。因此,《公证法》第 40 条规定:"当事人、公证事项的利害关系人对公证书的内容有争议的,可以就该争议向人民法院提起民事诉讼。"

(3)债权文书中载明债务人不履行义务或不完全履行义务时,

债务人愿意接受依法强制执行的承诺。

也就是说，债务人在公证时已经明确知道自己不履行义务或者不完全履行义务时会产生被强制执行的法律后果，并且明确表示愿意承受这一后果。这种承诺实质上是债务人放弃其他救济途径，选择公证解决双方可能发生的纠纷的意思表示。缺少债务人的这一承诺，就说明债务人并未放弃通过其他程序解决纠纷的权利，不符合赋予强制执行效力的条件。

公证机构赋予强制执行效力的债权文书的范围：(1) 借款合同、借用合同、无财产担保的租赁合同；(2) 赊欠货物的债权文书；(3) 各种借据、欠单；(4) 还款(物)协议；(5) 以给付赡养费、扶养费、抚育费、学费、赔(补)偿金为内容的协议；(6) 符合赋予强制执行效力条件的其他债权文书。

债务人不履行或不完全履行公证机构赋予强制执行效力的债权文书的，债权人可以向原公证机构申请执行证书。公证机构仅仅依法行使法律赋予的证明债权文书有强制执行效力的特殊职能，其本身不能采取强制执行措施。强制执行措施只能由有管辖权的人民法院采取。实践中，当事人一般在合同履行前向公证机构提出办理具有强制执行效力的债权文书公证的申请。不过，如果债权文书在履行前没有办理公证，债权人在合同履行过程中申请公证机构办理强制执行公证的，公证机构也应当受理，但必须征求债务人的意见。对于符合上述条件，并且债务人同意在自己不履行义务或者不完全履行义务时愿意接受强制执行的，公证机构可以对该债权文书依法赋予强制执行效力。

(三) 对于强制执行效力的争议解决

2008年12月8日最高人民法院审判委员会第1457次会议通过的《最高人民法院关于当事人对具有强制执行效力的公证债权文书的内容有争议提起诉讼人民法院是否受理问题的批复》(以下简称"《批复》")中规定："根据《中华人民共和国民事诉讼法》第214条和《中华人民共和国公证法》第37条的规定，经公证的以给付为内容并载明债务人愿意接受强制执行承诺的债权文书依法具有强制执行效力。债权人或者债务人对该债权文书的内容有争议直接向人民法院提起民事诉讼的,人民法院不予受理。但公证债权文书确有错误,人民法院裁定不予执行的,当事人、公证事项的利害关系人可以就争议内容向人民法院提起民事诉讼。"

《批复》回答了当事人对具有强制执行效力的公证债权文书的内容有争议提起诉讼人民法院是否受理的问题,对于债权文书确有错误的情形,《批复》中没有解释,主要原因是情形十分复杂,需要个案判断。但我们考虑,以下几种情形应认定为"确有错误":(1)债权文书没有给付内容的;(2)债权债务关系约定不明确,双方当事人对债权文书约定的给付内容(数额、期限、方式)等存在争议的;(3)债权文书没有明确载明债务人愿意接受强制执行承诺的;(4)利害关系人有充分证据证明债权文书是债务人与债权人为规避法律义务、损害他人利益,恶意串通进行公证的;(5)公证员在办理公证时有受贿、舞弊行为的;(6)提交的证据足以推翻债权文书的;(7)人民法院认为执行该债权文书违背社会公共利益的。

公证书的强制执行效力往往与公证证明效力密切相关,因为赋予公证债权文书以强制执行效力,首先需要确认该债权的合法性、真实性,以及当事人的意思表示是否合法、有效。所以,其执行效力是以证明效力为基础的。

第三节 公证书的制作

作为法定程序,对于符合出证条件的公证证明事项,经过审核批准后,由公证处制作公证书。公证的效力和作用集中体现在公证书中,它是整个公证活动的结晶。因此,公证书的质量直接关系到公证活动的结果,关系到公证的法律效力。

一、公证书的制作要求

(一)主体要求

公证书只能由具备公证员资格的公证员签字或加盖签名章,才符合法律规定。

（二）形式要求

《公证法》第32条第1款规定："公证书应当按照国务院司法行政部门规定的格式制作,由公证员签名或者加盖签名章并加盖公证机构印章。公证书自出具之日起生效。"根据上述规定,公证员制作公证文书应当做到规范化,不能违反格式要求,不得任意制作。公证员应按照司法部《公证文书格式》制作公证书。根据司法部要求,全国各公证处全面推行使用要素式公证书格式。要素式公证书的证词内容包括必备要素和选择要素两部分。必备要素为公证书证词中必须具备的内容;选择要素为根据公证的实际需要或当事人的要求,酌情在公证书证词中写明的内容。要素式公证书必须根据不同公证证明事项的不同法律特征,确定公证书的真实性、合法性所需要的不同基本要素,采用不同的方式予以查清证实,最终依照法律作出有可靠证据力的要素式公证书证词,做到认定事实准确、适用法律得当。作为承办公证员,对公证书中查明和认定的每一项事实都要负最终责任,所以必须做到出证有据、有法可依。

（三）内容要求

公证证明事项的具体内容,有些全部体现在公证书的公证词中,例如,收养公证,出生、生存、死亡公证,婚姻关系公证,亲属关系公证等。但是,更多的是法律行为公证,公证书的公证词文字寥寥无几,具体内容主要体现在被证明的书面形式的法律行为之中,例如,委托书公证、遗嘱公证、协议公证等。因此,公证文书既包括公证书,也包括它所证明的文书等。具体要求是:(1)公证书的文字表述必须符合"三性"的要求,即真实性、合法性、可行性;(2)公证书的公证词与其所证明的法律文书(如合同、协议等)的内容必须保持一致,如果相互脱节或者相互矛盾,都会使公证书部分或者全部无效;(3)公证书的语言必须精炼,文字表述要准确。

二、公证书的制作过程

（一）草拟公证书

草拟公证书是制作公证书的第一道程序。《公证程序规则》第40条第1款规定："符合《公证法》、本规则及有关办证规则规定条件的公证事项,由承办公证员拟制公证书,连同被证明的文书、当事人提供的证明材料及核实情况的材料、公证审查意见,报公证机构的负责人或其指定的公证员审批。但按规定不需要审批的公证事项除外。"承办公证员在完成公证证明事项的审查工作后,对事实清楚、证据充分并符合上述条件的公证证明事项,应当及时草拟公证书。承办公证员应当根据公证证明事项的类别、内容、查明的事实及所依据的有关法律,按司法部规定或批准的格式草拟公证书。公证书拟好后,除主办公证员承办的不需要审批的公证证明事项外,承办公证员应将公证书连同公证卷宗一并报公证处主任、副主任或他们指定的公证员处审批。

(二) 公证审批

审批是为了适应我国公证工作的需要,为了保证公证书的质量,防止公证人员工作中的失误,而设立的一道不可或缺的工作环节。除主办公证员承办的不需要审批的公证证明事项外,其他都必须经过审批。任何人不得审批自己办理的公证业务。审批工作由公证处主任、副主任或他们指定的公证员负责。对重大复杂的公证证明事项,审批人应召开研讨会集体讨论或请示上级主管部门。

《公证程序规则》第41条规定:"审批公证事项及拟出具的公证书,应当审核以下内容:(1) 申请公证的事项及其文书是否真实、合法;(2) 公证事项的证明材料是否真实、合法、充分;(3) 办证程序是否符合《公证法》、本规则及有关办证规则的规定;(4) 拟出具的公证书的内容、表述和格式是否符合相关规定。审批重大、复杂的公证事项,应当在审批前提交公证机构集体讨论。讨论的情况和形成的意见,应当记录归档。"

(三) 制作公证书

公证处应按司法部规定或批准的格式制作公证书。根据规定,公证书由封面、正文、封底三部分组成。公证书封面采用铅印,正文以打字机或电脑采用3号字打印。需要贴照片的,照片要贴在正文的左下角。公证书按年度,由出证公证处根据规定自行编号。例如,(2009)京方正内民证字第××××号。经审批、编号的公证书即交付打印。打印好的公证书不得涂改、挖补,必须修改的应加盖公证处校对章。

《公证法》第 32 条第 2 款规定:"公证书应当使用全国通用的文字;在民族自治地方,根据当事人的要求,可以制作当地通用的民族文字文本。"《公证程序规则》第 43 条具体规定:"制作公证书应当使用全国通用的文字。在民族自治地方,根据当事人的要求,可以同时制作当地通用的民族文字文本。两种文字的文本,具有同等效力。发往香港、澳门、台湾地区使用的公证书应当使用全国通用的文字。发往国外使用的公证书应当使用全国通用的文字。根据需要和当事人的要求,公证书可以附外文译文。"

制作公证书还包括装订、盖章等数道工序。对发往域外使用的公证书,还要根据当事人或文书使用国的要求进行翻译。《公证法》第 33 条规定:"公证书需要在国外使用,使用国要求先认证的,应当经中华人民共和国外交部或者外交部授权的机构和有关国家驻中华人民共和国使(领)馆认证。"《公证程序规则》第 47 条规定:"公证书需要办理领事认证的,根据有关规定或者当事人的委托,公证机构可以代为办理公证书认证,所需费用由当事人支付。"

三、公证书的更正与撤销

(一) 公证书的更正

公证书的更正、修改,是指公证机构对已经发出的有不当之处的公证书,将其收回,进行修改、更正,或另行制发补正公证书的活动。《公证程序规则》第 63 条第 1 款第 2 项规定:"(2) 公证书的内容合法、正确,仅证词表述或者格式不当的,应当收回公证书,更正后重新发给当事人;不能收回的,另行出具补正公证书。"

公证处修改或更正公证书应当按法定程序进行,在原公证书上修改、更正的,修改、更正之处应当加盖公证处的校对章;对不宜在原公证书上修改、更正的,公证处应当重新制作公证书发给当事人;原公证书不能收回的,可以另行制发补充性的公证书。对已经发往域外使用的公证书的修改或更正,应当按司法部的规定备案。

（二）公证书的撤销

公证书的撤销，是指公证机构发现已经出具的公证书不真实、不合法，依法作出决定，予以撤销的活动。《公证法》第 39 条规定："当事人、公证事项的利害关系人认为公证书有错误的，可以向出具该公证书的公证机构提出复查。公证书的内容违法或者与事实不符的，公证机构应当撤销该公证书并予以公告，该公证书自始无效；公证书有其他错误的，公证机构应当予以更正。"

《公证程序规则》第 63 条具体规定："公证机构进行复查，应当对申请人提出的公证书的错误及其理由进行审查、核实，区别不同情况，按照以下规定予以处理：

（1）公证书的内容合法、正确、办理程序无误的，作出维持公证书的处理决定；

（2）公证书的内容合法、正确，仅证词表述或者格式不当的，应当收回公证书，更正后重新发给当事人；不能收回的，另行出具补正公证书；

（3）公证书的基本内容违法或者与事实不符的，应当作出撤销公证书的处理决定；

（4）公证书的部分内容违法或者与事实不符的，可以出具补正公证书，撤销对违法或者与事实不符部分的证明内容；也可以收回公证书，对违法或者与事实不符的部分进行删除、更正后，重新发给当事人；

（5）公证书的内容合法、正确，但在办理过程中有违反程序规定、缺乏必要手续的情形，应当补办缺漏的程序和手续；无法补办或者严重违反公证程序的，应当撤销公证书。

被撤销的公证书应当收回，并予以公告，该公证书自始无效。

公证机构撤销公证书的，应当报地方公证协会备案。"

公证书是法律文书，撤销公证书必须按法定程序进行，应当具有正当理由、足够的证据和充分的法律依据，不能随意撤销。撤销公证书应当采用决定方式。决定中应当写明被撤销公证书的名称、编号，撤销的理由和法律依据。

撤销公证书的决定应当送达当事人,并告知当事人对撤销公证书的决定有异议的复议程序。被撤销的公证书应当收回,不能收回的,应当公告撤销。对已经发往域外使用的公证书的撤销,应当按司法部的规定进行备案。

第六章 公证执业区域

第一节 公证执业区域概述

一、公证执业区域的概念

公证执业区域,是指各公证机构之间在不同的区域内办理公证业务的分工和权限。《公证程序规则》第13条将公证执业区域定义为,由省、自治区、直辖市司法行政机关,根据《公证法》第25条和《公证机构执业管理办法》第10条的规定以及当地公证机构设置方案,划定的公证机构受理公证业务的地域范围。原则上,每一个公证机构只能办理其执业区域范围内的公证业务,对于其法定区域以外的业务则不得受理。我国《公证法》第7条规定:"公证机构按照统筹规划、合理布局的原则,可以在县、不设区的市、设区的市、直辖市或者市辖区设立;在设区的市、直辖市可以设立一个或者若干个公证机构。公证机构不按行政区划层层设立。"公证执业区域与法院诉讼管辖是不同的,由于各公证机构之间地位平等,没有上下级之分,互相不隶属,所以公证执业区域没有执业区域级别的规定;而诉讼管辖中的级别管辖是法院行使管辖权的重要组成部分。因此,公证执业区域仅指公证机构受理公证业务的地域范围问题。明确公证执业区域,有利于保证公证机构正确行使职权,避免公证机构之间的业务冲突,也有利于方便当事人申请公证,保护公民的合法权益,发挥公证机构的职能作用。

根据我国法律规定,公证执业区域包括两方面的内容:(1)某一公证机构执行公证职务的区域范围;(2)按照哪种标准确定某一公证证明活动由特定的公证机构受理。

二、公证执业区域的确定原则

根据公证法律、法规以及我国国情,我国的公证执业区域是按照下列原则确定的:

第一,便于当事人申请公证的原则。我国地域辽阔,确立公证执业区域,应当考虑到方便当事人就近申请办理,降低当事人的成本。

第二,便于公证机构受理公证的原则。公证执业区域的确定既要考虑到方便当事人申请公证,又要考虑到方便公证处受理公证,提高公证工作的效率。

第三,平等原则。各公证机构之间地位平等,互相没有隶属关系,没有级别之分,各个公证机构平等地受理法律规定范围内的公证业务。

第四,均衡原则。公证机构的设置应当由国家司法行政机关统筹规划、合理布局设置,在全国范围内均衡合理配置公证资源,使公证机构的设置与区域内人口数量、公证业务量相符,尽可能使每一个公证处有一定合理数量的公证业务。

第二节 公证执业区域的划分

一、划分公证执业区域的意义

《公证程序规则》第三章专章规定了公证机构的执业区域,该《规则》第13条明确规定了公证执业区域的概念,第15条规定公证机构应当在核定的执业区域内受理公证业务。不同公证机构在确定的区域范围内执行公证职务,具有以下几方面的意义:

第一,保障当事人的合法权利。确定公证执业区域,就确定了公民、法人或者其他组织就特定事项能否提出公证申请,也确定了由哪一个公证机构进行公证证明,可以避免公证机构间互相推诿公证业务,对于保障当事人的合法权利具有重要意义。

第二,避免各公证机构之间不正当竞争。我国的公证员是介于国家公务员和自由职业者之间,具有双重身份和地位的法律事务执业者,一方面根据国家授权,行使证明权,维护国家利益和法律尊严;另一方面独立行使公证职能,独立承担民事责任,按法定标准收费。因此,有可能为多收取费用而产生不正当竞争。确定公证执业区域,对公证机构受理一定范围的事项作出明确分工,可以保障公证机构顺利履行公证职能,避免争夺公证业务,有效保障公证证明职能的实现。

第三,增强我国公证在世界各国间的公信力。在公证实践中,有很多是涉外公证与涉及我国港澳地区公证业务,确定公证执业区域,对于加强我国内地与港澳地区及国外的合作与交流,扩大开放,保障我国企业或者个人的竞争力,具有重要的意义。

二、公证执业区域的划分

《公证机构执业管理办法》第 10 条规定:"公证执业区域可以下列区域为单位划分:(1) 县、不设区的市、市辖区的辖区;(2) 设区的市、直辖市的辖区或者所辖城区的全部市辖区。公证机构的执业区域,由省、自治区、直辖市司法行政机关在办理该公证机构设立或者变更审批时予以核定。"也就是说,设置公证处时就应该考虑其执业区域的问题,同时决定此公证处在哪个区域范围内执业。

根据上述规定,公证机构的执业区域的划分单位分以下两种:(1) 以县、不设区的市、市辖区为单位划分各个公证机构的执业区域,此时,该公证机构的执业区域与县的行政区域一致;(2) 以设区的市、直辖市的辖区或者所辖城区的全部市辖区为单位划分各个公证机构执业区域,此时,公证机构的执业区域与行政管辖区域就有差别,具体区域由省级司法行政机关核定。公证机构应当在核定的执业区域内受理公证业务。

三、公证证明活动与公证执业区域

我国《公证法》第 25 条规定:"自然人、法人或者其他组织申请办理公证,可以向住所地、经常居住地、行为地或者事实发生地的公证机构提出。申请办理涉及不动产的公证,应当向不动产所在地的公证机构提出;申请办理涉及不动产的委托、声明、赠与、遗嘱的公

证,可以适用前款规定。"根据上述规定,公证执业区域主要按以下规则划分:

(1) 由当事人住所地的公证机构受理。

申请人是自然人的,住所地是指户籍所在地,通常以户口本或者身份证上登记的地址为准;申请人是法人或者其他组织的,住所地是指法人或者其他组织的办事机构所在地,通常以《法人营业执照》或者《营业执照》上登记的地址为准。因此,只要申请人的户籍所在地或者办事机构所在地在公证机构的执业区域内,公证机构就应当受理当事人的公证申请。

(2) 由当事人经常居住地的公证机构受理。

最高人民法院《关于贯彻执行〈中华人民共和国民法通则〉若干问题的意见(试行)》第9条第1款规定:"公民离开住所地最后连续居住1年以上的地方,为经常居住地。但住医院治病的除外。"我国《民法通则》第15条规定:"公民以他的户籍所在地的居住地为住所,经常居住地与住所不一致的,经常居住地视为住所。"法律之所以作出这样的规定,是因为司法实践中存在许多人住所地与经常居住地不一致的情况。如果要求申请人必须到住所地办理公证业务,会给申请人造成一定的困难。法律规定申请人可以到经常居住地办理公证业务,体现了公证执业区域的确定,充分考虑了便利当事人办证的原则。

(3) 由行为地的公证机构受理。

我国《民法通则》第54条规定:"民事法律行为是公民或者法人设立、变更、终止民事权利和民事义务的合法行为。"民事法律行为一般称为法律行为,是以意思表示为要素的法律事实,分为单方法律行为和双方法律行为。法律行为地,是指实施法律行为的地点。当事人申请办理的公证业务是法律行为时,法律行为发生地的公证机构有权受理。

(4) 由事实发生地的公证机构受理。

法律事实,是指能够引起法律关系产生、变更和消灭的事实。法律事实分为两类:一类是行为,即以人的意志为转移的法律事实;另一类是事件,即不以人的意志为转移的法律事件。司法实践中,法律事实一般通过具有法律意义的文书来表示。当事人申请办理的公证业务属于法律事实时,法律事实发生地的公证机构有权受理。例如,出生公证,即可由当事人出生地的公证机构受理。

(5) 由不动产所在地公证机构受理。

所谓不动产,是指无法移动或者一经移动就会损害其经济价值的物。我国《公证法》规定,涉及不动产的公证业务,应当由不动产所在地的公证机构受理。涉及不动产的公证业务包括范围很广,由申请人向不动产所在地执业的公证机构申请办理,有利于公证机构就近审查,还便于公证机构了解掌握不动产所在地的地方法律规范。但是,《公证法》和《公证程序规则》同时还规定"申请办理涉及不动产的委托、声明、赠与、遗嘱的公证,可以适用前款规定",即适用"可以向住所地、经常居住地、行为地或者事实发生地的公证机构提出"的规定。这一规定再次体现了便利当事人办证的原则,也体现了我国科学发展观和以人为本的原则,当事人可以根据需要选择适用。

此外,《公证程序规则》第 15 条规定:"二个以上当事人共同申办同一公证事项的,可以共同到行为地、事实发生地或者其中一名当事人住所地、经常居住地的公证机构申办。"第 16 条规定:"当事人向二个以上可以受理该公证事项的公证机构提出申请的,由最先受理申请的公证机构办理。"

第三节 公证机构执业的例外规定

公证机构执业的例外规定,是指在特定场合或特殊情况下,根据国际惯例、国际条约、双边协定以及国内相关法律规定,由公证机构以外的特定机关、组织或者公民代行公证职能。

公证职能原则上由公证机构行使,但在特殊情况下或者特定地域、场合,由于公证机构无法或不宜行使公证职能,根据国际惯例和相关法律规定,某些非公证机构的其他机关、组织或公民可以行使公证权,出具的证明文书与公证机构的公证文书具有同等法律效力,即具有公证效力。公证机构执业的例外规定有以下几种情形:

一、使(领)馆公证

国内公证机构只受理在我国境内的申请人申办的,或者境外当事人委托国内亲友代办的公证证明事务,但对于那些散居在世界各国的华侨以及中国血统的外籍人申办的公证证明事务,为方便华侨及外籍华人,维护他们的利益,有些情况下,我国驻外使(领)馆可以行使证明权。我国《公证法》第45条规定:"中华人民共和国驻外使(领)馆可以依照本法的规定或者中华人民共和国缔结或者参加的国际条约的规定,办理公证。"

一般情况下,我国驻外使(领)馆可以根据国际条约或法律规定,根据驻在国的我国公民的要求,办理公证证明事务。我国驻外使(领)馆办理公证证明事项的范围一般有证明委托书、遗嘱、继承权、子女出生、财产赠与、财产分割、财产转让以及亲属关系等。但是需要注意的是,多数情形下,我国驻外使(领)馆只受理中国公民在国外发生的事实的公证。公证事实发生在国内的,原则上应当向我国办理涉外公证证明业务的公证机构申请办理公证。当事人可以委托亲友在国内办理公证并经外交部领事司或者其授权单位认证,也可以经证书使用国驻华使(领)馆认证。外国公民(包括外籍华人)如果需要办理证明文件在中国使用,应当先在居住国当地办理公证,并经该国外交部或其授权机关认证后,再办理我国使(领)馆认证。

二、根据国际惯例由特定机关或特定人员出具证明

(一)商检机构的证明

商检机构是国家进出口检验部门,在我国是商品检验局,主要职责是对出口商品实施检验,办理进出口商品鉴定,对出口商品的质量和检验工作实施监督管理。根据国际惯例,商检机构签发的出口商品检验证书和进口商品检验证书与公证机构出具的公证文书具有同等的证明效力。

(二)卫生管理机构的证明

国家卫生管理机构有权出具免疫证书、健康检查证书、出生证书、死亡证书等,根据国际惯例,卫生管理机构出具的这些证明文书

与公证文书具有同等的证明效力。

（三）商标管理机构的证明

国家工商行政管理总局商标局主管全国的商标注册和管理工作，根据国际惯例，国家工商行政管理总局商标局颁发的商标注册证与公证文书具有同等的证明效力。

（四）特殊情况下有关公职人员的证明

在某些特殊的环境和特殊的场合下，当事人因情况紧急要求必须对某些事项进行证明，但是，由于受条件的限制，无法到公证机构办理证明事项。根据国际惯例，在场的有关公职人员出具的证明书与公证机构出具的证明文书具有同等的证明效力。这些证明书有以下几种：(1) 在航行中的船舶、航空器上的负责人，对在该船舶、航空器上公民的遗嘱、委托行为等所出具的证明书；(2) 在野外的勘探队、考察队队员以及其他在野外工作的组织的负责人，对其所属成员在野外工作期间的遗嘱、委托行为等所出具的证明书；(3) 执行剥夺自由的场所，如看守所、监狱等单位的负责人，对其管辖区内被剥夺自由人员的遗嘱、委托行为等所出具的证明书；(4) 部队的政治机关或军官，对其所属军职人员的遗嘱、委托行为等所出具的证明书。

第七章　公证法律责任

第一节　公证法律责任概述

公证是公证机构和公证员行使证明权的活动,具有社会公信力,因此公证机构及公证员应当保证公证对象的真实、合法。公证机构及公证员必须坚守执业纪律,坚持客观、公正的原则来办理公证事务,如果在公证的过程中由于自己的职务过错行为给公民、法人及其他组织的合法权益造成损害,则应该承担相应的法律责任。公证法律责任根据承担责任主体的不同,可以分为公证员的法律责任和公证机构的法律责任;根据承担责任性质的不同,可以分为行政法律责任、民事法律责任和刑事法律责任。

一、公证法律责任的概念和特征

公证法律责任有广义和狭义之分。广义的公证法律责任是指公证机构、公证员、当事人及公证活动的参与人对在公证的过程中由于自己的过错行为造成的危害结果所承担的不利后果。狭义的公证法律责任是指公证机构及公证员在办理公证业务时违反与公证相关法律、法规及规章,违反公证职业道德和执业纪律,给公证当事人及与公证事项有利害关系的人的合法权益造成损害时所应当承担的法律责任。这里的公证法律责任主要是狭义的,即公证机构及公证员在办理公证事务时可能承担的法律责任。公证法律责任主要有以下四个特征:

(1) 公证法律责任产生的原因是公证机构及公证员在办理公证业务时违反公证法律规定的义务。公证机构及公证员进行公证时必须依法认真履行自己的职责,遵守自己的职业道德和执业纪律,否则就应当承担相应的法律责任。

(2) 公证法律责任所保护的客体是公证活动秩序。由于有些公证机构或公证员在行使证明权时没有坚持依法客观、公正的进行公证,从而影响到了公证的公信力,甚至给公证当事人和公证利害关系人的合法权益造成损害,破坏了公证法律秩序。因此,法律通过规定公证法律责任来督促公证机构和公证员依法履行职责,防止有危害公证活动秩序的行为发生;同时对破坏公证活动秩序的行为予以纠正,以保证公证的公信力。

(3)公证法律责任的主体是公证机构或公证员。根据我国现行法律规定,公证行政责任是由公证机构或公证员承担;公证民事责任首先由公证机构承担,如果公证员存在过错,则可以向公证员进行追偿;公证刑事责任是由触犯《刑法》的公证员承担的。

(4)公证法律责任是公证员在履行公证职务的过程中发生的。公证法律责任针对的是公证机构及公证员在办理具体的一个或几个公证业务时有违反法律禁止性规定和违反执业纪律的行为,而这种行为只能在公证的过程中出现。如果其履行的不是职务上的行为,那么就不构成公证法律责任。

二、公证法律责任的构成要件

公证法律责任的构成要件是指公证机构及公证员承担公证法律责任应当具备的要素。根据我国法律、法规和公证实践,公证员承担法律责任应当具备以下要素:

(1)公证法律责任产生必须有公证机构及公证员的职务行为。

公证法律责任是公证员或公证机构在办理公证事务时没有履行法定义务所承担的不利后果,是在履行职务的过程中发生的。职务行为是公证法律责任首要构成要件,如果公证员的行为不是履行职务上的行为,而是其他行为,那么就不会产生公证法律责任。

(2)行为人主观上有过错。

过错是公证员承担法律责任主观要件,包括故意和过失。故意违反公证法律的行为无疑要承担法律责任,因为主观上违法的恶性比较大;因疏忽大意或过于自信违反公证法律的行为,只要符合承担法律责任的其他要件,同样也要承担法律责任。

(3) 承担公证法律责任的主体是公证机构或公证员。

公证法律责任是由于公证机构或公证员的过错行为引起的,因此公证机构或公证员是公证责任的主体,其他人员在公证过程中可能也会因为其过错行为导致损害结果的发生而承担一定的法律责任,但这种责任不是这里说的公证法律责任。

(4) 行为人的行为侵害了公证活动正常秩序,造成了一定的危害结果。

这里的损害事实包括违法行为造成的人身损害、财产损害以及对法律秩序、公共利益的损害。

(5) 职务过错行为与危害结果之间存在因果关系。

违法行为与危害结果之间的因果关系是指违法行为与损害事实之间存在内在的、直接的、必然的客观联系,如果两者之间没有因果关系,就不构成公证员的法律责任。

三、公证法律责任的意义和基本原则

明确公证法律责任,对维护国家法制和公证工作秩序,预防、减少和制裁公证活动中的违法行为,督促公证机构和公证员恪尽职守,依法办事,不断提高办证质量有重要意义。主要体现在以下几点:

第一,公证法律责任有利于促进公证员尊重客观事实,坚持依法客观公正的行使证明权,提高公证的质量,降低和避免错误公证结果的出现,从而保护当事人的合法权益。

第二,公证法律责任有利于公证员坚守职业道德,加强公证员的责任心和事业心,从而认真对待自己所从事的公证工作,严格依法办理公证事务,认真行使证明权。

第三,公证法律责任有利于提高公证的威信和威望。由于公证是一种证明权,具有法律证明效率和社会公信力,这就要求公证机构及公证员必须保证公证结果的真实性和合法性。公证机构及公证员在提供错误的公证书时承担法律责任,有利于在公众心目中树立公证机构的威望,提高公证员的社会地位,从而体现公证机构的权

威性。①

公证的目的在于预防经济纠纷，减少诉讼，维护市场经济秩序，保障交易安全，具有证明、沟通、服务、监督的社会职能。公证机构及公证员具有中立性、公益性、非营利性的属性，其追求的目标是证明对象的真实性与合法性。公证法律责任根据其性质的不同，其承担责任的原则有很大的不同。

第二节 公证刑事法律责任

一、公证刑事法律责任的概念和法律特征

公证刑事法律责任，是指公证机构、公证员在办理公证或从事与公证有关的职务活动中，触犯了《刑法》，并且构成犯罪，依法应当承担的受到刑事制裁的法律后果。公证刑事责任是公证机构及公证员法律责任中最严厉一种，刑事法律责任的特征如下：

(1) 公证的刑事责任的主体是公证机构及公证员。

(2) 公证的刑事责任必须是在办理公证或其他有关公证的事务中出现的。

(3) 公证刑事责任的产生是由于触犯了刑法保护的法益。

二、公证刑事法律责任的主要罪名和构成要件

公证刑事法律责任主要有玩忽职守罪、提供虚假证明文件罪、故意或过失泄露国家秘密罪和出售、非法提供公民个人信息罪。

（一）玩忽职守罪

玩忽职守罪是指国家机关工作人员不履行或不正确履行职责，致使公共财产、国家和人民利益遭受重大损失的行为。

(1) 本罪的主体是特殊主体，即国家机关工作人员。我国现阶段，存在三种体制的公证机构，即行政体制、事业单位体制与合作制，国家机关工作人员以外的其他任何人员，都不能单独成为本罪的主

---

① 沈红卫、谢财良主编：《新版公证法实例》，湖南人民出版社2006年版，第120页。

体。后两者的公证员不是国家机关的工作人员,不是本罪的主体,因此只有作为国家行政机关的公证机构的公证员才构成本罪的主体。

(2) 本罪在客观方面表现为公证员实施了玩忽职守的行为,并使公共财产、国家和人民利益遭受重大损失。本罪的客观方面包括以下两个要素:第一,公证员实施了玩忽职守的行为。所谓玩忽职守,是指行为人严重不负责任,不履行或不认真履行职责。其行为方式一般表现为不作为,但有时也可以表现为作为。其中,作为形式的玩忽职守是指公证员积极地实施与其职务或者职责相背离的行为,致使国家、人民利益和公私财产遭受重大损失;不作为形式的玩忽职守是指公证员消极地不履行职责或者职务,致使国家、人民利益和公私财产遭受重大损失的行为。第二,有使公共财产、国家和人民利益遭受重大损失的结果。

(3) 本罪侵犯的客体是国家正常的公证秩序。

(4) 本罪在主观方面只能是过失,即公证员应当预见到自己在办理公证的过程中不履行或不正当履行职责的行为可能会给公共财产、国家和人民利益遭受重大损失,过于自信或疏忽大意而没有预见。

(二) 提供虚假证明文件罪

提供虚假证明文件罪是指承担资产评估、验资、验证、会计、审计、法律服务职责的人员或单位故意提供虚假证明文件,情节严重的行为。本罪的主体是具有一定身份的特殊主体。一般情况下主要是资产评估师、注册会计师、审计师及法律服务机构,我国将公证机构定性为证明机构,其所提供的公证服务是一种法律服务,所以本罪的主体当然包括公证机构和公证员。本罪的客体是国家对工商企业的活动管理秩序。主观方面必须出于故意,即公证机构及公证员明知自己所提供的有关证明文件有虚假内容但仍决意提供。客观方面实施了提供虚假证明文件,情节严重的行为。这里所说的虚假证明文件,既包括伪造的证明文件,也包括内容虚假的文件,主要是指应顾客要求,在资产评估、验资、验证、会计、审计、法律服务等方面,出具虚假的有关证明文件,包括有关资料、报表、数据和各种结果、结论方面的报告和材料等。

（三）故意泄露国家秘密罪或过失泄露国家秘密罪

根据《刑法》的规定，国家机关工作人员违反国家保守秘密法的规定，故意或过失泄露国家秘密，情节严重的，构成故意泄露国家秘密罪或过失泄露国家秘密罪。非国家工作人员犯此罪的，依照国家机关工作人员的相关规定酌情处罚。公证员应当保守在执业活动中知悉的国家秘密，不得以任何形式泄露。公证员泄露在执业活动中知悉的国家秘密，情节严重，依法应当承担相应的刑事责任。

本罪构成要件如下：

（1）本罪的主体主要是国家机关工作人员。此外，非国家机关工作人员泄露国家秘密，情节严重的，也应构成本罪。我国现阶段公证机构有三种不同的体制，无论公证员在何种性质的公证机构工作，都可以成为本罪的主体。

（2）本罪在主观方面只能是故意。故意泄露国家秘密的动机是多种多样的，不管公证员泄露国家秘密的动机如何，只要泄露了国家秘密，情节严重，就成立本罪。

（3）本罪在客观方面表现为公证员在办理公证事务的过程中违反国家保守秘密法的相关规定，泄露国家秘密，情节严重的行为。具体来讲，本罪在客观上包括下列三个要素：一是公证员有违反有关国家保守秘密法的规定。这里的国家保守秘密法的规定并不局限于《中华人民共和国保守国家秘密法》、《中华人民共和国保守国家秘密法实施办法》，还包括各有关的国家机关，依据我国《保守国家秘密法》所规定的保密范围、保密制度和职责，要求结合本部门、本单位的实际情况所作的具体保密规定。二是泄露国家秘密。这里的泄露，是指公证员把自己在公证活动中知悉的国家秘密泄露给不该知悉此项秘密的单位或个人。泄露的方式多种多样，可以是在交谈中主动告知，也可以是把含有国家秘密内容的文件借他人阅读或复印，但这都不影响本罪的成立。三是泄露国家秘密，情节严重。

（4）本罪侵犯的客体是国家的保密制度。这里所说的保密制度就是指我国现行有效的保守国家秘密的法律、法规所形成的一系列法律制度。① 本罪的对象是国家秘密,根据《保守国家秘密法》的规定,国家秘密是指关系到国家的安全和利益,依法定程序在一定时间内只限于一定范围内的人员知悉的秘密事项,涉及国家事务的重大决策、国防建设和武装力量活动、外交及外事活动、国民经济和社会发展、科学技术、国家安全及追查刑事犯罪等各个方面。并且,本罪所说的国家秘密,包括"绝密"、"机密"、"秘密"三个密级的国家秘密。

过失泄露国家秘密罪除了主观方面是过失,刑罚较轻以外,与故意泄露国家秘密罪在其他构成要件上差别不大,故在此不再论述。

(四)出售、非法提供公民个人信息罪

《刑法》第253条规定,国家机关或者金融、电信、交通、教育、医疗等单位的工作人员,违反国家规定,将本单位在履行职责或者提供服务过程中获得的公民个人信息,出售或者非法提供给他人,情节严重的,处3年以下有期徒刑或者拘役,并处或者单处罚金。本罪的构成要件:

(1)犯罪主体是特殊主体,即国家机关或者金融、电信、交通、教育、医疗等单位的工作人员。如果办理公证过程中将获得的公民个人信息出售、非法提供给他人是属于国家行政体制和事业单位体制下的公证机构,那么这种情形下公证员可以构成本罪的主体。

(2)行为人实施了将本单位在履行职责或者提供服务过程中获得的公民个人信息,出售或者非法提供给他人的行为。由于公证机构是提供公共服务的证明机构,本罪在公证活动中表现为公证员把在提供法律服务的过程中获得的公民个人信息出售或非法提供给他人。

(3)情节必须严重。这里的情节严重是指由于非法将公民的个人信息出售、提供给他人严重影响了公民的正常生活,或者公民的个人信息被他人利用来实施违法犯罪活动,行为人是否以谋利为目的出售、提供公民个人信息不影响本罪的成立。

---

① 王作福主编:《刑法》,中国人民大学出版社2007年第3版,第735页。

三、对公证机构和公证员主体资格的再认识

我国《公证法》规定公证机构是依法设立,不以营利为目的,依法独立行使公证职能、承担民事责任的证明机构。根据该项规定排除了公证机构是国家机关的行政属性,确立了独立法人的地位,并且明确指出,公证机构是不以营利为目的的证明机构。《公证法》实际采取直白叙述的方式,告诉公证机构的任务是什么,改变了过去把公证机构当做国家行政机关的做法,确立了独立法人的地位,这是一个很大的进步,也符合中国国情,但是却有意回避了公证员的法律属性问题。在现行公证体制下,公证员从属于公证机构,采取的是机构本位主义,具有很强的二元性色彩。由于公证员是以自己的专业法律知识为当事人提供公证服务,具有专家的特性,这就决定了公证员完全可以成为独立承担法律责任的主体。我国的公证体制改革应当把公证员定性为自由职业者,而公证机构是公证员为当事人提供公证服务的一个平台,只是公证员的执业场所,使公证员个人拥有独立的公证证明权,对错误公证带来的法律责任由公证员独立来承担,公证机构不再承担由公证员过错导致的法律责任。只有这样才能发挥公证员的积极性和加强公证员的责任感,提高公证的质量和效益,更好地为我国社会主义市场经济服务,为市场交易提供安全保障。同时实行"以人为本"的责任主体模式,有利于提高公证员的社会地位,增强社会公众对公证员出具的公证文书的信任度。

第三节 公证行政法律责任

一、公证行政法律责任的概念和特征

公证行政法律责任是指公证机构、公证员在办理公证事项的活动中或者其他与公证有关的活动中,违反行政法律、法规、规章及行政纪律的规定,但尚未构成犯罪的,依法应当承担行政法上的法律后果。行政法律责任是司法行政部门在对公证机构和公证员进行管理的过程中,对有违反公证行政管理秩序的行为实施的行政处罚权,具

体分为两种,即公证行政处罚和行政处分。公证行政法律责任有以下特征:

(1) 公证行政法律责任实行分级处罚原则。有权行使行政处罚权的主体有两级,一级是省、自治区、直辖市人民政府司法行政部门,另一级是设区的市人民政府司法行政部门。应注意司法部和不设区的市、县、区人民政府司法部门对此没有行政处罚权。两级司法部门都有权作出警告、罚款、停止执业、没收违法所得这四种处罚,而吊销执业证书的行政处罚只能由省、自治区、直辖市人民政府司法行政部门作出。

(2) 公证行政法律责任实行责任法定原则。只有行政法律规范明确规定的行为才能追究行政法律责任。现阶段法律具体规定了12种情形。[①] 按照公证机构及公证员违反程度的不同,《公证法》规定了轻重不同的处罚。

(3) 公证行政法律责任是由于公证机构及公证员违反行政法律规范所引起的。公证机构及公证员行使的是证明权,关系到公共利益,国家司法行政机关对公证机构与公证员进行管理和规范,对违反行政法律法规但还没有构成犯罪的行为依法进行制裁。

(4) 公证行政法律责任性质是国家司法行政机关依法行使国家行政处罚权,具有国家强制性。这是公证机构及公证员承担行政法律责任与民事法律责任和刑事法律责任的主要区别,也决定了公证机构承担行政法律责任的方式及后果与民事和刑事法律责任的不同。

二、公证行政处罚的条件和救济手段

公证行政处罚的条件是指司法行政部门在什么样的情况下才能对公证机构及公证员给予行政处罚。

首先,公证机构及公证员的行为出现了法律规定应当给予行政处罚的情形。《公证法》第41条和第42条对违法情形以列举的形

---

① 陈宜、王进喜主编:《律师公证制度与实务》,中国政法大学出版社2008年版,第382页。

式做了详细规定。

《公证法》第41条规定公证机构及公证员承担一般行政法律责任的情形:(1)以诋毁其他公证机构、公证员或者支付回扣、佣金等不正当手段争揽业务的;(2)违反规定收费标准收取公证费的;(3)同时在两个以上公证机构执业的;(4)从事有报酬的其他职业;(5)为本人及近亲属办理公证或者办理与本人及近亲属有利害关系的公证的;(6)依照法律、行政法规的规定,应当给予处罚的其他行为。

《公证法》第42条规定了公证机构及公证员承担较为严重的行政法律责任的情形:(1)私自出具公证文书的;(2)为不真实、不合法的事项出具公证书的;(3)侵占、挪用公证费的或者侵占、盗窃公证专用物品的;(4)毁损、篡改公证文书或者公证档案的;(5)泄露在执业活动中知悉的国家秘密、商业秘密或者个人隐私的;(6)依照法律、行政法规的规定,应当给予行政处罚的其他行为。

其次,行政处罚只能由有权的行政机关作出,即只能由省、自治区、直辖市或者设区的市人民政府司法行政部门作出,这里特别注意的是对于情节严重,需要吊销公证员执业证书的只能由省、自治区、直辖市人民政府司法行政部门作出,其他机关无权作出此项行政处罚。

司法行政机关在对公证机构及公证员作出行政处罚决定之前,应当告知其查明的违法行为事实、违法的理由及根据,并告知其依法享有的权利。口头告知的,应当制作笔录。公证机构及公证员有权进行陈述和申辩,有权依法申请听证。公证机构及公证员对行政处罚决定不服的,可以申请行政复议或者提起行政诉讼。

三、公证员执业纪律概述

公证员的执业纪律包括两个方面的内容,即公证员的职业道德和执业纪律。公证员执业纪律是公证证明活动的真实、合法与公信力的重要保障。公证员在执业的过程中必须遵守公证员职业道德和执业纪律。公证员行使的是证明权,如果没有执业纪律进行自我约束,就难以保证公证文书的客观、公正,从而使公证在社会公众心中的地位和声誉难以得到提高,不利于公证事业的健康发展。公证员在公证机构和公证协会的管理下进行自我约束、自我规范,公证员执业纪律是一种行业自律,是对公证法律规范的必要补充,是公证制度的不可分割的重要组成部分。公证员是行使证明权的法律专业人员,公证制度建设是一个国家法治建设的重要组成部分,对维护市场经济的良好秩序发挥着非常重要的作用,因此,加强公证员执业纪律具有十分重要的意义。公证是一项严肃的法律行为,公证员只有恪守职业道德和执业纪律才能保证其出具的公证文书的客观、公正、合法和真实,从而避免因错误公证给当事人和公证利害关系人的合法权益造成损害。加强公证员的执业纪律教育是提高公证业务水平的重要保障,通过纪律约束促使公证员严格依照法定条件和法定程序履行公证职务,通过对违纪者批评教育来保障公证业务水平的质量。

第四节 公证民事法律责任

一、公证民事法律责任的概念和特征

公证民事法律责任是指公证机构及公证员在公证活动中由于过错致使公证文书发生错误,给当事人及利害关系人的合法权益造成损失,公证机构依法向当事人及利害关系人承担的民事赔偿责任。这种民事赔偿责任即公证赔偿责任,其主要是一种财产责任。

公证民事法律责任与其他责任不同,有其自身的特征:

(1) 公证民事法律责任是公证机构对当事人及公证事项利害关系人所承担的一种赔偿责任。在我国公证文书是以公证机构的名义出具的,而不是以公证员的名义出具,所以公证机构对公证文书的错误承担民事责任,但是公证机构承担民事赔偿责任后,对故意或重大过失导致公证书出现错误的公证员依法享有追偿权。

(2) 公证民事法律责任是由于公证员违法行为所引起的。由于公证员为严格按照各种法律规范审查当事人的身份、资格、行为能力、意思表示,为严格审查当事人提供的证明材料是否充实、充分等。如果公证员不存在过错,损害结果是由他人造成的,那么公证机构和

公证员无须承担民事责任,就不需要赔偿和退还公证费了。

(3) 请求公证赔偿的主体是公证当事人和公证事项的利害关系人。公证当事人是指向公证机构提出申请的自然人、法人或其他组织。公证事项的利害关系人是指基于对公证文书的信赖与公证申请人进行民事行为,却因公证文书的错误导致利益损害的主体。[①]

(4) 公证民事赔偿责任的范围应与给当事人造成的损害相适应。民事赔偿责任的主要目的在于弥补当事人及利害关系人的因错误公证遭受的损失。如果赔偿的数额少于实际的损失,当事人及利害关系人的权益就难以得到保障。由于公证机构不是以营利为目的,它是行使证明权的法律服务机构,如果让其承担的数额大于实际的损失,公证机构将难以承受,同时违反了民法上的公平原则。

二、公证民事法律责任的构成要件

公证民事法律责任由以下条件构成:

(1) 公证机构及其公证员有过错。这种过错既可以是故意也可以是过失。如果公证员没有过错则公证机构不需要承担赔偿责任,如果公证员与当事人都有过错,则按过错的程度,由双方按比例分担责任。

(2) 公证机构及其公证员的行为具有违法性。公证员出具错误的公证书是由于其违反法律、法规的规定,未按照有关规程进行公证,也就是说公证员在公证的过程中有违法行为才承担民事法律责任。如果公证员的行为本身并没有违法,则公证机构不需要承担赔偿责任。

(3) 有当事人及公证事项利害关系人的损害结果的出现。公证机构承担民事赔偿责任必须是当事人或利害关系人确有损害发生。即使公证员行为违法,而无当事人或利害关系人的损害结果,那么公证机构也不负赔偿责任。

(4) 公证员的过错行为与当事人及利害关系人的损害结果之间存在因果关系,这种因果关系是直接的、内在的、必然的关系。如果

---

① 关金华主编:《律师与公证》,厦门大学出版社2007年版,第447页。

公证员的过错行为与当事人及利害关系人的损害结果不存在因果关系,那么公证机构也不需要承担赔偿责任。

三、承担公证民事法律责任的程序和法律救济

（一）承担公证民事法律责任的程序

追究任何法律责任都必须依照法定程序进行,承担公证民事法律责任同样也不例外。一般而言,承担公证民事法律责任的程序一般分为启动、调查、裁决。

1. 启动程序

民事赔偿程序的启动来自两个方面。一个方面是当事人或公证利害关系人认为公证员在进行公证时有违法行为,并对其合法权益造成了损害而向公证机构或司法行政机关、公证协会投诉;另一方面是司法行政机关和公证协会对公证工作的例行检查时发现公证文书存在错误以及人民法院在民事诉讼中发现相反的证据足以推翻公证证明或者认为公证书确有错误,依职权作出裁定。

2. 调查程序

在此程序中,调查机关的工作重点是查明公证员在办理公证的过程中是否依法履行了义务,尽职是判定公证员是否承担法律责任的重要标准。公证员的尽职调查是一个非常复杂的问题,需要调查人员具有较高的执法水平。这里的义务主要是指公证员在办理公证时有没有履行法律、法规、司法部门规章规定的义务以及公证员的职业道德和执业纪律。

3. 裁决程序

受理机关在调查程序中要坚持客观、公正的原则,认真审查证据,在查清事实,分清责任的基础上作出裁决。对于公证机构及公证员确实存在过错违法行为,且错误的公证书导致了公证当事人及利害关系人损失,应当裁定公证机构及时向当事人及利害关系人作出赔偿;对于公证机构及公证员没有过错,公证书正确的公证,即使当事人及利害关系人有损失,也应当裁决驳回当事人及利害关系人的申请。

（二）公证民事法律责任的法律救济

对受理机关作出的裁决不服,公证机构及公证员可以在法定期限里依照法定程序提起行政复议或行政诉讼;对人民法院的判决、裁定不服的,依法提起上诉或者申诉,充分保护自己的合法权益。

四、公证处与公证员在承担民事法律责任时的关系

在我国,公证民事法律责任实行的是机构本位主义。公证文书是以公证处的名义出具的,公证员的公证行为是职务行为,因此法律规定具体承办某项公证业务的公证员虽然实施了侵权行为,却不是侵权责任的承担者,而由公证员所属的公证处承担民事赔偿责任。如果公证员在公证过程中存在故意或重大过失,公证机构在向公证当事人及利害关系人承担赔偿责任后,有权向其追偿。需要注意的是对外承担民事责任时公证处与公证员既不是补充关系也不是连带关系。

五、公证责任保险

目前国内许多公证机构不具备承担民事赔偿责任的能力,使公证民事法律责任难以实现。因此需要建立公证责任保险制度来弥补公证机构赔偿能力不足,维护当事人的合法权益。公证责任保险是公证机构由于在进行公证时由于存在过错行为给公证当事人及利害关系人的合法权益造成损害,需要承担民事赔偿责任,在公证执业责任保险合同规定的范围内,由保险人对公证机构应当承担的民事赔偿金及有关费用给予支付的一种法律制度。

2002年12月8日,中国公证员协会(现公证协会)与中国人民保险公司在北京正式签订了《公证责任保险合同》,投保了公证责任险。这种公证责任保险是强制性全行业统一保险,是由中国公证协会代表全体公证机构向保险公司投保的,以公证机构为被保险人的公证责任保险。公证保险人所应承担的赔偿责任,一般包括:(1)人民法院判定或经保险人同意由公证机构与赔偿当事人协商确定的因公证责任引起的赔偿金额;(2)人民法院收取的诉讼费;(3)其他诉讼费用,如律师费、调查取证费;(4)法律规定或保险合同约定应当由保险人承担的费用。

第八章 公证程序

公证程序是公证机构和公证当事人依照法律、法规实施公证行为、办理公证证明事项时必须遵守的步骤和规则。公证程序是公证法的核心内容。严格遵守公证程序，不仅有利于公证机构公证活动的规范化、统一化，确保公证质量和公证效力，而且有利于保障公证当事人的合法权益。

第一节 申请和受理程序

一、申请

申请，是指自然人、法人或者其他组织向公证机构提出办理公证请求的行为。在我国，公证机构办理公证源于当事人的申请，没有申请公证行为就无法启动公证程序。当事人向公证机构提出公证申请，标志着公证活动的开始。

（一）公证申请人

在公证活动过程中，向公证机构提出办理公证请求的人，称为公证申请人。《公证程序规则》第9条规定："公证当事人是指与公证事项有利害关系并以自己的名义向公证机构提出公证申请，在公证活动中享有权利和承担义务的自然人、法人或者其他组织。"可见，向公证机构提出办理公证申请的人与公证当事人是有区别的，并非所有的公证申请人都能够成为公证当事人，只有当公证申请人符合法律规定的条件，公证申请人的公证申请被公证机构受理后，公证申请人才能够成为公证当事人。要想成为公证当事人需要具备以下几个条件：(1) 以自己的名义向公证机构提出申请；(2) 与申请办理公证的事项有法律上的利害关系；(3) 能够以自己的名义享受权利和承担义务。

(二) 公证申请的提出

申请公证是公证当事人行使权利的一项重要活动,是公证机构进行公证证明的前提,没有当事人的申请,就没有公证证明。当事人不申请公证的,公证机构不得主动要求或者强迫当事人申请公证。

1. 当事人及其法定代理人申请

申请办理公证应当由本人亲自向公证机构提出申请。《公证程序规则》第10条规定:"无民事行为能力人或者限制民事行为能力人申办公证,应当由其监护人代理。法人申办公证,应当由其法定代表人代表。其他组织申办公证,应当由其负责人代表。"

2. 当事人及其法定代理人委托代理人申请

我国《公证法》第26条规定:"自然人、法人或者其他组织可以委托他人办理公证,但遗嘱、生存、收养关系等应当由本人办理公证的除外。"当事人、当事人的法定代理人、法人的法定代表人或者其他组织的主要负责人可以委托他人办理公证。

公证员、公证机构的其他工作人员不得代理当事人在本公证机构申办公证。

《公证程序规则》第12条规定:"居住在香港、澳门、台湾地区的当事人,委托他人代理申办涉及继承、财产权益处分、人身关系变更等重要公证事项的,其授权委托书应当经其居住地的公证人(机构)公证,或者经司法部指定的机构、人员证明。居住在国外的当事人,委托他人代理申办前款规定的重要公证事项的,其授权委托书应当经其居住地的公证人(机构)、我驻外使(领)馆公证。"

3. 必须亲自申请的情形

根据《公证程序规则》第11条的规定,遗嘱、遗赠扶养协议、赠与、认领亲子、收养关系、解除收养关系、生存状况、委托、声明、保证及其他与自然人人身有密切关系的公证证明事项应当由当事人或当事人的法定代理人亲自申请办理,不能委托他人代理。如果这些人亲自申办确有困难,如委托人因为体弱多病,不能亲自到公证机构办理公证,经申请,公证员可到当事人住所地办理公证业务。

(三) 申请的方式

申请应当以申请表形式提出。公证申请表是一种规范化、表格化的公证申请书。公证申请是公证机构办理公证证明事项的重要依据,申请人必须认真、如实填写公证申请表。《公证程序规则》第17条规定:"自然人、法人或者其他组织向公证机构申请办理公证,应当填写公证申请表。公证申请表应当载明下列内容:(1)申请人及其代理人的基本情况;(2)申请公证的事项及公证书的用途;(3)申请公证的文书的名称;(4)提交证明材料的名称、份数及有关证人的姓名、住址、联系方式;(5)申请的日期;(6)其他需要说明的情况。申请人应当在申请表上签名或者盖章,不能签名、盖章的由本人捺指印。"

当公证的事项是双方或多方法律行为时,各方当事人应分别填写公证申请表。通常情况下,申请人申请办理公证应当亲自填写公证申请表,并签名或者盖章。但是,如果公证申请人因为不识字或者身体原因等特殊情况,亲自填写公证申请表有困难,公证员可以代为填写,填写完毕后,公证员应当向申请人宣读,或者交申请人核对,并由申请人签名、盖章或者在申请表上捺指印。

(四)申请公证时应提交的材料

自然人、法人或其他组织申请公证,除填写公证申请表外,还应当向公证机构提供真实、合法、充分的证明材料,并如实说明有关情况。《公证法》第27条第1款规定:"申请办理公证的当事人应当向公证机构如实说明申请公证事项的有关情况,提供真实、合法、充分的证明材料;提供的证明材料不充分的,公证机构可以要求补充。"《公证程序规则》第18条规定:"自然人、法人或者其他组织申请办理公证,应当提交下列材料:(1)自然人的身份证明,法人的资格证明及其法定代表人的身份证明,其他组织的资格证明及其负责人的身份证明;(2)委托他人代为申请的,代理人须提交当事人的授权委托书,法定代理人或者其他代理人须提交有代理权的证明;(3)申请公证的文书;(4)申请公证的事项的证明材料,涉及财产关系的须提交有关财产权利证明;(5)与申请公证的事项有关的其他材料。"上述材料具体包括:

1. 自然人的身份证明主要包括居民身份证、护照、军官证、港澳居民往来大陆通行证、台胞证、户口簿等。法人资格证明主要指企业法人营业执照、社会团体法人登记证书、事业单位法人证书等。法定代表人的身份证明主要指任命书、聘任书等。其他组织的资格证明主要指其他组织依法成立的证明书等。其他组织负责人的身份证明主要指能够证明某个自然人是该组织负责人的材料。

2. 代理人代为申请的,委托代理人除须提交授权委托书、代理权证明外,还应提交其身份证明。

3. 申请公证的文书通常分为两类,一类是法定机关制定的文书,包括毕业证书、学位证书、结婚证、驾驶证等;另一类是当事人制作的文书,包括合同、协议、遗嘱、声明书等。申请人应当向公证机构提供文书原件。

4. 与公证的事项有关的财产权利证明。例如,办理转移房屋产权的公证应当提交房产证,办理转让专利权的公证则应提交专利权证书等。

5. 与公证的事项有关的其他材料。如继承权公证中,被继承人的死亡证明,申请人与被继承人之间关系的证明等。

二、受理

受理,是公证机构对自然人、法人或者其他组织提交的公证申请表进行审查后,决定接受公证申请并开始办理公证的行为。公证机构受理公证申请标志着公证机构和公证当事人之间的公证法律关系形成,公证机构的公证活动开始。

(一) 受理的条件

申请人向公证机构提出公证申请,公证机构并不是一定受理,只有符合法定条件的,公证机构才予以受理。《公证程序规则》第19条规定:"符合下列条件的申请,公证机构可以受理:(1) 申请人与申请公证的事项有利害关系;(2) 申请人之间对申请公证的事项无争议;(3) 申请公证的事项符合《公证法》第11条规定的范围;(4) 申请公证的事项符合《公证法》第25条的规定和该公证机构在其执业区域内可以受理公证业务的范围。法律、行政法规规定应当公证的事项,符合前款第1项、第2项、第4项规定条件的,公证机构应当受理。对不符合本条第1款、第2款规定条件的申请,公证机构不予受理,并通知申请人。对因不符合本条第1款第4项规定不予受理的,应当告知申请人向可以受理该公证事项的公证机构申请。"

(1) 要求申请人与申请公证的事项有利害关系,是指申请人对申请公证的事项有法律上的实体权利,并对申请人的身份关系或者财产关系产生法律上的影响。

(2) 申请人之间对申请公证的事项无争议。公证是一种非诉讼活动,公证的目的是为了预防纠纷减少诉讼,而不是为了解决纠纷。如果申请人申请办理公证的事项已经产生纠纷,公证机构就不能受理申请人的申请。

(3)《公证法》第11条是对公证机构证明业务范围的原则规定。公证机构一般应以是否属于该条规定的证明业务范围决定是否予以受理。但是,申请事项属于法律、行政法规规定应当公证的,不受《公证法》第11条规定的范围的限制。

(4) 申请公证的事项属于公证机构的执业区域。法律确定公证机构的执业区域,是为了防止公证机构之间产生不正当的竞争,影响公证证明的质量。因此,公证机构受理公证申请,应严格遵守《公证法》关于公证机构执业区域的规定。

(二) 对申请的审查

对于申请人提出的申请,公证机构应当进行审查,符合受理条件的,予以受理。公证机构受理公证申请后,应当向申请人发送受理通知单。申请人或其代理人应当在回执上签收。不符合条件的申请,公证机构不予受理,并通知申请人。因不属于本公证机构管辖而不予受理的,应当告知申请人向可以受理该事项的公证机构申请。

(三) 受理的程序

公证机构决定受理申请人的公证申请后,根据《公证法》及《公证程序规则》的规定,应当做好以下几方面的工作:

(1) 制作受理通知单。

受理通知单是公证处制作并发给公证当事人的,告知公证处受理其公证申请决定的法律文书。《公证程序规则》第20条规定:"公证机构受理公证申请后,应当向申请人发送受理通知单。申请人或其代理人应当在回执上签收。"受理通知单的作用在于,使当事人明确公证处受理的日期和承办该公证证明事项的公证员,便于其在公证活动中行使权利、履行义务,便于社会对公证工作进行监督;也有利于公证处强化管理,明确责任,堵塞工作漏洞,提高工作效率。

(2)履行告知义务。

《公证程序规则》第21条规定:"公证机构受理公证申请后,应当告知当事人申请公证事项的法律意义和可能产生的法律后果,告知其在办理公证过程中享有的权利、承担的义务。告知内容、告知方式和时间,应当记录归档。"

(3)建立公证卷宗。

《公证法》第35条规定:"公证机构应当将公证文书分类立卷,归档保存。法律、行政法规规定应当公证的事项等重要的公证档案在公证机构保存期满,应当按照规定移交地方档案馆保管。"

(4)收取公证费。

《公证程序规则》第22条规定:"公证机构受理公证申请后,应当按照规定向当事人收取公证费。公证办结后,经核定的公证费与预收数额不一致的,应当办理退还或者补收手续。对符合法律援助条件的当事人,公证机构应当按照规定减收或者免收公证费。"当事人交纳公证费确有困难的,应当以书面形式提出减、免公证费的申请,申请书中应当写明申请减、免的数额和理由,由公证处主任或副主任作出是否减、免的决定。

第二节 审查核实程序

公证的审查核实,是指公证机构受理公证申请后,在收集有关证据的基础上,对当事人申请公证的事项和提供的证据材料进行了解、查证的活动,审查核实是公证活动中比较重要的环节,是保证公证机构出具的公证书真实合法的关键。

一、审查核实的内容

《公证程序规则》第24条规定:"公证机构受理公证申请后,应当根据不同公证事项的办证规则,分别审查下列事项:(1)当事人的人数、身份、申请办理该项公证的资格及相应的权利;(2)当事人的意思表示是否真实;(3)申请公证的文书的内容是否完备,含义是否清晰,签名、印鉴是否齐全;(4)提供的证明材料是否真实、合法、充分;(5)申请公证的事项是否真实、合法。"

1. 当事人的身份情况

审查当事人的人数,主要是审查当事人是否有遗漏,同时也是为了避免出现无权利义务关系的第三人。审查当事人的身份,主要是审查当事人是否是与公证证明事项有利害关系的人。资格审查,主要是审查当事人是否具有民事行为能力。权利审查,主要是审查当事人是否具有与申办公证有关的权利。

2. 当事人的意思表示

当事人的意思表示真实,是民事法律行为产生预期法律后果的前提条件。司法实践中,经常发生在欺诈、胁迫等情况下作出的不真实的意思表示,在这种情况下,民事法律行为不会产生预期的法律后果。因此,在办理公证过程中,应当对当事人申请办理公证证明事项的意思表示认真进行审查,以保证经过公证机构公证的法律事项产生预期的法律效力。

3. 申请公证的文书

文书内容完备,是指需要公证文书的基本内容和辅助内容符合法律和当事人的要求,具有合法性、合理性和可行性。含义清晰,是指需要公证文书的内容在文字表述上应当做到理解上的唯一性。签名、印鉴齐全,是指需要印鉴、盖章的文书上有关人员都已经签名、盖章,无遗漏和差错。

4. 提供的证据材料

公证机构对当事人提供的各种证据材料应当认真进行审查,只有确定各种证据材料真实、合法、充分的情况下,符合法定的办证条件,才能为当事人办理公证。

5. 申请公证的事项

当事人申请办理公证的事项是否真实、合法,是公证机构审查的重点。因为公证证明的主要目的,就是证明法律行为、具有法律意义的事实和文书的真实性和合法性。需要公证的事项必须是真实的、客观存在的,必须是符合法律规定的。虚构、伪造、违法的事实,公证机构不能予以公证。

二、需要核实的情形及核实方法

《公证法》第 29 条规定:"公证机构对申请公证的事项以及当事人提供的证明材料,按照有关办证规则需要核实或者对其有疑义的,应当进行核实,或者委托异地公证机构代为核实,有关单位或者个人应当依法予以协助。"可见,核实公证证明事项及有关证明材料,既是公证机构的权利,也是公证机构的义务,在进行核实时,有关单位或者个人有协助的义务。

依照法律规定,公证机构应当进行核实的情形包括:(1)具体办证规则要求核实的,公证机构按照该办证规则进行核实。(2)当事人提供的证明材料真假难辨或者公证机构认为当事人提交的证明材料存在矛盾或者有疑义。核实权既可以由承办公证证明事项的公证机构行使,也可以委托异地公证机构代为进行。公证机构委托异地公证机构核实公证证明事项及其有关证明材料的,应当出具委托核实函,对需要核实的事项及内容提出明确的要求。受委托的公证机构收到委托函后,应当在 1 个月内完成核实。因故不能完成或者无法核实的,应当在上述期限内函告委托核实的公证机构。结束后,受委托的公证机构应及时以公函形式将结果及有关材料转交委托核实的公证机构。

《公证程序规则》第 27 条规定:"公证机构可以采用下列方式,核实公证事项的有关情况以及证明材料:(1)通过询问当事人、公证事项的利害关系人核实;(2)通过询问证人核实;(3)向有关单位或者个人了解相关情况或者核实、收集相关书证、物证、视听资料等证明材料;(4)通过现场勘验核实;(5)委托专业机构或者专业人员鉴定、检验检测、翻译。"

三、审查核实中应注意的问题

(1)公证机构进行核实,应当遵守有关的法律、法规和有关办证规则的规定。公证机构派员外出核实的,应当由两人进行,但核实、收集书证的除外。特殊情况下只有一人外出核实的,应当有一名见证人在场。

(2) 采用询问方式向当事人、公证证明事项的利害关系人或者有关证人了解、核实公证证明事项的有关情况以及证明材料的,应当告知被询问人享有的权利、承担的义务及其法律责任。询问的内容应当制作笔录。询问笔录应当载明询问日期、地点、询问人、记录人、询问事由,被询问人的基本情况,告知内容、询问谈话内容等。询问笔录应当交由被询问人核对后签名或者盖章、捺指印。笔录中修改处应当由被询问人盖章或者捺指印认可。

(3) 在向当事人、公证证明事项的利害关系人、证人或者有关单位、个人核实或者收集有关公证证明事项的证明材料时,需要摘抄、复印(复制)有关资料、证明原件、档案材料或者对实物证据照相并作文字描述记载的,摘抄、复印(复制)的材料或者物证照片及文字描述记载应当与原件或者物证相符,并由资料、原件、物证所有人或者档案保管人对摘抄、复印(复制)的材料或者物证照片及文字描述记载核对后签名或者盖章。

(4) 采用现场勘验方式核实公证事项及其有关证明材料的,应当制作勘验笔录,由核实人员及见证人签名或者盖章。根据需要,可以采用绘图、照相、录像或者录音等方式对勘验情况或者实物证据予以记载。

(5) 需要委托专业机构或者专业人员对申请公证的文书或者公证事项的证明材料进行鉴定、检验检测、翻译的,应当告知当事人由其委托办理,或者征得当事人的同意代为办理。鉴定意见、检验检测结论、翻译材料,应当由相关专业机构及承办鉴定、检验检测、翻译的人员盖章和签名。委托鉴定、检验检测、翻译所需的费用,由当事人支付。

(6) 公证机构在审查中,认为申请公证的文书内容不完备、表达不准确的,应当指导当事人补正或者修改。当事人拒绝补正、修改的,应当在工作记录中注明。应当事人的请求,公证机构可以代为起草、修改申请公证的文书。

(7) 为防止和杜绝公证员假公济私、滥用职权,公证员核实公证证明事项和相关证明材料时,应当向有关单位或者个人出示工作证及其所在公证机构出具的函件。对于公证机构依法行使核实权的行为,有关单位或者个人应当予以协助,不得无理拒绝。

此外,需要注意的是,公证机构在审查中,对申请公证的事项的真实性、合法性有疑义的,认为当事人的情况说明或者提供的证明材料不充分、不完备或者有疑义的,可以要求当事人作出说明或者补充证明材料。当事人拒绝说明有关情况或者补充证明材料的,公证机构不予办理公证。

第三节 出证程序

出证,是指公证机构对当事人申请公证的事项,经过审查、核实之后,认为符合法定条件,依法制作并向当事人出具公证书的行为。

一、出证的条件

出证的条件,即出具公证书的条件,是指公证机构办理公证,依法对法律行为、有法律意义的事实和文书的真实性、合法性进行证明的标准和依据。公证证明对象不同,其证明内容和出证条件也不尽相同。为了保证公证质量,减少公证员的主观随意性,更好地保护当事人的合法权益,维护社会主义法制和社会主义经济秩序,《公证程序规则》对公证机构办理各类公证业务的出证条件作了明确的规定。

(一)民事法律行为公证的出证条件

《公证程序规则》第36条规定:"民事法律行为的公证,应当符合下列条件:(1)当事人具有从事该行为的资格和相应的民事行为能力;(2)当事人的意思表示真实;(3)该行为的内容和形式合法,不违背社会公德;(4)《公证法》规定的其他条件。不同的民事法律行为公证的办证规则有特殊要求的,从其规定。"

1. 当事人具有相应的民事行为能力

行为人具有民事行为能力是民事法律行为生效的必要条件,因此,也是民事法律行为公证的必要条件。限制民事行为能力或无民事行为能力的公民进行民事法律行为,应当由其法定代理人代理。

2. 当事人的意思表示真实

意思表示是指人们将能够引起法律效果的内在意思表现于外部,并使他人感知的行为。意思表示真实是指行为人在未受外力强制或诱惑的情况下,根据自己的权利义务和内心判断自主地作出的意思表示。意思表示真实是法律行为生效的必要条件,也是公证的要件。在公证实践中,公证员应当认真审查当事人的意思表示是否真实,如发现欺诈、胁迫、乘人之危或重大误解等影响当事人真实意思表示的情况,应当及时纠正、制止,以保证公证质量,切实保护当事人的合法权益,预防纠纷,防止违法行为的发生。

3. 行为的内容和形式合法,不违背社会公德

行为的内容和形式是一个事物的两个方面,任何一个方面不符合法律,都将违背公证真实、合法的原则,就有可能产生行为无效的法律后果。因此,对违反法律、法规、规章或社会公证利益的行为,公证处不能给予公证。

(二) 有法律意义的事实或文书公证出证的条件

《公证程序规则》第37条规定:"有法律意义的事实或者文书的公证,应当符合下列条件:(1) 该事实或者文书与当事人有利害关系;(2) 事实或者文书真实无误;(3) 事实或者文书的内容和形式合法,不违背社会公德;(4)《公证法》规定的其他条件。不同的有法律意义的事实或者文书公证的办证规则有特殊要求的,从其规定。"

1. 有法律意义的事实或者文书与当事人有利害关系

法律上的利害关系是指该事实或文书将对当事人的权利义务或未来的活动产生法律上的影响。如甲承包了乙的一块土地,现因拆迁赔偿问题发生纠纷,甲为了保护自身的合法权益而申请证据保全公证,则当事人甲与该土地上的建筑物具有法律上的利害关系,符合本项公证的条件。又如公民为出国工作而申办学历或职称证书公证等。

2. 事实或者文书真实无误

所谓真实无误,是指事实或文书是客观存在的,不是虚假或伪造的。事实的内容要与客观实际相一致,不得夸大、缩小或作任意变

更。文书上的印章或签字必须是真实的,不是仿制的。

3. 事实或者文书的内容和形式合法,不违背社会公德

即经公证机构认定,该事实的内容符合法律规定,这是公证合法性的具体体现。

(三)文书上的签名、印鉴、日期的公证和文书文本公证的出证条件

《公证程序规则》第 38 条规定:"文书上的签名、印鉴、日期的公证,其签名、印鉴、日期应当准确、属实;文书的副本、影印本等文本的公证,其文本内容应当与原本相符。"证明文书上的签名、印鉴属实或证明文书的文本相符的公证具有认证的性质,其证明内容比较简单、直观,一般可通过直观判断加以确认。

(四)赋予债权文书强制执行效力公证的出证条件

《公证程序规则》第 39 条规定:"具有强制执行效力的债权文书的公证,应当符合下列条件:(1)债权文书以给付货币、物品或者有价证券为内容;(2)债权债务关系明确,债权人和债务人对债权文书有关给付内容无疑义;(3)债权文书中载明当债务人不履行或者不适当履行义务时,债务人愿意接受强制执行的承诺;(4)《公证法》规定的其他条件。"

具有强制执行效力的债权文书公证是公证机构的一项重要业务,也是公证书执行效力的体现。《公证法》第 37 条第 1 款规定:"对经公证的以给付为内容并载明债务人愿意接受强制执行承诺的债权文书,债务人不履行或者履行不适当的,债权人可以依法向有管辖权的人民法院申请执行。"具有强制执行效力的债权文书公证是我国公证机构的传统业务。20 世纪 50 年代,公证机构曾赋予大量的公私之间签订的借款、抵押、买卖、代购代销等合同强制执行效力,有力地保证了社会主义改造政策的贯彻执行。公证制度恢复后,《民事诉讼法》、《公证法》等法律先后确认了公证机构赋予强制执行效力的职能。《最高人民法院、司法部关于公证机构赋予强制执行效力的债权文书执行有关问题的联合通知》有力地推动了具有强制执行效力的债权文书公证工作的开展,使公证在预防纠纷、减少诉讼、维护债权人合法权益、保证债权合同的顺利履行等方面发挥了越

来越大的作用。

《通知》规定,公证机构可以赋予下列债权文书强制执行效力:(1)借款合同、借用合同、无财产担保的租赁合同;(2)赊欠货物的债权文书;(3)各种借据、欠单;(4)还款(物)协议;(5)以给付赡养费、扶养费、抚育费、学费、赔(补)偿金为内容的协议;(6)符合赋予强制执行效力条件的其他债权文书。

2008年,最高人民法院发布的《最高人民法院关于当事人对具有强制执行效力的公证债权文书的内容有争议提起诉讼人民法院是否受理问题的批复》再次重申了法律关于公证债权文书法律效力的规定,强调公证债权文书同法院的裁判具有同样的法律地位,都是人民法院据以执行的根据,这对于进一步巩固和发展公证制度具有重要意义。

二、出证的程序规则

(一)审查批准出证

根据《公证程序规则》,审查批准出证主要包含审批的程序、原则和审核的方式、要点、条件等内容。

1. 审批的程序和原则

《公证程序规则》第40条规定:"符合《公证法》、本规则及有关办证规则规定条件的公证事项,由承办公证员拟制公证书,连同被证明的文书、当事人提供的证明材料及核实情况的材料、公证审查意见,报公证机构的负责人或其指定的公证员审批。但按规定不需要审批的公证事项除外。公证机构的负责人或者被指定负责审批的公证员不得审批自己承办的公证事项。"该条主要包含以下几个内容:(1)承办公证员草拟公证书并报批;(2)公证事项的审批权属于公证机构的负责人或其指定的公证员;(3)免予审批的情形。

2. 审核批准的方式、要点和条件

《公证程序规则》第41条规定:"审批公证事项及拟出具的公证书,应当审核以下内容:(1)申请公证的事项及其文书是否真实、合法;(2)公证事项的证明材料是否真实、合法、充分;(3)办证程序是否符合《公证法》、本规则及有关办证规则的规定;(4)拟出具的公证书的内容、表述和格式是否符合相关规定。审批重大、复杂的公证事项,应当在审批前提交公证机构集体讨论。讨论的情况和形成的意见,应当记录归档。"

公证书的出具分为两类:一类是主办公证员自己签发公证书,另一类是需要经审批核准后才能出具公证书。审批核准又分为两种情况:一种是审批人可以独自决定,另一种是重大、复杂的公证证明事项应当在审批前提交公证机构集体讨论决定。对于《公证程序规则》第41条第1款列举的审批公证证明事项应当审核的四项内容,不论是审批人独自审批还是经公证机构集体讨论决定,都应符合《公证程序规则》第41条的要求才能审批。

(二)出具公证书

公证机构经审查,认为申请公证的事项符合《公证法》、《公证程序规则》及有关办证规则规定的,应当自受理之日起15个工作日内向当事人出具公证书。[①]

第四节 公证期限、终止公证和拒绝公证

一、公证期限

公证期限是指公证机构办理公证业务应当遵循的期间限度。法律、法规规定公证期限制度的意义,一方面是对公证机构公证活动的约束,使其在保证办证质量的前提下提高效率,另一方面是对当事人及公证证明事项的利害关系人的保护,有利于其及时领取公证书,依法行使民事权利。根据《公证法》和《公证程序规则》的规定,公证期限可分为出证期限和其他办证期限两种。

(一)出证期限

出证期限,即公证机构从受理公证申请到出具公证书的期间限度。《公证法》第30条规定:"公证机构经审查,认为申请提供的证明材料真实、合法、充分,申请公证的事项真实、合法的,应当自受理

[①] 关于公证书的具体内容请参见第五章"公证书"章节。

公证申请之日起15个工作日内向当事人出具公证书。但是,因不可抗力、补充证明材料或者需要核实有关情况的,所需时间不计算在期限内。""受理公证申请之日"是指公证机构经初步审查,认为当事人的申请符合法定的受理条件,接受公证申请的日期。"出具公证书日期"是指公证书上的落款日期。

根据该条的规定,出具公证书的法定期限是15个工作日,不包括法定节假日和公休日;特殊情况下,即因不可抗力、补充证明材料或者需要核实有关情况所耗费的时间,不计入15个工作日的法定期限。例如,因自然灾害等原因,公证机构无法正常办公,或需要委托外地的公证机构对当事人提交的材料进行核实等。另外,对于排除在法定期限之外出具公证书的情形,公证机构还应当及时告知当事人。

(二)其他办证期限

其他办证期限,是指公证机构办理其他公证证明事务,所须遵循的期限限制。例如,根据《公证程序规则》的规定,委托异地公证机构核实的期限为1个月;依据公证词制作公证书的期限为7日;提存物的保管期限为5年。特殊情况下,下列物品的保管期限为6个月:(1)不适于长期保管或长期保管将损害其价值的;(2)6个月的保管费用超过物品价值5%的。从提存之日起,超过5年无人领取的提存标的物,视为无主财产;终止公证的期限为6个月;公证卷宗归档的期限为3个月等。

二、终止公证

(一)终止公证的法定事由

终止公证是指公证机构办理公证过程中,由于出现法定事由,致使公证业务无法继续办理或继续办理已无意义时,而决定停止办理公证。终止公证是结束公证程序的一种特殊方式。《公证程序规则》第50条规定:"公证事项有下列情形之一的,公证机构应当终止公证:(1)因当事人的原因致使该公证事项在6个月内不能办结的;(2)公证书出具前当事人撤回公证申请的;(3)因申请公证的自然人死亡,法人或者其他组织终止,不能继续办理公证或者继续办理公证已无意义的;(4) 当事人阻挠、妨碍公证机构及承办公证员按规定的程序、期限办理公证的;(5) 其他应当终止的情形。"

值得注意的是,即使申请公证的自然人死亡、法人或者其他组织终止,而办理公证的结果对当事人、当事人的继承人或其他当事人仍有意义,只要死亡或终止的当事人的权利、义务有人继续承担,公证程序存在继续下去的条件,公证机构仍可继续办理。

(二) 终止公证的程序规则

《公证程序规则》第 51 条规定:"终止公证的,由承办公证员写出书面报告,报公证机构负责人审批。终止公证的决定应当书面通知当事人或其代理人。终止公证的,公证机构应当根据终止的原因及责任,酌情退还部分收取的公证费。"对于当事人死亡(法人终止)的,公证机构可免除通知义务。

三、拒绝公证

(一) 公证机构拒绝公证的法定情形

拒绝公证,即不予办理公证,是指在办理公证过程中,公证机构发现证明对象不真实、不合法,或有其他违反法律的事由,而拒绝办理公证的行为。就权利角度而言,对于符合特定情形的事项不予办理公证,是公证机构的法定职权。拒绝公证是公证机构依法履行公证职责,保障公证职能实现的重要保障,是规范公证行为,维护和谐、正常的社会秩序,保护国家利益和自然人、法人以及其他组织合法权益的一项重要措施。

根据《公证法》第 31 条和《公证程序规则》第 48 条的规定,有下列情形之一的,公证机构不予办理公证:(1) 无民事行为能力人或者限制民事行为能力人没有监护人代理申请办理公证的;(2) 当事人与申请公证的事项没有利害关系的;(3) 申请公证的事项属专业技术鉴定、评估事项的;(4) 当事人之间对申请公证的事项有争议的;(5) 当事人虚构、隐瞒事实,或者提供虚假证明材料的;(6) 当事人提供的证明材料不充分或者拒绝补充证明材料的;(7) 申请公证的事项不真实、不合法的;(8) 申请公证的事项违背社会公德的;(9) 当事人拒绝按照规定支付公证费的。

(二) 拒绝公证的程序规则

《公证程序规则》第 49 条规定:"不予办理公证的,由承办公证员写出书面报告,报公证机构负责人审批。不予办理公证的决定应当书面通知当事人或其代理人。不予办理公证的,公证机构应当根据不予办理的原因及责任,酌情退还部分或者全部收取的公证费。"

第五节 公证复查程序

一、公证复查程序的概念

公证复查程序,是指当事人、公证证明事项的利害关系人认为公证书有错误,向公证机构提出申请,公证机构据此进行审查所适用的程序。公证复查程序带有自我纠错的色彩,既是一种对当事人、公证证明事项的利害关系人的程序救济制度,也是公证机构自我监督与纠错的机制,其意义在于通过公证当事人、与公证证明事项有利害关系的人对公证机构的行为进行监督,保证公证机构能够对公证书中存在的错误及时加以纠正,从而使公证书真正发挥证明效能,维护公证当事人、与公证证明事项有利害关系的人的合法利益。

二、公证复查程序的适用范围

我国《公证法》第 39 条规定:"当事人、公证事项的利害关系人认为公证书有错误的,可以向出具该公证书的公证机构提出复查。公证书的内容违法或者与事实不符的,公证机构应当撤销该公证书并予以公告,该公证书自始无效;公证书有其他错误的,公证机构应当予以更正。"

复查申请应当以书面形式提出,载明申请人认为公证书存在的错误及其理由,提出撤销或者更正公证书的具体要求,并提供相关证明材料。公证书复查程序适用于当事人、公证证明事项的利害关系人认为公证书有错误的情况。具体来说有下列三种:

(1) 公证书内容不真实或违反法律,即公证书证明的内容违反法律、法规规定或者公证书证明的内容与事实不相符。

(2) 公证书有其他错误,如文字错误,表达不准确等。
(3) 在办理过程中有违反程序规定、缺乏必要手续。

需要注意的是,公证书复查程序适用的前提是公证当事人、与公证证明事项有利害关系的人认为公证书有错误,而不是对公证书内容存在民事权利义务争议。根据《公证法》第40条规定:"当事人、公证事项的利害关系人对公证书的内容有争议的,可以就该争议向人民法院提起民事诉讼。"如果公证当事人、与公证证明事项有利害关系的人对公证书内容有争议,公证机构应当告知他们采用和解、调解及民事诉讼方式解决。

三、公证复查的程序规则

公证复查程序包括启动、审查、处理三个阶段。

(一) 启动

公证复查程序因申请人提出申请而启动,或者公证机构自己发现错误而启动。

1. 申请启动

《公证程序规则》第61条规定:"当事人认为公证书有错误的,可以在收到公证书之日起1年内,向出具该公证书的公证机构提出复查。公证事项的利害关系人认为公证书有错误的,可以自知道或者应当知道该项公证之日起1内向出具该公证书的公证机构提出复查,但能证明自己不知道的除外。提出复查的期限自公证书出具之日起最长不得超过20年。复查申请应当以书面形式提出,载明申请人认为公证书存在的错误及其理由,提出撤销或者更正公证书的具体要求,并提供相关证明材料。"

申请人申请应当具备四个条件:(1) 提出复查的主体只能是公证当事人或者公证证明事项的利害关系人。(2) 申请人必须提供证据证明公证书有错误。(3) 必须向出具该公证书的公证机构提出。(4) 须在法定期限内提出。

2. 自行启动

《公证程序规则》第65条规定,公证机构发现其出具的公证书有错误或者存在违法情形时,应当决定复查处理,同时必须通知当事人。

(二) 审查

公证机构收到复查申请后,应当指派原承办公证员之外的公证员进行复查。复查结论及处理意见,应当报公证机构的负责人审批。公证机构进行复查,应当对申请人提出的公证书的错误及其理由进行审查、核实。

(三) 处理

《公证程序规则》第63条规定:"公证机构进行复查,应当对申请人提出的公证书的错误及其理由进行审查、核实,区别不同情况,按照以下规定予以处理:(1) 公证书的内容合法、正确、办理程序无误的,作出维持公证书的处理决定;(2) 公证书的内容合法、正确,仅证词表述或者格式不当的,应当收回公证书,更正后重新发给当事人;不能收回的,另行出具补正公证书;(3) 公证书的基本内容违法或者与事实不符的,应当作出撤销公证书的处理决定;(4) 公证书的部分内容违法或者与事实不符的,可以出具补正公证书,撤销对违法或者与事实不符部分的证明内容;也可以收回公证书,对违法或者与事实不符的部分进行删除、更正后,重新发给当事人;(5) 公证书的内容合法、正确,但在办理过程中有违反程序规定、缺乏必要手续的情形,应当补办缺漏的程序和手续;无法补办或者严重违反公证程序的,应当撤销公证书。被撤销的公证书应当收回,并予以公告,该公证书自始无效。公证机构撤销公证书的,应当报地方公证协会备案。"

可见,公证机构受理复查申请后,应当本着实事求是、依法复查的原则,认真审查、核实当事人、公证证明事项的利害关系人提出的公证书错误及其理由,及时作出复查结论,适时采取处理措施,并严格履行随附义务——公告和备案。公证机构的复查结论和处理方法主要包括:

(1) 维持公证书。复查结论认为申请人主张的权利的相关证据不足以推翻公证书,该公证书的内容合法、正确,办证程序无误,公证机构应当按照法定程序作出维持公证书的处理决定。

(2) 撤销公证书。复查结论认为复查申请人提交的或公证机构核实的相关证据足以推翻公证书,构成了撤销公证书的法定事由,公证机构应当按照法定程序作出撤销公证书的处理决定,被撤销的公证书应当收回并予以公告,同时上报本地公证协会备案。具体情形主要包括:① 公证书的基本内容违法或者与事实不符的;② 公证书的内容合法、正确,但在办理过程中缺少必要的手续,现已无法补办的;③ 公证书的内容合法、正确,但在办理过程中严重违反公证程序的。

(3) 补正公证书。复查结论认为公证书部分内容有错误且公证书不能全部收回的,公证机构应当按照法定程序出具补正公证书。具体情形主要包括:① 公证书的内容合法、正确,仅证词表述或者格式不当,公证书不能收回的;② 公证书的部分内容违法或者与事实不符的。

(4) 收回原公证书重新出具公证书。复查结论认为公证书部分有错误且公证书已全部收回的,公证机构应当按照法定程序重新出具公证书。具体情形主要包括:① 公证书的内容合法、正确,仅证词表述或者格式不当,公证书已全部收回的;② 公证书部分内容违法或者与事实不符,公证书已全部收回的。由于上述情形一般不会给当事人及公证证明事项的利害关系人的民事权益以及其他权益造成实质性损害,因此可以通过收回公证书重新出具公证书的方法予以纠正。

上述四类处理方法导致公证书的效力也有所不同:维持公证书的,公证书自始有效;撤销公证书的,公证书自始无效;补正公证书的,补正公证书自出具之日起有效,原公证书被删除或被更正的内容自始无效;重新出具公证书的,公证书自重新出具之日起生效,原公证书自始无效。公证机构采用撤销公证书、补正公证书、重新出具公证书处理方法的,应当书面记录收回或不能收回原公证书的具体情况,并入卷归档。由于公证书的撤销可能导致当事人、公证证明事项的利害关系人的法律关系发生变化,公证机构应当通过一定的方式让当事人、公证证明事项的利害关系人了解公证书的撤销情况。因此,公证机构依法撤销公证书的,应当在决定生效之后,予以公告。

四、公证复查期限

《公证程序规则》第64条规定:"公证机构应当自收到复查申请之日起30日内完成复查,作出复查处理决定,发给申请人。需要对公证书作撤销或者更正、补正处理的,应当在作出复查处理决定后10日内完成。复查处理决定及处理后的公证书,应当存入原公证案卷。公证机构办理复查,因不可抗力、补充证明材料或者需要核实有关情况的,所需时间不计算在前款规定的期限内,但补充证明材料或者需要核实有关情况的,最长不得超过6个月。"该条对复查期限从两个方面进行了规定:一是复查终结期限,即公证机构完成复查工作的时间限定。该时限以公证机构在受理复查申请后30日内完成复查为原则,以不可抗力、补充或核实材料条件下6个月完成为补充。二是处理终结期限,即公证机构改变公证书内容的时间限定。公证机构最终完成撤销、更正、补正公证书的时间限定为作出复查处理决定后10日内。

第六节 争议的处理程序

一、调解

公证调解指的是经公证的事项在履行过程中发生争议的,根据当事人的申请,出具公证书的公证机构进行协调、劝说与和解,促使双方达成协议解决纠纷的活动。

《公证程序规则》第56条规定:"经公证的事项在履行过程中发生争议的,出具公证书的公证机构可以应当事人的请求进行调解。经调解后当事人达成新的协议并申请公证的,公证机构可以办理公证;调解不成的,公证机构应当告知当事人就该争议依法向人民法院提起民事诉讼或者向仲裁机构申请仲裁。"

公证调解是公证机构向社会提供法律服务的一项内容。该项法律服务有利于维护社会主义法制和公证信誉,减少诉讼,降低解决纠纷的成本,保护当事人的合法权益,稳定社会主义经济秩序,促进社会的安定团结。公证调解本质上属于民间调解,它既不同于能够发生终局效力的司法调解、仲裁调解,也不同于具有合同效力的人民调解。经公证调解当事人即使达成了协议,是否履行仍取决于当事人,发生争议的当事人可以通过诉讼或者仲裁解决。

公证调解仅适用于经公证的事项在履行过程中发生的争议,如果不是此类纠纷,不能由公证机构调解。公证调解由出具公证书的公证机构进行,其前提是必须有当事人申请进行调解。需要注意的是,对公证调解达成协议的,公证机构不能制作调解书,但是当事人申请公证的,公证机构可以公证书的形式对调解协议加以确认。

二、投诉

《公证法》第 39 条规定,当事人、公证证明事项的利害关系人认为公证书有错误的,可以向出具该公证书的公证机构提出复查。公证投诉,是指当事人对公证机构及其工作人员的违法行为或者侵犯自己权利的行为,向有关部门提出,并要求予以处理,维护自己合法权益的行为。《公证程序规则》第 67 条规定:"当事人、公证事项的利害关系人对公证机构作出的撤销或者不予撤销公证书的决定有异议的,可以向地方公证协会投诉。投诉的处理办法,由中国公证协会制定。"

(一)接待与登记

对投诉人提出的投诉,受诉机关应认真做好接待登记。登记的内容包括:投诉人姓名、性别、年龄、联系地址(住址或单位名称)、联系电话、接待时间、投诉事由、涉及人员。

受诉机关对投诉人来访或以口头方式进行投诉的,应当热情接待,认真做好谈话笔录,笔录应交投诉人核对并签名。

(二)听取申辩

受诉机关处理投诉案件时,必须听取被投诉人的申辩。

(三)及时答复

受诉机关对投诉的问题,应及时调查处理。自接到或收到投诉的次日起 60 日内对投诉事项依法作出处理,并将处理结果以信函方式答复投诉人。如因投诉事项复杂,在规定日期内不能处理完毕的,应向投诉人说明情况,延长答复时间,但最长不得超过 3 个月。

受诉机关应当将处理结果予以公开。

三、诉讼

《公证法》第 40 条规定:"当事人、公证事项的利害关系人对公证书的内容有争议的,可以就该争议向人民法院提起民事诉讼。"《公证程序规则》第 68 条规定:"当事人、公证事项的利害关系人对公证书涉及当事人之间或者当事人与公证事项的利害关系人之间实体权利义务的内容有争议的,公证机构应当告知其可以就该争议向人民法院提起民事诉讼。"第 69 条规定:"公证机构及其公证员因过错给当事人、公证事项的利害关系人造成损失的,由公证机构承担相应的赔偿责任;公证机构赔偿后,可以向有故意或者重大过失的公证员追偿。当事人、公证事项的利害关系人与公证机构因过错责任和赔偿数额发生争议,协商不成的,可以向人民法院提起民事诉讼,也可以申请地方公证协会调解。"

需要注意的是,公证活动是对法律行为、有法律意义的事实和文书的真实性、合法性予以证明的活动,其证明对象是正常情况下的非争议事项。公证机构通过证明去确认法律行为的发生和成立、有法律意义的事实和文书的真实合法,其目的是为了预防纠纷,减少诉讼。公证活动本身不解决当事人之间的权利义务争议。通过公证证明,公证机构只是对既存的法律行为、有法律意义的事实和文书赋予法律上证明力,不能替当事人设立权利义务,也不因公证证明而引起民事法律关系的变更和消灭。一旦某一法律行为或有法律意义的事实和文书在当事人之间存在争议,就只能通过诉讼、仲裁、协商等途径解决,而不能进行公证。

第九章 涉外及涉港澳公证

第一节 涉外公证

一、涉外公证概述

涉外公证是指公证机构对含有涉外因素的公证事项,依法证明其真实性、合法性的活动。即公证当事人、证明对象或公证书使用地等诸因素中含有一个或一个以上的涉外因素,公证书通常发往域外使用的公证事项。

(一)涉外公证的涉外因素

(1)公证法律关系主体具有涉外因素。即公证的申请人、与公证对象有关联的权利主体,或者与该申请人相关的民事法律关系的对方是外国人或国外华侨。例如,外国人在我国死亡,其配偶或亲属等办理有关死亡的公证,这种公证因有涉外因素而属于涉外公证。

(2)公证法律关系客体具有涉外因素。公证法律关系的客体,是指公证对象,即申请人需要证明的法律行为、法律事实或具有法律意义的文书。公证法律关系的客体具有涉外因素,是指这些待公证证明的法律行为、法律事实或具有法律意义的文书发生在国外或者与国外有联系,公证当事人向我国公证处或我国驻外使领馆申请予以公证。

(3)公证书的使用地具有涉外因素。即公证书在出具公证书的国家以外的地域使用。

(二)涉外公证的特点

(1)申请公证的当事人不同。涉外公证的申请人除我国公民外,还有华侨、侨眷或中国血统的外籍人,以及侨居我国的外国人和在我国的外国人。国内公证的申请人则只能是我国公民。

(2)出具公证书的公证机构不同。办理涉外公证业务的公证处需经省、自治区、直辖市司法厅(局)批准并报司法部备案;公证员需要具有涉外公证员资格,并且其签名章连同所在公证处印章要在司法部、外交部备案。

(3)申请公证的地点不同。涉外公证既可以在我国国内申请,也可以从境外申请。国内公证则只能在我国境内申请。

(4)使用文字不同。涉外公证书通常要根据使用国或当事人的要求,附相应的外文译文,并办理外交认证手续。

(5)使用地域不同。涉外公证书通常要发往域外使用,并在域外发生法律效力。

(6)公证书用纸不同。涉外公证文书使用专用水印纸。

(7)适用法律可能有特别要求。在适用法律上,既要符合我国法律,又不能违反使用国法律。否则,将影响公证书效力的实现,当事人的合法权益也就难以得到承认和保护。

另外,根据不同国家的不同规定和要求,发往域外使用的公证书具有不同的使用时效,超过时效的公证书不能使用,将失去其应有的法律效力。

(三)涉外公证的种类及范围

根据公证书的公证内容,涉外公证主要可分为涉外民事公证和涉外经济公证两大类。

(1)涉外民事公证。涉外民事公证是指当事人、证明对象或公证书使用地等因素中至少含有一个或一个以上涉外因素的民事公证。我国建立公证制度之初,一些大城市及沿海地区的公证处就开办了涉外民事公证业务。目前,涉外民事公证是我国公证机构开办最早的公证业务。随着民事交往不断增多,我国涉外民事公证的业务范围正在不断扩大。涉外民事公证的业务范围主要包括:收养、继承、遗嘱、委托、房屋买卖、婚姻、学历、未受刑事制裁、出生、死亡、亲属关系、生存、职称、职务、驾驶证等公证事项。

(2)涉外经济公证。涉外经济公证是指当事人、证明对象或公证书使用地等因素中有一个或一个以上涉外因素的经济公证。这类公证常见于对外贸易、技术进出口、对外承包工程、出口劳务和利用外资等领域。涉外经济公证文书按使用目的可分为两大类:一类是我国企业或其他组织到国外从事进出口业务，设立办事机构、参加投标、承包工程、劳务输出、引进贷款和技术设备，以及在域外参加诉讼、仲裁、索赔等，应外方和外国法律的要求，必须办理有关公证文书，包括法人资格、公司章程、资信情况、银行保函、授权委托书、商标注册证书、证据保全公证；另一类是公证机构按照法律、法规、规章的规定，对涉外招标、拍卖等法律行为进行公证监督，对对外贸易、涉外房地产等涉外经济合同进行审查并依法出具公证书。

（四）涉外公证的作用

涉外公证是保障和促进我国与世界各国进行民间交往和贸易往来不可或缺的重要法律手段，用途十分广泛，根据立法和司法实践经验的总结，涉外公证主要具有以下几个方面的作用：

（1）用于办理出境和入境手续。公民出境或者入境，在有些情况下需要办理公证证明。例如，公民出国旅游、探亲、留学、开会、考察等，需要取得出国护照。而办理出国护照，根据公安部、教育部、外交部等部门的要求，或者根据所赴国的要求，需要提交公证机构的证明，否则，将不予办理。公民出国除取得出国护照外，还必须获得所赴国家使、领馆的入境签证。使、领馆在办理签证时，要求公民提供相关的公证证明。例如，公民出国留学需提供其在国内学习的有关毕业证书及学习成绩单的公证证明。公民申请出国定居，需向国外签证机构提供与国外亲属的亲属关系公证书，或婚姻关系公证书等。

（2）用于民间往来和办理各种民事事宜。公民赴国外探亲、定居或在国外谋职，所赴国一般要求提供出生、未受刑事制裁、结婚、亲属关系、学历、经历等公证书。不同国家有着不同的要求。另外，曾旅居国外的退休归国华侨领取在国外的养老金，需向国外有关机构提交生存公证书；我国公民继承国外亲属的遗产，遗产所在国往往需要提供亲属关系证明、死亡证明、委托律师的委托书证明等公证书。

（3）用于涉外经济活动。我国公民、法人或其他组织向国外投标、承包工程、提供劳务和技术合作、吸引外资、引进技术设备、进行进出口贸易以及在国外设立办事机构等，根据国家法律规定和国际惯例，往往需要我国公证机构出具的法人资格、资信以及担保等方面的公证书等。

(4) 用于域外诉讼或仲裁。我国公民、法人或其他组织在对外经济交往及民事活动中,难免会发生纠纷,有时需要在国外进行诉讼或申请仲裁,往往需要委托外国律师办理。因此,需要提供相应的委托书和有关证据的公证书,才能在域外进行诉讼或仲裁。

涉外公证文书在域外具有与在国内相同的法律证明力。根据《维也纳领事关系公约》以及有关国际条约规定,一国公证机构出具的公证文书经过使用国外交机构确认或认可后,在该国具有与其本国的公证文书同等的法律效力。

二、涉外公证程序的特别规定

(一) 涉外公证机构及涉外公证员

1. 涉外公证机构

目前,在我国有权办理涉外公证业务的机构有两种,即公证处和我国驻外国大使馆、领事馆。

(1) 公证处。

涉外公证是公证业务中一个重要组成部分,公证处只要具备一定的条件,就可以受理涉外公证事项,出具涉外公证书。这些条件包括:① 有一名以上具备涉外公证员资格的公证员;② 有专职或兼职的外语翻译;③ 有较好的办公条件和设备。具备以上条件的公证处,由各省级公证协会负责组织审核,审核通过后,报省、自治区、直辖市司法厅(局)进行印章备案,再由省、自治区、直辖市司法厅(局)报司法部备案后,即可办理涉外公证业务。

(2) 我国驻外国大使馆、领事馆。

通常公证职能由公证处统一行使,但在某些特殊情况下或特定地域,公证机构无法或不适宜出具公证,根据国际惯例、国际条约、双边协定以及法律规定,我国驻外国大使馆、领事馆可以办理驻在国的我国公民申请的公证事项,由这些驻外国使、领馆履行证明职能。对此,《公证法》第45条规定:"中华人民共和国驻外使(领)馆可以依照本法的规定或者中华人民共和国缔结或者参加的国际条约的规定,办理公证。"另外,《维也纳领事关系公约》中规定,领事可以担任公证人。所以,我国驻外大使馆、领事馆可以行使部分公证职能。

2. 涉外公证员

涉外公证员是指具备办理涉外公证业务资格的公证员。作为涉外公证员应当具备公证员资格,通过涉外公证业务考试。此外,申请办理涉外公证业务的公证员,由各省级公证协会负责组织审核,审核通过后,报省、自治区、直辖市司法厅(局)进行印章备案,再由省、自治区、直辖市司法厅(局)报司法部备案后,即可办理涉外公证业务。

(二) 涉外公证的申请

根据法律规定,不论一般公证证明事项,还是涉外公证证明事项,都应当由当事人向公证机构申请或委托代理人申请。但是与当事人有密切人身关系的公证证明事项不得委托他人代理,如遗嘱公证、遗赠扶养协议公证、赠与公证、收养公证、认领亲子公证、委托公证、声明公证、生存公证等。居住在国外的当事人如果委托代理人向国内的公证机构申请公证的,必须出具委托书,并且委托书应当经过当地公证人或我国驻该国使、领馆公证;在既无公证制度,又无我国使、领馆的国家和地区,或虽有公证制度,但未与我国正式建交,我国尚未承认其公证书效力的国家和地区,则由司法部专门指定的机构或人员证明。

我国公证机构所公证的对象只限于在国内发生的法律行为、事实及在国内制作的法律文书。发生在外国的法律行为、法律事实、文书,当事人应向外国的公证机构申请公证。

三、涉外公证程序的特别事项

(一) 涉外公证的法律适用

出具涉外公证文书与一般公证文书不同的是,既可以适用我国法律法规,又可以在我国法律规定与公证文书使用国法律规定不一致的情况下,根据具体情况考虑适用外国的法律规定。但前提是,外国的法律规定与我国的法律基本原则和社会风俗不冲突,适用外国法律有利于保护我国公民的利益。

(二) 涉外公证文书的文字使用

《公证程序规则》第43条第3款规定:"发往国外使用的公证书应当使用全国通用的文字。根据需要和当事人的要求,公证书可以附外文译文。"对于附何种外文译文,因使用国的要求不同而有所不同。仅有少数国家不要求附译文,例如日本。

发往域外使用的公证书的译文是否另需公证,也因各国家的要求不同而不同。有的国家要求对在该国使用的我公证处出具的公证文书的译文由我公证机构出具译文与原文相符的公证书,并要求该公证书也附相应的译文,例如,美国、奥地利、韩国、俄罗斯。其他国家仅要求对在该国使用的我公证处出具的公证文书附译文,不必另附该译文与原文相符的公证书。另外,根据规定,公证员不能在公证书的译文上签名。

(三) 涉外公证文书的认证

对涉外公证文书的认证,是指外交、领事机构在公证文书上证明公证机构的签名和印鉴属实,或证明前一认证机构认证的签名和印鉴属实的行为,也可称为领事认证。与公证不同,认证仅是国家外交、领事机关证明公证机构在公证文书上的签名与印鉴属实,以便一国的公证文书在域外使用,即领事认证的目的在于使公证文书被使用国认可,产生域外效力。领事涉外公证并不审查文书的真实性与合法性。《公证法》第33条规定:"公证书需要在国外使用,使用国要求先认证的,应当经中华人民共和国外交部或者外交部授权的机构和有关国家驻中华人民共和国使(领)馆认证。"《公证程序规则》第47条规定:"公证书需要办理领事认证的,根据有关规定或者当事人的委托,公证机构可以代为办理公证书认证,所需费用由当事人支付。"

按照国际惯例,涉外公证文书一般需要经过认证后才能使用,但以下几种情况例外:(1)国与国之间可依双边协议互免认证的除外;(2)公证书使用国不要求认证的除外;(3)有许多国家只要求部分公证书办理认证手续,其余不要求认证的除外。

涉外公证文书认证的程序是:首先由我国外交部领事司,或者外国驻华领事馆所在地的省、自治区、直辖市人民政府外事办公室认证,证明我国公证机构的印章属实和公证员的印鉴属实。然后再由公证文书使用国国家驻华大使馆、领事馆认证,证明公证文书上我国外事部门的认证印章属实。反之,外国公证机构或公证人制作的,需在我国国内使用的公证文书,一般也需要经过该国外事机关和我国驻该国使、领馆认证。

对那些虽与我国有外交关系,但在我国未建使、领馆的国家,发往这些国家使用的公证文书,暂时只办理我国外交部领事司认证。

对那些未与我国建立外交关系,但需发往这些国家使用的公证文书,一般先经过我国外交部领事司认证,然后再转请与我国有外交关系的第三国驻华使馆认证,再发往该国使用。

(四) 涉外公证文书使用的专用水印纸

专用水印纸,是国家专门生产的、供公证机构制作涉外公证文书使用的、有水印标记的特种纸张。公证专用水印纸为16开白纸,水印标记由华表图案和"中华人民共和国公证专用"文字组成。使用专用水印纸是为了防止不法分子伪造发往我国域外使用的公证文书,以免在国际上造成恶劣影响,损害我国和我国公证机构的声誉,干扰公证机构的正常秩序。自1992年4月1日起,凡发往域外使用的公证书的证词页一律改用专用水印纸。

第二节　涉港澳公证

一、涉港澳公证概述

涉港澳公证,是指公证机构依法办理具有涉港澳因素的证明事宜,证明其真实性与合法性的活动。其中,涉港澳因素是指公证事项、公证当事人或者公证书的使用地域和香港或澳门有关联。香港、澳门是我国领土不可分割的一部分,但与我国内地实行不同的政治、经济和法律制度。因此,涉港澳公证既不属于涉外公证,也不同于普通国内公证。做好涉港澳的公证工作,有利于进一步促进两地的交流与往来,充分地保护内地与港澳各地区当事人的合法权益,有助于祖国与港澳地区的经济繁荣和人民幸福。

二、涉港澳公证程序的特点

香港、澳门是我国的领土,所以涉港澳公证不是涉外公证。但是,根据法律规定与公证实践,涉港澳地区公证程序的办理一般是先适用香港和澳门与内地签订的一些区际司法协定,没有相关协定的则参照涉外公证程序办理。因此,理解与适用涉我国港澳地区公证程序,应当掌握其与内地公证程序和涉外公证程序的不同特点,除此之外,即可按照办理内地公证或者涉外公证的程序规范。

(一) 涉我国港澳地区公证与内地公证的不同特点

(1) 受理涉港澳公证的不是普通的公证机构,应当是经过审批核准从事涉港澳公证业务的公证机构,目前其与涉外公证机构是一致的。

(2) 公证书在法律适用上不同。涉港澳公证既要遵循内地法律规定,同时也要遵循香港或者澳门的法律规定。为了维护当事人的合法权益,涉及判断公证事项的效力时,即确认其是否合法、真实、有效的时候,在不违背内地法律基本原则与不侵犯内地公共利益的前提下,可以适用香港或者澳门的法律。

(3) 发往香港或者澳门使用的公证书,在形式上可以按照香港或澳门的要求。

(二) 涉我国港澳地区公证与涉外公证的不同特点

(1) 发往香港或者澳门使用的公证书,不需要认证。香港和澳门是我国的领土,发往香港或者澳门使用的公证书当然不需要办理认证。

(2) 不需附译文。《公证程序规则》第43条规定,发往香港、澳门使用的公证书应当使用全国通用的文字,不需要附任何译文。当然,对发往香港、澳门的公证书,也可以根据当事人的要求附英文译文或葡萄牙译文。

三、涉港澳公证的特别程序规范

(一) 申请方式

申请内地公证处办理涉港澳公证的申请方式有三种:(1) 当事人直接申请;(2) 港澳地区的居民直接来信与内地公证机构联系申请办理公证;(3) 港澳地区居民委托其内地亲友或中国银行的有关分支机构及香港南洋商业银行机构等代办国内公证。

(二)申请材料审查

办理涉港澳公证时,对港、澳居民提供的授权委托书或有关证明材料,需要审查是否符合委托公证人制度。

对来自香港的公证证明必须是由我国司法部在香港律师中委托的公证人所作,并经中国法律服务(香港)有限公司加章转递方能采用。

对来自澳门的有关材料的公证证明,过去必须是由澳门的有关机构出具。2006年2月以后,我国司法部在澳门的律师中也开始实施委托公证人制度,自此以后,由澳门特别行政区政府公证部门或内地认可的公证人出具公证书。

(三)适用法律

办理涉港澳公证时,除适用我国内地法律外,还可考虑在不违背我国内地法律、法规原则的前提下,适用香港、澳门地区的法律。

(四)办证程序

办理涉港澳公证的,一般适用涉外公证的有关规定,涉港澳公证由司法部批准的有权办理涉外公证业务的公证处和公证员办理。

四、委托我国香港地区公证人制度

(一)委托我国香港地区公证人制度的含义

委托香港公证人制度,是指对送回内地使用的发生在香港特别行政区的法律行为、有法律意义的事实及文书的公证申请,必须由我国司法部考核后在香港特别行政区律师中委托的公证人予以办理并出具证书,非我国司法部委托的公证人以外的其他机构或其他人员出具的证明文书,送回内地使用的,内地不予承认的制度。

(二)委托公证人

1. 委托公证人的条件

具备下列条件的香港律师,可向司法部提出成为委托公证人的申请:(1)拥护《中华人民共和国宪法》,拥护《中华人民共和国香港特别行政区基本法》;(2)在香港具有永久居留权的中国公民;(3)担任香港律师10年以上;(4)职业道德良好,未有因不名誉或违反职业道德受惩处的记录;(5)掌握内地有关法律、法规和办证规则;(6)能用中文书写公证文书,能用普通话进行业务活动。申请委托人的年龄一般不超过65周岁。

2. 申请与委托

担任委托公证人,由本人提出申请。司法部接到有关申请后,对符合申请条件的,集中组织进行法律知识和公证业务的培训,经培训后方可参加司法部组织的考试。通过考试的人员由司法部进行考核。考核合格者,由司法部颁发委托书并予以首次注册。

3. 任期

委托期为3年,特殊情况可适应变更委托期限。委托期满,本人提出申请,经司法部考核合格并接受业务培训后,可连续委托。

4. 年度注册

委托公证人应于每年12月15日前向司法部申请年度注册。未经注册的,不得办理委托公证业务。

委托公证人符合下列条件的,准予注册:(1)在上一年度无违纪和旷工行为;(2)职业道德良好,无违反《中国委托公证人(香港)管理办法》及协会章程的行为;(3)能按要求办理委托事宜。

(三)委托公证人的业务范围及办理

委托公证人的业务范围是证明发生在香港地区的法律行为、有法律意义的事实和文书。证明的使用范围在内地。

办理公证业务,委托公证人必须按照司法部规定或批准的委托业务范围、出证程序和文书格式出具公证文书。

(四)公证书加章转递

委托公证人出具的委托公证文书,须经中国法律服务(香港)有限公司审核,对符合出证程序以及文书格式要求的加章转递,对不符合该要求的不予转递。

五、委托我国澳门地区公证人制度

早在1994年,国务院港澳办、司法部、民政部在联合发布的《关于内地与澳门相互承认民事登记文件及公证文书的复函》中就规定,内地公证文书发往澳门使用无须办理认证。而在此之前,内地发往澳门使用的公证文书是需要认证的。中国对澳门恢复行使主权后,澳门有关机构出具的证明文书都不再需要认证。

澳门居民回内地处理法律事务办理证明文书的,通过以下机构进行:"三机构"、"四社团"出具证明;"三个立契官公署"、"四个民政登记局"出具证明;澳门公证人出具证明;中国法律服务(澳门)公司出具证明及澳门中旅社法律服务部出具证明。

我国司法部根据内地与澳门签署的《内地与澳门关于建立更紧密经贸关系的安排》的规定,从2005年年底开始,经过初审、培训、考试、考核等一系列工作后,最终确定了5名具有政府认可的私人公证员资格、执业经验丰富的澳门律师为司法部首批在澳门的委托公证人。2006年2月,司法部向他们颁发了《委托公证人证书》,由这些委托公证人履行规定事项的证明职责。

第十章 公证证明活动

我国《公证法》第 11 条规定:"根据自然人、法人或者其他组织的申请,公证机构办理下列公证事项:(1) 合同;(2) 继承;(3) 委托、声明、赠与、遗嘱;(4) 财产分割;(5) 招标投标、拍卖;(6) 婚姻状况、亲属关系、收养关系;(7) 出生、生存、死亡、身份、经历、学历、学位、职务、职称、有无违法犯罪记录;(8) 公司章程;(9) 保全证据;(10) 文书上的签名、印鉴、日期,文书的副本、影印本与原本相符;(11) 自然人、法人或者其他组织自愿申请办理的其他公证事项。法律、行政法规规定应当公证的事项,有关自然人、法人或者其他组织应当向公证机构申请办理公证。

第一节 民事法律行为公证

一、民事法律行为公证的概念

民事法律行为,是指以意思表示为要素,可依意思表示的内容而引起民事法律关系设立、变更和终止的合法行为。依照我国《民法通则》第 55 条的规定,民事法律行为的成立必须符合以下三个条件:(1) 行为人具有相应的民事行为能力;(2) 意思表示真实;(3) 不违反法律或者社会公共利益。

民事法律行为公证,是指公证机构根据当事人的申请,依照法定的程序,对当事人有关设立、变更或终止民事权利义务关系的行为的真实性与合法性予以证明的活动。当事人设立、变更和终止民事权利义务关系的意思,需要通过一定的方式表现出来,民事法律行为公证就是证明当事人所表现出来的行为具有真实性和合法性的活动。公证证明民事法律行为是公证机构的一项主要业务,它对于保护国家法律的正确实施,预防纠纷、减少诉讼,维护当事人的合法权益等都具有十分重要的作用。

二、民事法律行为公证的特征

（一）公证机构是从民事法律行为的基本特征方面来证明它的真实性的

公证机构应从以下两个方面审查确认其是否具有真实性：第一，民事法律行为是以行为人的意思表示为基本特征。这里所说的意思表示，是指行为人把要求设立、变更或终止民事权利和民事义务的内心意思，通过一定的方式表现于外部的行为。意思表示是民事法律行为的必备要素，因此，公证机构应通过当事人陈述、书面文件等证据材料，来审查确认民事法律行为人的意思表示是否真实、可信。第二，民事法律行为是行为人以设立、变更、终止民事权利和民事义务为目的的行为。在一般情况下，人的行为都是有目的的，但民事法律行为的目的是以设立、变更、终止民事权利和民事义务为内容，并且能够引起行为人所预期的民事法律后果。结合这一特征，公证机构应审查民事法律行为人的目的以及引起的民事法律后果，从而确认民事法律行为确已发生，最后得出该民事法律行为具有客观真实性的结论。

（二）公证机构是从民事法律行为是否为国家法律所认可方面来证明它的合法性的

公证机构依法证明民事法律行为，确认其具有真实性的基础上，还要审查确认其是否具有合法性，以保证公证文书的质量。民事法律行为就其本质特征来说，是一种合法行为，即民事法律行为的内容与形式只有符合法律的要求，不违背法律的强制性规定和社会的公共利益，才能得到法律的承认和保护，也才能产生行为人所预期的法律后果。据此，公证机构必须以民法以及经济法律、法规和行政法律、法规为准绳，审查当事人实施的行为是否为国家法律、法规所规定或认可，从而得出当事人的行为是否具有合法性的结论。另外，公证机构确认民事法律行为的合法性，还应审查行为人是否具有相应的民事行为能力，例如，行为人是否达到法定年龄、是否神志清醒、是否具有相应的权限等。只有行为人达到法定年龄，且在神志清醒、具有相应的权限下作出的行为,法律才承认该行为是合法的。

三、民事法律行为公证的种类

民事法律行为公证是公证机构办理的最常见的一项公证业务。根据《公证法》规定及公证实践,民事法律行为公证主要包括:合同、继承、委托、声明、赠与、遗嘱、财产分割、招标投标、拍卖。

(一) 合同

合同是一种民事法律行为,而且是民事法律行为的一种重要形式。《合同法》规定,合同是平等主体的自然人、法人、其他组织之间设立、变更、终止民事权利义务关系的协议。合同当事人依法向公证机构申请办理合同公证,可以有效地防止因签订合同的当事人不符合法律规定的资格,或者因合同条款不完善甚至内容违法等导致合同的法律效力受到影响,保障交易安全,同时还能提高签订合同的各方当事人的履约率。

(二) 继承

继承是继承人依法承受被继承人遗产的民事法律行为。继承人可以自愿选择继承或放弃继承的权利。为了保证继承行为依法进行,预防继承和遗产分割纠纷,保护自然人的合法权益,继承人应在继承遗产时向公证机构申请办理公证。公证机构在办理此项公证时,应重点查明被继承人的家庭情况,不要发生遗漏继承人的情形。

(三) 委托、声明、赠与、遗嘱

这些行为均属于单方民事法律行为,行为大都涉及行为人处分民事权利等内容。行为人办理公证,可以增强行为的证明效力和公信力,更容易取信于他人,从而顺利达到实施这些行为的目的。

(四) 财产分割

财产分割协议公证,是指公证机构依法证明当事人之间签订分割共同财产协议的真实性、合法性的活动。这是一种双方法律行为。所谓财产分割,是指两个或两个以上的民事主体对其共有的财产进行分割的法律行为。财产分割是财产共有人分配共有财产的行为,比较常见的财产分割有:分割共同共有的家庭财产、夫妻财产、共同继承或受益的遗产,以及分割按份共有的合伙财产、联营财产、合资

的财产等等。各方民事权利主体对其共同财产的分割问题经过协商,达成了一致的意见,这就是财产分割协议。财产分割的形式一般为共有人达成的分割协议,协议当事人可以向公证机构申请办理财产分割公证。办理财产分割公证,有利于维护各方共有人的合法权益。

（五）招标投标、拍卖

招标投标、拍卖公证属于现场监督类公证。办理招标投标、拍卖公证等各类现场监督公证,对于保证各项相应法律、法规的贯彻实施及程序的合法将起到重要作用。

第二节　有法律意义的事实公证

一、有法律意义的事实公证的概念和意义

有法律意义的事实公证,是指公证机构依照法律的规定,证明各种与当事人有法律上利害关系的客观事实和情况的真实性、合法性的活动。

公证中的具有法律意义的事实有以下两个主要特点:第一,有法律意义的事实必须与申请公证的当事人存在着法律上的利害关系,即它是已经发生的客观存在的事实,且这些事实对公证当事人的权利义务或者从事民事、经济、诉讼、仲裁等活动将产生法律上的影响。第二,有法律意义的事实必须是无争议的。

公证机构依法证明具有法律意义的事实,有着重要的实践意义:首先,由于具有法律意义的事实公证是公证机构依法证明该事实真实存在的活动,因此通过公证可以正确确认公民、法人和其他组织之间的民事权利义务关系,从而维护其民事合法权益,防止纠纷,减少诉讼。其次,具有法律意义事实是否真实存在,往往影响到当事人某种法律资格的取得和某种权利的实现,也是当事人从事社会活动的前提条件。因此,公证证明具有法律意义的事实,对于满足当事人正当的生活、学习和工作的需要,稳定正常的法律秩序,保障当事人在域外取得合法权益,都有重要的意义。

二、具有法律意义事实公证的特征

（一）公证机构必须依法证明具有法律意义事实的客观存在

公证机构依法证明具有法律意义的事实时，首先必须对当事人提交的证明材料以及公证员收集、调查的证据材料进行审查核实，在对每一个证据材料审查判断其真实性与证明力的基础上，再对全部的证据材料进行综合的审查和判断，最后得出该具有法律意义的事实是否具有客观真实性的结论。这是该类公证的最基本特征。

（二）公证机构对某些非争议性的具有法律意义的事实还应依法证明其合法性

根据公证实践，公证机构对法律事件公证（如证明公民出生、死亡），只需证明其具有客观真实性即可，而对某些非争议性的具有法律意义的事实，如当事人获得某种学位的事实、已婚或者离婚的事实，公证机构则应依据我国《教育法》、《婚姻法》的有关规定，既要审查该公证事项的真实性，又要审查其合法性，然后才能据实出证。因此，公证机构应针对具有法律意义事实的不同类别的特点进行公证证明。

（三）必要时，公证机构还应该依法证明具有法律意义事实的成因和后果

公证机构对某些具有法律意义的事实，在证明其真实性的基础上，还需要证明该事实的成因和后果，以便该公证文书为当事人行使某项权利提供证明。例如，公证机构根据当事人的申请，办理共同海损这一法律事件的公证，就需要根据当事人提供的证据材料，以及公证员自行调查收集的证据材料（包括现场勘验笔录、证人证言、专家对海损原因的鉴定结论等），在确认由于海上风险造成的海损事故确已发生的同时，还必须对海损的具体状况（包括承运船舶损失的情况、海运货物损失的情况、到付运费损失的情况等）、程度、发生的原因进行公证证明。这样，公证机构依法出具的海损证明书就为当事人事后进行诉讼或者索赔提供了真实可靠的证据。

三、具有法律意义事实公证的业务范围

所谓具有法律意义的事实,是指法律上对当事人民事权利义务关系的设立、变更和终止或民事权利的实现有一定影响作用的各种客观事实。公证机构所证明的具有法律意义的事实主要包括两大类:一是证明法律事件,二是证明非争议性事实。

(一)证明法律事件

法律事件公证,是指公证机构根据当事人的申请,对法律事件的真实性依法进行证明的活动。所谓法律事件,是指国家法律规范所确认的不以人们的主观意志为转移的,并能引起一定法律后果的客观事实。法律事件区别于法律行为的最大特点,就是这种法律事件完全是由于自然原因或者存在的客观事实而发生的,与当事人的主观意志无关。

公证机构承办的法律事件公证,主要包括证明公民的出生、死亡、失踪,以及灾害性事件等。法律事件公证区别于其他事项公证的特点是:公证的内容只是依法证明法律事件的真实性,而不需要证明其合法性,这是因为法律事件的发生是不以人们的主观意志为转移的。

(二)证明非争议性事实

对非争议性事实的公证,是指公证机构根据当事人的申请,对没有争议的、客观存在的具有法律意义的事实,依法证明其真实性与合法性的活动。

所谓非争议性事实,是指某些目前并无争议,并且不会立即发生什么法律后果,但是当事人为了从事某种民事、经济、社会的活动,或为了防止以后发生纠纷,而向公证机构申请公证证明的事实,如当事人申办保全证据公证、亲属关系公证、婚姻状况公证、学历公证等。

第三节 有法律意义的文书公证

一、有法律意义的文书公证的概念和作用

有法律意义的文书,是指在法律上具有特定的意义或作用,能够

对当事人之间权利义务关系的设立、变更和终止产生影响的各种文件、证书、文字材料的总称。一般而言,在法律上有效的文书或者以文字形式表现的法律行为(即法律行为的书面形式),凡是可以作为确定权利义务关系依据的,都是有法律意义的文书。

具有法律意义文书的公证,是指公证机构根据当事人的申请,依照法定程序证明具有法律意义的文书的真实性、合法性的活动。公证机构对具有法律意义的文书进行公证,是通过证明文件上的签名、印鉴、日期属实,或者证明文书的副本、复印本、影印本等与原件相符等方式,达到证明该文书客观存在,内容真实、合法的目的。通常,公证具有法律意义的文书,只是对该文书是否与当事人具有法律上的利害关系,即对当事人取得权利、承担义务或者参与经济活动是否发生法律上的意义进行证明。因此,公证机构只需要对当事人提交的证明材料进行审查,确认所要证明的文书在程序上符合法律要求的条件,而且内容又不存在明显违法的情况,就可以推断当事人的公证申请符合出具公证书的要求。

具有法律意义文书的公证主要是用于当事人在域外办理有关入境手续、投标手续、申请特定权利等。办理具有法律意义文书的公证不仅可以确保具有法律意义文书的真实性、合法性,便于当事人进行有关的民事经济活动,防止伪造、变造文书的违法行为的发生,保护本国公民、法人或者其他组织以及侨胞的正常权利与合法权益,而且对于促进国际间的民事交往,发展对外经济贸易关系也具有重要的作用。

二、有法律意义的文书公证的特征

具有法律意义文书公证的基本特征,既区别于民事法律行为公证,又区别于具有法律意义事实公证。

首先,公证机构对民事法律行为的公证,是从民事法律行为的构成要件上来审查当事人实施的行为是否真实、合法,然后再据实出证。根据我国民事实体法律的有关规定,当事人实施民事法律行为有的必须采用书面形式(例如订立合同),有的则可以采用口头形式。凡法律要求采取书面形式的,则书面形式就成为该民事法律行为有效的必要条件之一。而具有法律意义文书公证,则公证机构只就书面文件本身是否真实、合法予以公证证明,至于当事人实施了何种民事法律行为之后才将有关民事权利义务落实到书面文件上可以不问。

其次,公证机构对具有法律意义事实的公证,是从民事法律关系发生、变更或者消灭的原因方面来确认其是否具有真实性的。即公证机构通过审查该事实是否具有客观真实性,以及该事实产生的原因和后果等,然后再依法出具公证证明。而具有法律意义文书的公证,公证机构只需要审查具有法律意义的文书对公证当事人是否具有法律上的利害关系,即该文书是否将对当事人取得某种民事权利、承担某种民事义务或者参与某项经济活动产生法律上的影响,以便确定当事人的资格,而不需要审查当事人持有该文书的原因和背景。

总之,具有法律意义文书公证是有着自己独特程序和证明方式的一类公证业务。

三、有法律意义的文书公证的种类

根据公证实践,具有法律意义文书的公证根据公证申请人不同及使用目的不同,可以分为以下几类:

(1)证明公民个人身份方面的文书,例如,证明学历证书、学位证书、技术等级证书等。

(2)证明企业法人和其他经济组织的资格、资信方面的文书,例如,证明法人营业证书、公司章程文本、董事会决议、纳税证明等。

(3)证明法人、公民从事民事、商事、诉讼(或者仲裁)、索赔等方面活动的文书,例如,证明专利证书、商标注册证书、申请知识产权注册的有关法律文件等。

第四节 常见的公证证明活动

一、买卖合同公证

(一)买卖合同公证的概念

买卖合同,是指出卖人转移标的物的所有权于买受人,买受人支付价款的合同。买卖合同是标的物的所有权与价金对等转移的合同。买卖合同是商品交换发展到一定阶段的产物,是商品交换最基本、最重要,也是最有代表性的法律形式。买卖合同对促进商品流通,发展市场经济,提高经济效率,满足民事主体的生活和生产需要,有着重要作用。

买卖合同公证,是指公证机构根据买卖合同当事人的申请,依照法定程序,证明当事人之间签订买卖合同的行为以及买卖合同本身的真实性与合法性的活动。由于买卖合同是最常见、最典型的经济合同,因此,买卖合同公证是公证机构合同公证业务中最常见、最主要的公证事项。

(二) 办理买卖合同公证应重点审查的内容

(1) 买卖合同双方当事人的**主体资格和行为能力**,主要包括当事人的民事权利能力和民事行为能力、担保人的担保能力、代理人的代理权及代理权限的范围等是否符合法律的规定。

(2) 买卖合同双方当事人的意思表示是否真实、自愿。

(3) 卖方对标的物是否有所有权和处分权。

(4) 买卖合同的内容是否真实、合法;合同条款是否明确、完备;合同是否具有可行性;签名、印鉴是否齐全,并与申请人提供的签名、印鉴相符等。

(三) 办理买卖合同公证应当特别注意的问题

(1) 公证员在审查买卖合同当事人的主体资格时,特别要留意对法人工商年检的审查,查看该法人是否按时完成了年检工作。

(2) 公证员在审查合同条款时,要始终保持中间人的立场,为双方当事人的利益考虑,寻求双方当事人利益的交叉点,争取双方当事人的利益最大化。

(3) 公证员在审查买卖合同内容时,既要注意合同标的物的明确性和具体性,即合同中是否对标的物的名称、型号、规格等具体内容有约定,也要特别注意合同标的物是否为法律、法规允许自由买卖物。国家法律、法规规定的禁止流通物、限制流通物、专营物资、计划供应物资,必须依法经过有关部门批准或者取得国家计划,才能作为买卖合同的标的物。

(4) 对合同条款是否完备也要进行必要的审查,例如,合同是否对标的物的检验方法、合同履行的期限、地点、方式、违约责任等具体内容有明确的约定,以尽量减少将来发生纠纷的可能性。

(5) 公证员在办理公证过程中,要将签订合同需承担的法律义务及可能产生的法律后果如实告知合同当事人,并记入公证笔录。

(四) 买卖合同公证的作用

公证机构通过对买卖合同的真实性、合法性的证明活动,可以有效地加强对买卖合同的法律监督,引导、规范合同当事人的法律行为,使其行为合法化,符合国家的法律规定。同时,办理买卖合同公证可以有效避免该合同成为无效合同或可撤销合同,防止合同因重大误解或显失公平而被撤销。通过公证法律告知,使当事人更加明确自己的权利义务,从而达到预防纠纷、减少诉讼,保护买卖双方当事人合法权益的目的,维护市场经济的正常秩序,成为市场交易中拦截风险的重要屏障。

二、出生、亲属关系、有无犯罪记录公证

(一) 出生公证

出生公证,是指公证机构根据当事人的申请,依照法定程序对当事人在何时、何地出生的事实的真实性予以证明的活动。出生公证是常见的一项业务活动,公证机构一般只对在我国国内出生的事实予以证明。根据我国相关法律的规定,出生的时间以户籍为准;没有户籍证明的,以医院出具的出生证明为准。没有医院证明的,参照其他有关证明认定。但是,如果有确切的证据证明出生的时间与出生证或户籍证明记载的时间不一致的,应以该确切证据证明的时间为准。

当事人申请办理出生公证,应当向执业区域内的公证机构提出申请,并提交人事档案管理部门出具的证明其出生事实的证明。人事档案管理部门包括:申请人所在单位的人事、组织、劳资等部门;人才交流中心;申请人住所地街道办事处、乡镇人民政府或公安派出所。

公证员在办理出生公证时,应当注重审查以下问题:(1) 认真审

查当事人的姓名,防止冒名顶替。身份证上的姓名应当与其别名和曾用名有区分。(2) 审查当事人的出生日期、出生地点是否准确、真实。出生日期一般用公历标明,出生地点要写明全称。(3) 出生地点一定要具体,统一采用现时国家地域规划名称。

出生虽然是一个客观事实,但它对于自然人取得国籍和依据相关法律的规定获得权利的意义是不言而喻的。办理出生公证,对于自然人确立民事主体资格、依法取得国籍、领取子女补助费、出国定居、在国外求职或者读书以及申请国外的入境签证等都具有重要的作用。

(二) 亲属关系公证

亲属关系公证,是指公证机构根据当事人的申请,依照法定程序证明当事人之间因婚姻、血缘、抚养而产生的具有法律上的权利义务关系的真实性、合法性的活动。

公证机构受理当事人的公证申请后,公证员首先应当重点审查申请人与关系人之间的真实关系。亲属关系的确定主要考察申请人所在单位人事部门出具的亲属关系证明,申请人没有工作单位的,应当要求申请人提供其住所地基层人民政府或者居民委员会、村民委员会出具的亲属关系证明。同时,为了确保公证文书的内容真实、准确,公证员可以到有关单位或者申请人住所地的基层组织调查核实情况,也可以请求有关单位和组织的协助,询问相关知情人员。必要时,可以直接向档案管理机关查阅有关档案材料。其次,审查当事人提供的其他证明材料的真实性、合法性和有效性。在确认申请人与关系人之间的亲属关系属实,申请人提供的其他证明材料的真实、合法后,公证机构即可依法出具亲属关系公证书。

公证机构办理亲属关系公证,公证员还应当注意以下两个问题:

(1) 了解申请人办理公证书的目的。如果申请人办理公证为了域外使用,还要考虑相关国家对于亲属关系公证有无特殊规定和要求,按照实际情况并适当考虑使用国的具体要求制作公证书。此时,既要防止有些当事人利用虚假的亲属关系达到出国或者其他目的,也要考虑如何更好保护我国公民的域外利益和公证书在域外的使用效果。

(2) 准确使用亲属关系的称谓。公证书中关于亲属关系之间的称谓,应当按照我国法律规定或者传统使用的统一称谓,不要出现民间用语。

目前,亲属关系公证书主要用于涉外领域,如申请到国外定居、探亲、领取劳工伤亡赔偿金、继承域外财产、申请外汇等。因此,办理亲属关系公证对于确定自然人之间的身份关系以及与此相关的财产关系,保障当事人权益的实现,保护我国公民、华侨、归侨及其侨眷在域外的正当权利与合法权益都具有重要的意义。

(三) 有无犯罪记录公证

有无犯罪记录公证,是指公证机构根据当事人的申请,依法对当事人在中国期间,是否受过我国司法机关的刑事制裁这一法律事实的真实性予以证明的活动。

当事人申请办理有无犯罪记录公证,应当向执业区域内的公证机构提出申请,并提交申请人所在单位保卫部门出具的是否受过刑事处分证明;无工作单位或单位无保卫部门的,由户籍地公安派出机关出具证明。受过刑事处分的,还应提供法院的刑事判决书。受理当事人的申请后,公证员应当审查当事人的身份是否属实,当事人提供的证明材料是否真实、完备,对于符合法定条件的,应当出具公证书予以证明。

公证员在办理有无犯罪记录公证时,应当明确的是:对于尚未达到我国法定刑事责任年龄的人申办此项公证的,公证机构应当不予受理。另外,由于有无犯罪记录公证有较强的时间性,当事人提供的有无犯罪记录证明应当是申办公证期间出具的,出具证明时间与申请办理公证的时间不能相隔太长,否则,公证员应当要求当事人重新提供证明。如果公证书的有效期届满后,当事人仍然没有离境的,也需要重新申办有无犯罪记录公证。

有无犯罪记录公证书一般用于涉外活动中,它的主要作用是在当事人准备到国外定居、移民、结婚、收养子女以及劳务输出的时候,对当事人有无犯罪记录的情况提供基本的证明,以满足相关法律规定的要求。

三、签名、印鉴、日期属实和文书文本相符公证

（一）签名、印鉴、日期属实公证

签名、印鉴、日期属实公证，是指公证机构根据当事人的申请，依照法定程序对具有法律意义的文书上当事人的签名、有关单位的印鉴和日期的真实性、合法性予以证明的活动。

受理当事人的申请后，公证机构应当重点审查以下几个方面的内容：(1)为了确保当事人签名、印鉴、日期的真实性，当事人应当在公证员面前签名、盖章、写明日期，如果当事人已经在文书上签名、盖章、写明日期的，应当向公证员确认该签名、印鉴、日期的真实性。(2)由于签名、印鉴、日期属实公证一般只进行形式审查，只要文本的内容没有明显违法，仅需要审查当事人作出签名、盖章的行为是否是其真实意愿，有无受欺诈、胁迫等情况即可。如果有关文件是国家机关、社会团体、企业事业单位制作的，公证机构还应当向颁发文件的单位调查核实签名、印鉴、日期的真实情况。

由于文书上的签名、印鉴是文书生效的必要条件，日期是确定当事人权利义务的起算点，通常文书制作单位和个人对文书内容承担责任也是以文书上签名、印鉴、日期的真实性、合法性为前提的，所以，通过公证确保文书上签名、印鉴、日期的真实性、合法性，可以使该文书具有法律上的证据效力，从而为当事人有效地使用该文书提供了法律保障，也避免了当事人由于文书上签名、印鉴、日期的瑕疵而使自己的合法权益受到不应有的损害。

（二）文书文本相符公证

文书的文本一般有文书的原件、副本、节本、译本、影印本，文书的副本、节本、译本、影印本都是原件的复制本。通常，当事人不宜使用原件或者当事人为了防止原件丢失、损坏，使自己的合法权益受损害而不便使用原件时，往往会提供原件的复制本。文书文本相符公证，是指公证机构依照法定程序，对当事人提交的具有法律意义的文书副本、复印本、影印本、节本、译本与原本相符的事实的真实性、合法性予以证明的活动。文书的其他文本经过公证证明后，即确认了它们的真实性、可靠性，从而赋予其与原本相同的法律效力。

公证机构受理当事人的申请后,公证机构应当重点审查以下几个方面的内容:(1) 审查文件的形式要符合法律要求。法律对文书的形式有明确规定的,应当采取法律规定的形式。对于原本,要注意审查有关的国家机关或者其公职人员是否有权制作这种文件。(2) 审查复制本是否与原本文字相符。尤其应当注意的是,要保证原件的译本应当清晰明了,不会产生歧义;节本的内容与原本的内容是否存在断章取义的情况,必要时可以建议当事人办理原本的复印件公证,以免产生歧义。(3) 审查文件的内容是否明显违法。通常,公证机构不对文件的内容进行实质性审查,文件只要没有明显违法或者涉及国家机密的内容,公证机构一般不予进行其他实质性审查。

文书文本相符公证可以方便当事人在民事经济活动中通过使用原件的复制本,有效地帮助当事人在保留原件的同时,实现自己的合法权益。实践中,文书文本相符公证的种类主要有:证明文书的副本与正本相符;证明文书的复印件、影印件与原本相符;证明文书的节本与原本相应部分的内容相符;证明使用不同民族文字或者不同国家语言写成的同一文字内容相符等。

第十一章 公证法律事务

我国《公证法》第12条规定:"根据自然人、法人或者其他组织的申请,公证机构可以办理下列事务:(1) 法律、行政法规规定由公证机构登记的事务;(2) 提存;(3) 保管遗嘱、遗产或者其他与公证事项有关的财产、物品、文书;(4) 代写与公证事项有关的法律事务文书;(5) 提供公证法律咨询。"

第一节 法律、行政法规规定由公证机构登记的事务

根据我国法律的规定,很多法律事实或行为的登记都由相关行政机关办理。例如,《担保法》第42条规定:"办理抵押物登记的部门如下:(1) 以无地上定着物的土地使用权抵押的,为核发土地使用权证书的土地管理部门;(2) 以城市房地产或者乡(镇)、村企业的厂房等建筑物抵押的,为县级以上地方人民政府规定的部门;(3) 以林木抵押的,为县级以上林木主管部门;(4) 以航空器、船舶、车辆抵押的,为运输工具的登记部门;(5) 以企业的设备和其他动产抵押的,为财产所在地的工商行政管理部门(现根据《物权法》第189条的规定,改为'向抵押人住所地的工商行政管理部门办理登记')。"

《担保法》第43条规定:"当事人以其他财产抵押的,可以自愿办理抵押物登记,抵押合同自签订之日起生效。当事人未办理抵押物登记的,不得对抗第三人。当事人办理抵押物登记的,登记部门为抵押人所在地的公证部门。"根据此条规定,《公证机构办理抵押登记办法》第3条明确指出:《担保法》第43条规定的"其他财产"包括下列内容:(1) 个人、事业单位、社会团体和其他非企业组织所有的机械设备、牲畜等生产资料;(2) 位于农村的个人私有房产;(3) 个人所有的家具、家用电器、金银珠宝及其制品等生活资料;(4) 其他

除《中华人民共和国担保法》第 37 条和第 42 条规定之外的财产。

《公证机构办理抵押登记办法》第 4 条规定:"以《中华人民共和国担保法》第 42 条第 2 项的规定的财产抵押,县级以上地方人民政府规定由公证机构登记的;以及法律、法规规定的抵押合同自公证机构办理登记之日起生效的,公证机构办理登记适用本办法规定。"

第二节 提存事务

一、提存的概念及意义

提存,是指债务已届清偿期,债务人由于债权人的原因而无法向其交付债之标的物时,债务人将标的物提交给法定的提存机关而消灭债的关系的一种法律制度。提存是履行债务的一种特殊方法,是债的消灭的一种方式。我国的公证处是法定的提存机关。为履行清偿义务或担保义务而向公证处申请提存的人为提存人。提存之债的债权人为提存受领人。通常,债务的履行往往需要债权人的协助,如果债权人无正当理由而拒绝受领或者不能受领时,债权人虽然应当承担迟延履行的责任,但是债务人却因为债务的不能履行而仍然要受到债的关系的约束,这对于债务人来说有失公平,因此,法律上设置了提存制度对债务人予以救济。

提存公证,是指公证处依照法定条件和程序,对债务人或担保人为债权人的利益而交付的债之标的物或担保物(含担保物的替代物)进行寄托、保管,并在条件成就时交付债权人的活动。提存公证主要分为以清偿为目的的提存公证和以担保为目的的提存公证。其中,以清偿为目的的提存公证具有债的消灭和债之标的物风险责任转移的法律效力。以担保为目的的提存公证具有保证债务履行和替代其他担保形式的法律效力。办理提存公证,可以有效地预防和减少债务纠纷,及时调节债权债务关系,维护经济流转秩序和保护当事人的合法权益。

二、提存的管辖及法定情形

提存公证由债务履行地的公证处管辖。涉及不动产的应由不动产所在地的公证处管辖。以担保为目的的提存公证或在债务履行地申办提存公证有困难的,可由担保人住所地或债务人住所地的公证处管辖。

我国《合同法》第101条第1款规定:"有下列情形之一,难以履行债务的,债务人可以将标的物提存:(一)债权人无正当理由拒绝受领;(二)债权人下落不明;(三)债权人死亡未确定继承人或者丧失民事行为能力未确定监护人;(四)法律规定的其他情形。"

根据《提存公证规则》第5条和第6条规定,提存的原因可分为两类:第一类指债务清偿期限届至,债务人无法按时给付。主要情形有:债权人无正当理由拒绝或延迟受领债之标的的;债权人不在债务履行地又不能到履行地受领的;债权人不清、地址不详,或失踪、死亡(消灭)且其继承人不清,或无行为能力且其法定代理人不清的。第二类包括债的双方在合同(协议)中约定以提存方式给付的以及为了保护债权人利益,保证人、抵押人或质权人请求将担保物(金)或其替代物提存的。

三、公证机构在办理提存公证事务时应重点审查的内容

公证机构在办理公证时,应重点审查:(1)当事人的身份、行为能力及清偿依据。(2)债权关系是否真实、合法。(3)提存标的物与债的标的是否相符,是否适宜提存。可以提存的标的物有:①货币;②有价证券、票据、提单、权利证书;③贵重物品;④担保物(金)或其替代物;⑤其他适宜提存的标的物。(4)提存标的物是否需要采取特殊的处理或保管措施。(5)是否存在应予提存的原因及证明材料。(6)当事人提交的材料是否真实、合法。

四、办理提存公证时需注意的问题

(1)提存人应当提交合同、担保书、赠与书、司法文书、行政决定等据以履行义务的依据,公证机构对其要进行审查。公证机构应在

收到申请之日起 3 日内作出受理或不予受理的决定,通知申请人。公证处受理后,应当从提存之日起 3 日内出具提存公证书。提存之债从提存之日即告清偿。

(2) 公证处应当验收提存标的物并登记存档。对不能提交公证处的提存物,公证处应当派公证员到现场实地验收。验收时,提存申请人(或其代理人)应当在场,公证员应制作验收笔录。验收笔录应当记录验收的时间、地点、方式、参加人员、物品的数量、种类、规格、价值以及存放地点、保管环境等内容。验收笔录应交提存人核对。公证员、提存人及其他参与人员应当在验收笔录上签名。对难以验收的提存标的物,公证处可予以证据保全,并在公证笔录和公证书中注明。经验收的提存标的物,公证处应当采用封存、委托代管等必要的保管措施。对易腐易烂易燃易爆等物品,公证处应当在保全证据后,由债务人拍卖或变卖,提存其价款。

(3) 提存人应将提存事实及时通知提存受领人。以清偿为目的的提存或者提存人通知提存受领人有困难的,公证机构应当自提存之日起 7 日内,以书面形式通知提存受领人,告知其领取提存物的时间、期限、地点、方法。提存受领人不清或下落不明、地址不详无法送达通知的,公证机构应当自提存之日起 60 日内,以公告方式通知。公告应刊登在国家或者债权人在国内住所地的法制报刊上,公告应在 1 个月内在同一报刊刊登 3 次。

(4) 公证机构有保管提存标的物的权利和义务。公证机构应当采取适当的方法妥善保管提存标的,以防毁损、变质或灭失。对不宜保存的、提存受领人到期不领取或者超过保管期限的提存物品,公证机构可以拍卖,保存其价款。下列物品的保管期限为 6 个月:第一,不适于长期保管或长期保管将损害其价值的;第二,6 个月的保管费用超过物品价值 5% 的。

(5) 公证处应当按照当事人约定或者法定的条件给付提存标的物。债的双方在合同(协议)中约定以对待给付为条件的提存,在提存受领人未为对待给付之前,公证机构不得给付提存标的物。提存受领人领取提存标的物时,应提供身份证明、提存通知书或公告,以及有关债权的证明,并承担因提存所支出的费用。提存受领人负有对待给付义务的,应提供履行对待给付义务的证明。委托他人代领的,还应提供有效的授权委托书。由其继承人领取的,应当提交继承公证书或其他有效的法律文书。因债权的转让、抵消等原因需要由第三人领取提存标的物的,该第三人应当提供已经取得提存之债债权的有效法律文书。

(6) 提存物在提存期间所产生的孳息归提存受领人所有。提存人取回提存物的,孳息归提存人所有。提存的存款单、有价证券、奖券需要领息、承兑、领奖的,公证处应当代为承兑或领取,所获得的本金和孳息在不改变用途的前提下,按不损害提存受领人利益的原则处理。无法按原用途使用的,应以货币形式存入提存账户。定期存款到期的,原则上按原来期限将本金和利息一并转存。股息红利除用于支付有关的费用外,剩余部分应当存入提存专用账户。提存的不动产或其他物品的收益,除用于维护费用外,剩余部分应当存入提存账户。

(7) 提存人可以凭人民法院生效的判决、裁定,或提存之债已经清偿的公证证明取回提存物。提存受领人以书面形式向公证处表示抛弃提存受领权的,提存人得取回提存物。提存人取回提存物的,视为未提存。因此产生的费用由提存人承担。提存人未支付提存费用前,公证处有权留置价值相当的提存标的。

(8) 从提存之日起,超过 20 年无人领取的提存标的物,视为无主财产。公证处应在扣除提存费用后将其余额上缴国库。

第三节 保管事务

一、保管的概念及意义

保管,是指公证机构根据当事人的申请,依法对遗嘱或其他有法律意义的财产、物品、文书,如结婚证书、产权证书、毕业证书等,代为保管,防止丢失或损坏的活动。公证机构代为保管遗嘱,不仅可以防止遗嘱遗失或泄密,也有利于遗嘱的顺利执行,预防纠纷。公证机构代为保管其他财产、物品或文书,可以有效地防止重要财产、物品或文书的灭失。保管是公证机构向社会提供法律服务的一项内容,是公证机构的辅助性业务之一。

二、办理保管事务的一般程序

当事人应向其住所地公证机构提出申请。申请时应提交:(1)公证申请表;(2)身份证明;(3)需要保管的遗嘱或其他财产、物品、文书;(4)其他应提交的材料。

公证机构在办理公证时,应认真审查:(1)当事人的身份及行为能力;(2)当事人的意思表示是否真实;(3)遗嘱或其他财产、物品、文书是否真实、合法;(4)申请人是否是遗嘱或其他财产、物品、文书的合法持有人;(5)当事人提交的材料是否真实、合法;(6)申请保管的目的、动机是否有保管的必要。

公证机构在出证时,应当明确下列问题:(1)申请人于何时、何地将遗嘱或其他财产、物品、文书交予公证机构;(2)保管物品或文件的名称及数量;(3)保管期限;(4)保管期满后的合法领取人。

第四节 代书和咨询事务

一、代写与公证事项有关的法律事务文书

这主要规定的是公证机构的技术性事务,是指公证机构或公证员代当事人起草申请公证的文书的活动。

公证活动中,常常需要当事人自己首先填写或起草某项文件,如合同、遗嘱、委托书、声明书等。但有些当事人由于文化水平或法律知识欠缺,自己无法起草。有些当事人虽有写作能力并且也有一定的法律知识,但是,对于怎样按照文书的格式,把文书的内容写得全面、完整、条款具备,却难以做到。这样会给当事人申请公证带来极大的障碍。鉴于此,为切实保障当事人的合法权益,公证机构或公证员可代当事人起草或修改公证的文书。

公证员代当事人起草申请公证的文书必须符合以下条件:(1)在合法的前提下,必须完全符合当事人的意愿;(2)起草的文书

从内容到格式都应符合有关法律的规定;(3)代书的文字要求语言简明、表述清楚准确,字迹工整。公证员代书完成以后,应当交给当事人审阅,当事人无阅读能力的,应向其宣读;当事人提出修改意见的,应尊重其意见进行修改,直至其完全同意文书的内容。最后由当事人认可签名或按捺指纹。公证员代当事人起草申请公证文书的工作,体现了为人民服务的宗旨,既便利了当事人,又有利于公证工作的开展,同时还缩短了公证机构工作人员与群众的距离,维护了公证的形象和信誉。

二、提供公证法律咨询

公证机构作为专门设立的法律证明机构,同时也是向社会提供法律服务的机构,在其开展的公证活动中,本身就起到了宣传法律、普及法律的功能。《公证法》又专门规定了提供公证法律咨询是公证机构的相关事务,更进一步加强了公证机构的这一功能。

下篇 律师制度

第十二章 律师法律制度概述

第一节 律师法律制度的概念、特征

一、律师法律制度的概念

律师法律制度,是指国家法律规定的有关律师性质、执业条件、执业机构、业务范围,律师的权利和义务、职业道德和执业纪律,法律责任等方面的规范体系。

二、律师法律制度的特征

(一)律师法律制度以国家法律的确认为前提

任何法律制度的存在都必须以国家法律确认为前提,尤其是律师这种从事法律服务的职业。律师性质、业务范围、律师的权利义务以及律师事务所的工作内容和职责都由国家法律明确予以规定。如果没有国家法律的确认,律师在执业过程中的权利义务就得不到法律保障,律师制度就丧失了其存在的可能性。

(二)律师法律制度的核心内容是提供法律服务,且这种服务不具有强制性

律师以自己的法律知识和专业技能为当事人提供法律服务,但这种法律服务一般情况下是双方当事人自愿签订委托代理合同,通过委托代理合同确定双方的权利义务,因此这种法律服务不是强制提供的。律师提供法律服务是有偿的,在接受当事人的委托后按照委托合同的约定尽最大的努力维护当事人的合法权益,因而决定了

这种服务活动具有私法的性质。

（三）律师法律制度以促进依法治国和保障公民权利为宗旨

律师法律制度只有在一个法制比较完善的社会里才能有效发挥其作用。现代文明社会是一个不断追求法治的社会，律师通过运用法律为当事人提供专业服务来维护国家法律尊严，协助和督促司法机关依法客观、公正的行使国家审判权，监督行政机关依法行政，为当事人提供及时有效的法律救济，切实维护当事人宪法和法律赋予的权利。律师法律制度是司法制度的重要组成部分，是国家依法治国的重要保障之一，充分发挥律师法律制度的功能，对促进依法治国和保障公民权利具有无可替代的作用。

（四）律师法律制度是规范律师及与其相关主体的法律制度

律师法律制度规范的对象主要是律师、律师事务所、律师协会和律师管理部门。律师法律制度的内容包括律师的性质、执业条件、执业机构、业务范围，律师的权利和义务、职业道德和执业纪律，法律责任以及律师工作机构等方面内容，可见，律师法律制度的内容比较丰富，是一个规范对象比较特定的法律制度。律师法律制度为律师及其工作机构的活动提供制度保障，使律师在执业的过程中更好地为委托人服务。同时它也要求律师必须依法提供法律服务，自觉履行法律道德义务。

第二节 律师法与相关法律的关系

一、律师法与宪法的关系

宪法作为国家的根本大法，具有最高的法律效力，是律师法制定的依据和前提，宪法有关对律师制度的规定是律师法赖以存在的基础。同时由于宪法的功能在于保障人权，规定公民的基本权利，律师法通过规范律师及其工作机构的行为使律师能够更好的依法为当事人提供法律服务，切实维护宪法和法律赋予当事人的权利，在保障公民基本权利方面发挥重要作用，因此一定程度上可以说律师法的宗旨同宪法保障人权原则是一致的，是具体实施宪法的法律。

二、律师法与诉讼法的关系

我国的诉讼法主要有刑事诉讼法、行政诉讼法和民事诉讼法这三大诉讼法,诉讼法属于程序法,与实体法相对,它是国家司法机关、当事人及其他诉讼参与人在进行具体诉讼活动中必须遵守的法律。而律师在诉讼活动中以诉讼参与人的身份参加诉讼,维护当事人的利益,律师也必须遵守诉讼法对律师活动的有关规定,律师法同样对律师在诉讼活动中的权利义务作出了相关规定,因此他们之间存在交叉关系。也就是说律师法与诉讼法都有规范、调整诉讼活动和诉讼关系的内容,是人民法院、人民检察院、侦查机关和律师等诉讼参与人进行诉讼活动所必须遵循的程序规范。诉讼法关于律师活动的规定,是律师制度的重要组成部分,律师法与诉讼法关系非常密切,它们在诉讼中的目的相同,都是保证法律的正确实施,维护法律的尊严,使当事人依法得到客观、公正的判决结果。

三、律师法与实体法的关系

实体法是规定法律关系主体在政治、经济、文化和社会方面权利义务关系的法律,与程序法相对应。

刑法解决的是有关犯罪问题的法律,其主要目的在于通过依法惩罚犯罪,恢复被犯罪所侵害的社会关系。由于刑法主要是有关犯罪、刑罚及量刑制度的法律,对犯罪嫌疑人和被告人的权益影响极大。大部分犯罪嫌疑人、被告人对刑法不是很熟悉,因此需要请律师为其提供法律帮助,防止其合法的权利遭到非法侵害。律师只有全面、准确地理解刑法规定,才能更好地为当事人进行刑事代理和刑事辩护,这些都是代理刑事案件律师的职责。律师法要求辩护律师应当根据事实和法律,提出犯罪嫌疑人、被告人无罪、罪轻或减轻、免除其刑事责任的材料和意见,维护犯罪嫌疑人、被告人的合法权益,只有当律师做到这点,才能使刑法依法追究犯罪嫌疑人和被告人的刑事责任,保障犯罪嫌疑人和被告人的合法权利和依法公正的审判得到实现。

民事实体法规定民事法律关系主体在一定领域中的实体权利义

务。律师法规定的是有关律师职业和律师活动的法律,二者有根本区别。但是关于当事人与律师事务所签订的委托代理合同,以及当事人对律师的授权,既要包含着民事实体法的规定,也要符合律师法的规定。同时律师作为当事人的代理人在进行民事代理活动(包括在民事诉讼中的代理)时必须要以法律为依据,不得违反实体法的规定,帮助当事人实现实体法上的权利义务。

行政法是以调整行政主体与行政相对人之间法律关系的法律规范的总称。律师法与行政法之间的联系非常紧密。律师业务中的行政诉讼代理业务、行政复议业务以及行政处罚程序中的各项律师业务活动都离不开行政实体法,都必须以行政实体法作为其代理业务的基础。

总之,律师法与实体法关系密切,实体法支持了律师法的内容,是律师法得以运行的基础,同时律师法使律师在为委托人提供法律服务时更好地遵守实体法以及维护实体法的正确实施。

四、律师法与司法组织法的关系

人民法院组织法和人民检察院组织法分别主要规定了人民法院、人民检察院的组织原则和活动原则,同时还分别规定了人民法院、人民检察院进行诉讼时应当遵守的原则、制度和程序。律师法主要规定了律师制度的内容,主要以律师、律师事务所以及律师协会为调整对象,规定了它们的性质、权利义务、业务范围以及法律责任等,需要注意的是律师法也是司法组织法的一部分,与其他司法组织法相比,有许多相似的地方。虽然它们调整的对象不同,但是这些司法组织法存在交叉和相通的地方,如以事实为依据,以法律为准绳是司法组织法调整对象的共同原则。

五、律师法与法律职业道德的关系

律师作为法律职业共同体中的一部分,与其他法律职业共同体有着许多共同的职业道德,但是律师作为特殊的法律群体还有自己特有的职业道德,这主要是由律师的服务性质所决定的。律师法有关律师的职业道德的规定是法律职业道德的一部分,律师在执业过程中不仅要遵循一般的职业道德,还应该遵循律师这个行业自己的职业道德,因为律师如果不能很好地遵守自己的职业道德,那么当事人的合法权益就难以实现。律师法对律师职业道德只进行了抽象和简单的规定,而中华全国律师协会制定的《律师执业行为规范(试行)》明确规定了律师职业道德的基本内容。该规范对律师职业道德的规定是法律职业道德的重要组成部分,是以律师法为前提和基础的。

第三节 律师法律制度的建立与发展

一、古代律师法律制度的萌芽

据史料记载,早在公元5世纪,古希腊的雅典已经出现了一些能言善辩的"雄辩家"。当时雅典的诉讼制度分为侦查与庭审阶段,在庭审时允许双方当事人发言进行辩论,也允许当事人委托他人代写庭审发言,并由受托人在法庭上宣读。法官在听取双方当事人辩论并检验双方提交的证据后,作出裁决,由于法官的裁决往往取决于当事人双方的辩论结果,善辩对法官裁决的影响非常明显,所以当事人不惜花钱雇佣既精通法律而又口齿伶俐的人为其辩论。这种受委托在法庭上为他人辩论的人被称为"雄辩家",有点类似于今天的诉讼代理人。由于当时的这些"雄辩家"的活动并没有形成一种固定的职业,更没有形成一个阶层,国家没有专门的立法对其进行调整,无法形成一种法律制度,因此只能被当做是律师的萌芽。

二、近现代律师制度的建立与发展

资产阶级革命的胜利促使了近代律师制度的产生。在资产阶级取得革命胜利前,资产阶级与封建贵族特权、宗教特权以及纠问式的审判方式展开了激烈的斗争。在资本主义发展的过程中,封建旧势力为了打压和遏制其发展,利用手中的特权对资产阶级进行各种压迫,于是资产阶级被迫高举"自由、平等、博爱"的旗帜,要求对僵硬的社会政治经济及法律制度进行改革,以促进其发展。英国的李尔本率先提出了一系列民主资产阶级的法制原则,提出法律面前人人平等、诉讼程序公开、被告人有权获得辩护等进步观点,同时资产阶级启蒙思想家洛克、孟德斯鸠、卢梭也对封建腐朽的旧制度进行了无情的批判,并且提出"民主"、"自由"、"博爱""天赋人权"、"主权在民"等一系列口号,主张建立新的政治法律制度;同时强调在诉讼中应以"辩论式"取代"纠问式",当事人是诉讼主体,有权自行辩护及请律师为自己辩护等主张,这都为建立辩论式的诉讼制度奠定了理论基础。资产阶级革命的胜利为资产阶级建立新的政治法律制度创造了各方面的条件,于是各资本主义国家通过宪法和法律对这些主张予以确认。如 1679 年英国《人身保护法》首次明文规定在诉讼中实行辩论原则,承认被告人有权获得辩护;1791 年《美国宪法修正案》第 6 条规定:被告人在一切刑事诉讼中享有法庭律师为其辩护的协助。1789 年美国司法条例明确规定律师在民事诉讼的代理人地位。1793 年法国《雅各宾法》规定,国家要有"公设辩护人"。1808 年法国拿破仑主持制定的《刑事诉讼法典》系统地规定了律师制度。1876 年颁布实行的《代言人规则》在其历史上首次确认了诉讼代言人制度。德国在 1878 颁布的《国家律师法》,为近现代德国律师制度的建立奠定了基础。由于资本主义社会具备适合律师制度发展的政治、经济、法律条件,所以律师制度一经法律确定,便得到空前的发展,律师在社会生活中的作用越来越重要,活动范围也越来越广泛。①

随着资本主义商品经济的迅猛发展,现代律师制度对资本主义经济基础的服务作用越来越明显,已成为资本主义法律制度的重要组成部分。律师的活动范围已经深入到社会生活的各个方面。律师的业务范围除了传统的诉讼领域外,更多地参与了资本主义经济中的法律事务,如公司上市、破产清算、法律顾问等。律师业务分工越来越专业化,层次也越来越高,有的业务甚至还是跨专业,这就意味着律师不仅要有过硬的法律知识,还需要掌握一定的其他专业知识,

---

① 谢佑平:《社会秩序与律师职业——律师角色的社会定位》,法律出版社 1998 年版,第 224 页。

如会计知识。由于分工越来越细,专业化要求越来越高,这就需要律师彼此加强合作,这就使律师事务所向着大型化、公司化方向发展。与资本主义律师制度相对应,社会主义国家在借鉴西方资本主义律师制度的基础上,根据自己的国情建立了社会主义律师制度,在社会各个领域发挥着日益重要的作用,特别是在保障人权和促进法制建设方面的作用尤为明显,尽管它还不是十分完善,不可否认的是它是现代律师制度的重要组成部分。

三、新中国律师制度的建立与发展

新中国成立后废除了国民党旧的法律制度,在吸收了新中国成立前的革命根据地司法实践中的部分有益经验和借鉴了苏联等社会主义国家的律师制度的基础上建立了新的法律制度,包括律师制度。新中国律师制度的建立和发展与国家的命运紧密地联系在一起,经历了一个曲折艰辛的发展过程。根据我国律师制度的发展历程,可以把我国律师制度的发展分为初创、曲折、恢复、改革与新的发展四个阶段。

(一)新中国律师制度的初创阶段

从新中国建立到1957年"反右"斗争扩大化,这个时期是我国律师制度的形成、初创阶段。1949年中国人民政治协商会议制定的《共同纲领》第17条作出了"废除国民党反动政府一切压迫人民的法律、法令和司法制度,制定保护人民的法律、法令,建立人民司法制度"的规定,废除国民党建立的旧法统。1950年12月,中央人民政府司法部发出了《关于取缔黑律师及讼棍事件的通报》,旨在取缔黑律师活动,解散旧的律师组织。1952年在全国范围内又开展了司法改革运动,至此,旧的法律制度包括律师制度不但在法律上被彻底废除,而且在社会上也被彻底清除掉了。新中国律师制度源于辩护制度。1950年7月中央人民政府政务院颁布的《中央人民法院组织通则》第6条规定:"县(市)人民法庭及其分庭审判时,应保障被告有辩护及请人辩护的权利。"1954年9月20日通过的《中华人民共和国宪法》第70条明确规定:"被告人有权获得辩护。"为保证当事人的辩护权,司法部1954年7月决定在北京、天津、上海、南京、重庆、沈阳等大城市试办"公设辩护人"制度。上海市人民法院首先建立了"公设辩护人"制度,重点帮助刑事被告人辩护。1956年1月司法部向国务院递交了《关于建立律师工作的请示报告》,当年国务院批准了这个报告,该报告有力地推动了新中国律师制度的建立和发展。国务院授权司法部起草《律师暂行条例》等法规。从1956年7月20日颁布《律师收费暂行办法》,到1957年上半年《律师暂行条例》(草案)脱稿,6月至7月间司法部通过座谈等方式,广泛征求了法律专家、律师和司法工作者的意见,在第二次全国律师工作座谈会上,讨论并批准了该草案,并呈请国务院批准颁布,从而使新中国律师制度正式建立起来,律师队伍也得到迅速扩大。到1957年底,全国成立了19个省级律师协会或筹委会,设立了820个法律顾问处,专职律师及工作人员的规模达到2500余人,兼职律师350人。他们在维护人民群众合法权益,保证法律的正确实施和促进社会主义法制建设等方面起到了非常重要的作用。

(二) 新中国律师制度发展的曲折阶段

1957年下半年,在整风"反右"运动后期,出现了"反右"斗争扩大化。有的律师被错划为"右派",有的被下放、劳动改造,有的甚至被判刑,无法正常地从事律师工作。到1959年,各地的律师机构全部被撤销,律师制度遭到了彻底的破坏,刚刚建立的律师制度受到了毁灭性打击,我国的法制建设遭受了严重挫折,这种情况一直延续到1978年。这段时期,不仅大多数律师遭到迫害,成为专政的对象,而且冤假错案层出不穷,人民生命财产得不到保障,是我国社会主义法制建设史上的一个重大失误,给国家和人民带来了深重的灾难。

(三) 新中国律师制度恢复阶段

党的十一届三中全会以后,在党和国家的高度重视下,社会主义民主和社会主义法制建设得到加强,律师制度也得到了恢复。1980年公布的《中华人民共和国律师暂行条例》明确规定了律师制度的基本内容,为我国律师制度的发展提供了法律保障,这是新中国第一部关于律师制度的立法,标志着我国律师制度开始进入法制轨道。从此,我国律师工作开始进入正轨。1986年7月,在北京召开了第一届全国律师代表大会,成立了"中华全国律师协会",通过了协会章程。它的成立标志着我国律师制度发展到了一个新的阶段。该协会成立后加强了同国际其他律师协会的联系,进一步促进了我国律师制度的发展。这一时期我国律师业务不断拓展,律师不仅为刑事案件被告人辩护,而且受国家机关、企事业单位、社会团体及公民的委托,担任法律顾问及各种诉讼案件和非诉讼案件当事人的代理人。律师行业从业人员也在迅速增加,由1981年的5000余人发展到1986年的2.7万人,全国的律师事务所或法律顾问处达到了3163个。党的十一届三中全会的召开到1986年是我国律师制度的恢复发展阶段。

(四) 新中国律师制度的改革与新的发展阶段

随着我国经济体制改革的深入,我国经济得到了飞速发展,社会对律师的业务素质和水平提出了更高的要求,不改革原有的律师制度就难以适应经济的发展。在1986年中国开始推行全国律师资格考试,以通过考试取得律师资格的方式取代了司法行政机关考核授予律师资格的做法,确保了律师的文化及业务素质,并提高了律师的社会地位。1989年开始颁发律师工作执照,实行律师资格与职务相分离,有些人虽然通过律师资格考试,但并不从事律师工作,这样就为我国律师事业的发展储备了大量的专业人才。1988年5月司法部下发了《合作律师事务所试点方案》改变了律师事务所完全由国家核发编制、核拨经费设立的体制。1993年12月,国务院批转的《司法部关于深化律师工作体制改革的方案》明确了我国律师工作改革的总体目标。我国律师事务所的组织形式已由最初单一的"国办"变成国资所、合伙所、个人律师事务所等多种形式并存的格局。这个阶段律师从业人数由2.7万余人发展到1995年的9万余人,是我国律师制度改革和突破性发展时期。

随着新中国第一部《中华人民共和国律师法》在1997年生效,我国律师事业到了又一个新的发展阶段。《律师法》系统地规定了律师的执业条件、律师事务所、执业律师的业务和权利义务、律师协会、法律援助和法律责任等。《律师法》的颁布标志着有中国特色的律师制度基本框架的确立、巩固与完善。《律师法》颁布至今,我国律师业得到了全面发展,基本上适应了我国有中国特色的社会主义市场经济。我国律师整体素质得到了很大的提高,律师的服务水平也有很大程度的提升。我国律师事务所的专业化、规模化程度不断提高,部分发达的城市出现了一批专门或主要从事证券、金融、房地产等业务的专业律师事务所。到 2009 年,我国执业律师达到 17.3 万余人,律师事务所近 1.6 万家。毋庸置疑,广大律师已经成为我国社会主义法治建设的一支不可忽视的重要力量。但是我国律师事业的发展也面临着一些新的情况和问题,律师在执业活动中的合法权益得不到有效保障,同时律师队伍中也出现了一些不和谐的现象,这都影响了律师制度的发展。为了进一步健全我国律师制度,提高律师的服务水平,2007 年 10 月 28 日第十届全国人民代表大会常务委员会第三十一次会议审议通过了修订后的《中华人民共和国律师法》,它标志着律师法律制度得到进一步完善,律师业务也得到了全面发展。

第四节 律师法律制度与市场经济的协调发展

一、律师法律制度是社会经济发展到一定阶段的必然产物

律师制度起源于古罗马,其主要原因是古罗马时期的商品经济发展的程度比较高,人们之间的经济交往日益频繁,财产关系也越来越复杂,商品经济的发展导致两极分化,社会矛盾加剧,从而使社会关系变得更加复杂。为了解决人们之间的纠纷,缓和社会矛盾,于是古罗马帝国颁布了一些诉讼法律条文。那些寄希望通过诉讼途径解决纠纷的当事人,由于自己并不熟悉法律事务,为了使自己的利益得到保护,不得不向那些熟悉法律的专家请教,这便产生了律师的雏形,即保护人,并且形成了一系列的法律制度,因此没有社会经济的发展就不会产生律师制度的萌芽。资本主义经济的出现和发展是近代律师制度产生的原因和条件,因为随着资本主义经济的不断发展,腐朽的封建势力越来越成为其发展的障碍,资产阶级为了争取自己的权利就需要同封建王权、贵族特权作斗争,以求建立适应资本主义经济发展的经济制度、法律制度及政治制度。在此过程中资产阶级

特别是他们的启蒙家们提出了一系列主张,为保障公民自由和财产而不断斗争,最终以法律形式确立了"被告人有获得辩护的权利",这就需要法律专业人士帮助其维护权利,这就使近代律师出现了。资产阶级在革命革命胜利后通过颁布一系列法律,建立了近现代律师制度。因此从律师产生的萌芽到近代律师制度的建立的过程来看,律师制度的建立是社会经济发展到一定阶段的产物。

二、律师法律制度是市场经济必不可少的重要保障

在市场经济条件下,市场机制对资源的配置起基础性作用,产生了对律师职业的大量"需求",其原因主要包括:(1) 市场经济所需要的主体独立性和自主性,是律师提供法律服务的前提和基础。律师的法律服务需要建立在与当事人自愿、平等、有偿的协议上,这种协议的达成,只有在市场经济社会才能真正实现。(2) 市场经济社会由价值规律和平等交换原则所决定的商品交换主体之间的法律关系,是权利义务对等的法律关系,这种对等的法律关系产生了律师为之提供法律服务的对象。[①] 商品经济活动的参与往往在将交易过程中产生纠纷通过诉讼途径解决,由于他们自己对法律并不是十分熟悉,不得不向精通法律的专业人士寻求帮助。由于商品经济发展的程度越来越高,就需要有大量的法律法规对其进行规范,而这些法律规范的专业性越来越强,再加上诉讼程序变得越来越复杂,当事人除了不熟悉法律具体的操作外,自己也没有时间和精力来解决与他人的纠纷,只能把自己的法律事务委托给律师,这样不仅使自己的利益得到法律保护,而且还不影响当事人继续从事其他经济活动。市场经济是法治经济,一切经济活动都必须依法进行,这就要求经济活动参与人熟悉法律法规,然而这在现实生活中是不能的。律师作为法律专业服务人员便是他们的顾问,遇到经济纠纷时律师便是他们最大的依靠。律师作为法律职业者主要利用自己的专业技能和知识为社会提供法律服务。由于律师熟悉法律、法规,并且有丰富的实务经

---

① 谢佑平主编:《社会秩序与律师职业——律师角色的社会定位》,法律出版社1998年版,第224页。

验,能够更好地维护委托人的合法权益,在减少纠纷,解决纠纷上是委托人分忧解难的好帮手,解决委托人在纠纷上的后顾之忧,所以律师制度是市场经济必不可少的重要保障。同样由于律师积极参与市场经济相关活动,对有关经济活动的法律法规的实施起着重要的促进作用,有利于增强经济活动参与人的法律意识,对规范他们的经济行为有着重要作用,而且律师对社会各阶层的要求和愿望比较了解,对经济活动方面的法律制度在是否存在缺陷,存在哪些缺陷,法律实施的效果如何有较为深刻的认识,对完善市场经济方面的法律制度具有积极的作用,这样就使市场经济更加法制化、规范化,变得更有保障。实践证明,律师在市场经济中的作用发挥得越充分,市场经济就越有序,市场经济主体在经济活动中的利益就会得到保障。

三、律师法律制度是现代文明与法治的催化剂

近代律师法律制度的建立始于资产阶级革命胜利后,它是现代文明的产物,它在保障人权方面发挥不可忽视的作用,它使社会生活更加秩序化和文明化,任何人都有权请律师为其提供法律帮助,维护自己的合法权益,逐渐使人们崇尚法律、信仰法律从而依法办事,改变了以非理性的方式解决纠纷,因而它也推进了现代文明的发展。从律师制度建立至今,特别是在刑事辩护领域,诸多保护人权的原则得以在具体的法律事务中得到贯彻,如被告有权获得辩护、禁止刑讯逼供、无罪推定等原则,极大地促进了人类法治文明的进步和人权保护。依法治国离不开完善的律师法律制度,因为没有律师的社会不是法治社会,没有完善的律师法律制度的社会也不能称之为法治社会。律师在推动社会变革中的作用同样不可忽视,律师在运用法律为当事人提供服务的过程中对法律制度存在的不足有着敏锐的洞察力,会在推动法律制度改革方面发挥着其他职业无法替代的作用,这样就能促进法治的发展和完善,因此,律师法律制度是现代文明与法治建设的催化剂。

第十三章 律　师

第一节　律师概述

一、律师的概念

我国《律师法》第 2 条规定,律师是指依法取得律师执业证书,接受委托或者指定,为当事人提供法律服务的执业人员。依据法律,我国的律师是指依法取得律师执业证书,接受当事人的委托或者经人民法院指定,进行诉讼、非诉讼及其他法律事务,以维护公民、法人或其他组织的合法权益,维护法律正确实施,维护社会公平和正义,依法为其提供法律服务的专门的执业人员。从这一概念可以看出,律师具有以下职业特点:

(1) 我国的律师是指依法取得律师执业证书的专门执业人员。

(2) 我国的律师是应当事人的委托或者经人民法院指定而进行诉讼、非诉讼及其他法律事务。

(3) 我国的律师应当维护当事人合法权益,维护法律正确实施,维护社会公平和正义。

二、律师的性质

所谓律师的性质,是指法律规定的,律师职业区别于其他职业的根本属性,在一国律师制度中,律师的性质是一个根本性的问题,它体现在律师制度的各个方面,制约着律师的地位、权利、义务、作用、责任和律师制度的发展趋势。

我国法律法规对于律师的性质的界定也逐步清晰。1980 年 8 月 26 日第五届全国人民代表大会常务委员会第十五次会议通过的《中华人民共和国律师暂行条例》第 1 条规定:"律师是国家的法律工作者。"该条明确了律师是用法律知识为人民服务,同时律师是国家法律工作者、国家公职人员,也是司法行政部门的内部编制人员。1996年5月15日第八届全国人民代表大会常务委员会第十九次会议通过《中华人民共和国律师法》,第2条规定:"本法所称的律师,是指依法取得律师执业证书,为社会提供法律服务的执业人员。"该条确定了律师的性质是社会法律工作者,是为社会提供法律服务的执业人员。

2007年10月28日第十届全国人民代表大会常务委员会第三十次会议通过《关于修改〈中华人民共和国律师法〉的决定》,修订后的《中华人民共和国律师法》第2条规定:"本法所称律师,是指依法取得律师执业证书,接受委托或者指定,为当事人提供法律服务的执业人员。"首先,依法取得执业证书是律师执业的前提。即律师必须依法取得执业证,才能进行业务活动。这将律师与从事其他法律服务的人员区别开来。其次,律师进行业务活动的根据是当事人的委托或者法院的指定,而不是国家授权。这明确了律师权利的来源,从而在根本上有别于国家机关工作人员。最后,律师的服务对象是当事人,律师的委托人既可以是公民、法人,也可以是国家机关,律师的委托人是律师的直接服务对象。

律师性质的界定,不仅明确了律师概念的科学内容,而且更重要的是有利于促进律师队伍的壮大,律师执业质量的提高,从而促进整个律师业的发达与繁荣。

三、律师的职责

律师的职责,是指国家法律明确规定的,通过律师的执业活动所要实现的目的。根据《律师法》第2条的规定,我国律师的职责应当是律师应当维护当事人合法权益,维护法律正确实施,维护社会公平和正义。对于律师的职责,应作如下理解:

第一,维护当事人合法权益。维护当事人合法权益是律师的重要职责。律师在接受当事人委托或者法院指定后,无论是从事法律顾问工作还是从事诉讼代理或者辩护,都应当尽职尽责,为当事人提供较好的法律服务,以维护当事人的合法权益。律师担任法律顾问的,应当为委托人就有关法律问题提供意见,草拟、审查法律文件,维护委托人的合法权益。律师代理诉讼法律事务或者非诉讼法律事务的,应当在受委托的权限内,维护当事人的合法权益。律师担任刑事辩护人,应当根据事实和法律,提出犯罪嫌疑人、被告人无罪、罪轻或者是减轻、免除其刑事责任的材料和意见,维护犯罪嫌疑人、被告人的合法权益。国家通过这些规定,使律师更贴近社会,使得当事人的合法权益能够得到充分的保障,这是律师业务活动的核心。

第二,维护法律正确实施。维护法律正确实施也是律师的重要职责。律师既是为当事人提供法律服务的执业人员,也是为社会提供法律服务的执业人员。律师执业必须以事实为依据,以法律为准绳。为使律师在职业中维护法律正确实施,针对律师执业中出现的一些突出问题,《律师法》明确了禁止律师从事的行为,如违反规定会见法官、检察官、仲裁员以及其他有关工作人员,或者以其他不正当方式影响依法办理案件;向法官、检察官、仲裁员以及其他有关工作人员行贿,介绍贿赂或者指使、诱导当事人行贿;故意提供虚假证据或者威胁、利诱他人提供虚假证据、妨碍对方当事人合法取得证据;煽动、教唆当事人采取扰乱公共秩序、危害公共安全等非法手段解决争议等。从事这些行为的,由相应的司法行政部门给予行政处罚;情节严重的,由省、自治区、直辖市司法行政部门吊销其律师执业证书;构成犯罪的,依法追究刑事责任。律师通过接受当事人的委托,担任当事人的代理人或者辩护人,促进公、检、法机关查清案件事实,正确适用法律,以准确有效打击违法犯罪行为,维护当事人的合法权益,从而维护国家法律的正确实施。

第三,维护社会公平和正义。维护社会公平和正义是建立社会主义法治国家的必然要求。实现维护社会公平和正义这个目标需要所有法律执业人员的共同努力和奋斗。律师作为法律执业人员,在执业活动中,也应当以维护社会公平和正义作为自己的职责。律师维护社会公平和正义是通过维护当事人合法权益,维护法律正确实施实现的。

律师职责的这三个方面是相辅相成,密切联系的辩证统一的关系,这是由维护当事人的合法权益与维护法律的正确实施之间的一致性所决定的。一方面,律师必须通过维护法律的正确实施、维护社会公平和正义来维护当事人的合法权益;另一方面,律师必须通过维护当事人的合法权益,来维护法律的正确实施、维护社会公平和正义,而不能以维护法律的正确实施与社会公平和正义为借口,损害当事人的合法权益。律师职业就要维护当事人的合法权益、维护法律的正确实施与维护社会公平和正义相统一。律师"三维护"职责的确立,标志着中国民主政治和法制社会的进一步彰显,标志着中国律师执业精神的法律化,增强律师的职业责任感和使命感,充分发挥律师在我国社会主义法治建设中的积极作用,也为我国律师今后的发展方向奠定了基石。

四、律师的种类

随着我国律师管理体制的推进,我国律师业逐渐呈现多元主体并存的律师行业格局。律师作为依法取得执业证书,提供法律服务的执业人员,具有多样性。从我国目前的实际情况来看,律师包括社会律师(含专职律师和兼职律师)、公职律师、公司律师和军队律师。另外,还有律师辅助人员。社会律师是律师行业最主要的组成部分。目前,我国律师行业已经形成社会律师、公职律师、公司律师和军队律师并存,相互配合、优势互补的格局,进一步完善了我国律师队伍组织结构,适应了国家和社会对法律服务多层次、宽领域的需要。

(一)社会律师

社会律师是指依法取得律师执业证书,接受委托或者指定,为当事人提供法律服务的执业人员。律师事务所是社会律师的执业机构。社会律师可以从事下列业务:(1)接受自然人、法人或者其他组织的委托,担任法律顾问。(2)接受民事案件、行政案件当事人的委托,担任代理人,参加诉讼。律师办理诉讼业务的依据是委托人与律师事务所签订的委托代理协议。律师担任诉讼法律事务代理人,应当在受委托的权限内,维护委托人的合法权益。(3)接受刑事案件犯罪嫌疑人的委托,为其提供法律咨询,代理申诉、控告,为被逮捕的犯罪嫌疑人申请取保候审,接受犯罪嫌疑人、被告人的委托或者人民法院的指定,担任辩护人,接受自诉案件自诉人、公诉案件被害人或者其近亲属的委托,担任代理人,参加诉讼。律师担任辩护人的,应当根据事实和法律,提出犯罪嫌疑人、被告人无罪、罪轻或者减轻、免除其刑事责任的材料和意见,维护犯罪嫌疑人、被告人的合法权益。(4) 接受委托,代理各类诉讼案件的申诉。(5) 接受委托,参加调解、仲裁活动。(6) 接受委托,提供非诉讼法律服务。(7) 解答有关法律的询问、代写诉讼文书和有关法律事务的其他文书。

(二) 公职律师

公职律师是指依法取得律师执业证书,供职于政府职能部门或行使政府职能的部门,或经招聘到上述部门专职从事法律事务的执业人员。① 公职律师执业应取得公职律师工作证。公职律师的职责范围是:(1) 为本级政府或部门行政决策提供法律咨询意见和法律建议;(2) 按照政府的要求,参与本级政府或部门规范性文件的起草、审议和修改工作;(3) 受本级政府或部门委托调查和处理具体的法律事务;(4) 代理本级政府或部门参加诉讼、仲裁活动;(5) 为受援人提供法律援助;(6) 本级政府或部门的其他应由公职律师承担的工作。

(三) 公司律师

公司律师是指依法取得律师执业证书,在企业内部专职从事法律事务工作的执业人员。公司律师执业应取得公司律师工作证。② 公司律师的主要职责是:(1) 对企业的生产经营决策提出法律意见;(2) 参与本企业法律文书的起草和修改工作,审核企业规章制度;(3) 审查和管理企业合同;(4) 对企业违反法律、法规的行为提出纠正的建议,并在企业内部开展法制宣传教育工作;(5) 参与企业的谈判,代理本企业的诉讼、仲裁活动;(6) 其他应由公司律师承办的法律事务。

(四) 军队律师

军队律师是指依法取得律师执业证书,为军队提供法律服务的现役军人。军队律师在军队法律顾问处执业。军队律师执业应取得军队律师工作证。军队律师是一种特殊类型的律师,是律师制度的

---

① 参见《司法部关于开展公职律师试点工作的意见》[司发通(2002)80号]。
② 参见《司法部关于开展公司律师试点工作的意见》[司发通(2002)79号]。

重要组成部分。与社会律师相比,军队律师既是律师,也是现役军人;军队律师执业范围是军队内部的法律事务,不能面向社会提供法律服务;军队律师不能收取服务费用;军队律师除应遵守律师执业准则,遵守律师职业道德和执业纪律,还必须遵守军法军纪,接受军队的管理。我国《律师法》第57条规定:"为军队提供法律服务的军队律师,其律师资格的取得和权利、义务及行为准则,适用本法规定。军队律师的具体管理办法,由国务院和中央军事委员会制定。"根据现有的规定,军队律师的职责范围严格限定在军队内部以及军队与地方互涉的法律服务中。1993年3月17日,司法部和中国人民解放军总政治部在联合颁布的《关于军队法律服务工作有关问题的通知》中明确规定部队军以上单位的法律顾问处是军队律师执行职务的工作机构,其主要任务是:领导律师开展业务工作,依法为首长、机关决策和管理提供法律咨询;接受军队单位和军办企业的委托处理军队内部或军地互涉的法律事务;为军内单位和人员提供法律服务;协助有关部门对部队进行经常性的法制教育。

五、律师的收费

律师向社会提供的是有偿的法律服务,这是律师职业的特点所决定的。律师收费制度是律师行业的基础性制度,对于规范律师行业秩序、推动律师行业健康有序发展,具有重要意义。我国的律师收费制度随着律师工作的发展几经变迁。1956年5月25日,司法部颁布了《律师收费暂行办法》,这是新中国历史上第一个关于律师收费的规范性文件。我国恢复重建律师制度后,司法部、财政部根据改革开放的新形势,于1981年12月9日颁布了《律师收费试行办法》并附律师收费标准表。1990年为适应律师工作改革发展的要求,司法部、财政部、国家物价局颁布了《律师业务收费管理办法》及《律师业务收费标准》。1997年,国家计划委员会、司法部颁布了《律师服务收费管理暂行办法》。2006年4月13日,国家发展改革委员会、司法部颁布了现行的《律师服务收费管理办法》。《律师法》第59条规定,律师收费办法,由国务院价格主管部门会同国务院司法行政部门制定。我国律师收费制度主要包括以下内容:

(一) 律师收费定价方式

律师收费为服务性收费,根据律师提供法律服务的内容,律师服务收费实行政府指导价和市场调节价。

(1) 关于政府指导价。律师事务所依法提供下列法律服务实行政府指导价:代理民事诉讼案件;代理行政诉讼案件;代理国家赔偿案件;为刑事案件犯罪嫌疑人提供法律咨询、代理申诉和控告、申请取保候审,担任被告人的辩护人或自诉人、被害人的诉讼代理人;代理各类诉讼案件的申诉。政府指导价的基准价和浮动幅度由各省、自治区、直辖市人民政府价格主管部门会同同级司法行政部门制定。政府制定律师服务收费,应当广泛听取社会各方面意见,必要时可以实行听证。政府制定的律师服务收费应当充分考虑当地经济发展水平、社会承受能力和律师业的长远发展,收费标准按照补偿律师服务社会平均成本,加合理利润与法定税金确定。

(2) 关于市场调节价。律师事务所提供除实行政府指导价之外的其他法律服务的收费实行市场调节价,包括律师担任法律顾问、提供法律咨询、提供法律意见书等非诉讼法律事务。实行市场调节价的律师收费,由律师事务所与委托人本着自愿平等的原则,考虑耗费时间、法律事务难易程度、委托人承受能力、风险和责任、律师的社会信誉和工作水平等因素,协商确定收费方式、收费标准、收费金额。

(二) 律师收费形式

律师收费形式,是指律师在向当事人提供法律服务时,所采用的计算律师法律服务报酬的形式。《律师服务收费管理办法》规定了如下律师收费形式:

(1) 计件收费。计件收费是指以律师提供法律服务的件数来计算、确定收费数额的计价形式,一般适用于不涉及财产关系的法律事务。

(2) 按标的额比例收费。按标的额比例收费是指律师办理法律事务涉及的标的,以一定比例计算、确定律师收费数额的计价形式,适用于涉及财产关系的法律事务。

(3) 计时收费。计时收费是指律师根据律师办理法律事务实际花费的有效工作时间,计算、确定收费数额的计价形式,可适用于全部法律事务。

(4) 风险代理收费。风险代理收费是一种将收费数额与办理法律事务的结果挂钩的收费形式,律师办理法律事务达到预期的效果,可以多收取律师服务费用,达不到预期效果,少收或者不收律师服务费用。《律师服务收费管理办法》对风险代理收费进行了严格的限定:第一,在风险代理的使用范围上,实行市场调节价的法律事务、部分涉及财产关系的民事案件可以使用风险代理。办理涉及财产关系的民事案件时,委托人被告知政府指导价后仍要求实行风险代理的,律师事务所可以实行风险代理收费。第二,严格禁止刑事诉讼案件、行政诉讼案件、国家赔偿案件以及群体性诉讼案件实行风险代理收费。婚姻、继承案件,请求给予社会保险待遇或者最低生活保障待遇的案件,请求给付赡养费、抚养费、扶养费、抚恤金、救济金、工伤赔偿的案件,请求支付劳动报酬的案件等民事案件,不得实行风险代理收费。第三,实行风险代理收费,律师事务所应当与委托人签订风险代理收费合同,约定双方应承担的风险责任、收费方式、收费数额或比例。第四,实行风险代理收费,最高收费金额不得高于收费合同约定标的额的30%。但是鉴定费、通讯费、复印费、翻译费、交通费、食宿费由委托人支付。

(三) 律师收费原则

(1) 统一收费原则。律师为委托人提供法律服务,由律师事务所与委托人签订协议,依照规定的收费标准向委托人收取律师服务费并向委托人出具收费票据。律师服务费、代委托人支付的费用和异地办案差旅费由律师事务所统一收取。律师不得私自向委托人收取任何费用。除前述所列三项费用外,律师事务所及承办律师不得以任何名义向委托人收取其他费用。律师事务所应当接受指派承办法律援助案件。办理法律援助案件不得向受援人收取任何费用。对于经济确有困难,但不符合法律援助范围的公民,律师事务所可以酌情减收或免收律师服务费。

(2) 公开公平、自愿有偿、诚实信用的原则。律师事务所应当公示律师服务收费管理办法和收费标准等信息,接受社会监督。律师事务所向委托人收取律师服务费,应当向委托人出具合法票据。律师事务所在提供法律服务过程中代委托人支付的诉讼费、仲裁费、鉴定费、公证费和查档费,不属于律师服务费,由委托人另行支付。律师事务所需要预收异地办案差旅费的,应当向委托人提供费用概算,经协商一致,由双方签字确认。确需变更费用概算的,律师事务所必须事先征得委托人的书面同意。律师事务所不能向委托人提供代其支付的费用和异地办案差旅费清单及有效凭证,委托人可不予支付。律师事务所及其律师违反收费规则的,由司法行政部门、律师协会依照有关规定,给予行政处罚或者行业处分。

(3) 按标准收费原则。律师事务所应当严格执行价格主管部门会同同级司法行政部门制定的律师服务收费管理办法和收费标准。律师事务所接受委托,应当与委托人签订律师服务收费合同或者在委托代理合同中载明收费条款。收费合同或收费条款应当包括:收费项目、收费标准、收费方式、收费数额、付款和结算方式、争议解决方式等内容。律师事务所与委托人签订合同后,不得单方变更收费项目或者提高收费数额。确需变更的,律师事务所必须事先征得委托人的书面同意。

(4) 协商一致的原则。实行市场调节的律师服务收费,由律师事务所与委托人协商确定。律师事务所与委托人协商律师服务收费应当考虑以下主要因素:耗费的工作时间、法律事务的难易程度、委托人的承受能力、律师可能承担的风险和责任、律师的社会信誉和工作水平等。律师事务所异地提供法律服务,可以执行律师事务所所在地或者提供法律服务所在地的收费规定,具体办法由律师事务所与委托人协商确定。

律师事务所应当接受指派承办法律援助案件。办理法律援助案件不得向受援人收取任何费用。对于经济确有困难,但不符合法律援助范围的公民,律师事务所可以酌情减收或免收律师服务费。

(四) 律师收费的监督管理

各级价格主管部门应加强对律师事务所收费的监督检查。律师事务所、律师有下列价格违法行为之一的,由政府价格主管部门依照《价格法》和《价格违法行为行政处罚规定》实施行政处罚:(1) 不按规定公示律师服务收费管理办法和收费标准的;(2) 提前或者推迟执行政府指导价的;(3)超出政府指导价范围或幅度收费的;(4)采取分解收费项目、重复收费、扩大范围等方式变相提高收费标准的;(5)以明显低于成本的收费进行不正当竞争的;(6)其他价格违法行为。

各级司法行政部门应加强对律师事务所、律师法律服务活动的监督检查。律师事务所、律师有下列违法行为之一的,由司法行政部门依照《律师法》以及《律师和律师事务所违法行为处罚办法》实施行政处罚:(1)违反律师事务所统一接受委托、签订书面委托合同或者收费合同规定的;(2)违反律师事务所统一收取律师服务费、代委托人支付的费用和异地办案差旅费规定的;(3)不向委托人提供预收异地办案差旅费用概算,不开具律师服务收费合法票据,不向委托人提交代交费用、异地办案差旅费的有效凭证的;(4)违反律师事务所统一保管、使用律师服务专用文书、财务票据、业务档案规定的;(5)违反律师执业纪律和职业道德的其他行为。

公民、法人和其他组织认为律师事务所或律师存在价格违法行为,可以通过函件、电话、来访等形式,向价格主管部门、司法行政部门或者律师协会举报、投诉。因律师服务收费发生争议的,律师事务所应当与委托人协商解决。协商不成的,可以提请律师事务所所在地的律师协会、司法行政部门和价格主管部门调解处理,也可以申请仲裁或者向人民法院提起诉讼。

第二节 律师业务

律师是接受委托或者指定,为当事人提供法律服务的人员。律师的存在和发展,对于维护当事人的合法权益,维护法律的正确实施,维护社会公平正义具有积极作用。律师的作用是通过其具体业务活动体现的。根据《律师法》第28条规定,律师可以从事如下业务:(1)接受自然人、法人或者其他组织的委托,担任法律顾问;(2)接受民事案件、行政案件当事人的委托,担任代理人,参加诉讼;(3)接受刑事案件犯罪嫌疑人的委托,为其提供法律咨询,代理申诉、控告,为被逮捕的犯罪嫌疑人申请取保候审,接受犯罪嫌疑人、被告人的委托或者人民法院的指定,担任辩护人,接受自诉案件自诉人、公诉案件被害人或者其近亲属的委托,担任代理人,参加诉讼;(4)接受委托,代理各类诉讼案件的申诉;(5)接受委托,参加调解、仲裁活动;(6)接受委托,提供非诉讼法律服务;(7)解答有关法律的询问、代写诉讼文书和有关法律事务的其他文书。

可以看出,上述分类是列举律师常见业务,是以律师所扮演的不同角色不同而所作的分类。但是这种分类并非严格,上述分类之间也是多有交叉的。例如,担任法律顾问、参加调解、仲裁活动、解答法律咨询也是律师提供非诉讼法律服务中重要的内容,所有的分类中都会包含有律师解答法律咨询的业务,并且上述分类中也都同时包含民事、行政和刑事等不同种类的业务。因此,为了避免在本书中重复部门法教科书中内容,同时为了律师业务介绍的便利和反映律师业务的职业特点,除本节对律师业务的常见业务简要介绍外,本书中关于律师业务的介绍主要是以律师处理不同法律事务的方法来进行分类,即分别从会见、阅卷、谈判、调查、论辩、咨询与代书等方面来介绍这些可以运用于各种不同法律事务的方法和技能。

一、法律顾问

(一)法律顾问的概念

法律顾问有两层含义:一是指法律咨询帮助性的专业工作,即一种业务活动;二是指为委托人提供法律帮助的专业人员,即是一种身份。就其身份而言,又有广义、狭义之分。广义的法律顾问,是指为有关单位或者个人解答法律咨询、提供法律帮助,具有法律专业知识的人员。这不仅限于律师,只要有法律专业知识,能够为委托的单位或者个人提供法律帮助的人,均可应聘担任法律顾问。狭义的法律顾问,是指律师依法接受自然人、法人或者其他组织委托,以自己的法律专业活动和技能为委托方提供多方面的法律服务的专业性活动。

(二)法律顾问的特征

(1)平等性。双方是基于平等信任而依法建立的一种以合同形式确立和维系的咨询服务关系,双方法律地位平等各自享受对等的权利并履行合同规定的义务。

(2) 独立性。律师依法执行职务,以独立的意思表示开展业务,具有独立的法律地位。因此,顾问律师的业务活动不受聘方的意志所左右,在聘方授权范围内履行职务,维护其合法权益,而不能满足其非法要求。

(3) 服务性。律师担任法律顾问,与聘方单位不存在行政隶属关系。顾问律师只有提出建议的权利,而不承担决策任务,其工作属于咨询服务性质。

(4) 有偿性。法律顾问是在双方平等协商、意思表示一致的基础上建立起来的民事法律关系。顾问律师依法向聘方提供法律咨询服务、聘方单位按照合同约定交纳聘金。

(5) 综合性。律师担任法律顾问,提供的服务范围广泛、内容全面。其一是聘方主体范围广泛,包括国家机关、企业事业单位、社会团体和公民个人;其二是提供服务须围绕聘方的工作需要,因而是多方面、多形式的综合性服务。比如要为聘方决策当好参谋助手,使决策合法可行;为聘方完善规章制度审查制定各种法律文书;协助聘方处理重大法律事务,并代为聘方代理人参加调解、仲裁和诉讼活动等。总的来说,顾问律师既要协助聘方积极预防各种纠纷和侵权行为的出现,又要依据法律协助聘方解决好已经出现的矛盾和纷争。只要是聘方涉及的有关法律方面的问题,都是顾问律师的服务范围。

(三) 法律顾问的分类

律师担任法律顾问,按照不同的标准,可以分为以下几种:

(1) 以委托人的性质不同,可以分为政府法律顾问、军事法律顾问、企事业单位法律顾问、社会团体法律顾问、私人法律顾问等。本节中将重点介绍律师担任企业法律顾问和政府法律顾问的任务、业务范围和权利义务等。

(2) 以法律顾问的委托期限不同,可以分为常年法律顾问和临时法律顾问。常年法律顾问,是委托人和受托人在合同中明确委托时间,通常在一年以上。临时法律顾问,是委托人为完成某一特定事项或者处理某一重大法律事务,而临时委托律师担任法律顾问,顾问律师代为完成或者处理完毕该项特定事务后,委托关系即告终结。

(3) 以法律顾问工作范围的不同,可以分为专项法律顾问和一般法律顾问。专项法律顾问,指有特定工作范围的法律顾问,顾问律师依聘请合同的约定只就某一类、某一方面的法律事务,或者只就某个项目涉及的法律事务向聘方提供法律服务,如就股票发行上市提供法律服务。一般法律顾问,指无特定工作范围的法律顾问,顾问律师依聘请合同须就委托人各种活动涉及的全部法律事务,提供全方位的法律服务,而不只限定于某一特定事项或特定方面的法律服务。

(四) 律师担任企业法律顾问

1. 业务范围

根据司法部《关于律师担任企业法律顾问的若干规定》第3条的规定,律师担任企业法律顾问,受企业委托办理下列法律事务:(1) 就企业生产、经营、管理方面的重大决策提出法律意见,从法律上进行论证,提供法律依据;(2) 草拟、修改、审查企业在生产、经营、管理及对外联系活动中的合同、协议以及其他有关法律事务文书和规章制度;(3) 办理企业的非诉讼法律事务;(4) 代理企业参加民事、经济、行政诉讼和仲裁,行政复议;(5) 参加经济项目谈判,审查或准备谈判所需的各类法律文件;(6) 提供与企业活动有关的法律信息;(7) 就企业深化改革、扩大开放,发展外向型经济,转换企业经营机制,提高企业经济效益,加强生产、经营、管理和对外联系中的有关问题,提出法律意见;(8) 协助企业对干部职工进行法制宣传教育和法律培训;(9) 对企业内部的法律工作人员的工作进行指导;(10) 其他法律事务。

2. 权利与义务

律师担任企业法律顾问的聘请合同、协议应载明律师享有如下权利:(1) 查阅与承办法律事务有关的企业文件和资料;(2) 了解企业的生产、经营、管理和对外联系活动中的有关情况;(3) 列席企业领导人召集的生产、经营、管理和对外活动中的有关会议;(4) 获得履行企业法律顾问职责所必需的办公、交通及其他工作条件和便利;(5) 律师担任企业法律顾问,由律师事务所依法向企业收取费用。

在享有上述权利的同时,担任企业法律顾问的律师应当承担以下义务:(1) 担任企业法律顾问的律师应当及时承办顾问单位委托办理的有关法律事务,认真履行职责;(2)律师担任企业法律顾问,应当坚持以事实为根据,以法律为准绳的原则,发现顾问单位有违法行为的,应当予以阻止纠正;(3)律师担任企业法律顾问,应根据合同、协议规定和企业的委托授权进行工作,不得超越委托代理权限;(4)担任企业法律顾问的律师,不得从事有损于聘请单位合法权益的活动,不得在民事、经济、诉讼或仲裁活动中担任对立一方当事人的代理人;(5)担任企业法律顾问的律师在其受聘的两个(或两个以上)的企业之间发生争议时,应当进行调解,但律师不得代理任何一方参加诉讼或仲裁;(6)担任企业法律顾问的律师,对在工作中接触、了解到的有关企业生产、经营管理和对外联系活动中的业务秘密,负有保守秘密的责任;(7)担任企业法律顾问的律师,应当建立律师事务所与聘请单位定期联系、律师与聘请单位法定代表人定期会见等制度;(8)受聘律师因故不能履行企业法律顾问职责时,受聘律师事务所应当与聘请单位协商,另行指派律师接替。律师事务所对律师担任企业法律顾问工作,应定期进行检查和考核,以保证工作的质量。

(五)律师担任政府法律顾问

1. 任务

律师担任政府法律顾问的任务,是为政府在法律规定的权限内行使管理职能提供法律服务,促进政府工作的法律化、制度化。

2. 业务范围

律师担任政府法律顾问,受政府委托办理下列法律事务:(1)就政府的重大决策提供法律方面的意见,或者应政府要求,对决策进行法律论证;(2)对政府起草或者拟发布的规范性文件,从法律方面提出修改和补充建议;(3)参与处理涉及政府的尚未形成诉讼的民事纠纷、经济纠纷、行政纠纷和其他重大纠纷;(4)代理政府参加诉讼,维护政府依法行使行政职权和维护政府机关的合法权益;(5)协助政府审查重大的经济合同、经济项目以及重要的法律文书;(6)协助政府进行法制宣传教育;(7)向政府提供国家有关法律信息,就政府行政管理中的法律问题提出建议;(8)办理政府委托办理的其他法律事务。

3. 权利与义务

为便于政府法律顾问开展工作,担任政府法律顾问的律师应当享有如下权利:(1) 查阅有关文件及资料;(2) 参加政府召开的有关会议;(3) 获得履行政府法律顾问职责所必需的其他工作条件和便利。

律师事务所应当指派具备较高的思想政治觉悟和政策业务水平的律师担任政府法律顾问。律师担任政府法律顾问,应当根据合同规定和政府委托的权限进行活动,不得超越委托权限,也不得从事与履行法律顾问职责无关的事务。担任政府法律顾问的律师,对其工作中接触、了解到的机密和不宜公开的情况,负有保守秘密的责任。担任政府法律顾问的律师,不得同时接受他人委托办理下列事务:(1) 在民事诉讼、经济诉讼和行政诉讼中,担任政府对方当事人的代理人;(2) 其他有损于政府利益或者违反政府决定的事务。律师担任政府法律顾问,不得利用政府法律顾问的身份,代理他人办理法律事务。

二、民事和行政诉讼中的代理

诉讼是指人民法院在当事人和其他诉讼参与人的参加下,为解决案件而进行的全部活动。自然人、法人和其他组织之间,行政相对人与行政主体之间发生纠纷,可以依法向人民法院提起诉讼,请求予以保护。由于种种原因,部分自然人、法人和其他组织不愿或不便亲自到庭参与诉讼,而是将参加诉讼的任务委托于他人代理。我国《民事诉讼法》第58条规定:"当事人、法定代理人可以委托一至二人作为诉讼代理人。律师、当事人的近亲属、有关的社会团体或者所在单位推荐的人、经人民法院许可的其他公民,都可以被委托为诉讼代理人。"我国《行政诉讼法》第29条规定:"当事人、法定代理人,可以委托一至二人代为诉讼。律师、社会团体、提起诉讼的公民的近亲属或者所在单位推荐的人,以及经人民法院许可的其他公民,可以接受委托为诉讼代理人。"根据上述规定,律师可以接受当事人的委托,在授权范围内代理参加民事和行政诉讼。

我国《民法通则》规定:"代理人在代理权限内,以被代理人的名义实施民事法律行为。被代理人对代理人的代理行为,承担民事责任。"根据这一规定,律师代理当事人进行诉讼,具备以下特征,具备以下特征:

(1) 律师必须以委托人的名义进行诉讼活动。根据法律规定,有权委托律师代理诉讼的人包括:当事人,即原告、被告、共同诉讼人、诉讼中的第三人;法定代理人,即无民事行为能力或者限制行为能力人的监护人。律师不论为谁代理诉讼,也不论其在诉讼中处于何种法律地位,都只能以委托人的名义进行。

(2) 律师必须在委托人的授权范围内进行诉讼活动。律师代理诉讼分为一般代理和特别代理。一般代理,指仅涉及普通诉讼行为,无权对案件的实体问题作出明确表态和决策的代理。特别代理,指按照委托人的特别授权,对案件的实体问题直接作出决定并明确表态的代理。《民事诉讼法》规定:"委托他人代为诉讼,必须向人民法院提交由委托人签名或者盖章的授权委托书。授权委托书必须记明委托事项和权限。诉讼代理人代为承认、放弃、变更诉讼请求,进行和解,提起反诉或者上诉,必须有委托人的特别授权。"根据这一规定,律师代理诉讼,必须有当事人出具的授权委托书,该委托书应当明确律师的代理权限,律师只有在授权范围内代理诉讼,其行为才能对委托人发生法律效力。

(3) 律师代理的后果均由委托人承担。律师在委托授权范围内的一切行为,应视为委托人的行为,律师代理诉讼的法律后果,无论是享有权利,还是承担义务,都应由委托人承担。

一般来说,律师可以代理的诉讼事项包括:代写诉状,代为接收诉讼文书,代为申请回避,代为提供证据,代为陈述案情,代为反驳和答辩,代为申请财产保全和证据保全,代为申请先予执行,代为申请支付令或公示催告,代为申请宣告债务人破产还债,代为请求调解,提起上诉,申请执行等。律师应当履行的义务,应依据委托代理合同来确定。

根据《民事诉讼法》的规定,代理诉讼的律师在接受委托人委托后,代理诉讼的律师和其他诉讼代理人有权调查收集证据,可以查阅本案有关材料。查阅本案有关材料的范围和办法由最高人民法院规定。律师作为行政诉讼的代理和其他诉讼代理人所享有的权利是有差异的,根据《行政诉讼法》的规定,代理诉讼的律师,可以依照规定查阅本案有关材料,可以向有关组织和公民调查,收集证据。对涉及国家秘密和个人隐私的材料,应当依照法律规定保密。而其他诉讼代理人查阅的材料的范围仅限于本案庭审材料,而且涉及国家秘密和个人隐私的除外,能否查阅还必须经人民法院许可,即其他诉讼代理人无调查取证权。

三、刑事诉讼中的辩护和代理

《律师法》规定:"接受刑事案件犯罪嫌疑人的委托,为其提供法律咨询,代理申诉、控告,为被逮捕的犯罪嫌疑人申请取保候审,接受犯罪嫌疑人、被告人的委托或者人民法院的指定,担任辩护人,接受自诉案件自诉人、公诉案件被害人或者其近亲属的委托,担任代理人,参加诉讼。"

(一)提供法律咨询,代理申诉和控告

受到讯问或者刑事拘留的犯罪嫌疑人可能因为以下几种情况,需要律师提供法律帮助:(1)没有实施犯罪行为而被拘留,要求律师代为申诉;(2)实施了某种危害社会的行为,但对该种行为是否构成犯罪、构成何种犯罪、应受什么样的刑事处罚不清楚,需要听取律师的意见;(3)如何回答讯问、怎样做可以减轻或者免除刑事处罚,要求律师给予指导;(4)在被讯问或者拘留时受到刑讯逼供,要求代为对实施刑讯逼供的人向有关机关控告。我国《刑事诉讼法》规定:"犯罪嫌疑人在被侦查机关第一次讯问后或者采取强制措施之日起,可以聘请律师为其提供法律咨询、代理申诉、控告。"这一规定,对于保护犯罪嫌疑人的合法权利,准确打击犯罪具有积极意义。

(二)代为申请取保候审

取保候审是我国一项刑事司法制度,指人民法院、人民检察院、公安机关对于可能判处管制、拘役或者独立适用附加刑,以及可能判处有期徒刑以上刑罚,采取取保候审、监视居住不致发生社会危险性的犯罪嫌疑人、被告人,根据被羁押犯罪嫌疑人、被告以及法定代理人及其近亲属的申请,依法责令犯罪嫌疑人、被告人提出保证人或者交纳保证金,由保证人担保犯罪嫌疑人、被告人未经执行机关批准不离开所居住的市、县,在传讯时及时到案,不以任何形式干扰证人作证,不毁灭、伪造证据或者串供的一种强制方法。根据《律师法》的规定,律师可以接受刑事案件犯罪嫌疑人的聘请,代为申请取保候审。

律师受到犯罪嫌疑人的委托后,为了更有效地提供法律帮助,维护犯罪嫌疑人的合法权利,有权向侦查机关了解犯罪嫌疑人涉嫌的罪名,可以会见在押的犯罪嫌疑人,向犯罪嫌疑人了解有关案件情况。律师会见犯罪嫌疑人,不被监听。

(三) 担任辩护人

辩护权,是法律赋予刑事被告人针对指控的罪名进行辩解,以保证自己合法权利的一项最重要的诉讼权利,我国《宪法》规定:"人民法院审理案件,除法律规定的特别情况外,一律公开进行,被告人有权获得辩护。"《人民法院组织法》规定:"被告人有权获得辩护。被告人除自己进行辩护外,有权委托律师为他辩护……"《刑事诉讼法》规定:犯罪嫌疑人、被告人除自己行使辩护权以外,还可以委托一至二人作为辩护人。律师可以被委托为辩护人。公诉案件自案件移送审理起诉之日起,犯罪嫌疑人有权委托辩护人。自诉案件的被告人有权随时委托辩护人。为了保证犯罪嫌疑人、被告人都能享有获得辩护的权利,《刑事诉讼法》除了规定可以委托律师作辩护人外,还规定在以下三种情况下,人民法院可以指定承担法律援助义务的律师为犯罪嫌疑人、被告人提供辩护:(1) 公诉人出庭公诉的案件,被告因经济困难或者其他原因没有委托辩护人的;(2) 被告人是盲、聋、哑或者未成年人而没有委托辩护人的;(3) 被告人可能被判处死刑而没有委托辩护人的。

律师担任刑事案件的辩护人,依法享有权利并承担义务。

辩护律师的权利是:(1) 辩护律师是根据事实和法律,提出证明犯罪嫌疑人、被告人无罪、罪轻或者减轻、免除其刑事责任的材料和意见,维护犯罪嫌疑人、被告人的合法权益。(2) 辩护律师自人民检察院对案件审查起诉之日起,可以查阅、摘抄、复制本案的诉讼文书、技术性鉴定材料,可以同在押的犯罪嫌疑人会见和通信。其他辩护人经人民检察院许可,也可以查阅、摘抄、复制上述材料,同在押的犯罪嫌疑人会见和通信。(3)辩护律师自人民法院受理案件之日起,可以查阅、摘抄、复制本案所指控的犯罪事实的材料,可以同在押的被告人会见和通信。其他辩护人经人民法院许可,也可以查阅、摘抄、复制上述材料,同在押的被告人会见和通信。(4)辩护律师经证人或者其他有关单位和个人同意,可以向他们收集与本案有关的材料,也可以申请人民检察院、人民法院收集、调取证据,或者申请人民法院通知证人出庭作证。辩护律师经人民检察院或者人民法院许可,并且经被害人或者其近亲属、被害人提供的证人同意,可以向他们收集与本案有关的材料。(5)开庭审理时,可以对被告人、证人、鉴定人发问;对公诉人出示的未到庭的证人的证言笔录、鉴定人的鉴定结论、勘验笔录和其他作为证据的文书发表意见;有权申请人民法院通知新的证人到庭,调取新的物证,申请重新鉴定或者勘验;对证据和案件情况发表意见并且互相辩论。(6)委托事项违法,委托人利用律师提供的服务从事违法活动或者委托人隐瞒事实的,有权拒绝辩护。

辩护律师的义务是:(1)根据事实和法律,提出证明犯罪嫌疑人、被告人无罪、罪轻或者减轻、免除其刑事责任的材料和意见,维护犯罪嫌疑人、被告人的合法权益。(2)不得帮助犯罪嫌疑人、被告人隐匿、毁灭、伪造证据或者串供,不得威胁、引诱证人改变证言或者作伪证以及进行其他干扰司法机关诉讼活动的行为。违反前述规定的,应当依法追究法律责任。(3)开庭审理时,应当向法庭出示物证,让当事人辨认;宣读未到庭的证人的证言笔录、鉴定人的鉴定结论、勘验笔录和其他作为证据的法律文书。(4)接受委托后,无正当理由,不得拒绝辩护。

(四)担任代理人

根据《刑事诉讼法》的规定,告诉才处理的案件,被害人有证据证明的轻微刑事案件,被害人有证据证明被告人侵犯自己人身、财产权利的行为应当依法追究刑事责任,而公安机关或者人民检察院不予追究被告人刑事责任的案件,属于自诉案件。对自诉案件,实行不告不理,即自诉人不提起刑事诉讼,人民法院不立案受理。为了保证自诉案件自诉人的诉讼权利,《刑事诉讼法》和《律师法》都规定:自诉案件的自诉人可以委托律师担任代理人,参加诉讼。自诉案件中律师代理与律师作为刑事案件辩护人有所不同,表现在:(1)诉讼地位不同。律师作为刑事案件辩护人,具有特殊、独立的诉讼地位,其在诉讼中的行为不受被告人意志的约束,而是按照自己的意志,根据事实和法律,维护被告人的合法权益;自诉案件的代理人没有独立的诉讼地位,必须在自诉人授予的代理权限内为代理活动。(2)职能不同。辩护人的任务主要是反驳控诉的错误,提出犯罪嫌疑人、被告人无罪、罪轻或者减轻、免除刑罚的意见,执行的是辩护职能;自诉案件代理人的任务是要追究犯罪嫌疑人、被告人的刑事责任,执行的是控诉职能。自诉案件委托律师代理诉讼很有必要,因为律师熟悉法律,可以充分发挥控诉职能,维护自诉人的合法权益。

为了保护刑事犯罪被害人的合法权益,《刑事诉讼法》赋予被害人以下诉讼权利:(1)有委托代理人、辩护人参加诉讼的权利;(2)有申请回避的权利;(3)有收集、提供证据的权利;(4)有查阅、复制本案有关材料和文书的权利;(5)有使用本民族语言文字进行诉讼的权利;(6)有向证人、鉴定人、勘验人发问、要求重新鉴定、勘验、补充调查的权利;(7)有进行辩论的权利;(8)有查阅庭审笔录并申请补正的权利;(9)有提起上诉的权利;(10)有申请执行发生法律效力的判决书、裁定书、调解书的权利;(11)在裁判文书发生法律效力2年内有申请再审的权利。由于主客观原因,被害人不能或者不便出庭参加诉讼,需要律师代理行使他们的诉讼权利。律师代理被害人参与诉讼,一方面,在法律赋予被害人的诉讼权利和委托人对于律师授权的范围内行使权利,另一方面,律师还可以行使被害人不能享有的诉讼权利,例如律师可以收集、查阅与本案有关的材料。

根据《刑事诉讼法》的规定,下列人员有权委托诉讼代理人:(1)公诉案件的被害人及其法定代理人、被害人的近亲属;(2)自诉案件的自诉人及其法定代理人;(3)附带民事诉讼的原告人、被告人和他们的法定代理人。之所以规定被害人的近亲属有权委托诉讼代理人,主要是考虑在公诉案件中,有的被害人已死亡,在这种情况下可由其近亲属委托诉讼代理人参加诉讼。规定被害人、自诉人、附带民事诉讼的当事人的法定代理人有权委托诉讼代理人是考虑一些被害人、自诉人、附带民事诉讼的当事人是未成年人或无行为能力人,他们的一些权利,包括诉讼权利由其法定代理人代行。委托诉讼代理人的时间有两种情况:一是公诉案件自案件移送人民检察院审查起诉之日起,就可以委托诉讼代理人;二是自诉案件可以随时委托诉讼代理人,包括自诉人在起诉前委托诉讼代理人提起诉讼。

根据《刑事诉讼法》的规定,在公诉案件中,人民检察院自收到移送审查起诉的案件之日起3日以内应当告知被害人等有权委托诉讼代理人。3日期限自收到案件的第2日开始计算。在自诉案件中,人民法院自受理案件之日起3日以内,应当告知自诉人等有权委托诉讼代理人。法律规定的"告知",是人民检察院、人民法院的一项义务,被害人、自诉人等也根据本款规定因而享有被告知权,违反本款规定的行为即属违背诉讼程序的行为,也是对诉讼当事人诉讼权利的侵犯。

四、代理诉讼案件的申诉

律师代理申诉制度,是指律师在代理民事、经济、行政诉讼案件过程中,对人民法院已经生效的判决、裁定,认为其认定事实的主要证据不足,或适用法律确有错误,或违反法定程序,影响案件正确裁判的,可向当事人说明检察机关有法律监督权,经当事人授权,向检察机关民事行政部门申诉并配合检察机关审查的制度。对诉讼案件提出申诉有三种情况:(1)对人民法院已经发生法律效力的判决和裁定不服提出的申诉;(2)对人民检察院作出的不起诉的决定不服提出申诉;(3)被害人对人民检察院不提起公诉的决定不服提出的申诉。

对已经发生法律效力的判决、裁定不服提出申诉,是审判监督程序中的一项制度。实行律师代理申诉制度,有利之处在于:一是律师是绝大多数民事、经济、行政案件的参与者,实行代理制度后,可以将确有问题的判决、裁定向检察机关提出申诉,扩大检察机关的案源。二是律师的法律素质较高,他们提供的申诉案件线索质量较高,提请、建议提请或提出抗诉的成案率也较高。三是律师熟悉其所代理的案件的整个过程,能够讲明案件发生的前因后果,能够从案件的事实、适用法律和法定程序等方面指出错误所在,对检察机关正确办理案件有参考意义,有助于提高检察人员的工作效率。四是对于法院的判决、裁定基本正确,当事人又不能接受的,由律师做好当事人心理转化工作,让其服判息诉,维护法院的正确判决、裁定。此外,还要让当事人知道,申诉并不必然引起抗诉,抗诉也不必然导致法院改判,以避免无休止的申诉,减少诉累,维护社会稳定。

五、参加调解和仲裁

调解,是指当事人之间的争议在中立的第三方介入的情况下,促使他们在法律允许的范围内,互谅互让达成的协议。调解是解决民事权益纠纷的一种重要的方式。调解按其性质可分为两类:一是诉讼中的调解,又称法院主持下的调解,是指在人民法院审判组织的主持下,当事人在平等、自愿的基础上协商,在不违反国家、集体和他人利益,不违反国家禁止性规定的前提下,达成的协议。该协议经人民法院确认后,终结诉讼活动。调解达成协议,也是人民法院的一种结案方式。法院主持下的调解可以在诉讼中的任何一个阶段都可以进行。二是诉讼外的调解,诉讼外调解的第三方所涉及的范围比较广泛,包括行政调解、仲裁调解和民间调解。行政调解是指行政机关主持下的调解,常见的如交警大队对交通肇事中人身和财产损害的赔偿进行调解等等。仲裁调解即在仲裁委员会的主持下进行的协商,类似于法院调解。民间调解的范围相当的广泛,主要有人民调解委员会的调解、律师事务所的调解、法律援助机构的调解、行业协会的调解、单位的调解等等。

律师接受委托参加调解,应当在调解前对案件进行调查研究,调解时,既要最大限度地维护委托人的合法权益,又要正确地在合法合理的前提下,通过调解的方式解决纠纷;调解不成的,可以建议委托人通过诉讼解决争议。

仲裁又称公断,是指各方当事人自愿地将他们之间发生的争议交给各方所同意的第三者进行审理和裁决,该裁决对各方当事人均具有约束力,能最终解决争议。解决争议的方式有很多种,如协商、和解、调解、斡旋、诉讼等,仲裁只是其中之一。目前,我国的仲裁机构主要有:中国国际经济贸易仲裁委员会、中国海事仲裁委员会,以及根据《仲裁法》的规定在直辖市、省、自治区所在地的市或者设区的市设立的仲裁机构。仲裁范围主要有:合同纠纷仲裁、侵权纠纷仲裁、房地产纠纷仲裁等。律师可代理当事人参加所有仲裁机构进行的各种形式的仲裁。

仲裁与其他争议解决方式相比,其要素有如下几点:(1)仲裁以当事人的意思自治为前提。当事人通过仲裁解决争议的意思,表现在他们之间订立的仲裁协议中,该仲裁协议是仲裁机构取得仲裁管辖权的唯一依据。(2)仲裁具有专业性的特点,国际商事争议常常涉及较复杂的法律、经贸和技术问题,仲裁员不像法官是一个相对固定的群体,当事人可以指定来自各行各业的行家和专家作为审理案件的仲裁员。(3)保密性。对案件不公开审理、裁决是国际商事仲裁的原则。(4)管辖权的确定性。一般国际性的案件,经常出现管辖权冲突问题。但在合同中加入仲裁条款或订立仲裁协议,则可以排除法院管辖权而确立仲裁管辖权,确保一旦发生争议时不会出现管辖权的冲突。(5)仲裁功能的实现必须由法律上的强制执行效力为后盾。

六、提供非诉讼法律服务

律师接受委托提供非诉讼法律事务服务,非诉讼法律事务是指没有纠纷,不需要进行诉讼的法律事务,或者虽然已发生纠纷,但不必要或尚未到法院进行诉讼,仅在当事人之间通过调解或者仲裁解决的法律事务。换句话说,非诉讼法律事务是指处于法院诉讼程序之外的一切与法律适用有关的事务,包括无争议的非诉讼法律事务和有争议的非诉讼法律事务两个方面。无争议的非诉讼法律事务指无纠纷发生,不需要进行诉讼的法律事务,如商标注册、纳税申报、公证等;有争议的非诉讼法律事务指虽然已经发生了纠纷,但不采取诉讼手段解决的事务,如解除收养、合同解除、保险赔偿等,或者不能直接诉讼需要先用行政方式解决的事务,如土地争议等。

非诉讼法律事务主要包括:(1)代为谈判、代为调解、代拟合同或协议、代为审查合同对方的资信、代为调查等;(2)代为继承见证以及监督继承事务的履行;(3)接受委托参加股东大会并监督股东大会决议的履行;(4)代办当事人不愿亲自出面办理的其他事项。

律师办理非诉讼法律事务的范围十分广泛,律师办理的方式也应多种多样,大致有下列三种方法:(1)非诉讼函解,是以律师事务所和律师的名义,用书信、函电或其他方式,代理当事人一方向对方当事人催款、催物等法律事务,以实现委托方的目的、委托事项。实践中,非诉讼函解是律师办理非诉讼法律事务较为常用的一种方法,既省时,又省钱,较为实用。(2)直接协商,是律师接受一方当事人的委托,代表委托人的利益直接出面,与对方当事人进行协商的行为。由律师直接出面进行协商,可以与对方当面交换意见。因此,这种方法便于双方沟通思想感情,有利于问题的解决,好处较多,是律师办理非诉讼法律事务最为常用的方法。直接协商不仅适用确认性法律事务,而且适用于变更性和给付性法律事务,同时还适用于有纠纷或无纠纷的法律事务。至于无纠纷的单方法律事务,则由律师出面向有关部门申请办理即可。(3)参与非诉讼调解和仲裁,是指律师接受非诉讼当事人一方的委托,参加由调解机构或仲裁机构主持的调解或仲裁。

七、解答法律咨询、代写文书

解答法律咨询,是指律师对于国家机关、企事业单位、社会团体和自然人等提出的涉及法律的问题予以解答和说明,或者提供法律方面的意见和建议。律师解答法律咨询,可以是口头的,也可以是书面的。解答的内容主要是两个方面:一是提供法律解释,阐明其法律关系、法律后果以及相应的法律责任;二是提出依法处理的意见,并拟订出可供委托人选择的几种方案,同时提供有关的信息资料。

诉讼文书是为实施一定的诉讼行为而制作的文书,包括刑事诉讼文书、民事诉讼文书和刑事诉讼文书,如起诉状、答辩状、上诉状、申诉状等。有关法律事务的文书是指诉讼以外的与法律有关,其内容涉及一定的法律事务,能引起法律后果的文书,如委托书、合同、遗嘱。自然人、法人和其他组织,可以委托律师代写诉讼文书和有关法律事务的文书,如收养子女、请求社会救济、请求发放抚恤金等方面的法律文书。

第三节　法律职业资格与律师执业许可

申请律师执业,取得律师执业证书是成为律师的必要条件,只有在取得律师执业证书后,才具有律师身份,才能以律师身份接受当事人委托,为当事人提供法律服务。我国《律师法》规定,律师执业必须先通过国家统一司法考试,申领《法律职业资格证书》。

一、法律职业资格

我国在19世纪50年代创建律师制度和1978年恢复律师工作初期,一直采取考核授予律师资格的做法。为了保证律师队伍的素质,提高授予律师资格的公正性,1986年,司法部在借鉴国外做法和总结各地律师资格考试经验的基础上,决定取得律师资格须通过全国统一的律师资格考试。2002年,随着政治经济形势的发展和国家司法改革进程的不断推进,司法部律师资格考试、最高人民法院初任法官考试和最高人民检察院初任检察官考试均并入国家司法考试。国家司法考试是国家统一组织的从事特定法律职业的资格考试。初任法官、初任检察官,申请律师执业和担任公证员必须通过国家司法考试,取得法律职业资格。法律、行政法规另有规定的除外。因此,实行国家统一司法考试前取得的律师资格凭证,在申请律师执业时,与国家统一司法考试合格证书具有同等效力。享受国家统一司法考试有关报名条件、考试合格优惠措施,取得法律职业资格证书的,其申请律师执业的地域限制,按照有关规定办理。

法律职业资格是指依据法律规定,从事特定法律职业必须具备的条件。尽管各个国家社会制度、法学教育程度、律师在社会中的地位和作用有所不同,但是世界各国的律师制度都对法律职业资格的取得条件和程序作了严格的规定,任何公民以律师名义执业都必须严格遵守这些规定。根据我国《律师法》的规定,取得法律职业资格的方式为符合法定条件的公民报考国家统一的司法考试,通过考试并取得国家统一司法考试合格证书,即《法律职业资格证书》。法律职业资格证书是证书持有人通过国家司法考试,具有申请从事法律职业的资格凭证。

二、取得法律职业资格的报考条件

根据我国《律师法》和最高人民法院、最高人民检察院、司法部共同制定的《国家司法考试实施办法》(2008年8月14日修订并颁布施行),在我国报考国家统一司法考试时,应具备如下报考条件:

(一)国籍条件

我国《律师法》并未对取得法律职业资格的国籍作明确规定,但是根据司法部的规定,要求取得法律职业资格,必须具有中华人民共和国国籍。为了适应改革开放和社会主义市场经济体制的迫切需要,也是更好地为内地与香港、澳门地区之间的经济交往与合作创造条件,建立内地与香港、澳门地区之间更紧密经贸关系,司法部于2003年11月30日发布《香港特别行政区和澳门特别行政区居民参加国家司法考试若干规定》规定,香港、澳门永久性居民中的中国公民,可以报名参加国家司法考试。司法部于2008年6月4日发布《台湾居民参加国家司法考试若干规定》规定,具有台湾地区居民身份的人员可以报名参加国家司法考试。

(二)政治思想条件

报考国家司法考试,公民必须拥护《中华人民共和国宪法》,享有选举权和被选举权,并且品行良好。律师通过对自然人、法人和其他组织提供法律服务,维护当事人的合法权益,维护法律的正确实施。如果律师不遵守宪法和法律,那么就丧失成为律师的基本资格。同时,组织香港、澳门居民参加国家司法考试,应当同时遵守《香港特别行政区基本法》和《澳门特别行政区基本法》的有关规定。

(三)民事行为能力

公民报考国家司法考试,应具有完全民事行为能力。完全民事行为能力是指可以完全独立地进行民事活动,通过自己的行为取得民事权利和承担民事义务的资格。我国《民法通则》规定:18周岁以上的公民是成年人,具有完全民事行为能力,可以独立进行民事活动,是完全民事行为能力人。16周岁以上不满18周岁的公民,以自己的劳动收入为主要生活来源的,视为完全民事行为能力人。律师需要以专业知识、专业技能服务于当事人,具备完全民事行为能力是最基本的条件。

(四)学历条件

《国家司法考试实施办法》规定,报考国家司法考试须为高等院校法律专业本科毕业,或者高等院校非法律专业本科毕业并具有法律专业知识。自2008年的国家司法考试开始,允许普通高等学校次年应届本科毕业生报名参加国家司法考试。《国家司法考试实施办法》还规定,国家司法考试的实施,可以在一定时期内,对民族自治地方和经济欠发达地区的考生,在报名学历条件、考试合格标准等方面采取适当的优惠措施。因此,根据司法部确定在部分自治区、自治县、自治旗、国家扶贫开发工作重点县、西部省、自治区、直辖市所辖县,国家司法考试报名学历条件可以放宽为高等院校法律专业专科毕业。

此外,根据《国家司法考试实施办法》的规定,有下列情形之一的人员,不能报名参加国家司法考试,已经办理报名手续的,报名无效:(1)因故意犯罪受过刑事处罚的;(2)曾被国家机关开除公职或者曾被吊销律师执业证、公证员执业证的;(3)被处以2年内不得报名参加国家司法考试期限未满或者被处以终身不得报名参加国家司法考试的。

三、取得法律职业资格的程序

(一)取得法律职业资格的基本程序

取得法律职业资格的基本程序为:(1)报名参加国家统一司法考试,领取准考证;(2)参加考试,领取国家司法考试成绩通知书;(3)参加国家司法考试,取得合格成绩的人员,应当自收到成绩通知书之日起30日内向地(市)司法局申请领取法律职业资格证书。无正当理由逾期提出申请的,地(市)司法局不予受理。(4)如实填写《法律职业资格证书申领表》,并提交本年度国家司法考试成绩通知书,申请人身份、学历证明原件(由受理机关审验后退回)及复印件。

《法律职业资格证书》制作、颁发、复审、报批和发放机关:《法律职业资格证书》由司法部统一制作、颁发。省、自治区、直辖市司法厅(局)负责本省(区、市)法律职业资格证书申请材料的复审、报批和证书的发放。地(市)司法局负责本地区法律职业资格证书申请材料的受理、初审、报送及证书的发放。地处偏远、交通不便的地区,地(市)司法局可以委托县司法局接收申请材料,转交地(市)司法局进行初审。

(二)颁发法律职业资格的审核程序

颁发法律职业资格的审核程序:地(市)司法局应当对申请人提交的申请材料进行初审。对申请材料完整、符合申领法律职业资格证书条件的,报省(区、市)司法厅(局)复审。对材料不完整的,应当退回申请人,并要求申请人在省(区、市)司法厅(局)规定的期限内补齐材料,逾期未补齐材料的,视为自动放弃申领资格。对材料不真实或不符合资格授予条件的人员,应当作出不予受理的书面决定。不予受理的决定应当说明理由,通知申请人,并报司法厅(局)备案。省(区、市)司法厅(局)应当对申请材料进行复审。对申请材料完整、符合申领法律职业资格证书条件的,报司法部审核颁发证书。对不符合资格授予条件的人员,由省(区、市)司法厅(局)作出不予颁发法律职业资格证书的决定,并报司法部备案。

(三)法律职业资格证书的查询、年度备案和变更备案制度

法律职业资格证书分正本和副本。正本和副本具有同等效力。领取、补发、更换法律职业资格证书应当交纳工本费。(1)资格证书的查询。司法行政部门建立法律职业资格证书管理系统,供有关部门和社会公众查询。(2)资格证书的备案。司法行政部门对尚未从事法律职业的证书持有人实行年度备案制度。尚未从事法律职业的证书持有人应当在每年第一季度内,持法律职业资格证书副本到地(市)司法局办理年度备案。地(市)司法局应当将年度备案情况报省(区、市)司法厅(局)。(3)资格证书的变更备案制度。司法行政部门对已经从事法律职业的证书持有人实行变更备案制度。证书持有人应当在职业变更后30日内,持法律职业资格证书副本到地(市)司法局办理变更备案。地(市)司法局应当将证书持有人职业

变更情况报省(区、市)司法厅(局)。

四、律师执业的条件和程序

律师执业,是指依法以律师名义从事法律服务,并受国家法律及律师行业规范约束和保护的职务活动。律师执业证书是国家主管机关颁发的,准予律师执业的法律文件,是律师依法执业的凭证。我国《律师法》和《律师执业管理办法》规定了申请律师一般执业和特许执业的不同的条件和程序。

(一) 一般执业的条件和程序

根据我国《律师法》第5条的规定,申请律师执业,应当具备以下积极条件:

(1) 拥护中华人民共和国宪法,这是申请律师执业应具备的最基本政治条件。宪法是国家的根本大法,具有最高法律效力,是一切机关、组织和个人的根本行为准则。任何个人、组织都不得有超越宪法和法律的特权。从事法律服务的律师更应该拥护遵守宪法和法律,更好地维护当事人的合法权益,维护社会公平与正义。

(2) 通过国家统一司法考试,申领《法律职业资格证书》。

(3) 在律师事务所实习满一年。律师不仅要有丰富的、坚实的法学理论知识,而且必须具有实际操作法律事务的能力和技巧。取得律师资格只表明资格证持有人具备基本的法律理论和法律知识,但能否成为一名合格的律师,还需要经过一定的工作来考察。因此,《律师法》规定,取得律师资格后打算律师执业的公民,应当在律师事务所实习满一年,方可申领律师执业证书。

(4) 品行良好。律师执业不但要遵守宪法和法律,而且要恪守律师职业道德和执业纪律。品行良好是模范遵守法律和职业道德的基础。有道德品质方面有污点的人是不能取得律师资格,更不能申请律师执业。申请律师执业的人员,应当按照规定参加律师协会组织的实习活动,并经律师协会考核合格。

我国《律师法》也规定申请律师执业的消极条件,申请人有下列情形之一的,不予颁发律师执业证书:(1)无民事行为能力或者限制民事行为能力的;(2)受过刑事处罚的,但过失犯罪的除外;(3)被开除公职或者被吊销律师执业证书的。

此外,申请兼职律师执业,除符合以上条件外,还应当具备:(1) 在高等院校、科研机构中从事法学教育、研究工作;(2) 经所在单位同意。

我国《律师法》第6条和《律师执业管理办法》规定,律师执业许可,由设区的市级或者直辖市的区(县)司法行政部门受理执业申请并进行初审,报省、自治区、直辖市司法行政部门审核,作出是否准予执业的决定。申请律师执业的具体程序如下:

(1) 申请。申请律师执业,应当向设区的市级或者直辖市的区(县)司法行政部门提交下列材料:执业申请书;法律职业资格证书或者律师资格证书;律师协会出具的申请人实习考核合格的材料;申请人的身份证明;律师事务所出具的同意接收申请人的证明。申请执业许可时,申请人应当如实填报《律师执业申请登记表》。申请兼职律师执业,提交以上材料外,还应当提交下列材料:在高等院校、科研机构从事法学教育、研究工作的经历及证明材料;所在单位同意申请人兼职律师执业的证明。

(2) 受理。设区的市级或者直辖市的区(县)司法行政部门对申请人提出的律师执业申请,应当根据下列情况分别作出处理:第一,申请材料齐全、符合法定形式的,应当受理。第二,申请材料不齐全或者不符合法定形式的,应当当场或者自收到申请材料之日起5日内一次告知申请人需要补正的全部内容。申请人按要求补正的,予以受理;逾期不告知的,自收到申请材料之日起即为受理。第三,申请事项明显不符合法定条件或者申请人拒绝补正、无法补正有关材料的,不予受理,并向申请人书面说明理由。

(3) 审查。申请的司法行政部门应当自决定受理之日起20日内完成对申请材料的审查。在审查过程中,可以征求申请执业地的县级司法行政部门的意见;对于需要调查核实有关情况的,可以要求申请人提供有关的证明材料,也可以委托县级司法行政部门进行核实。经审查,应当对申请人是否符合法定条件、提交的材料是否真实齐全出具审查意见,并将审查意见和全部申请材料报送省、自治区、直辖市司法行政部门。

(4) 批准。省、自治区、直辖市司法行政部门应当自收到受理申请机关报送的审查意见和全部申请材料之日起10日内予以审核,作出是否准予执业的决定。准予执业的,应当自决定之日起10日内向申请人颁发律师执业证书。不准予执业的,应当向申请人书面说明理由。

(二) 特许执业的条件和程序

根据我国《律师法》第8条规定,特许执业,应具备如下条件:(1) 具有高等院校本科以上学历;(2) 在法律服务人员紧缺领域从事专业工作满15年;(3) 具有高级职称或者同等专业水平并具有相应的专业法律知识的人员;(4) 申请专职律师执业的,可以经国务院司法行政部门考核合格,准予执业。《律师法》授权国务院制定具体的考核准予特许执业的办法。2007年修订的《律师法》设立了律师特许执业制度,而废止了通过考核授予律师资格制度,也是综合各方意见,特别是在目前我国律师队伍在诸如知识产权、反倾销、反垄断等高精尖领域缺乏足够的专才情况下,作出如此规定不仅体现了严把律师队伍门槛的原则,也有一定的现实性和必要性。

五、律师执业的法律限制

(一) 律师不得跨所执业

我国《律师法》第10条第1款规定:"律师只能在一个律师事务所执业。律师变更执业机构的,应当申请换发律师执业证书。"这是因为,我国的律师事务所是执业律师的工作机构。律师承办业务,是由律师事务所统一接受委托,统一收费,统一与委托人签订委托合同,再由律师事务所指派律师具体承办。跨所执业从律师管理角度来说不现实,也是违反律师基本职业道德和执业纪律的。

(二) 律师执业不受地域限制

我国《律师法》第10条第2款规定:"律师执业不受地域限制。"我国实行国家统一司法考试,取得资格证书并被准予执业,便可在国内任何地方执行职务。任何人、任何机关都不得禁止和限制律师在异地执业。但是,放宽报名学历条件的地区,且报名学历为法律专业专科或是大学本科,此类人员由于享受了报名学历条件或者合格分数线放宽的政策,法律职业资格证书也受地域限制,即仅能在放宽条件的地区执业,以保证该地区对法律职业人才的需求。

(三) 公务员不得兼任执业律师

我国《律师法》仅允许高等院校、科研机构中从事法学教育、研究工作的人员,符合《律师法》规定的律师执业条件的,经所在单位同意,可以依据法定程序申请兼职律师执业。同时《律师法》仍然对于公务员兼任执业律师作了明确的限制性规定。根据我国《公务员法》第2条的规定,公务员是指依法履行公职、纳入国家行政编制、由国家财政负担工资福利的工作人员。公务员的范围主要是中国共产党机关、人大机关、行政机关、政协机关、审判机关、检察机关和民主党派机关的工作人员。为了防止律师利用公职身份和公共权力假公济私、以权谋私,运用其特殊身份和职权为自己或当事人谋取不正当利益,或实施有利于自己或当事人的不正当行为来影响公正司法,保证律师的公平和独立,并通过对执业律师的限制来保护当事人的合法利益,从而完善司法保障体制,营造公平的环境,《律师法》规定公务员不得兼任执业律师。

(四) 律师担任各级人民代表大会常务委员会组成人员的,任职期间不得从事诉讼代理或者辩护业务

2007年修订之前的《律师法》规定,律师担任各级人民代表大会常务委员会组成人员期间,不得执业。这样规定是为了防止律师利用常委会组成人员的身份从事诉讼活动影响案件公正审理。但是目前各级人民代表大会常务委员大多是兼职,如果律师在担任常委会组成人员期间不得执业,就没有收入来源,不利于吸收高素质的律师参政议政,这样规定,限制过严。限制规定他们不得从事诉讼活动是必要的,但不应限制他们从事法律咨询等非诉讼业务,这与其履行常委会组成人员的职责是不冲突的,既能保证律师在担任各级人民代表大会常委会组成人员期间收入不会受到大的影响,又能防止了律师利用自己的特殊地位在诉讼中为当事人谋取不正当的利益。

(五) 没有取得律师执业证书的人员,不得以律师名义从事法律服务业务,除法律另有规定外,不得从事诉讼代理或者辩护业务

律师业是特殊的法律服务行业,担任律师不仅要通过国家统一

司法考试,还要经过有关部门审批。如果允许不具备资格的人也以律师名义从事法律服务,将使律师特许制度形同虚设,严重妨碍律师事业的发展,也不利于规范法律服务秩序,因此,这种行为必须禁止,即禁止假冒律师执业。"除法律另有规定外"的法律规定主要指我国《民事诉讼法》、《行政诉讼法》、《刑事诉讼法》的有关规定。依照《民事诉讼法》第 58 条和《行政诉讼法》第 29 条的规定,当事人的近亲属、有关的社会团体或者所在单位推荐的人以及经人民法院许可的其他公民,可以受托代理当事人的民事诉讼或者行政诉讼;依照《刑事诉讼法》第 32 条的规定,犯罪嫌疑人、被告人的监护人、亲友可以受托为辩护人。需要指出的是,除了诉讼代理和辩护业务外,没有取得律师执业证书的人员,只要不以律师名义,可以从事一些与法律有关的服务活动,如解答有关法律的询问,接受当事人委托参加调解、仲裁活动、代写诉讼文书、担任法律顾问等。

第四节 律师的权利与义务

一、律师的权利

律师的权利是律师依法享有独立执业的保障,是指法律赋予律师的在依法执业活动中与执业有关保障方面所享有的权利。律师权利的特点是范围宽泛,权利来源多样,权利的享有同执行业务始终相伴,我国律师依法享有以下主要权利:

(一)人身权利和庭审责任豁免权

我国《律师法》第 37 条第 1 款规定:"律师在执业活动中的人身权利不受侵犯。"法律明确规定律师在执业活动中的人身权利不可侵犯,是对我国律师的一种特殊职业保护,具有非常重要的意义。具体来说,律师执业时人身自由不受非法限制和剥夺;住宅和办公地点不受侵犯;律师的名誉权不受侵犯等。

我国《律师法》第 37 条第 2 款还特别规定:"律师在法庭上发表的代理、辩护意见不受法律追究。但是,发表危害国家安全、恶意诽谤他人、严重扰乱法庭秩序的言论除外。"赋予律师庭审中言论责任豁免权,可以保障律师充分履行诉讼代理人或者辩护人的职责,在法庭上大胆陈述代理或者辩护意见而不必担心会因此受到侵权、诽谤、伪证、包庇等民事或刑事责任追究,从而最大限度地发挥法院庭审的功能,维护法律的正确实施,维护犯罪嫌疑人、被告人及其他诉讼委托人的合法权益,达到维护司法公正的目的。

我国《律师法》第37条第3款还规定:"律师在参与诉讼活动中因涉嫌犯罪被依法拘留、逮捕的,拘留、逮捕机关应当在拘留、逮捕实施后的24小时内通知该律师的家属、所在的律师事务所以及所属的律师协会。"律师在执业活动人身受到威胁和侵害,是与民主法治建设格格不入的。

(二)阅卷权

律师的阅卷权是指律师从事诉讼业务时,依照诉讼法律的规定,到有关机关查阅所承办的案件的卷宗材料的权利。我国《律师法》第34条规定:"受委托的律师自案件审查起诉之日起,有权查阅、摘抄和复制与案件有关的诉讼文书及案卷材料。受委托的律师自案件被人民法院受理之日起,有权查阅、摘抄和复制与案件有关的所有材料。"此外,我国《民事诉讼法》第61条规定:"代理诉讼的律师和其他诉讼代理人有权调查收集证据,可以查阅本案有关材料。查阅本案有关材料的范围和办法由最高人民法院规定。"《刑事诉讼法》第36条规定:"辩护律师自人民检察院对案件审查起诉之日起,可以查阅、摘抄、复制本案的诉讼文书、技术鉴定材料,自人民法院受理案件之日起,可以查阅、摘抄、复制本案所指控的犯罪事实的材料。"《行政诉讼法》第30条规定:"代理诉讼的律师,可以依照规定查阅本案有关材料,可以向有关组织和公民调查,收集证据。对涉及国家秘密和个人隐私的材料,应当依照法律规定保密。经人民法院许可,当事人和其他诉讼代理人可以查阅本案庭审材料,但涉及国家秘密和个人隐私的除外。"

(三)调查取证权

律师的调查取证权是指律师在执业过程中所享有的调查案情、收集证据的权利。这是律师依法执业应当享有的重要权利之一,也是律师正常开展业务活动的重要保障。根据我国《律师法》第35条的规定,律师调查取证包括申请调查取证和自行调查取证两种形式。律师申请调查取证是指受委托的律师根据案情的需要,可以申请人民检察院、人民法院收集、调取证据或者申请人民法院通知证人出庭作证。律师自行调查取证的,凭律师执业证书和律师事务所证明,可以向有关单位或者个人调查与承办法律事务有关的情况。但是,律师的调查取证权是不具有强制性的。依法赋予律师调查取证的权利,对于保障律师执业,维护当事人的合法权益具有重要意义。

（四）会见权

律师的会见权是指担任刑事案件犯罪嫌疑人的代理人、被告人的辩护人的律师,有权在看守所或其监管场所会见犯罪嫌疑人、被告人。会见权是法律赋予辩护律师的一项重要权利,世界上绝大多数国家和地区的立法对此都作了规定,这对于律师职责的履行和被告人权利的保护都是非常必要的。根据我国《律师法》第33条规定,受委托的律师可以在犯罪嫌疑人被侦查机关第一次讯问或者采取强制措施之日,凭律师执业证书、律师事务所证明和委托书或者法律援助公函,有权会见犯罪嫌疑人、被告人并了解有关案件情况。律师会见犯罪嫌疑人、被告人,不被监听。

（五）出庭时间受保障的权利

律师在诉讼中必须有充分的时间来进行准备工作,否则必然使律师的工作流于形式,影响对委托人合法权益的保护。根据规定,人民法院确定开庭日期,应当给律师留有准备出庭所需要的时间。人民法院应当用通知书通知律师到庭履行职务,不得使用传票传唤律师;人民法院的开庭通知书至迟应在开庭3日以前送达。律师因案情复杂、开庭日期过急,有权申请延期审理,人民法院应在不影响法定结案时间内予以考虑。改期审理的案件,再次开庭也要为律师留出适当的出庭准备时间。

（六）拒绝辩护、代理的权利

拒绝辩护、代理的权利是指律师在某些特殊的条件下,有权拒绝担任犯罪嫌疑人、被告人或者诉讼案件以及其他法律事务的代理人的权利。委托律师辩护或代理,是法律赋予当事人的一项重要的诉讼权利,当事人可以自由决定是否委托律师辩护或代理,并且委托人可以拒绝已委托的律师为其继续辩护或者代理,同时可以另行委托律师担任辩护人或者代理人。而律师基于其工作任务和职责,在接受委托后,无正当理由,不得拒绝辩护或者代理。根据我国《律师法》第32条第2款的规定,在以下特殊情况下律师有权拒绝辩护或者代理:(1)委托事项违法,即当事人委托律师为其所做的事情是违法的;(2)委托人利用律师提供的服务从事违法活动;(3)委托人故意隐瞒与案件有关的重要事实的。

(七)庭审中的权利

根据我国诉讼法律的规定,律师在法庭审理阶段主要享有下列权利:(1)举证权。即在法庭审理中,律师有权向法庭出示物证,当庭宣读未到庭的证人的证言笔录、鉴定人的鉴定结论、勘验笔录和其他作为证据的文书。(2)质证权。即在法庭调查中,律师经审判长许可对出示的物证和宣读的未到庭的证人笔录、鉴定人的鉴定结论、勘验笔录和其他作为证据的文书,有提出自己意见的权利;对到庭的证人、鉴定人发问,并就对方证据证明力和证据能力提出异议和质证意见。律师享有质证权对法庭审查核实证据,正确认定案件事实,具有十分重要的作用。(3)辩论权。即指律师在诉讼进行过程中,在人民法院的主持下,就争议的问题、案件事实和适用法律,进行辩驳和论证的权利。我国《律师法》第36条规定:"律师担任诉讼代理人或者辩护人的,其辩论或者辩护的权利依法受到保障。"律师通过行使辩论权,提出和证明自己的主张,反驳对方的主张,帮助法院核实证据,查明案情,从而作出正确的裁判。(4)对法庭的不正当询问有拒绝回答权。

(八)获取文书副本的权利

获取文书副本的权利是指律师在诉讼过程中,有获得包括起诉书、抗诉书、判决书、裁定书、调解书等诉讼文书副本的权利。律师获取文书副本的权利是指:(1)凡属公诉案件,检察院应当附起诉书副本一份,交由法院转发辩护律师。有律师辩护的第一审案件,检察院如提起抗诉,也应附抗诉书副本交由法院转发辩护律师;(2)凡有律师参加诉讼的刑事、民事案件,不论一审、二审,法院所作的判决书、裁定书,都应发给承办律师副本。(3)凡有律师参加的仲裁案件,仲裁机构的裁决书副本也应转送承办律师。

（九）代行上诉权

律师代行上诉权是指律师认为地方各级人民法院的第一审判决裁定有错误时，经当事人同意或授权，代其向上一级人民法院提起上诉，要求对案件重新进行审理。根据诉讼法律的规定，律师代行上诉权，必须经当事人的同意或特别授权。律师提出上诉的权利，是由当事人的诉权继受取得，要受当事人意志的约束，律师没有独立的上诉权，仅为代行上诉。

（十）代理申诉、控告权

犯罪嫌疑人在被侦查机关第一次讯问后或者采取强制措施之日起，受委托的律师可以为其提供法律咨询、代理申诉、控告；被不起诉人对人民检察院作出的不起诉决定不服的，辩护律师可以代为向人民检察院提出申诉；被告人对生效裁判不服的，律师可以代为向人民法院或者人民检察院提出申诉。

二、律师的义务

律师的义务，是指法律规定的律师在执业活动中应为一定行为或不得为一定行为的执业行为的范围和限度。严格确定律师的法定义务，是律师形式权利的必要保障。根据我国现行法律、法规及有关规范性文件的规定，我国律师主要应承担以下义务：

（一）保守秘密的义务

我国《律师法》第38条规定，律师应当保守在执业活动中知悉的国家秘密、商业秘密，不得泄露当事人的隐私。律师对在执业活动中知悉的委托人和其他人不愿泄露的情况和信息，应当予以保密。无论是出于维护国家利益的需要，还是出于维护当事人权益的需要，都要求律师严格履行此项义务，这是律师取信于人的基本职业道德，也是律师应当履行的法定义务，更是律师与委托人之间信任和委托关系的基础。但是，律师对于委托人的保密义务不是绝对的，没有限制的。我国《律师法》还规定，委托人或者其他人准备或者正在实施的危害国家安全、公共安全以及其他严重危害他人人身、财产安全的犯罪事实和信息，受委托律师一旦获悉此信息是无须承担保密义务。

就上述规定的实质而言,其实是赋予了律师举报作证义务豁免的权利。从这种意见上来讲,律师就其在执业活动中知悉的有关情况和信息予以保密,既是义务,也是一种权利。此外还必须强调的是,律师在委托代理关系结束后仍有保密的义务。

(二) 不得在同一案件中,为双方当事人担任代理人的义务

我国《律师法》第39条规定:"律师不得在同一案件中为双方当事人担任代理人,不得代理与本人或者其近亲属有利益冲突的法律事务。"律师的这项义务,是民法禁止双方代理的具体体现。代理的性质决定了代理人必须在委托代理授权的范围内进行活动,其行为的法律后果由被代理人承担。在同一案件中的双方当事人是独立的,他们有着利益冲突,其请求也是针锋相对。如果律师同时接受互有利害关系的双方当事人的委托,维护一方的利益,就必然损害另一方的利益。而作为代理人的律师,应当忠实于委托人,依法尽职尽责地维护委托人的合法权益,不能作出有损于或者可能有损于委托人权益的事情。需要特别强调的是:律师在同一案件中,不论是在一审还是在二审均不得同时或先后为双方担任代理人,即使律师与委托人解除委托关系后,也不得在同一案件中担任对方当事人的代理人。而且同一律师事务所的不同律师,也不得在同一案件中,为双方当事人担任代理人,但偏远地区只有一个律师事务所的除外。

(三) 不得私自接受委托、收取费用,接受财物或者其他利益的义务

我国《律师法》第25条规定:"律师承办业务,由律师事务所统一接受委托,与委托人签订书面委托合同,按照国家规定统一收取费用并如实入账。律师事务所和律师应当依法纳税。"律师事务所统一接受委托、统一收取费用,是对律师执业活动的基本要求。如果允许律师私自接受委托、收取费用或者随意接受委托人的财物或者其他利益,将使律师凌驾于律师事务所之上,导致律师事务所被架空。失去律师事务所对律师执业行为的管理和规范,将给律师违法执业留下较大空间,导致整个律师行业的混乱,无法实现律师维护当事人合法权益、维护法律正确实施、维护社会公平和正义的使命。因此,我国《律师法》第40条第1项规定,律师不得私自接受委托、收取费

用,也不得私自接受委托人的财物或者其他利益,否则必须依法承担相应的责任。这里所谓"其他利益",是指财物以外的其他不正当的好处,如接受委托人的安排,进行各种享乐等等。

(四) 不得利用提供法律服务的便利牟取当事人争议的权益,不得接受对方当事人的财物或者其他利益,与对方当事人或者第三人恶意串通,侵害委托人的权益的义务

我国《律师法》第 40 条第 2 项、第 3 项规定,律师不得利用提供法律服务的便利牟取当事人争议的权益,不得接受对方当事人的财物或者其他利益,与对方当事人或者第三人恶意串通,侵害委托人的权益。律师执业的首要职责是维护委托人的合法权益,如果律师利用该便利为自己牟取利益,或与对方当事人或者第三人恶意串通,侵害委托人的权益,必将失去委托人对律师的信任,也将会导致整个社会失去对律师行业的信任。

(五) 不得违反规定会见法官、检察官、仲裁员的义务

我国的诉讼法、仲裁法以及相关规则规定,不允许有关司法人员和仲裁员私下与当事人或者其代理人会见。否则,对方当事人即可以以此为理由申请有关司法人员的回避。法官、仲裁员的职责是依法公正裁判案件,检察官的职责之一是依法起诉犯罪和监督诉讼活动的正确进行。这样的规定是为了保证法官、检察官、仲裁员能够公正合法地处理案件。当事人或律师在非法定场合或法定工作时间内会见处理该案的司法官员或者仲裁员,难免有行贿、受贿之嫌,对律师的形象会有很大影响,也会损害司法或者仲裁的公正性。

(六) 不得向法官、检察官、仲裁员行贿,介绍贿赂或者指使、诱导当事人行贿的义务

我国《律师法》第 40 条第 5 项规定,律师不得向法官、检察官、仲裁员以及其他有关工作人员行贿,介绍贿赂或者指使、诱导当事人行贿,或者以其他不正当方式影响法官、检察官、仲裁员以及其他有关工作人员依法办理案件。如果律师有如上的行为,目的往往是试图使有关司法人员作出有利于律师的委托人的裁判,这种做法也会严重侵蚀我国司法队伍,败坏司法机关和律师的声誉,破坏我国是司法制度和执法环境,也失去了社会公众的信任。

（七）不得故意提供虚假证据或者威胁、利诱他人提供虚假证据，妨碍对方当事人合法取得证据的义务

我国《律师法》第 40 条第 6 项明确规定，律师在执业活动中，不得故意提供虚假证据或者威胁、利诱他人提供虚假证据，妨碍对方当事人合法取得证据。以事实为根据，以法律为准绳，是我国司法机关和仲裁机构以及律师承办法律事务所必须遵循的一项基本原则。在诉讼中，证据的作用是证明案件主要事实，从某种意义上，打官司就是打证据，谁举出的证据充分，有说服力，谁陈述的事实就有可能得到法庭或者仲裁庭的支持。如果律师在收集、运用证据方面有如上行为的，必然将影响司法公正性，导致法庭或仲裁庭作出错误裁判。

（八）不得煽动、教唆当事人采取扰乱公共秩序、危害公共安全等非法手段解决争议的义务

当事人的合法权益受到侵害，可以使用包括与对方当事人和解、请求有关部门调解、向有关行政部门申诉、提请仲裁机构仲裁和向人民法院提起诉讼等方式来维护自己的合法权益。律师在律师承办业务时，应当引导委托人通过合法的途径、手段主张权利，解决争议。我国《律师法》第 40 条第 7 项规定，律师不得煽动，教唆委托人采取扰乱公共秩序，危害公共安全等非法手段解决争议。

（九）不得扰乱法庭、仲裁庭秩序，干扰诉讼、仲裁活动的正常进行的义务

我国《律师法》第 40 条第 8 项明确规定，律师在执业活动中，不得扰乱法庭、仲裁庭秩序，干扰诉讼、仲裁活动的正常进行。法庭和仲裁庭都有审理案件的规则和纪律，任何人都必须遵守，以使审理工作正常进行。参加诉讼、仲裁活动的律师，更应自觉地遵守各项制度，维持审理秩序。律师的辩论和辩护受到法律保护，但必须按一定的程序和规则进行，不能当庭吵闹，扰乱法庭、仲裁庭的工作秩序，干扰诉讼和仲裁活动的正常进行。

（十）曾担任法官、检察官的律师，离任后两年内不得担任诉讼代理人或者辩护人的义务

我国《律师法》第 36 条规定："曾经担任法官、检察官的律师，从人民法院、人民检察院离任后两年内，不得担任诉讼代理人或者辩护

人。"20世纪50年代及80年代一大批服从组织需要离开公、检、法转而从事律师职业的老律师们开创和恢复了中国律师制度的新时代。十几年前,甚至几十年前担任过法官、担任过检察官而推断他们可能影响司法公正在事实上也是没有充分理由的。

(十一) 依法履行法律援助的义务

我国《律师法》第42条规定:"律师、律师事务所应当按照国家规定履行法律援助义务,为受援人提供符合标准的法律服务,维护受援人的合法权益。"法律援助制度是指在国家设立的法律援助机构的指导和协调下,律师、公证员、基层法律工作者等法律服务人员为经济困难或特殊案件的当事人给予减、免收费提供法律帮助的一项法律制度。法律援助是为了实现"法律面前人人平等"的宪法原则而实施的司法人权保障制度,是社会文明和法治完善的必然产物,对贫弱当事人提供法律援助是律师的一项重要义务。我国《法律援助条例》第6条规定:"律师应当依照律师法和本条例的规定履行法律援助义务,为受援人提供符合标准的法律服务,依法维护受援人的合法权益,接受律师协会和司法行政部门的监督。"《法律援助条例》第二章明确规定了法律援助的范围,包括公民依法请求国家赔偿的,请求给予社会保险待遇或者最低生活保障待遇的,请求发给抚恤金、救济金的,请求给付赡养费、抚养费、扶养费的;请求支付劳动报酬的,主张因见义勇为行为产生的民事权益的,刑事诉讼中因经济困难没有委托诉讼代理人的等情形,都可以向法律援助机构申请法律援助。

第五节　律师的法律责任

一、律师法律责任概述

律师的法律责任,是指律师在执行职务中因违反法定义务所应承担的法律责任的总称。我国《律师法》第六章以专章对律师的法律责任作了规定。

律师执业涉及维护法律的正确实施、严肃、神圣,律师在执业中依法享有广泛权利,同时,也应履行应信守的执业行为规范。律师的法律责任,按责任性质分类,可以分为律师的行政法律责任、民事法律责任和刑事法律责任。律师的行政法律责任制度,适用于司法行政机关对律师的行政处罚。律师的民事责任制度,解决律师因执业活动中的故意或过失行为给当事人合法权益造成损害所应承担的民事赔偿责任。律师的刑事法律责任,是律师法律责任中最严厉的一种,只有律师的行为触犯刑律,构成犯罪时才适用。

规定律师的法律责任有以下意义:

(1) 有利于健全和完善我国的律师制度。一个完善的律师制度,必须能够有效地规范律师活动的各个方面。规定律师的法律责任,使之成为律师制度的重要组成部分,从而完善我国的律师制度。

(2) 有利于提高律师的工作质量,加强律师责任心。规定律师的法律责任,对律师违法执业的行为给予处罚,构成犯罪的,还要追究其刑事责任;对因违法执业或因过错给当事人造成损失的负赔偿责任。这样能够促使律师改变不负责任的工作态度,尽心尽职地为当事人提供法律帮助,从而提高律师的服务质量。

(3) 有利于更好地保护当事人的合法权益。规定律师的法律责任,一方面促使律师认真负责地做好其本职工作,减少或防止工作中的失误;另一方面对律师在执行职务过程中因故意或过失给委托人造成损失的,给予相应的补偿,从而维护委托人的合法权益。

二、律师的行政法律责任

律师的行政法律责任,是指司法行政机关中的律师管理部门对于律师违反法律和有关律师管理的法规、规章的行为给予的行政处罚。司法行政机关对律师实施行政处罚,应当遵循公开、公正的原则。实施行政处罚,应当以事实为根据,与违法行为的事实、性质、情节以及社会危害程度相当。司法行政机关在查处律师违法行为时,应当充分发挥律师协会的职能作用。司法行政机关应当建立健全对行政处罚的监督制度。上一级司法行政机关应当加强对下一级司法行政机关实施行政处罚的监督和指导,发现行政处罚违法、不当的,应当及时责令纠正。

（一）处罚的种类

根据司法部《律师和律师事务所违法行为处罚办法》（2010年6月1日起施行）的规定，对律师违法执业行为给予的行政处罚是：

（1）警告。警告是对律师的违法失职行为予以告诫，并责令其限期进行改正的一种惩戒性措施，是一种轻微的行政处罚，属于申诫罚。

（2）罚款。罚款是司法行政机关强制违反行政法规的律师在一定期限内缴纳一定数额的金钱的处罚方式，属于财产罚。

（3）没收违法所得。没收违法所得是将律师违法取得的经济利益收归国有的一种处罚措施，是一种附加适用的处罚措施，可以和其他制裁措施合并使用，属于财产罚。

（4）停止执业。停止执业是对违法的律师在一定的期限内不得执业的处罚措施，属于较为严重的惩罚，属于行为罚。律师受到停止执业处罚期限未满的，不得申请变更执业机构；受到6个月以上停止执业处罚的，执行处罚的期间以及期满未愈3年的，不得担任合伙人。

（5）吊销执业证书。吊销律师执业证书，是对违反《律师法》情节严重的律师，注销其执业证书，律师不得再执业，是一种最严重的行政处罚措施，属于行为罚。

此外，依据《律师和律师事务所违法行为处罚办法》，司法行政机关实施行政处罚，可以根据需要，采用适当方式，将有关行政处罚决定在律师行业内予以通报或者向社会公告。通报或公告是与行政处罚同时适用。

行政处罚的具体适用，由司法行政机关依照《律师法》和《律师和律师事务所违法行为处罚办法》的有关规定，根据律师违法行为的事实、性质、情节以及危害程度，在法定的处罚种类及幅度的范围内进行裁量，作出具体处罚决定。司法行政机关对律师给予警告、停止执业、吊销律师执业证书的处罚，可以酌情并处罚款；有违法所得的，没收违法所得。

（二）处罚的机关

《律师和律师事务所违法行为处罚办法》第31条第1款规定：

司法行政机关对律师的违法行为给予警告、罚款、没收违法所得、停止执业处罚的,由律师执业机构所在地的设区的市级或者直辖市区(县)司法行政机关实施;给予吊销执业证书处罚的,由许可该律师执业的省、自治区、直辖市司法行政机关实施。

我国《律师法》第52条还规定,县级人民政府司法行政机关对律师的执业活动实施日常监督管理,对检查发现的问题,责令改正;对当事人的投诉,应当及时进行调查。县级人民政府司法行政机关认为律师的违法行为应当给予行政处罚的,应当向上级司法行政机关提出处罚建议。

(三) 处罚的程序

1. 立案调查

司法行政机关对律师、律师事务所的违法行为实施行政处罚,应当根据《行政处罚法》、《律师法》和司法部关于行政处罚程序的规定以及《律师和律师事务所违法行为处罚办法》的规定进行。司法行政机关实施行政处罚,应当对律师、律师事务所违法行为的事实、证据进行全面、客观、公正地调查、核实,必要时可以依法进行检查。司法行政机关调查违法行为,可以要求被调查的律师、律师事务所说明情况、提交有关材料;可以调阅律师事务所有关业务案卷和档案材料;可以向有关单位、个人调查核实情况、收集证据;对可能灭失或者以后难以取得的证据,可以先行登记保存。司法行政机关可以委托下一级司法行政机关或者违法行为发生地的司法行政机关进行调查,也可以委托律师协会协助进行调查。接受委托的律师协会应当全面、客观、公正地查明事实,收集证据,并对司法行政机关实施行政处罚提出建议。

2. 陈述、申辩和听证

司法行政机关在对律师、律师事务所拟作出行政处罚决定之前,应当告知其查明的违法行为事实、处罚的理由及依据,并告知当事人依法享有的权利。口头告知的,应当制作笔录。律师、律师事务所有权进行陈述和申辩,有权依法申请听证。

3. 处罚、履行和移送

司法行政机关对于违反《律师法》的律师或律师事务所予以处

罚。司法行政机关实施行政处罚,应当经机关负责人审批,并依照《行政处罚法》的要求制作行政处罚决定书。对情节复杂或者重大违法行为给予较重的行政处罚的,司法行政机关的负责人应当集体讨论决定;集体讨论决定时,可以邀请律师协会派员列席。司法行政机关实施行政处罚,可以根据需要,采用适当方式,将有关行政处罚决定在律师行业内予以通报或者向社会公告。

被处罚的律师、律师事务所应当自觉、按时、全面地履行行政处罚决定,并向司法行政机关如实报告履行情况。司法行政机关应当对律师、律师事务所履行行政处罚决定的情况实施监督,发现问题及时责令纠正或者依法采取相应的措施。

律师的违法行为构成犯罪,应当依法追究刑事责任的,司法行政机关应当将案件移送司法机关处理,不得以行政处罚代替刑事处罚。

(四)处罚的救济

被处罚人对司法行政机关作出的行政处罚决定不服的,可以自收到决定之日起15日内向上一级司法行政机关申请复议,对复议决定不服的,可以自收到复议决定之日起15日内向人民法院提起诉讼;也可以直接向人民法院提起诉讼。

受到罚款处罚,不申请行政复议或者提起诉讼,又不履行行政处罚决定,作出处罚决定的司法行政机关可以申请人民法院强制执行。

(五)处罚的情节

1. 从轻或者减轻情节

律师、律师事务所有下列情形之一的,可以从轻或者减轻行政处罚:(1)主动消除或者减轻违法行为危害后果的;(2)主动报告,积极配合司法行政机关查处违法行为的;(3)受他人胁迫实施违法行为的;(4)其他依法应当从轻或者减轻处罚的。违法行为轻微并及时纠正,没有造成危害后果的,不予行政处罚。

2. 从重的情节

律师、律师事务所的违法行为有下列情形之一的,属于《律师法》规定的违法情节严重或者情节特别严重,应当在法定的行政处罚种类及幅度的范围内从重处罚:(1)违法行为给当事人、第三人或者社会公共利益造成重大损失的;(2)违法行为性质、情节恶劣,严重损害律师行业形象,造成恶劣社会影响的;(3)同时有两项以上违法行为或者违法涉案金额巨大的;(4)在司法行政机关查处违法行为期间,拒不纠正或者继续实施违法行为,拒绝提交、隐匿、毁灭证据或者提供虚假、伪造的证据的;(5)其他依法应当从重处罚的。

(六)处罚的事由

《律师法》对律师违反法律、法规、规章的行为及其处罚作了明确规定,更为具体的规定参见《律师和律师事务所违法行为处罚办法》。律师承担行政法律责任的行为可以分为四类:轻微违法行为,一般违法行为、严重违法行为和连续违法行为。

1. 律师轻微违法行为的法律责任

我国《律师法》第47条和《律师和律师事务所违法行为处罚办法》第5至9条规定,律师有下列行为之一的,由设区的市级或者直辖市的区人民政府司法行政机关给予警告,可以处5000元以下的罚款;有违法所得的,没收违法所得;情节严重的,给予停止执业3个月以下的处罚:

(1)同时在两个以上律师事务所执业的。具体情形包括:① 在律师事务所执业的同时又在其他律师事务所或者社会法律服务机构执业的;② 在获准变更执业机构前以拟变更律师事务所律师的名义承办业务,或者在获准变更后仍以原所在律师事务所律师的名义承办业务的。

(2)以不正当手段承揽业务的。具体情形包括:① 以误导、利诱、威胁或者作虚假承诺等方式承揽业务的;② 以支付介绍费、给予回扣、许诺提供利益等方式承揽业务的;③ 以对本人及所在律师事务所进行不真实、不适当宣传或者诋毁其他律师、律师事务所声誉等方式承揽业务的;④ 在律师事务所住所以外设立办公室、接待室承揽业务的。

(3)在同一案件中为双方当事人担任代理人,或者代理与本人及其近亲属有利益冲突的法律事务的。具体情形包括:① 在同一民事诉讼、行政诉讼或者非诉讼法律事务中同时为有利益冲突的当事人担任代理人或者提供相关法律服务的;② 在同一刑事案件中同时为被告人和被害人担任辩护人、代理人,或者同时为两名以上的犯罪嫌疑人、被告人担任辩护人的;③担任法律顾问期间,为与顾问单位有利益冲突的当事人提供法律服务的;④曾担任法官、检察官的律师,以代理人、辩护人的身份承办原任职法院、检察院办理过的案件的;⑤曾经担任仲裁员或者仍在担任仲裁员的律师,以代理人身份承办本人原任职或者现任职的仲裁机构办理的案件的。

（4）从人民法院、人民检察院离任后两年内担任诉讼代理人或者辩护人的。具体情形是指曾经担任法官、检察官的律师,从人民法院、人民检察院离任后两年内,担任诉讼代理人、辩护人或者以其他方式参与所在律师事务所承办的诉讼法律事务的。

（5）拒绝履行法律援助义务的。具体情形包括:① 无正当理由拒绝接受律师事务所或者法律援助机构指派的法律援助案件的;② 接受指派后,懈怠履行或者擅自停止履行法律援助职责的。

2. 律师一般违法行为的法律责任

我国《律师法》第48条和《律师和律师事务所违法行为处罚办法》第10至13条规定,律师有下列行为之一的,由设区的市级或者直辖市的区人民政府司法行政机关给予警告,可以处1万元以下的罚款;有违法所得的,没收违法所得;情节严重的,给予停止执业3个月以上6个月以下的处罚:

（1）私自接受委托、收取费用,接受委托人财物或者其他利益的。具体情形包括:① 违反统一接受委托规定或者在被处以停止执业期间,私自接受委托,承办法律事务的;② 违反收费管理规定,私自收取、使用、侵占律师服务费以及律师异地办案差旅费用的;③ 在律师事务所统一收费外又向委托人索要其他费用、财物或者获取其他利益的;④ 向法律援助受援人索要费用或者接受受援人的财物或者其他利益的。

（2）接受委托后,无正当理由,拒绝辩护或者代理,不按时出庭参加诉讼或者仲裁的。具体情形包括:① 委托事项违法,或者委托人利用律师提供的法律服务从事违法活动的;② 委托人故意隐瞒与案件有关的重要事实或者提供虚假、伪造的证据材料的;③ 委托人不履行委托合同约定义务的;④ 律师因患严重疾病或者受到停止执业以上行政处罚的;⑤ 其他依法可以拒绝辩护、代理的。

(3) 利用提供法律服务的便利牟取当事人争议的权益的。具体情形包括：① 采用诱导、欺骗、胁迫、敲诈等手段获取当事人与他人争议的财物、权益的；② 指使、诱导当事人将争议的财物、权益转让、出售、租赁给他人，并从中获取利益的。

(4) 泄露商业秘密或者个人隐私的。具体情形是指律师未经委托人或者其他当事人的授权或者同意，在承办案件的过程中或者结束后，擅自披露、散布在执业中知悉的委托人或者其他当事人的商业秘密、个人隐私或者其他不愿泄露的情况和信息的。

3. 律师严重违法行为的法律责任

我国《律师法》第49条和《律师和律师事务所违法行为处罚办法》第14至22条规定，律师有下列行为之一的，由设区的市级或者直辖市的区人民政府司法行政机关给予停止执业6个月以上1年以下的处罚，可以处5万元以下的罚款；有违法所得的，没收违法所得；情节严重的，由省、自治区、直辖市人民政府司法行政机关吊销其律师执业证书；构成犯罪的，依法追究刑事责任：

(1) 违反规定会见法官、检察官、仲裁员以及其他有关工作人员，或者以其他不正当方式影响依法办理案件的。具体情形包括：① 在承办代理、辩护业务期间，以影响案件办理结果为目的，在非工作时间、非工作场所会见法官、检察官、仲裁员或者其他有关工作人员的；② 利用与法官、检察官、仲裁员或者其他有关工作人员的特殊关系，影响依法办理案件的；③ 以对案件进行歪曲、不实、有误导性的宣传或者诋毁有关办案机关和工作人员以及对方当事人声誉等方式，影响依法办理案件的。

(2) 向法官、检察官、仲裁员以及其他有关工作人员行贿，介绍贿赂或者指使、诱导当事人行贿的。具体情形包括：① 利用承办案件的法官、检察官、仲裁员以及其他工作人员或者其近亲属举办婚丧喜庆事宜等时机，以向其馈赠礼品、金钱、有价证券等方式行贿的；② 以装修住宅、报销个人费用、资助旅游娱乐等方式向法官、检察官、仲裁员以及其他工作人员行贿的；③ 以提供交通工具、通讯工具、住房或者其他物品等方式向法官、检察官、仲裁员以及其他工作人员行贿的；④ 以影响案件办理结果为目的，直接向法官、检察官、仲裁员以及其他工作人员行贿、介绍贿赂或者指使、诱导当事人行贿的。

（3）向司法行政机关提供虚假材料或者有其他弄虚作假行为的。具体情形包括：① 在司法行政机关实施检查、监督工作中，向其隐瞒真实情况，拒不提供或者提供不实、虚假材料，或者隐匿、毁灭、伪造证据材料的；② 在参加律师执业年度考核、执业评价、评先创优活动中，提供不实、虚假、伪造的材料或者有其他弄虚作假行为的；③ 在申请变更执业机构、办理执业终止、注销等手续时，提供不实、虚假、伪造的材料的。

（4）故意提供虚假证据或者威胁、利诱他人提供虚假证据，妨碍对方当事人合法取得证据的。具体情形包括：① 故意向司法机关、行政机关或者仲裁机构提交虚假证据，或者指使、威胁、利诱他人提供虚假证据的；② 指示或者帮助委托人或者他人伪造、隐匿、毁灭证据，指使或者帮助犯罪嫌疑人、被告人串供，威胁、利诱证人不作证或者作伪证的；③ 妨碍对方当事人及其代理人、辩护人合法取证的，或者阻止他人向案件承办机关或者对方当事人提供证据的。

（5）接受对方当事人财物或者其他利益，与对方当事人或者第三人恶意串通，侵害委托人权益的。具体情形包括：① 向对方当事人或者第三人提供不利于委托人的信息或者证据材料的；② 与对方当事人或者第三人恶意串通、暗中配合，妨碍委托人合法行使权利的；③ 接受对方当事人财物或者其他利益，故意延误、懈怠或者不依法履行代理、辩护职责，给委托人及委托事项的办理造成不利影响和损失的。

（6）扰乱法庭、仲裁庭秩序，干扰诉讼、仲裁活动的正常进行的。具体情形包括：① 在法庭、仲裁庭上发表或者指使、诱导委托人发表扰乱诉讼、仲裁活动正常进行的言论的；② 阻止委托人或者其他诉讼参与人出庭，致使诉讼、仲裁活动不能正常进行的；③ 煽动、教唆他人扰乱法庭、仲裁庭秩序的；④ 无正当理由，当庭拒绝辩护、代理，拒绝签收司法文书或者拒绝在有关诉讼文书上签署意见的。

（7）煽动、教唆当事人采取扰乱公共秩序、危害公共安全等非法手段解决争议的。具体情形包括：① 煽动、教唆当事人采取非法集会、游行示威,聚众扰乱公共场所秩序、交通秩序,围堵、冲击国家机关等非法手段表达诉求,妨害国家机关及其工作人员依法履行职责,抗拒执法活动或者判决执行的;② 利用媒体或者其他方式,煽动、教唆当事人以扰乱公共秩序、危害公共安全等手段干扰诉讼、仲裁及行政执法活动正常进行的。

(8) 发表危害国家安全、恶意诽谤他人、严重扰乱法庭秩序的言论的。具体情形包括:① 在承办代理、辩护业务期间,发表、散布危害国家安全,恶意诽谤法官、检察官、仲裁员及对方当事人、第三人,严重扰乱法庭秩序的言论的;② 在执业期间,发表、制作、传播危害国家安全的言论、信息、音像制品或者支持、参与、实施以危害国家安全为目的活动的。

(9) 泄露国家秘密的。具体情形是指律师违反保密义务规定,故意或者过失泄露在执业中知悉的国家秘密的。

律师因违法执业构成故意犯罪或者因非执业事由构成故意犯罪受到刑事处罚的,司法行政机关应当吊销其律师执业证书;因过失犯罪受到刑事处罚的,在其服刑或者执行缓刑期间应当停止履行律师职务,刑期届满后可再申请恢复执业。

4. 律师连续违法行为的法律责任

我国《律师法》第51条还规定,律师因违反《律师法》规定,在受到警告处罚后1年内又发生应当给予警告处罚情形的,由设区的市级或者直辖市的区人民政府司法行政机关给予停止执业3个月以上1年以下的处罚;在受到停止执业处罚期满后2年内又发生应当给予停止执业处罚情形的,由省、自治区、直辖市人民政府司法行政机关吊销其律师执业证书。

三、律师的民事法律责任

律师民事法律责任又称为律师的赔偿责任,主要是为了弥补当事人的经济损失,承担责任的方式是赔偿损失。律师的民事责任制度,包括律师承担民事责任的法律依据以及法律赔偿的条件、原则、方式、范围等一系列内容。律师民事赔偿责任的确立,对于促进律师自觉遵守执业规则,正确处理与当事人之间的权利义务关系,增强律师责任心,提高律师的服务质量,维护律师的社会声誉都有重要意义,也有利于加强对律师的管理和监督,减少律师工作中的失误,拓展律师业务,促进律师制度健康发展。

(一)律师民事法律责任的概念和特征

律师民事法律责任是指律师在执行职务过程中违法执业或因自己的过错,给当事人造成财产损失时而应承担的民事赔偿责任。我国《民法通则》规定,公民、法人由于过错侵害国家、集体的财产,侵害他人的财产、人身的,应当承担民事责任。律师也不例外,律师因工作失误给当事人造成经济损失,应承担赔偿责任。《律师法》第54条规定:"律师违法执业或者因过错给当事人造成损失的,由其所在的律师事务所承担赔偿责任。律师事务所赔偿后,可以向有故意或者重大过失行为的律师追偿。"《律师和律师事务所违法行为处罚办法》第46条规定:"律师、律师事务所因违法执业受到行政处罚,其违法行为对当事人或者第三人造成损害的,应当依法承担相应的民事责任。因律师违法行为造成律师事务所承担赔偿责任的,律师事务所赔偿后可以向有故意或者重大过失行为的律师追偿。"律师赔偿责任具有如下特征:

(1)律师赔偿责任是在律师执行职务过程中发生的,如果不是在执行职务过程中发生的,则属于一般民事赔偿责任,由律师个人来承担赔偿责任。

(2)承担赔偿责任,律师主观上有过错。过错原则是律师承担赔偿责任的重要原则,没有过错不承担赔偿责任。过错包括故意和过失。实践中律师故意侵犯当事人的利益是绝少的,大多数是由于过失给委托人造成损害,如超过诉讼时效起诉或上诉;遗失了案件的主要证据;泄露了委托人的秘密等等。

(3)律师过错给当事人造成了实际的财产损失。如果没有实际的损失,即便律师工作存在错误,也不应承担赔偿责任。在许多案件中,一些人以请求目的没有达到,要求律师承担赔偿责任是错误的。

(4)律师的过错与委托人的结果之间有因果关系。即损害确由律师过错造成的,如果是正常的败诉或是律师过错之外原因导致的非正常败诉,都不应承担赔偿责任。现实生活中许多人把败诉归结为律师的原因,因而要求律师承担赔偿责任,这是不正确的。我国律师只是提供法律帮助,律师的行为不能从根本上决定案件的胜败。因此,不能凡是败诉,都要律师承担民事责任。

(5)民事赔偿责任由律师所在的律师事务所承担。当事人与律师事务所签订合同,律师以律师事务所名义办理法律事务,所造成的损失应由律师事务所赔偿。律师事务所赔偿后,可以向有故意或者重大过失行为的律师追偿。

(二)律师承担民事责任的条件

律师承担民事责任其实就是民事损害赔偿,因此须符合以下条件:第一,律师必须有实施侵害当事人合法权益的行为。这种侵害行为,可以是作为,也可以是不作为,也就是不履行法定义务或者约定义务。第二,律师在主观上存在过错。所谓主观上存在过错,指律师实施损害行为是由于其主观上的故意或者过失。第三,律师的行为给当事人造成经济损害,而且律师的行为与当事人经济损害之间存在因果联系。这是律师承担民事赔偿责任的重要条件。如果律师违法执业或者工作中存在过错,但并未给当事人造成经济上的损害,那么律师只应受到行政上的惩戒或者纪律上的处分,而不应承担赔偿责任。第四,律师的行为必须具有违法性。如果律师的行为系正当执业,不违反法律规定,不违反律师执业规范,也不违反委托合同或者代理授权,那么即使当事人受到经济损害,也不能由律师来承担赔偿责任。第五,律师的损害行为必须是发生在律师执业中。如果律师给当事人合法权益造成损害的行为不是发生在律师执业中,而是属于律师的个人行为,则不是律师的执业过错行为。

(三)律师承担民事责任的主体

我国《律师法》第54条规定:"律师违法执业或者因过错给当事人造成损失的,由其所在的律师事务所承担赔偿责任。律师事务所赔偿后,可以向有故意或者重大过失行为的律师追偿。"因为与当事人签订委托协议的是律师事务所,收取律师业务费用也是律师事务所。律师在执业中只是接受律师事务所的委派去承办案件。因此,当发生造成损失的事实时,当事人只能向律师事务所要求赔偿。律师事务所按照《律师法》的规定和与当事人签订的委托协议,向当事人承担赔偿责任。律师事务所赔偿后,可以向有故意或者重大过失行为的律师追偿,这是律师事务所与律师之间的权利义务关系,与当事人无关。

(四)律师过错行为的范围

律师的过错行为主要包括:(1)因超越委托权限给当事人造成损失的;(2)遗失重要证据导致违法举证或证据失效的;(3)泄露国家秘密、商业秘密或者个人隐私的;(4)出具错误的法律意见书;(5)应当收集的证据,由于律师的原因而没有及时收集,致使证据湮灭的;(6)由于律师的原因使当事人失去诉讼时效的;(7)律师玩忽职守,草率处理案件的。

(五)律师的民事赔偿能力

律师行业是一个高风险的职业,如何使律师抵御执业风险,并赔偿当事人遭受的损失。解决律师赔偿能力问题的方式主要有以下三种:

(1)从律师执业费中提取一定比例或数额的律师赔偿责任基金。

有的国家以律师协会为单位,各律师事务所按所收入的律师费上缴一定比例,作为律师赔偿金,实行专款专用。有的律师协会制定出一个较为合理的比例或适当的数额之后,每位律师将定期从其执业费中按此标准提取相应的赔偿责任基金。这实际上一种行业内部的律师职业保险,并通过整个律师行业的经济实力来提高每位律师在具体案件中的赔偿能力。

(2)由律师或律师协会向保险公司投保"律师责任险"。

美国、加拿大等国家律师责任赔偿的基本做法是:律师向保险公司投"律师职业责任保险",一旦律师工作失误,给当事人造成经济损失,经当事人提出索赔请求,由律师事务所申请保险公司代为赔偿。保险公司查清经济损失确系律师责任后,即向当事人交付一定限额以内的赔偿金。其最高限额取决于律师交纳的保险费的多少。如果保险公司的最高赔偿额仍不足以赔偿当事人的损失,则由该责任律师继续承担赔偿责任,如还不能赔偿,由其所在律师事务所负连带赔偿责任。

(3) 由律师事务所根据代理事项的具体情况与当事人约定最高赔偿限额。

这种作法有利于解决实际履行律师赔偿责任的可能性问题。在当前我国律师事务所整体实力还不够雄厚的情况下,这种约定赔偿限额的作法既符合实际情况,也体现了律师事务所的"量力而行"的诚实态度。

四、律师的刑事法律责任

律师的刑事法律责任是指律师在执业活动中,因其行为触犯了刑法有关规定,而应当受到的刑事制裁。刑事责任是律师法律责任中最严厉的一种。根据我国《律师法》、《刑法》和其他有关法律,律师在执业中可能构成的犯罪有:

(一) 毁灭、伪造证据罪

《刑法》第306条规定:"在刑事诉讼中,辩护人、诉讼代理人毁灭、伪造证据,帮助当事人毁灭、伪造证据,威胁、引诱证人违背事实改变证言或者作伪证的,处3年以下有期徒刑或者拘役;情节严重的,处3年以上7年以下有期徒刑。辩护人、诉讼代理人提供、出示、引用的证人证言或者其他证据失实,不是有意伪造的,不属于伪造证据。"

(二) 泄露国家秘密罪

《刑法》第398条规定:"国家机关工作人员违反保守国家秘密法的规定,故意或者过失泄露国家秘密,情节严重的,处3年以下有期徒刑或者拘役;情节特别严重的,处3年以上7年以下有期徒刑。非国家机关工作人员犯前款罪的,依照前款的规定酌情处罚。"如律师在执业中有故意或者过失泄露国家秘密,情节严重,将会受到刑事制裁。

(三) 行贿罪

《刑法》第389条规定:"为谋取不正当利益,给予国家工作人员以财物的,是行贿罪。在经济往来中,违反国家规定,给予国家工作人员以财物,数额较大的,或者违反国家规定,给予国家工作人员以各种名义的回扣、手续费的,以行贿论处。因被勒索给予国家工作人员以财物,没有获得不正当利益的,不是行贿"。如果律师向法官、检察官、仲裁员以及其他有关工作人员行贿,数额较大或者违反国家规定,根据《刑法》第390条规定,对犯行贿罪的,处5年以下有期徒刑或者拘役;因行贿谋取不正当利益,情节严重的,或者使国家利益遭受重大损失的,处5年以上10年以下有期徒刑;情节特别严重的,处10年以上有期徒刑或者无期徒刑,可以并处没收财产。行贿人在被追诉前主动交代行贿行为的,可以减轻处罚或者免除处罚。

(四)介绍贿赂罪

律师指使、利诱当事人向法官、检察官、仲裁员以及其他有关工作人员行贿,依照《刑法》第392条的规定,情节严重的,处3年以下有期徒刑或者拘役。介绍贿赂人在被追诉前主动交代介绍贿赂行为的,可以减轻处罚或者免除处罚。

(五)故意或过失提供虚假证明文件罪

根据《刑法》第229条,承担法律服务等职责的律师故意提供虚假证明文件,情节严重的,处5年以下有期徒刑或者拘役,并处罚金。行为人索取他人财物或者非法收受他人财物,犯前款罪的,处5年以上10年以下有期徒刑,并处罚金。

第十四章 律师事务所

第一节 律师事务所概述

一、律师事务所的概念

我国《律师法》第14条规定,律师事务所是律师的执业机构。自1979年我国恢复重建律师制度以来,律师的执业机构也经历了一些变化。在名称上,1980年的《律师暂行条例》规定,律师执行职务的工作机构是法律顾问处。1984年,经司法部认可,各地法律顾问处更名为律师事务所。在体制上,在恢复律师制度初期,律师的执业机构主要是国家核定编制,拨付经费设立,其性质是事业单位。自1998年起,司法部开始设立合作制律师事务所的试点工作。1993年12月,国务院批准律师工作改革方案,律师机构的组织形式发生了重大变化,出现了不占国家编制,不需国家经费,自愿组合,自收自支,自我发展,自我约束的律师事务所。

二、律师事务所的组织形式

根据我国《律师法》和《律师事务所管理办法》的规定,律师事务所可以由律师合伙设立、律师个人设立或者由国家出资设立。合伙律师事务所可以采用普通合伙或者特殊的普通合伙形式设立。因此,目前我国律师事务所有三种组织形式,即合伙律师事务所(包括普通合伙或者特殊的普通合伙两种形式)、个人律师事务所和国家出资设立的律师事务所(国资律师事务所)。

(一)合伙律师事务所

合伙律师事务所,是指依法设立的由合伙人依照合伙协议约定,共同出资、共同管理、共享受益、共担风险,财产归合伙人所有,合伙人按照合伙形式对该律师事务所的债务依法承担责任的律师执业机构。合伙律师事务所不占国家编制,不要国家经费,自筹资金,自负盈亏,是目前我国律师执业机构的主流形式,它具有以下特征:(1)合伙律师事务所属于合伙组织,不具有法人资格;(2)合伙人有参与本所管理的权利和义务;(3)财产属合伙人共有,合伙人可以依约分配利润;(4)合伙人按照合伙形式对该律师事务所的债务依法承担责任。

合伙律师事务所可以采用普通合伙或者特殊的普通合伙两种形式设立。2006年8月修订的《合伙企业法》明确了特殊的普通合伙这一合伙组织形式,并且规定可以适用于非企业专业服务机构。特殊的普通合伙与普通合伙最主要的差别在于其承担责任的方式上:在普通合伙中,全体合伙人对合伙组织的债务承担无限连带责任;在特殊的普通合伙中,一个合伙人或者数个合伙人在执业活动中因故意或者重大过失造成的债务,应当承担无限连带责任,其他合伙人以其在合伙组织中的财产份额为限承担责任;合伙人在执业活动中非因故意或者重大过失造成的债务,由全体合伙人承担无限连带责任。

总之,合伙律师事务所适应了市场经济的公平竞争的要求,也反映了律师行业高风险、高收入的特点。产权清晰、责权分明的合伙律师事务所,对调动律师的积极性,使其更好地为社会提供高效优质的法律服务,无疑会起到十分重要的作用。

(二) 个人律师事务所

个人律师事务所是指由律师个人出资设立并以其个人全部资产对律师事务所的债务承担无限责任的律师执业机构。1993年司法部《关于深化律师工作改革的方案》发布之后,一些地方根据有关政策展开了个人律师事务所的试点工作。2007年修订的《律师法》正式将个人律师事务所规定为一种重要的律师组织形式。个人律师事务所方式灵活,责任明确,运行成本低,收费低,有利于促进律师走入乡镇、深入社区,方便群众,便于贫困地区和农民更方便地获得律师的专业法律服务,可以满足社会各方面的需要。但是由于个人律师事务所的设立人要承担无限责任,个人承担风险的能力较弱,因此,《律师事务所管理办法》还特别规定,个人律师事务所设立人应当是具有5年以上执业经历并能够专职执业的律师,并且有人民币10万元以上的资产。

从国际惯例看,个人开办律师事务所已成了普遍和通行的做法,允许个人开办律师事务所也是一种与国际接轨的做法。

(三) 国资律师事务所

国资律师事务所,原称国办律师事务所,是指国家出资设立,并核拨编制、提供经费保障,依法自主开展律师业务,以该律师事务所的全部资产对其债务承担责任的律师执业机构。国资律师事务所是国家事业法人单位。它与合伙律师事务所和个人律师事务所不同之处在于:在内部管理上,国资律师事务所内部设立律师会议制度,由全体律师组成,民主管理律师事务所的重大事务;在责任承担上,国家出资设立的律师事务所以其全部资产对其债务承担责任,属有限责任。

1996年《律师法》中将国资律师事务所规定为律师事务所的一种组织形式。2007年《律师法》修订时,我国律师事业已有较大发展,基于律师属性及其职能定位,律师执业组织形式应以合伙律师事务所和个人律师事务所为主。但是当前,我国各地经济和社会发展很不平衡,在"老、少、边、穷"等欠发达地区,律师业缺乏自我发展的环境和条件。不少中西部经济欠发达地区的县没有一名律师,在已有律师事务所的地区也大多采用国资所形式,靠财政扶持才能维持生存。如果离开地方财政的扶持和保障,这类地区的律师事务所是很难维持生存的,当地社会和群众最低限度的法律服务需求也就难以得到保障。目前从数量上看,合伙律师事务所和个人律师事务所是律师执业机构的主流,国资律师事务所已从主流的组织形式演变为一种补充形式。

此外,1996年,司法部以部门规章的形式承认了合作律师事务所的组织形式。合作律师事务所是指由律师自愿组合,共同参与,其财产由合作人共有,合作律师事务所以其全部资产对债务承担有限责任。但是,由于合作律师事务所具有产权不明晰、有限责任无法充分保障委托人权益等局限性,2007年修订的《律师法》取消了合作律师事务所这一律师事务所组织形式。

第二节 律师事务所的设立

一、律师事务所的设立条件

(一) 设立律师事务所的基本条件

设立律师事务所应当具备以下基本条件:

1. 有自己的名称、住所和章程

律师事务所必须有自己的名称。根据司法部2010年发布的《律师事务所名称管理办法》,律师事务所对经司法行政部门依法核准的律师事务所名称享有专用权。律师事务所依法使用名称,受法律保护。设立律师事务所,应当在申请设立许可前,按规定办理名称检索和名称预核准。律师事务所只能选择、使用一个名称。律师事务所名称应当使用符合国家规范的汉字。民族自治地方律师事务所的名称,可以同时使用本民族自治地方通用的民族语言文字。

律师事务所名称应当由"省(自治区、直辖市)行政区划地名、字号、律师事务所"三部分内容依次组成。合伙律师事务所的名称,可以使用设立人的姓名连缀或者姓氏连缀作字号。律师事务所名称中的字号应当由两个以上汉字组成,并不得含有下列内容和文字:(1)有损国家利益、社会公共利益或者有损社会主义道德风尚的,不尊重民族、宗教习俗的;(2)政党名称、党政军机关名称、群众组织名称、社会团体名称及其简称;(3)国家名称、重大节日名称、县(市辖区)以上行政区划名称或者地名;(4)外国国家(地区)名称、国际组织名称及其简称;(5)可能对公众造成欺骗或者误解的;(6)汉语拼音字母、外文字母、阿拉伯数字、全部由中文数字组成或者带有排序性质的文字;(7)"中国"、"中华"、"全国"、"国家"、"国际"、"中心"、"集团"、"联盟"等字样;(8)带有"涉外"、"金融"、"证券"、"专利"、"房地产"等表明特定业务范围的文字或者与其谐音的文字;(9)与已经核准或者预核准的其他律师事务所名称中的字号相同或者近似的;(10)字号中包括已经核准或者预核准的其他律师事务所名称中的字号的;(11)与已经核准在中国内地(大陆)设立代表机构的香港、澳门、台湾地区律师事务所名称中的中文字号相同或者近似的;(12) 与已经核准在中国境内设立代表机构的外国律师事务所名称中的中文译文字号相同或者近似的;(13) 其他不适当的内容和文字。

律师事务所在其出具的法律文书及其他文件上使用的名称,应当与司法行政部门核准使用的名称相同。律师事务所自本所名称获准变更之日起1年内,可以在本所推介材料、律师名片上使用新名称时加注变更前的名称。律师事务所使用名称,不得在核准使用的名称中或者名称后使用或者加注"律师集团"、"律师联盟"等文字。律师事务所可以根据业务需要,将本所名称译成外文。律师事务所外文名称,应当自决定使用之日起15日内报省、自治区、直辖市司法行政部门备案。外文名称违反译文规则的,备案机关应当责令其纠正。

住所,是指律师事务所的执业场所,即办公场所。律师事务所享有对办公场所的使用权,具备办公条件,可以正常开展律师业务,就可认定为场所。但是,律师事务所登记住所只能有一个。

章程,是律师事务所活动的准则,申请设立律师事务所必须要有章程。章程应当包括以下内容:(1) 律师事务所的名称和住所;(2) 律师事务所的宗旨;(3) 律师事务所的组织形式;(4) 设立资产的数额和来源;(5) 律师事务所负责人的职责以及产生、变更程序;(6) 律师事务所决策、管理机构的设置、职责;(7) 本所律师的权利与义务;(8) 律师事务所有关执业、收费、财务、分配等主要管理制度;(9) 律师事务所解散的事由、程序以及清算办法;(10) 律师事务所章程的解释、修改程序;(11) 其他需要载明的事项。设立合伙律师事务所的,其章程还应当载明合伙人的姓名、出资额及出资方式。律师事务所章程的内容不得与有关法律、法规、规章相抵触。律师事务所章程自省、自治区、直辖市司法行政部门作出准予设立律师事务所决定之日起生效。

2. 有符合规定的律师

律师事务所必须具有符合《律师法》和《律师事务所管理办法》规定的律师,即持有律师执业证书的律师。

3. 有符合规定的设立人

设立人应当是具有一定的执业经历并能够专职执业的律师,且在申请设立前3年内未受过停止执业处罚。设立普通合伙律师事务所,应当有3名以上合伙人作为设立人,设立人应当是具有3年以上执业经历并能够专职执业的律师;设立特殊的普通合伙律师事务所,应当有20名以上合伙人作为设立人,设立人应当是具有3年以上执业经历并能够专职执业的律师;设立个人律师事务所,设立人还应当是具有5年以上执业经历并能够专职执业的律师。国家出资设立的律师事务所,除符合《律师法》规定的一般条件外,应当至少有2名符合《律师法》规定并能够专职执业的律师。

4. 有符合国务院司法行政部门规定数额的资产

设立普通合伙律师事务所,应当具备有人民币30万元以上资产;设立特殊的普通合伙律师事务所,应当具备有人民币1000万元以上资产;设立个人律师事务所,应当有人民币10万以上的财产。而国家出资设立律师事务所的,由当地县级司法行政部门筹建,申请设立许可前须经所在地县级人民政府有关部门核拨编制、提供经费保障。

省、自治区、直辖市司法行政机关可以根据本地经济社会发展状况和律师业发展需要,适当调整《律师事务所管理办法》规定的普通合伙律师事务所、特殊的普通合伙律师事务所和个人律师事务所的设立资产数额,报司法部批准后实施。

(二) 设立律师事务所的其他条件

设立普通合伙律师事务所,除应当符合以上基本条件外,还应当具备下列条件:(1) 有书面合伙协议;(2) 有3名以上合伙人作为设立人;(3) 设立人应当是具有3年以上执业经历并能够专职执业的律师;(4) 有人民币30万元以上的资产。

设立特殊的普通合伙律师事务所,除应当符合以上基本条件外,还应当具备下列条件:(1) 有书面合伙协议;(2) 有20名以上合伙人作为设立人;(3) 设立人应当是具有3年以上执业经历并能够专职执业的律师;(4) 有人民币1000万元以上的资产。

合伙协议应当载明下列内容:(1) 合伙人,包括姓名、居住地、身份证号、律师执业经历等;(2)合伙人的出资额及出资方式;(3)合伙人的权利、义务;(4)合伙律师事务所负责人的职责以及产生、变更程序;(5)合伙人会议的职责、议事规则等;(6)合伙人收益分配及债务承担方式;(7)合伙人入伙、退伙及除名的条件和程序;(8)合伙人之间争议的解决方法和程序,违反合伙协议承担的责任;(9)合伙协议的解释、修改程序;(10)其他需要载明的事项。合伙协议的内容不得与有关法律、法规、规章相抵触。合伙协议由全体合伙人协商一致并签名,自省、自治区、直辖市司法行政机关作出准予设立律师事务所决定之日起生效。

设立个人律师事务所,除应当符合以上基本条件外,还应当具备下列条件:(1)设立人应当是具有5年以上执业经历并能够专职执业的律师;(2)有人民币10万元以上的资产。

国家出资设立的律师事务所,除符合以上基本条件外,应当至少有2名符合《律师法》规定并能够专职执业的律师。

二、律师事务所的设立程序

具体说来,律师事务所的设立程序如下:

(一)律师事务所名称检索和名称预核准

设立律师事务所,其申请的名称应当符合司法部有关律师事务所名称管理的规定,并应当在申请设立许可前按规定办理名称检索。律师事务所名称预核准,由省、自治区、直辖市司法行政部门依设立人的申请予以办理。申请律师事务所名称预核准,由设立人或者设立人指定的代表向省、自治区、直辖市司法行政部门提交《律师事务所名称预核准申请表》,提出5至10个备选名称,并标明拟选用的先后顺序。在民族自治地方设立律师事务所的,申请名称预核准的材料,应当先提交所在地设区的市级司法行政部门,经其审核后报送省、自治区、直辖市司法行政部门。

省、自治区、直辖市司法行政部门应当自收到名称预核准申请材料之日起10日内进行审核,对于符合规定的备选名称,提交司法部进行名称检索。对于所有备选名称不符合规定或者符合规定的备选名称少于5个的,应当告知申请人重新选报或者补报备选名称。

司法部自收到律师事务所备选名称材料之日起10日内完成名称检索,并将检索结果通知提交检索的省、自治区、直辖市司法行政部门。省、自治区、直辖市司法行政部门自收到检索结果之日起7日内,应当根据检索结果,向申请人发出《律师事务所名称预核准通知书》;对所有备选名称均不符合规定的,应当在通知中说明理由,并告知申请人重新选报名称。有两个或者两个以上的申请人申请预核准的律师事务所名称相同或者近似的,应当根据收到申请的先后顺序办理名称预核准。

经预核准的律师事务所名称,自省、自治区、直辖市司法行政部门发出《律师事务所名称预核准通知书》之日起6个月内有效。有效期满,设立人未提交律师事务所设立申请的,预核准的律师事务所名称失效。在有效期内,律师事务所未经司法行政部门许可设立的,不得使用预核准的律师事务所名称。

申请律师事务所设立许可时,申请人应当提交《律师事务所名称预核准通知书》。省、自治区、直辖市司法行政部门在作出准予设立律师事务所决定时,核准使用预核准的律师事务所名称,并在行政许可决定书和颁发的《律师事务所执业许可证》中予以载明。司法部建立全国律师事务所名称检索系统,为各地办理律师事务所名称预核准提供名称检索服务。

(二) 申请

律师事务所的设立许可,由设区的市级或者直辖市的区(县)司法行政部门受理设立申请并进行初审,报省、自治区、直辖市司法行政部门进行审核,作出是否准予设立的决定。

申请设立律师事务所,申请人应当向所在地设区的市级或者直辖市的区(县)司法行政部门提交下列材料:(1)设立申请书;(2)律师事务所的名称、章程;(3)设立人的名单、简历、身份证明、律师执业证书,律师事务所负责人人选;(4)住所证明;(5)资产证明。设立合伙律师事务所,还应当提交合伙协议。设立国家出资设立的律师事务所,应当提交所在地县级人民政府有关部门出具的核拨编制、提供经费保障的批件。申请设立许可时,申请人应当如实填报《律师事务所设立申请登记表》。

律师事务所负责人人选,应当在申请设立许可时一并报审核机关核准。合伙律师事务所的负责人,应当从本所合伙人中经全体合伙人选举产生;国家出资设立的律师事务所的负责人,由本所律师推选,经所在地县级司法行政部门同意。个人律师事务所设立人是该所的负责人。

(三) 受理并审查

设区的市级或者直辖市的区(县)司法行政部门对申请人提出的设立律师事务所申请,应当根据下列情况分别作出处理:(1) 申请材料齐全、符合法定形式的,应当受理;(2) 申请材料不齐全或者不符合法定形式的,应当当场或者自收到申请材料之日起5日内一次告知申请人需要补正的全部内容。申请人按要求补正的,予以受理;逾期不告知的,自收到申请材料之日起即为受理;(3) 申请事项明显不符合法定条件或者申请人拒绝补正、无法补正有关材料的,不予受理,并向申请人书面说明理由。受理申请的司法行政部门应当在决定受理之日起20日内完成对申请材料的审查。

在审查过程中,可以征求拟设立律师事务所所在地县级司法行政部门的意见;对于需要调查核实有关情况的,可以要求申请人提供有关证明材料,也可以委托县级司法行政部门进行核实。经审查,应当对设立律师事务所的申请是否符合法定条件、材料是否真实齐全出具审查意见,并将审查意见和全部申请材料报送省、自治区、直辖市司法行政部门。

(四) 审核并批准

省、自治区、直辖市司法行政部门应当自收到受理申请机关报送的审查意见和全部申请材料之日起10日内予以审核,作出是否准予设立律师事务所的决定。准予设立的,应当自决定之日起10日内向申请人颁发律师事务所执业许可证。不准予设立的,应当向申请人书面说明理由。律师事务所执业许可证分为正本和副本。正本用于办公场所悬挂,副本用于接受查验。正本和副本具有同等的法律效力。律师事务所执业许可证应当载明的内容、制作的规格、证号编制办法,由司法部规定。执业许可证由司法部统一制作。

审核部门已核准的律师事务所应及时向社会发布公告。公告具有确立律师事务所依法成立的法律效力,能够确认和证明公告内容的真实性和合法性。

(五) 办理有关手续

律师事务所设立申请人应当在领取执业许可证后的 60 日内,按照有关规定刻制印章、开立银行账户、办理税务登记,完成律师事务所开业的各项准备工作,并将刻制的律师事务所公章、财务章印模和开立的银行账户报所在地设区的市级或者直辖市的区(县)司法行政部门备案。

(六) 申请复议与起诉

申请人对不予颁发律师事务所执业证不服的,可以在收到书面通知之日起 15 日内向上一级司法行政部门申请复议;对复议决定不服的,可以自收到复议决定之日起 15 日内向人民法院提起诉讼,也可以不经复议直接向人民法院提起诉讼。

有下列情形之一的,由作出准予设立律师事务所决定的省、自治区、直辖市司法行政机关撤销原准予设立的决定,收回并注销律师事务所执业许可证:(1) 申请人以欺骗、贿赂等不正当手段取得准予设立决定的;(2) 对不符合法定条件的申请或者违反法定程序作出准予设立决定的。

三、律师事务所分所的设立

(一) 律师事务所分所的设立条件

根据我国《律师法》第 19 条的规定,成立 3 年以上并具有 20 名以上执业律师的合伙律师事务所,可以设立分所。设立分所,须经拟设立分所所在地的省、自治区、直辖市人民政府司法行政部门审核。合伙律师事务所对其分所的债务承担责任。个人律师事务所和国资律师事务所不可以设立分所。

(二) 律师事务所分所的设立程序

合伙律师事务所申请设立分所的,依照以上合伙律师事务所设立程序办理。其中,律师事务所分所名称,由分所设立所在地的省、自治区、直辖市司法行政部门在作出准予分所设立决定时予以核准。律师事务所分所名称应当由"总所所在地省(自治区、直辖市)行政区划地名、总所字号、分所所在地的市(含直辖市、设区的市)或者县行政区划地名(地名加括号)、律师事务所"四部分内容依次组成。无论是律师事务所名称还是律师事务所分所的名称中的行政区划地名,是指不包括"省"、"自治区"、"直辖市"、"市"、"县"、"区"等行政区划称谓的地方名称。

四、律师事务所的变更

律师事务所变更名称、负责人、章程、合伙协议的,应当经所在地设区的市级或者直辖市的区(县)司法行政机关审查后报原审核机关批准。具体办法按律师事务所设立许可程序办理。

律师事务所变更住所、合伙人的,应当自变更之日起15日内经所在地设区的市级或者直辖市的区(县)司法行政机关报原审核机关备案。

律师事务所跨县、不设区的市、市辖区变更住所,需要相应变更负责对其实施日常监督管理的司法行政机关的,应当在办理备案手续后,由其所在地设区的市级司法行政机关或者直辖市司法行政机关将有关变更情况通知律师事务所迁入地的县级司法行政机关。

律师事务所拟将住所迁移其他省、自治区、直辖市的,应当按注销原律师事务所、设立新的律师事务所的程序办理。

律师事务所变更合伙人,包括吸收新合伙人、合伙人退伙、合伙人因法定事由或者经合伙人会议决议被除名,新合伙人应当从专职执业的律师中产生,并具有3年以上执业经历,但司法部另有规定的除外。受到6个月以上停止执业处罚的律师,处罚期满未逾3年的,不得担任合伙人。合伙人退伙、被除名的,律师事务所应当依照法律、本所章程和合伙协议处理相关财产权益、债务承担等事务。因合伙人变更需要修改合伙协议的,修改后的合伙协议应当经所在地设区的市级或者直辖市的区(县)司法行政机关审查后报原审核机关批准。具体办法按律师事务所设立许可程序办理。

律师事务所变更组织形式的,应当在自行依法处理好业务衔接、人员安排、资产处置、债务承担等事务并对章程、合伙协议作出相应修改后,方可经所在地设区的市级或者直辖市的区(县)司法行政机关审查后报原审核机关批准。具体办法按律师事务所设立许可程序办理。

律师事务所因分立、合并,需要对原律师事务所进行变更或者注销原律师事务所、设立新的律师事务所的,应当在自行依法处理好相关律师事务所的业务衔接、人员安排、资产处置、债务承担等事务后,提交分立协议或者合并协议等申请材料,按照相关规定办理。

五、律师事务所的终止

律师事务所有下列情形之一的,应当终止:(1)不能保持法定设立条件,经限期整改仍不符合条件的;(2)执业许可证被依法吊销的;(3)自行决定解散的;(4)法律、行政法规规定应当终止的其他情形。律师事务所在取得设立许可后,6个月内未开业或者无正当理由停止业务活动满1年的,视为自行停办,应当终止。律师事务所在受到停业整顿处罚期限未满前,不得自行决定解散。

律师事务所在终止事由发生后,应当向社会公告,依照有关规定进行清算,依法处置资产分割、债务清偿等事务。因被吊销执业许可证终止的,由作出该处罚决定的司法行政机关向社会公告。因其他情形终止、律师事务所拒不公告的,由设区的市级或者直辖市的区(县)司法行政机关向社会公告。

律师事务所自终止事由发生后,不得受理新的业务。律师事务所应当在清算结束后15日内向所在地设区的市级或者直辖市的区(县)司法行政机关提交注销申请书、清算报告、本所执业许可证以及其他有关材料,由其出具审查意见后连同全部注销申请材料报原审核机关审核,办理注销手续。

律师事务所被注销的,其业务档案、财务账簿、本所印章的移管、处置,按照有关规定办理。

第三节 律师事务所的管理

律师事务所的负责人负责对律师事务所的业务活动和内部事务进行管理,对外代表律师事务所,依法承担对律师事务所违法行为的管理责任。合伙人会议为合伙律师事务所的决策机构;律师会议是国家出资设立的律师事务所的决策机构;个人律师事务所的重大决策应当充分听取聘用律师的意见。律师事务所根据本所章程可以设立相关管理机构或者配备专职管理人员,协助本所负责人开展日常管理工作。

一、健全管理制度

律师事务所应当建立健全执业管理、利益冲突审查、收费与财务管理、投诉查处、年度考核、档案管理等制度,对律师在执业活动中遵守职业道德、执业纪律的情况进行监督。常见的律师事务所管理包括:(1)利益冲突审查,律师事务所受理法律事务时,应当进行利益冲突审查,避免利益冲突;(2)依法聘用律师,律师事务所聘用律师和其他工作人员,应当按照国家有关规定签订聘用合同,并为聘用人员办理养老、医疗等社会保险。(3)财务管理制度,律师事务所应当依照国家的有关规定,建立健全财务管理制度,加强财务管理。(4)公平分配制度,律师事务所依照国家的有关规定,按照按劳分配、兼顾公平的原则制定分配制度。(5)投诉查处制度,律师事务所应当建立投诉查处制度,对于违反本所章程和管理制度的律师或者其他工作人员,根据其行为性质、情节轻重,给予警告、解除聘用关系或者开除等处分。此外,律师事务所应当建立业务学习培训、职业道德教育、服务质量监督、重大案件研究、年度总结考核、执业过错责任追究等制度,应当按照有关规定参加律师执业责任保险。

二、提交报告制度

律师事务所应当于每年的年度考核后,向设区的市级或者直辖市的区人民政府司法行政部门提交本所的年度执业情况报告和律师执业考核结果,并应当按照规定报送业务统计报表、经审计机构审计的年度财务报表。

三、统一接待和收费制度

律师承办业务,由律师事务所统一接受委托,与委托人签订书面委托合同,按照国家规定统一收取费用并如实入账。统一接待案件制度是指律师接受当事人的委托,同意办理某一项法律事务,由律师事务所接受、立案的制度。收案的工作比较复杂,必须建立一套行之有效的工作制度。统一收费制度是律师办理法律事务,统一由律师事务所收费的制度,其核心是禁止律师私自收费。律师事务所收费,应统一按照司法行政部门和物价部门制定的收费管理办法进行,并出具收费票据。

四、案件讨论制度

律师事务所收案以后,指定律师承办。由于律师业务复杂,对于一些难度较大的案件,个别律师的知识水平难以保证办案质量。解决这一问题的途径包括将案件交与律师集体讨论,研究解决方案,由律师事务所主任或主管副主任协调召开专门人员参加的会议,同时注意对当事人相关信息的保密,切实维护委托人的合法权益。律师事务所可以根据本所实际状况,制定案件讨论和请示汇报制度。案件讨论制度可以集思广益,取长补短,防止发生差错,以保证律师为社会提供优质的法律服务。

五、档案管理制度

律师事务所应当按照规定建立健全档案管理制度,对所承办业务的案卷和有关资料及时立卷归档,妥善保管。律师事务所对于已经办结的案件,应当将全部案件材料收集齐全,进行必要整理,然后根据各项业务分类,依据《律师业务档案立卷归档办法》,分别立卷存档,即刑事卷、民事代理卷、法律顾问卷、其他非诉讼法律事务卷、行政诉讼、仲裁代理卷等。立案归档应一案一卷,案件材料依时间顺序排列,装订时必须填写卷内目录,备考表及收案结案日期。为了做好档案管理工作,律师在承办业务过程中,要注意收集和保管有关材料,发现材料不齐全或者法律手续不完备的,应及时补齐。

六、工作总结制度

对业务活动及时和定期开展总结,从实践中吸取经验是提高律师业务水平和工作能力,优化法律服务的重要手段,应当作为一项律师工作的基本制度。工作总结的内容有:案件方面,每办结一案,要及时做好总结,写出结案报告;总体业务方面,可以进行季度或者半年小结、专题报告等,年终进行全面总结。通过总结,摸索和积累经验,发现问题和不足,找出成功和失败的原因,促进各项律师工作深入开展,提高律师的法律服务水平。

第四节 律师事务所的法律责任

一、律师事务所的法律责任

律师事务所的法律责任,是指律师事务所在执业中因违反法定义务所应承担的法律责任的总称。律师事务所的法律责任,按责任性质分类,可以分为律师事务所的行政法律责任、民事法律责任和刑事法律责任。依据《刑法》,公司、企业、事业单位、机关、团体实施的危害社会的行为,法律规定为单位犯罪的,应当负刑事责任。律师事务所可以成为单位犯罪的主体,但是现实中没有非常典型的律师事务所应负刑事责任的情形,律师事务所承担刑事责任可以参考单位犯罪的一般情形,本章中不再详述。

二、律师事务所的行政法律责任

律师事务所的行政法律责任,是指司法行政部门中的律师管理部门对于律师事务所违反法律和有关律师管理的法规、规章的行为给予的行政处罚。司法行政部门对律师事务所实施行政处罚,应当遵循公开、公正的原则。实施行政处罚,应当以事实为根据,与违法行为的事实、性质、情节以及社会危害程度相当。司法行政部门在查处律师事务所违法行为时,应当充分发挥律师协会的职能作用。司法行政机关对于律师事务所处罚的程序和情节,以及律师事务所对于处罚的救济,已在第十三章第五节中有表述,在此不再重复。

(一) 处罚的种类

根据司法部《律师和律师事务所违法行为处罚办法》(2010 年 6

月1日起施行)的规定,对律师违法执业行为给予的行政处罚是:

(1)警告。警告是对律师事务所的违法失职行为予以告诫,并责令其限期进行改正的一种惩戒性措施,是一种轻微的行政处罚,属于申诫罚。

(2)罚款。罚款是司法行政机关强制违反行政法规的律师事务所在一定期限内缴纳一定数额的金钱的处罚方式,属于财产罚。

(3)没收违法所得。没收违法所得是将律师事务所违法取得的经济利益收归国有的一种处罚措施,是一种附加适用的处罚措施,可以和其他制裁措施合并使用,属于财产罚。

(4)停业整顿。停业整顿对违法的律师事务所在一定的期限内不得执业的处罚措施,属于较为严重的惩罚,属于行为罚。律师事务所受到停业整顿处罚期限未满的,不得自行决定解散,不得申请变更名称,不得申请分立、合并,不得申请设立分所;该所负责人、合伙人和对律师事务所受到停业整顿处罚负有直接责任的律师不得申请变更执业机构。

(5)吊销执业证书。吊销律师执业证书,是对违反《律师法》情节严重的律师,注销其执业证书,律师不得再执业,是一种最严重的行政处罚措施,属于行为罚。

此外,依据《律师和律师事务所违法行为处罚办法》,司法行政机关实施行政处罚,可以根据需要,采用适当方式,将有关行政处罚决定在律师行业内予以通报或者向社会公告。因此,通报或公告是与行政处罚同时适用的。

行政处罚的具体适用,由司法行政机关依照《律师法》和《律师和律师事务所违法行为处罚办法》的有关规定,根据律师事务所违法行为的事实、性质、情节以及危害程度,在法定的处罚种类及幅度的范围内进行裁量,作出具体处罚决定。司法行政机关对律师事务所给予警告、停业整顿、吊销律师事务所执业许可证书的处罚,可以酌情并处罚款;有违法所得的,没收违法所得。

(二)处罚的机关

司法行政机关对律师事务所的违法行为给予警告、罚款、没收违法所得、停业整顿处罚的,由律师事务所所在地的设区的市级或者直辖市区(县)司法行政机关实施;给予吊销执业许可证书处罚的,由许可该律师事务所设立的省、自治区、直辖市司法行政机关实施。

司法行政机关对于律师事务所处罚的程序、救济方式、从轻、减轻或者从重处罚的情形可以参考司法行政机关对于律师处罚的程序、救济方式、从轻、减轻或者从重处罚的情形。

(三) 处罚的事由

我国《律师法》对律师事务所违反法律、法规和规章的行为及其处罚作了明确规定,《律师和律师事务所违法行为处罚办法》作了更为具体的规定。

1. 律师事务所一般违法的行政责任

《律师法》第 50 条和《律师和律师事务所违法行为处罚办法》第 23 至 30 条规定,律师事务所有下列行为之一的,由设区的市级或者直辖市的区人民政府司法行政部门视其情节给予警告、停业整顿 1 个月以上 6 个月以下的处罚,可以处 10 万元以下的罚款;有违法所得的,没收违法所得;情节特别严重的,由省、自治区、直辖市人民政府司法行政部门吊销律师事务所执业证书。

(1) 违反规定接受委托、收取费用的。具体情形包括:① 违反规定不以律师事务所名义统一接受委托、统一收取律师服务费和律师异地办案差旅费,不向委托人出具有效收费凭证的;② 向委托人索要或者接受规定、合同约定之外的费用、财物或者其他利益的;③ 纵容或者放任本所律师私自接受委托、收取费用,接受委托人财物或者其他利益的违法行为的。

(2) 违反法定程序办理变更名称、负责人、章程、合伙协议、住所、合伙人等重大事项的。具体情形包括:① 不按规定程序办理律师事务所名称、负责人、章程、合伙协议、住所、合伙人、组织形式等事项变更报批或者备案的;② 不按规定的条件和程序发展合伙人,办理合伙人退伙、除名或者推选律师事务所负责人的;③ 不按规定程序办理律师事务所分立、合并,设立分所,或者终止、清算、注销事宜的。

(3) 从事法律服务以外的经营活动的。具体情形包括:① 以独资、与他人合资或者委托持股方式兴办企业,并委派律师担任企业法定代表人或者总经理职务的;② 从事与法律服务无关的中介服务或者其他经营性活动的。

（4）以诋毁其他律师事务所、律师或者支付介绍费等不正当手段承揽业务的。具体情形是指律师事务所从事或者纵容、放任本所律师有不正当手段承揽业务的违法行为的。

（5）违反规定接受有利益冲突的案件的。具体情形包括：① 指派本所律师担任同一诉讼案件的原告、被告代理人，或者同一刑事案件被告人辩护人、被害人代理人的；② 未按规定对委托事项进行利益冲突审查，指派律师同时或者先后为有利益冲突的非诉讼法律事务各方当事人担任代理人或者提供相关法律服务的；③ 明知本所律师及其近亲属同委托事项有利益冲突，仍指派该律师担任代理人、辩护人或者提供相关法律服务的；④ 纵容或者放任本所律师有在同一案件中为双方当事人担任代理人，或者代理与本人及其近亲属有利益冲突的法律事务的违法行为的。

（6）拒绝履行法律援助义务的。具体情形包括：① 无正当理由拒绝接受法律援助机构指派的法律援助案件的；② 接受指派后，不按规定及时安排本所律师承办法律援助案件或者拒绝为法律援助案件的办理提供条件和便利的；③ 纵容或者放任本所律师拒绝履行法律援助义务的违法行为的。

（7）向司法行政部门提供虚假材料或者有其他弄虚作假行为的。具体情形包括：① 在司法行政机关实施检查、监督工作时，故意隐瞒真实情况，拒不提供有关材料或者提供不实、虚假的材料，或者隐匿、毁灭、伪造证据材料的；② 在参加律师事务所年度检查考核、执业评价、评先创优活动中，提供不实、虚假、伪造的材料或者有其他弄虚作假行为的；③ 在办理律师事务所重大事项变更、设立分所、分立、合并或者终止、清算、注销的过程中，提供不实、虚假、伪造的证明材料或者有其他弄虚作假行为的。

（8）对本所律师疏于管理，造成严重后果的。具体情形包括：① 不按规定建立健全内部管理制度，日常管理松懈、混乱，造成律师事务所无法正常运转的；② 不按规定对律师执业活动实行有效监督，或者纵容、袒护、包庇本所律师从事违法违纪活动，造成严重后果的；③ 纵容或者放任律师在本所被处以停业整顿期间或者律师被处以停止执业期间继续执业的；④ 不按规定接受年度检查考核，或者经年度检查考核被评定为"不合格"的；⑤ 不按规定建立劳动合同制度，不依法为聘用律师和辅助人员办理失业、养老、医疗等社会保险的；⑥ 有其他违法违规行为，造成严重后果的。

律师事务所因违法行为受到处罚的，司法行政机关应当依照《律师法》第50条第2款的规定，对该所负责人视其管理责任以及失职行为情节轻重，给予相应的警告或者处2万元以下的罚款。律师事务所因违法行为受到处罚的，应当同时追究负有直接责任的律师的法律责任，依法给予相应的行政处罚。律师事务所的违法行为构成犯罪，应当依法追究刑事责任的，司法行政机关应当将案件移送司法机关处理，不得以行政处罚代替刑事处罚。

2. 律师事务所再次违法的行政责任

根据《律师法》第51条第2款的规定，律师事务所因违反本法规定，在受到停业整顿处罚期满后2年内又发生应当给予停业整顿处罚情形的，由省、自治区、直辖市人民政府司法行政部门吊销律师事务所执业证书。

三、律师事务所的民事法律责任

律师事务所的民事法律责任，是指律师在执业过程中，因故意或过失行为使当事人的合法权益受到损害，由其所在的律师事务所承担赔偿责任。因此，律师事务所的民事法律责任的与律师的民事责任的依据、条件、方式、范围等一致，在此不再重复。

律师违法执业或者因过错给当事人造成损失的，由其所在的律师事务所承担赔偿责任。律师事务所赔偿后，可以向有故意或者重大过失行为的律师追偿。普通合伙律师事务所的合伙人对律师事务所的债务承担无限连带责任。特殊的普通合伙律师事务所一个合伙人或者数个合伙人在执业活动中因故意或者重大过失造成律师事务所债务的，应当承担无限责任或者无限连带责任，其他合伙人以其在律师事务所中的财产份额为限承担责任；合伙人在执业活动中非因故意或者重大过失造成的律师事务所债务，由全体合伙人承担无限连带责任。个人律师事务所的设立人对律师事务所的债务承担无限责任。国家出资设立的律师事务所以其全部资产对其债务承担责任。

第十五章 律师管理体制

第一节 律师管理体制概述

一、我国的律师管理体制

律师管理体制是指一个国家在宏观层面上对律师行业进行组织管理的制度架构。律师管理体制反映了国家和律师行业之间的关系,需要解决的是如何协调司法行政机关监督指导和律师协会行业管理之间的关系。我国律师恢复初期,律师事务所是事业单位,受司法行政机关的组织领导和业务监督。在较长时间内,对律师人员的调配、考核、惩戒、思想教育、专业培训,以及律师资格的授予、律师机构的设置等一系列组织建设和行政管理工作,都由各级司法行政机关负责。随着改革开放的发展和市场经济的繁荣,传统的国家对于律师行业完全控制的管理体制的弊端逐步暴露出来:司法行政机关对于律师工作统得过死,管的过严,抑制了律师工作的积极性,律师业务发展受到严重制约。

为改变这种状况,司法部对律师管理体制逐步进行了改革,1993年12月26日,国务院批准了《司法部关于深化律师工作改革的方案》该方案明确提出:从我国的国情和律师工作的实际出发,建立司法行政机关的行政管理与律师协会行业管理相结合的管理体制。1996年5月15日,第八届全国人民代表大会常务委员会第十九次会议审议通过了《中华人民共和国律师法》,正式确立了司法行政机关的行政管理与律师协会的行业自律相结合的管理改制。这种管理体制既不是单一的行政管理,也不是完全的行业管理,而是二者的有机结合。

二、司法行政机关与律师协会的关系

我国《律师法》第4条对于司法行政机关与律师协会的关系,作了明确规定:"司法行政机关依照本法对律师、律师事务所和律师协会进行监督、指导。"《律师执业管理办法》第48条和《律师事务所管理办法》第51条都同时规定,司法行政机关应当加强对律师协会的指导、监督,支持律师协会依照《律师法》和协会章程、行业规范对律师事务所实行行业自律,建立健全行政管理与行业自律相结合的协调、协作机制。

司法行政机关是律师工作的指导机关,律师协会的工作是整个律师工作的重要组成部分。律师协会应当而且必须在司法行政机关的指导和监督下开展工作。律师协会制定的行业规范和惩戒规则,不得与有关法律、行政法规、规章相抵触。律师协会制定行业规范和惩戒规范,应当报同级司法行政机关备案。全国律师协会章程应当报国务院司法行政机关备案,地方律师协会章程应当报同级司法行政机关备案。律师协会制定行业规范和惩戒规章、协会章程、作出的决定违法或者不当的,司法行政机关应当责令其纠正或者予以撤销。律师协会理事会严重违反法律、行政法规、规章或者章程,不能正常履行行业管理职责的,上一级律师协会或者同级司法行政机关应当组织召开临时会员代表大会,重新选举理事会。

律师协会和司法行政机关都是律师的管理机构,是我国律师管理体制中两个重要组成部分,目的完全一致,但行使的职能不同。实现律师管理体制的任务,需要发挥两种职能和两个优势:既要发挥司法行政机关的行政管理职能和优势,又要发挥律师协会的行业管理职能和优势。律师管理体制的改革应当加强司法行政机关对律师工作的主客观管理职能,同时保障律师协会行业管理职能的充分发挥。

第二节 律师的司法行政管理

司法行政机关依法对律师、律师事务所和律师协会进行监督和指导。司法部和司法厅、局(处)是我国司法行政机关,是各级政府

的职能机构之一,主管律师、公证、人民调解、监狱、劳改劳教等方面的工作。对律师工作实行行政管理是其重要职能之一。各级司法行政机关都设有专门机构对律师工作进行监督管理:司法部设律师工作指导管理司;省、自治区、直辖市司法厅(局)设律师管理处;地、市司法局(处)和县、区司法局设律师管理科。这样就从组织上保证了对律师管理的顺利进行。

一、司法行政机关对律师的管理职责

司法行政机关对律师工作实行宏观管理,《律师执业管理办法》规定了各级司法行政机关对于律师进行监督和管理的职责。

(一) 县级司法行政机关的职责

县级司法行政机关对其执业机构在本行政区域的律师的执业活动进行日常监督管理,履行下列职责:(1) 检查、监督律师在执业活动中遵守法律、法规、规章和职业道德、执业纪律的情况;(2) 受理对律师的举报和投诉;(3) 监督律师履行行政处罚和实行整改的情况;(4) 掌握律师事务所对律师执业年度考核的情况;(5) 司法部和省、自治区、直辖市司法行政机关规定的其他职责。

县级司法行政机关在开展日常监督管理过程中,发现、查实律师在执业活动中存在问题的,应当对其进行警示谈话,责令改正,并对其整改情况进行监督;对律师的违法行为认为依法应当给予行政处罚的,应当向上一级司法行政机关提出处罚建议;认为需要给予行业惩戒的,移送律师协会处理。

(二) 设区的市级司法行政机关的职责

设区的市级司法行政机关履行下列监督管理职责:(1) 掌握本行政区域律师队伍建设和发展情况,制定加强律师队伍建设的措施和办法;(2) 指导、监督下一级司法行政机关对律师执业的日常监督管理工作,组织开展对律师执业的专项检查或者专项考核工作,指导对律师重大投诉案件的查处工作;(3) 对律师进行表彰;(4) 依法定职权对律师的违法行为实施行政处罚;对依法应当给予吊销律师执业证书处罚的,向上一级司法行政机关提出处罚建议;(5) 对律师事务所的律师执业年度考核结果实行备案监督;(6) 受理、审查律师执

业、变更执业机构、执业证书注销申请事项;(7)建立律师执业档案,负责有关律师执业许可、变更、注销等信息的公开工作;(8)法律、法规、规章规定的其他职责。直辖市的区(县)司法行政机关负有上述规定的有关职责。

(三)省、自治区、直辖市司法行政机关的职责

省、自治区、直辖市司法行政机关履行下列监督管理职责:(1)掌握、评估本行政区域律师队伍建设情况和总体执业水平,制定律师队伍的发展规划和有关政策,制定加强律师执业管理的规范性文件;(2)监督、指导下级司法行政机关对律师执业的监督管理工作,组织、指导对律师执业的专项检查或者专项考核工作;(3)组织对律师的表彰活动;(4)依法对律师的严重违法行为实施吊销律师执业证书的处罚,监督、指导下一级司法行政机关的行政处罚工作,办理有关行政复议和申诉案件;(5)办理律师执业核准、变更执业机构核准和执业证书注销事项;(6)负责有关本行政区域律师队伍、执业情况、管理事务等重大信息的公开工作;(7)法律、法规、规章规定的其他职责。

各级司法行政机关及其工作人员对律师执业实施监督管理,不得妨碍律师依法执业,不得侵害律师的合法权益,不得索取或者收受律师的财物,不得谋取其他利益。

司法行政机关应当加强对实施律师执业许可和日常监督管理活动的层级监督,按照规定建立有关工作的统计、请示、报告、督办等制度。

负责律师执业许可实施、律师执业年度考核结果备案或者奖励、处罚的司法行政机关,应当及时将有关许可决定、备案情况、奖惩情况通报下级司法行政机关,并报送上一级司法行政机关。

各级司法行政机关应当定期将本行政区域律师队伍建设、执业活动情况的统计资料、年度管理工作总结报送上一级司法行政机关。司法行政机关工作人员在律师执业许可和实施监督管理活动中,滥用职权、玩忽职守,构成犯罪的,依法追究刑事责任;尚不构成犯罪的,依法给予行政处罚。

司法行政机关对律师的管理表现在组织实施全国统一的司法考

试、授予法律职业资格证书,对律师执业证书进行管理,制定律师管理的规章和规范性文件、对律师违法违纪行为进行处罚。第13章中对于授予法律执业资格证书、律师的行政责任进行了表述,以下将重点论述司法行政机关对律师执业证书的管理。

二、司法行政机关对律师事务所的管理职责

司法行政机关对律师执业机构有权进行监督和指导。在我国除有律师事务所外,还有经国务院司法行政机关批准的外国律师事务所在我国设立的代表处。《律师事务所管理办法》规定了各级司法行政机关对律师事务所的监督管理职责。

(一)县级司法行政机关的职责

县级司法行政机关对本行政区域内的律师事务所的执业活动进行日常监督管理,履行下列职责:(1)监督律师事务所在开展业务活动过程中遵守法律、法规、规章的情况;(2)监督律师事务所执业和内部管理制度的建立和实施情况;(3)监督律师事务所保持法定设立条件以及变更报批或者备案的执行情况;(4)监督律师事务所进行清算、申请注销的情况;(5)监督律师事务所开展律师执业年度考核和上报年度执业总结的情况;(6)受理对律师事务所的举报和投诉;(7)监督律师事务所履行行政处罚和实行整改的情况;(8)司法部和省、自治区、直辖市司法行政机关规定的其他职责。

县级司法行政机关在开展日常监督管理过程中,对发现、查实的律师事务所在执业和内部管理方面存在的问题,应当对律师事务所负责人或者有关律师进行警示谈话,责令改正,并对其整改情况进行监督;对律师事务所的违法行为认为依法应当给予行政处罚的,应当向上一级司法行政机关提出处罚建议;认为需要给予行业惩戒的,移送律师协会处理。

(二)设区的市级司法行政机关的职责

设区的市级司法行政机关履行下列监督管理职责:(1)掌握本行政区域律师事务所的执业活动和组织建设、队伍建设、制度建设的情况,制定加强律师工作的措施和办法;(2)指导、监督下一级司法行政机关的日常监督管理工作,组织开展对律师事务所的专项监督

检查工作,指导对律师事务所重大投诉案件的查处工作;(3)对律师事务所进行表彰;(4)依法定职权对律师事务所的违法行为实施行政处罚;对依法应当给予吊销执业许可证处罚的,向上一级司法行政机关提出处罚建议;(5)组织开展对律师事务所的年度检查考核工作;(6)受理、审查律师事务所设立、变更、设立分所、注销申请事项;(7)建立律师事务所执业档案,负责有关律师事务所的许可、变更、终止及执业档案信息的公开工作;(8)法律、法规、规章规定的其他职责。直辖市的区(县)司法行政机关负有上述规定的有关职责。

(三)省、自治区、直辖市司法行政机关的职责

省、自治区、直辖市司法行政机关履行下列监督管理职责:(1)制定本行政区域律师事务所的发展规划和有关政策,制定律师事务所管理的规范性文件;(2)掌握本行政区域律师事务所组织建设、队伍建设、制度建设和业务开展情况;(3)监督、指导下级司法行政机关的监督管理工作,指导对律师事务所的专项监督检查和年度检查考核工作;(4)组织对律师事务所的表彰活动;(5)依法对律师事务所的严重违法行为实施吊销执业许可证的处罚,监督下一级司法行政机关的行政处罚工作,办理有关行政复议和申诉案件;(6)办理律师事务所设立核准、变更核准或者备案、设立分所核准及执业许可证注销事项;(7)负责本行政区域律师事务所有关重大信息的公开工作;(8)法律、法规规定的其他职责。

各级司法行政机关及其工作人员对律师事务所实施监督管理,不得妨碍律师事务所依法执业,不得侵害律师事务所的合法权益,不得索取或者收受律师事务所及其律师的财物,不得谋取其他利益。

司法行政机关应当加强对实施许可和管理活动的层级监督,按照规定建立有关工作的统计、请示、报告、督办等制度。负责律师事务所许可实施、年度检查考核或者奖励、处罚的司法行政机关,应当及时将有关许可决定、考核结果或者奖惩情况通报下级司法行政机关,并报送上一级司法行政机关。

各级司法行政机关应当定期将本行政区域律师事务所的组织、队伍、业务情况的统计资料、年度管理工作总结报送上一级司法行政机关。司法行政机关工作人员在律师事务所设立许可和实施监督管

理活动中,滥用职权、玩忽职守,构成犯罪的,依法追究刑事责任;尚不构成犯罪的,依法给予行政处分。

因此,司法行政机关对律师事务所的管理表现在受理、审查律师事务所设立、变更、设立分所、注销申请事项,对律师事务所执业证书进行管理,制定律师管理的规章和规范性文件,对律师事务所违法违纪行为进行处罚。第14章中对于受理、审查律师事务所设立、变更、设立分所、注销申请事项、律师事务所的行政责任进行了表述,以下将重点论述司法行政机关对律师事务所的执业证书的管理以及年度检查考核工作。

三、律师和律师事务所执业证书的管理

律师执业证书是律师依法获准执业的有效证件。律师执业证书包括适用于专职、兼职律师的"律师执业证"和适用于香港、澳门、台湾居民在内地(大陆)从事律师职业的"律师执业证"两种。律师事务所执业证书包括律师事务所执业许可证书、律师事务所分所执业许可证书。律师事务所(含律师事务所分所)执业证书分为正本和副本,正本和副本具有同等的法律效力。律师和律师事务所执业证书应当载明的内容、制作的规格、证号编制办法,由司法部规定。执业证书由司法部统一制作。律师和律师事务所执业证书制作时印制执业证书流水号。省、自治区、直辖市司法行政机关颁发、注销或者换发、补发执业证书,应当登记执业证书流水号。

(一)核发律师和律师事务所执业证书

省、自治区、直辖市司法行政机关应当自作出准予律师执业决定或者准予律师事务所设立决定之日起10日内,向申请人颁发执业证书。执业证书应当加盖发证机关印章,在律师执业证书持证人照片处应当加盖发机关钢印。

设立律师事务所,应当向设区的市级或者直辖市的区人民政府司法行政机关提出申请,受理申请的部门应当自受理之日起20日内予以审查,并将审查意见和全部申请材料报送省、自治区、直辖市人民政府司法行政机关。省、自治区、直辖市人民政府司法行政机关应当自收到报送材料之日起10日内予以审核,作出是否准予设立的决定。准予设立的,向申请人颁发律师事务所执业证书;不准予设立的,向申请人书面说明理由。

(二) 使用律师和律师事务所执业证书

律师、律师事务所应当妥善使用和保管律师执业证书,不得变造、抵押、出借、出租。律师、律师事务所应当依法使用执业证书。律师执业应当出示律师执业证书。律师事务所应当将执业证书正本悬挂于执业场所的醒目位置;执业证书副本用于接受查验。

(三) 变更律师和律师事务所执业证书

律师申请变更执业机构的,变更审核机关应当自作出准予变更决定之日起10日内为申请人换发律师执业证书。律师事务所变更名称、负责人、组织形式、住所等事项的,变更审核或者备案机关应当自作出准予变更决定或者备案之日起10日内,为律师事务所办理执业证书变更事项登记或者换发执业证书。

律师变更执业机构,应当向拟变更的执业机构所在地设区的市级或者直辖市的区(县)司法行政机关提出申请,并提交下列材料:(1) 原执业机构所在地县级司法行政机关出具的申请人不具有《律师执业管理办法》第21条规定情形的证明;(2) 与原执业机构解除聘用关系或者合伙关系以及办结业务、档案、财务等交接手续的证明;(3) 拟变更的执业机构同意接收申请人的证明;(4) 申请人的执业经历证明材料。

受理机关应当对变更申请及提交的材料出具审查意见,并连同全部申请材料报送省、自治区、直辖市司法行政机关审核。对准予变更的,由审核机关为申请人换发律师执业证书;对不准予变更的,应当向申请人书面说明理由。有关审查、核准、换证的期限,参照颁发执业证书的程序办理。准予变更的,申请人在领取新的执业证书前,应当将原执业证书上交原审核颁证机关。律师跨设区的市或者省、自治区、直辖市变更执业机构的,原执业机构所在地和变更的执业机构所在地的司法行政机关之间应当交接该律师执业档案。

律师受到停止执业处罚期间,不得申请变更执业机构;律师事务所受到停业整顿处罚期限未满的,该所负责人、合伙人和对律师事务所受到停业整顿处罚负有直接责任的律师不得申请变更执业机构;

律师事务所应当终止的,在完成清算、办理注销前,该所负责人、合伙人和对律师事务所被吊销执业许可证负有直接责任的律师不得申请变更执业机构。

(四)换发、补发律师和律师事务所执业证书

律师、律师事务所因执业证书损毁等原因,导致执业证书无法使用的,应当申请换发执业证书。换发执业证书,应当向设区的市级或者直辖市的区(县)司法行政机关提出申请,由其在收到申请之日起5日内完成审查,并上报原发证机关。原发证机关应当自收到申请之日起10日内完成审查,符合规定的,为申请人换发执业证书;不符合规定的,不予换发执业证书,并向申请人说明理由。准予换发执业证书的,申请人在领取新的执业证书时,应当将原执业证书交回原发证机关。

执业证书遗失的,律师、律师事务所应当及时报告所在地县(区)司法行政机关,并在省级以上报刊或者发证机关指定网站上刊登遗失声明。遗失声明应当载明遗失的执业证书的种类、持证人姓名(名称)、执业证号和执业证书流水号。律师申请补发执业证书的,按照补发执业证书程序办理。申请时应当同时提交已刊登遗失声明的证明材料。

律师被所在的律师事务所派驻分所执业的,其律师执业证书的换发及管理办法,按照司法部有关规定办理。

(五)扣缴、收回注销律师执业证书

律师受到停止执业处罚、律师事务所受到停业整顿处罚的,由作出处罚决定的司法行政机关或者由其委托的下一级司法行政机关在宣布或者送达处罚决定时扣缴被处罚律师、律师事务所的执业证书。处罚期满予以发还。

有下列情形之一的,由作出准予该申请人执业决定的省、自治区、直辖市司法行政机关撤销原准予执业的决定,收回并注销其律师执业证书:(1)申请人以欺诈、贿赂等不正当手段取得准予执业决定的;(2)对不符合法定条件的申请人准予执业或者违反法定程序作出准予执业决定的。

律师有下列情形之一的,由其执业地的原审核颁证机关收回、注

销其律师执业证书:(1)受到吊销律师执业证书处罚的;(2)原准予执业的决定被依法撤销的;(3)因本人不再从事律师职业申请注销的;(4)因与所在律师事务所解除聘用合同或者所在的律师事务所被注销,在6个月内未被其他律师事务所聘用的;(5)因其他原因终止律师执业的。有上述第3、4、5项情形被注销律师执业证书的人员,重新申请律师执业的,按照《律师执业管理办法》规定的程序申请律师执业。

律师被依法撤销执业许可或者被吊销执业证书的,由作出撤销或者处罚决定的司法行政机关或者由其委托的下一级司法行政机关在宣布或者送达撤销或者处罚决定时收缴的执业证书,并依照规定程序予以注销。律师、律师事务所因其他原因终止执业,需要注销其执业证书的,该律师、律师事务所应当将执业证书上交其所在地县(区)司法行政机关,由其按照规定程序交原发证机关予以注销。律师、律师事务所被撤销执业许可、被吊销执业证书或者因其他原因终止执业,拒不上交执业证书的,由原发证机关公告注销其执业证书。

省、自治区、直辖市司法行政机关应当及时将注销、作废的执业证书销毁。省、自治区、直辖市司法行政机关应当将颁发、注销、换发、补发、作废和销毁执业证书的情况按年度登记造册,填制执业证书发放使用情况统计表,报司法部备案。

四、律师事务所年度检查考核

律师事务所年度检查考核,是指司法行政机关定期对律师事务所上一年度的执业和管理情况进行检查考核,对其执业和管理状况作出评价。2010年4月8日司法部发布并施行的《律师事务所年度检查考核办法》具体规定了律师事务所年度检查考核原则、职责、内容,自发布之日起施行。

(一)年度检查考核的原则和职责

年度检查考核,应当引导律师事务所及其律师遵守宪法和法律,加强自律管理,依法、诚信、尽责执业,忠实履行中国特色社会主义法律工作者的职业使命,维护当事人合法权益,维护法律正确实施,维护社会公平和正义。司法行政机关对律师事务所进行年度检查考核,应当坚持依法、公正、公开的原则。

省、自治区、直辖市司法行政机关负责指导、监督本行政区域律师事务所的年度检查考核工作。设区的市级或者直辖市区(县)司法行政机关负责组织实施对本行政区域内律师事务所的年度检查考核工作。县级司法行政机关负责年度检查考核的初审工作。司法行政机关对律师事务所的年度检查考核应当与律师协会对律师执业的年度考核相结合。

(二)年度检查考核内容

对律师事务所进行年度检查考核,主要检查考核律师事务所遵守宪法和法律、履行法定职责、实行自律管理的情况,具体包括下列内容:

第一,律师队伍建设情况,具体包括:(1)律师人员的数量、素质、结构变化的情况;(2)组织律师开展思想政治教育和律师职业道德、执业纪律教育的情况;(3)组织律师开展业务学习和参加职业培训的情况;(4)开展律师党建工作的情况。

第二,业务活动开展情况,具体包括:(1)办理业务的数量和类别、拓展服务领域、提高服务质量以及业务收入等方面的情况;(2)在开展业务活动中遵守法律、法规、规章和行业规范的情况;(3)指导和监督律师代理重大案件、群体性案件的情况;(4)对律师执业实施监督和投诉查处的情况;(5)履行法律援助义务、参加社会服务及其他社会公益活动的情况;(6)因执业活动受到当事人、有关部门及社会公众表扬、投诉的情况。

第三,律师执业表现情况,具体包括:(1)律师在执业活动中遵守法律、法规和规章,遵守职业道德、执业纪律和执业行为规范的情况;(2)律师履行法律援助义务、参加社会服务及其他社会公益活动的情况;(3)律师受行政奖惩、行业奖惩的情况;(4)律师执业年度考核的情况。

第四,内部管理情况,具体包括:(1)执业管理制度建立和实施的情况;(2)收费管理、财务管理和分配管理制度建立和实施的情况;(3)依法纳税的情况;(4)建立执业风险、事业发展等基金及其使用的情况;(5)管理聘用律师和辅助人员的情况;(6)管理分支机构的情况;(7)管理申请律师执业人员实习的情况;(8)业务档案、律师执业档案建立和管理的情况;(9)章程、合伙制度实施的情况。

第五,受行政奖惩、行业奖惩的情况。

第六,履行律师协会会员义务的情况。

第七,省、自治区、直辖市司法行政机关根据需要认为应当检查考核的其他事项。

司法行政机关对律师事务所进行年度检查考核,应当同时对律师协会对律师执业年度考核的结果进行备案审查。

(三)考核等次和评定标准

律师事务所年度检查考核结果分为"合格"和"不合格"两个等次。考核等次是司法行政机关对律师事务所上一年度执业和管理情况的总体评价。

律师事务所的执业和管理活动符合下列标准的,考核等次为"合格":(1)能够遵守宪法和法律,较好地履行法定职责;(2)在律师队伍建设、开展业务活动、实行内部管理等方面符合法律、法规、规章和行业规范的要求;(3)本所未因执业违法行为受到行政处罚,或者受到行政处罚已按要求完成整改。

律师事务所有下列情形之一的,考核等次为"不合格":(1)放任、纵容、袒护律师执业违法行为,造成严重后果的;(2)不按规定建立健全内部管理制度,日常管理松懈、混乱,造成本所不能正常运转的;(3)本所受到行政处罚未按要求进行整改或者整改未达标的;(4)本所不能保持法定设立条件的;(5)提交的年度执业情况报告和律师执业年度考核情况存在严重弄虚作假行为的;(6)有其他严重违法行为,造成恶劣社会影响的。

(四)检查考核程序

律师事务所年度检查考核工作,应当在每年的3月至5月集中办理。具体工作流程和时间安排,由省、自治区、直辖市司法行政机关规定。

1. 报送

律师事务所接受年度检查考核,应当在完成对本所律师执业年度考核和本所执业、管理情况总结后,依据本办法规定的检查考核内容,按照规定时间,向所在地的县级司法行政机关报送本所上一年度执业情况报告和对本所律师执业年度考核的情况,并提交下列材料:(1)年度财务审计报告;(2)开展业务活动的统计报表;(3)纳税凭证;(4)年度内被获准的重大变更事项的批件;(5)获得行政或者行业表彰奖励、受到行政处罚或者行业惩戒的证明材料;(6)建立执业风险、事业发展等基金的证明材料;(7)为聘用律师和辅助人员办理养老、失业、医疗等社会保险的证明材料;(8)履行法律援助义务、参加社会服务及其他社会公益活动的证明材料;(9)履行律师协会会员义务的证明材料;(10)省、自治区、直辖市司法行政机关要求提供的其他材料。

2. 初审

县级司法行政机关收到律师事务所报送的材料后,应当依照本办法的规定进行审查,发现报送的执业情况报告及有关材料不齐全或者有疑义的,应当要求律师事务所予以补充或者作出说明,必要时可以进行调查核实。县级司法行政机关应当在规定的时间内完成审查,出具初审意见和考核等次评定建议,连同律师事务所报送的材料,一并报设区的市级司法行政机关。

律师事务所在向县级司法行政机关报送年度检查考核材料的同时,应当将对本所律师执业年度考核的意见报所在地市级律师协会进行审查,由其确定考核结果。律师协会应当将律师执业年度考核结果按规定时间报设区的市级或者直辖市区(县)司法行政机关备案。

3. 评定

设区的市级司法行政机关收到县级司法行政机关报送的律师事务所的材料和初审意见后,应当依照本办法规定的考核内容和考核标准,对律师事务所上一年度的执业和管理情况进行审查,同时对市级律师协会报备的律师执业年度考核结果予以备案审查。根据审查结果,为律师事务所评定考核等次。在审查中,发现律师事务所报送的材料以及县级司法行政机关的初审意见、律师协会对律师的考核结果与实际情况不符,或者收到相关投诉、举报的,可以进行调查核实或者责成县级司法行政机关、律师协会重新进行审查。考核机关对律师事务所评定考核等次,应当征求市级律师协会的意见。直辖市区域内的律师事务所,由直辖市区(县)司法行政机关按照上述规定直接进行年度检查考核。

4. 公示、复查和加盖专用章

律师事务所的考核等次评定后,设区的市级或者直辖市区(县)司法行政机关应当将考核结果在本地律师工作管理网站上予以公示。公示期不得少于7日。律师事务所对考核结果有异议的,可以向考核机关申请复查。考核机关应当自收到申请之日起10日内进行复查,并将复查结果书面告知申请人。

设区的市级或者直辖市区(县)司法行政机关在年度考核结果确定后,应当在律师事务所执业许可证副本上加盖"律师事务所年度检查考核"专用章,并注明考核结果;在律师执业证书上加盖"律师年度考核备案"专用章。律师事务所因涉嫌违法正在接受查处,或者受到停业整顿处罚且处罚期未满的,应当暂缓考核,待有查处结果或者处罚期满后再予考核。

5. 检查考核结果

对被评定为"合格"的律师事务所,经检查考核发现该所在律师队伍建设、开展业务活动、实行内部管理等方面存在问题的,由设区的市级或者直辖市区(县)司法行政机关责令其限期整改,并对其整改情况进行监督。

对被评定为"不合格"的律师事务所,由设区的市级或者直辖市区(县)司法行政机关根据其存在违法行为的性质、情节及危害程度,依法给予停业整顿1个月以上6个月以下的处罚,并责令其整改;同时对该所负责人和负有直接责任的律师依法给予相应的处罚;情节特别严重的,依法吊销其执业许可证。

律师事务所因有《律师事务所年度检查考核办法》规定情形被评定为"不合格"的,考核机关应当责令其限期整改。经整改仍不符合法定设立条件的,应当终止。

律师事务所不按规定接受年度检查考核的,由设区的市级或者直辖市区(县)司法行政机关公告责令其限期接受年度检查考核;逾期仍未接受年度检查考核的,视为自行停办,由司法行政机关收回并注销其执业许可证。

律师事务所年度检查考核结果和律师执业年度考核结果,应当分别记入律师事务所和律师执业档案。律师事务所年度检查考核结果应当记入该所负责人、合伙人的律师执业档案。

(五) 考核结果备案和公告

设区的市级或者直辖市区(县)司法行政机关在年度检查考核工作结束后,应当将本行政区域开展律师事务所年度检查考核的情况总结及考核结果报省、自治区、直辖市司法行政机关备案,同时抄送当地市级律师协会。

省、自治区、直辖市司法行政机关收到备案材料后应当及时进行审核,完成汇总,将本行政区域律师事务所年度检查考核的结果在指定的报刊和政府网站上予以公告。公告的内容,应当同时包括律师事务所的名称、执业许可证号、组织形式、住所地址、邮编、电话、负责人、律师姓名及执业证号等内容。

省、自治区、直辖市司法行政机关应当于每年的5月底将本行政区域开展律师事务所年度检查考核的情况总结及考核结果报告司法部,同时抄送省、自治区、直辖市律师协会。

司法部根据省、自治区、直辖市司法行政机关报送的律师事务所年度检查考核结果及相关资料,按年度编制全国律师事务所及律师名录,并向社会公布。

律师事务所分所由其所在地的设区的市级或者直辖市区(县)司法行政机关依照《律师事务所年度检查考核办法》的规定进行年度检查考核。考核结果应当报省、自治区、直辖市司法行政机关备案,同时抄送设立分所的律师事务所所在地的设区的市级或者直辖市区(县)司法行政机关。

第三节 律师协会的行业管理

一、律师协会的性质、宗旨和职责

(一) 性质

律师协会是社会团体法人,是律师的自律性组织。中华全国律师协会是律师组成的全国性的律师行业自律性组织。地方律师协会是由当地律师组成的地方性律师行业自律性组织。律师协会作为一种特殊的社会团体法人,它的自律性表现在以下几个方面:第一,律师协会是律师的组织,律师协会接受司法行政部门的指导和监督,但不隶属于司法行政部门。第二,律师协会的领导机构由律师选举产生,向全体律师负责。第三,律师协会的章程由律师代表大会制定,对全体律师具有约束力。第四,律师协会必须在章程规定的范围内保障依法执业,对违纪的律师给予处分。

(二) 宗旨

律师协会的宗旨是:团结带领会员维护当事人的合法权益、维护法律的正确实施,维护社会公平和正义,为建设社会主义法治国家,促进社会和谐发展和文明进步而奋斗。

(三) 职责

我国《律师法》第46条规定,律师协会应履行下列职责:(1) 保障律师依法执业,维护律师的合法权益;(2) 总结、交流律师工作经验;(3) 制定行业规范和惩戒规则;(4) 组织律师业务培训和职业道德、执业纪律教育,对律师的执业活动进行考核;(5) 组织管理申请律师执业人员的实习活动,对实习人员进行考核;(6) 对律师、律师事务所实施奖励和惩戒;(7) 受理对律师的投诉或者举报,调解律师执业活动中发生的纠纷,受理律师的申诉;(8) 法律、行政法规、规章以及律师协会章程规定的其他职责。

二、律师协会与律师、律师事务所的关系

律师、律师事务所必须加入所在地的地方律师协会。加入地方

律师协会的律师、律师事务所,同时是中华全国律师协会的会员。律师协会会员按照律师协会章程,享有章程赋予的权利,履行章程规定的义务。因此,凡是执业律师就是中华全国律师协会的个人会员,依法批准设立的律师事务所为中华全国律师协会的团体会员,同时分别是当地律师协会的个人会员和团体会员。这种强制性的规定,目的在于强化律师协会的行业管理职能,保障律师的合法权益。全国律师协会章程由全国会员代表大会制定,地方律师协会章程由地方会员代表大会制定,地方律师协会章程不得与全国律师协会章程相抵触。

律师作为个人会员享有下列权利:(1) 在本会内部享有表决权、选举权和被选举权;(2) 享有合法执业保障权;(3) 参加本会组织的学习和培训;(4) 参加本会组织的专业研究和经验交流活动;(5) 享受本会举办的福利;(6) 使用本会的信息资源;(7) 提出立法、司法和行政执法的意见和建议;(8) 对本会的工作进行监督,提出批评和建议;(9) 通过本会向有关部门反映意见。律师在享有以上权利的同时还必须承担如下义务:(1) 遵守本会章程,执行本会决议;(2) 遵守律师职业道德和执业纪律,遵守律师行业规范和准则;(3) 接受本会的指导、监督和管理;(4) 承担本会委托的工作;(5) 履行律师协会规定的法律援助义务;(6) 自觉维护律师职业声誉,维护会员间的团结;(7) 按规定交纳会费。个人会员应当在本人执业注册所在地的省、自治区、直辖市律师协会办理会员登记手续。

律师事务所为团体会员享有下列权利:(1) 参加本会举办的会议和其他活动;(2) 使用本会的信息资源;(3) 对本会工作进行监督,提出意见和建议。律师事务所在享有以上权利的同时还必须承担如下义务:(1) 遵守本会章程;(2) 遵守本会的行业规则,执行本会决议;(3) 教育律师遵守律师执业规范;(4) 组织律师参加本会的各项活动;(5) 制定、完善内部规章制度;(6) 为律师行使权利、履行义务提供必要条件;(7) 组织和参加律师执业责任保险;(8) 对实习律师加强管理;(9) 对律师的执业活动进行考核;(10) 按规定交纳或代收会费;(11) 承担本会委托的工作。

三、律师协会的设置和组织机构

（一）律师协会的设置

律师协会是社会团体法人，是律师的自律性组织。全国设中华全国律师协会，省、自治区、直辖市设立地方律师协会，设区的市根据需要可以设立地方律师协会。因此，我国的律师协会可以分为两级：全国律师协会和地方律师协会。中华全国律师协会，简称全国律协，是由律师组成的全国性自律性组织，受司法部的指导和监督。地方律师协会是由当地律师组成的自律性组织，受当地司法行政部门的指导和监督。

（二）律师协会的组织机构

律师协会的组织机构由各级律师协会章程予以规定。地方各地律师协会的组织结构一般与中华全国律师协会组织机构类似。这里主要介绍中华全国律师协会的组织机构。

1. 全国代表大会

全国律师代表大会是中华全国律师协会的最高权力机构。代表由个人会员和团体会员组成。全国律师代表大会每3年举行一次。必要时，经中华全国律师协会常务理事会决定，可以提前或延期举行。全国律师代表大会必须有超过半数的代表出席始得举行。全国律师代表大会代表由省、自治区、直辖市律师协会从个人会员中选举或推举产生。各省、自治区、直辖市律师协会中担任会长的执业律师为全国律师代表大会的当然代表。根据需要，中华全国律师协会可以邀请有关人士作为特邀代表参加律师代表大会。特邀代表的职权由中华全国律师协会常务理事会确定。

全国律师代表大会代表应当出席律师代表大会，并行使下列职权：(1) 在代表大会上行使审议权、表决权、提案权、提议权、选举权和被选举权；(2) 联系会员、反映会员呼声，维护会员权益；(3) 章程规定的其他职权。

全国律师代表大会的职权是：(1) 制定修改中华全国律师协会章程和重要规章制度；(2) 讨论并决定中华全国律师协会的工作方针和任务；(3) 听取和审议中华全国律师协会理事会的工作报告和

工作规划;(4)选举、罢免中华全国律师协会理事会理事;(5)审议会费收取标准;(6)审议经审计的会费收支情况报告;(7)审议大会主席团提出的其他事项。

2. 理事会、常务理事会和会长办公会制度

中华全国律师协会理事会由全国律师代表大会选举产生。理事会是全国律师代表大会的常设机构,对全国律师代表大会负责。理事会任期3年。中华全国律师协会理事成员应从具有良好职业道德和较高业务水平,执业3年以上,具有奉献精神,热心律师行业公益活动的执业律师代表中选举产生。理事应当履行诚信和勤勉义务,维护本会利益,接受代表对其履行职责的监督和合理建议。理事连续两次不履行职责者,其理事资格自动取消。理事会职权:(1)召开全国律师代表大会;(2)选举会长、副会长、常务理事;(3)在全国律师代表大会闭会期间,讨论决定重大事项;(4)增补或更换理事;(5)审议理事会常设办公机构职能部门设置;(6)审议、批准理事会常设办事机构的年度会费收支报告;(7)其他应由理事会履行的职权。

理事会全体会议选举会长、副会长及常务理事若干名组成常务理事会。每届常务理事的更新应不少于1/3。会长可以连选连任,但连续任期不得超过两届。理事会认为必要时,可以增选或罢免常务理事。根据工作需要,理事会可聘请名誉会长和顾问若干人。理事会会议每年至少举行一次。理事会由会长召集和主持,会长因特殊原因不能履行职务的,由会长指定的副会长召集和主持。副会长协助会长开展工作。必要时,可受会长委托,召集、主持常务理事会会议。

常务理事会在理事会闭会期间主持本会工作。经常务理事会决定或1/3以上理事提议,可以举行理事会临时会议。常务理事会一般3个月举行一次会议,研究、决定、部署本会的工作。

中华全国律师协会实行会长办公会议制度,会长办公会议由会长、副会长组成,由会长定期召集开会。会长办公会议负责督促、落实常务理事会决议和决定。会长行使下列职权:(1)主持律师代表大会;(2)召集和主持理事会、常务理事会;(3)督促和检查理事决

议的执行;(4) 签署本会重要文件;(5) 行使理事会授予的其他职权。

3. 秘书处与专门委员会、专业委员会

中华全国律师协会设秘书处,负责实施全国律师代表大会、理事会、常务理事会的各项决议、决定,承担本会的日常工作。中华全国律师协会秘书处设秘书长1人,副秘书长若干人。秘书长由常务理事会聘任,副秘书长由秘书长提名,常务理事会决定。秘书长在常务理事会的授权范围内,领导秘书处开展工作。秘书长、副秘书长列席理事会议、常务理事会议、会长办公会议。秘书长履行下列职责:(1) 主持办事机构日常工作;(2) 组织实施理事会、常务理事会的各项决议;(3) 拟定办事机构设置方案;(4) 制定、实施办事机构内部各项规章制度;(5) 向常务理事会提请聘任或解聘副秘书长;(6) 完成律师代表大会、理事会、常务理事会、会长交办的其他工作;(7) 协调与司法行政等机关的关系。

专门委员会是中华全国律师协会履行职责的专门工作机构。中华全国律师协会应当设立维护律师执业合法权益委员会、律师纪律委员会、规章制度委员会、财务委员会等。经常务理事会决定,可以设立其他专门委员会。

专业委员会是律师协会进行理论研究和业务交流的专门机构。中华全国律师协会可以设立若干专业委员会。各委员会设主任1人,副主任若干人和委员若干人。专业委员会的设置、调整和主任、副主任人选由常务理事会决定。专业委员会按照专业委员会活动规则,组织开展理论研究和业务交流活动,起草律师有关业务规范。常务理事会可以聘请专家、学者和有关领导担任专业委员会的顾问。

第十六章 律师职业道德和执业行为规范

第一节 律师职业道德

一、律师职业道德的概念和特征

各行业都有特定的职业道德,比如医生要遵循医德,教师要遵循教育界的道德规范,律师作为特定的法律职业人员也必须在其执业活动中遵循律师的职业道德。律师职业道德是指律师在执行职务、履行职责时必须遵循的道德规范和行为准则。职业道德是在相应的职业环境和职业实践中形成和发展起来的。一种职业道德产生以后,就会对从业人员的思想行为发生经常性的深刻的影响,形成强大的道德力量,在实际生活中,发挥调整人们之间各种社会关系的作用。律师肩负着维护人权,维护正义的使命,因此律师比一般的社会工作者承担更多的特殊的职业道德。律师职业道德只约束从事律师职业的人员,包括专职律师与兼职律师,对不从事律师职业的人不起约束作用。律师职业道德,体现了律师职业的本质和特点,具体表现在以下方面:

(1) 概括性与具体性的结合。

律师职业道德包括律师职业道德规范和律师执业行为规范。律师职业道德规范具有纲领性、抽象性和概括性的特点;而律师执业行为规范具体、明确,便于操作。他们共同构成律师的职业道德体系,约束律师业内及业外的行为。

(2) 普遍性和特殊性的统一。

有些律师职业道德规范,如维护法律的尊严,以事实为根据,以法律为准绳等,是所有的法律职业者必须信奉与遵守的,具有普遍性的特点。但某些职业道德是律师特有的,不同于其他法律职业人人员。如律师站在其委托人的立场上,实现委托人利益的最大化,而检察官站在国家的立场上,实现国家的利益。律师经常被人们不理解,问为什么要"替坏人说话",其实这是由律师职业的特殊性决定的,即律师的职责决定律师职业道德的特殊性,即律师要为犯罪嫌疑人或被告人进行辩护。

(3) 自律性与他律性的统一。

律师职业道德一方面靠执业律师自觉地遵守,靠其内心的信念和社会舆论的力量约束,这是因为律师具有一定的独立性和自治性,这决定了律师不能受国家的干预太多,在执业活动中保持自律;另一方面,律师职业道德通常由律师组织制定并监督其实施,是一种有约束力的行为规范。律师一旦违反,除了受到舆论的谴责,还要受到惩戒和处罚,严重的还要被追究刑事责任。

二、恪守律师职业道德的意义

(一) 有利于提高律师的服务质量

律师职业具有独立性、自主性的特点。因此律师在提供法律服务的过程中,可能会懈怠,可能会敷衍了事,在这种情况下用律师职业道德向律师提出标准和要求,促使律师钻研业务,勤勉尽责,有利于律师服务质量的提高。

(二) 有利于提高律师的整体素质

律师职业道德与执业行为规范,告诉律师应当做什么,不应当做什么,有利于律师自我教育、自我约束,从而提高律师的素质。由于腐败现象和社会不正之风的影响,律师队伍不可避免地受到侵蚀。如有的律师拉关系,行贿,进行不正当竞争,尽管是少数,但是影响很坏。强调律师职业道德的作用,使律师队伍沿着健康的轨道发展。

(三) 有利于提高律师形象,维护律师声誉

律师职业道德关系到律师的事业和律师的声誉,它不仅是律师个人的思想品格问题,而且是律师群体的道德形象问题。由于历史原因,人们对律师的作用缺乏应有的认识,因此律师恪守职业道德,有利于提高人们对律师的信任度和形象。此外,律师职业道德是对律师有约束力的行为规范,这种行为规范来自律师组织大多数成员的认可,并以律师组织大多数成员自觉遵守和服从为前提的,对于违

反律师职业道德的律师予以惩戒,直至取消律师资格,从而纯洁律师队伍,维护律师声誉。

第二节 律师执业行为规范

律师执业行为规范是指调整律师与委托人、律师与仲裁、司法人员、律师同行之间关系的行为规范。2004年3月20日第五届全国律师协会第九次常务理事会通过了《律师执业行为规范(试行)》,该规范是在克服1996年的律师协会规范缺陷的基础上制定的,结构更加合理,一些规范更加具体化,具有可操作性。该执业行为规范包含以下内容:

一、律师与委托人的行为规范

律师在与委托人的关系中,要处理好利益冲突,通过尽职、勤勉的服务、保守职业秘密、合理的收费等赢得委托人的信任,而这种信任是律师职业赖以生存的基础。律师与委托人的行为规范包括:建立委托代理关系;禁止虚假承诺;禁止非法获取委托人的利益;回避有利益冲突的案件;保管委托人财产;委托代理关系的解除与终止等。

(一)建立委托代理关系

律师决定接受委托后,还应当与委托人就委托事项的代理范围、代理内容、代理权限、代理费用、代理期限等进行讨论,双方经协商达成一致后,由律师事务所与委托人签署委托代理协议或者取得委托人的确认。律师应当谨慎、诚实、客观地告知委托人拟委托事项可能出现的法律风险。

1. 委托代理的基本要求

(1)律师应当充分运用自己的专业知识,根据法律的规定完成委托事项,维护委托人的利益。(2)律师有权根据法律的要求和道德的标准,选择实现委托人目的的方法。(3)律师应当严格按照法律规定的期间、时效以及与委托人约定的时间,办理委托事项。(4)律师应当建立律师业务档案,保存完整的业务工作记录。

(5) 律师对委托人了解委托事项情况的要求,应当及时给予答复。
(6) 律师应当在授权范围内从事代理。如需特别授权,应事先取得委托人的书面确认。

2. 委托权限

(1) 律师在进行受托的法律事务时,如发现委托人所授权限不能适应需要时,应及时告知委托人,在未经委托人同意或办理有关的授权委托手续之前,律师只能在授权范围内办理法律事务。(2) 律师接受委托时必须与委托人明确规定包括程序法和实体法两方面的委托权限。委托权限不明确的,律师应主动提示。(3) 律师在委托权限内完成了受托的法律事务,应及时告知委托人。律师与委托人明确解除委托关系后,律师不得再以委托人的名义进行活动。

3. 转委托

律师接受委托后,未经委托人同意,不得将委托人委托的法律事务转委托他人办理。只有律师在接受委托后出现突患疾病、工作调动等情况,需要更换律师的,应当及时告知委托人。委托人同意更换律师的,律师之间要及时移交材料,并通过律师事务所办理相关手续。非经委托人的同意,律师不能因为转委托而增加委托人的经济负担。

(二) 不得拒绝辩护或代理

律师接受委托担任辩护人,没有正当、合理的理由,一般不得无故拒绝辩护或者代理。即所谓的"出租车待雇顺序原则",即律师只要接受委托与当事人达成协议后,原则上不得再拒绝办理所委托的诉讼案件。这是因为:第一律师与委托人已经形成一种法律上的代理关系,在双方签订委托协议的情况下,律师应诚挚地为委托人提供法律帮助。如果没有法律规定的情形出现,律师擅自解除委托关系,不仅构成一种严重的民事违约,而且违背了律师职业道德。第二,维护委托人的利益,防止委托人处于不利的境地。尤其在刑事诉讼中,被告人对律师抱有极大的期望,如果律师在审判过程中突然拒绝辩护,这极易使被告人重新回到孤立无援的境地,损害委托人的利益。

《律师执业行为规范(试行)》第110条规定,只有出现下列情况时,律师可以拒绝辩护、代理:(1)委托人利用律师提供的法律服务从事犯罪活动的;(2)委托人坚持追求律师认为无法实现的或不合理的目标的;(3)委托人在相当程度上没有履行委托合同义务,并且已经合理催告的;(4)在事先无法预见的前提下,律师向委托人提供法律服务将会给律师带来不合理的费用负担,或给律师造成难以承受的、不合理的困难的;(5)委托人提供的证据材料不具有客观真实性、关联性与合法性,或经司法机关审查认为存在伪证嫌疑的;(6)其他合法的缘由。律师在接受委托后发生可以拒绝辩护或代理的情况,应当向委托人说明理由,促使委托人接受律师的劝告,纠正导致律师拒绝辩护或代理的事由。在解除委托关系前,律师必须采取合理可行的措施保护委托人利益,如及时通知委托人,使其有充分时间再委聘其他律师、收回文件的原件以及返还提前支付的费用等。因拒绝辩护、代理而解除委托关系的,律师可以保留与委托人有关的法律事务文件的复印件。

(三) 保守职业秘密

律师的职业秘密,是指律师因其职务活动中所知悉的与其委托人有关且为其委托人不愿透露的事项。该概念包含以下特征:(1)律师职业秘密的主体是律师。这里的律师包括律师、曾经担任过律师的人、实习律师、律师助理等知悉秘密的人员。这里实习律师、律师助理还没有成为律师,也不得泄漏律师与当事人之间的秘密。(2)律师因职业的关系知悉委托人的秘密。律师因代理案件,享有广泛的权利,如会见委托人、阅卷、调查取证等,委托人出于对律师的信任,将自己的秘密或隐私告诉律师。(3)该秘密与委托人有利害关系。律师知悉的秘密可能与案件有关,也可能与案件无关,但与委托人有利害关系,秘密一般是对委托人产生一定不利或负面影响的秘密,并且,这些秘密通常是司法机关没有掌握但又为委托人不愿意透露的秘密。(4)律师的职业秘密包含两个方面的内容:一是律师的保密权利;二是律师的保密义务。前者是指律师对其因提供法律服务而从委托人处知悉的委托人的秘密信息有权拒绝作证;后者则是指律师基于执业行为规范要求而负有保守职业秘密的义务。

律师要保守职业秘密,这是因为:一方面有利于保证律师独立的诉讼地位,保障律师各项执业权利的实现。律师在诉讼中具有相对独立的诉讼地位。这里的"独立",不仅仅是相对于委托人,独立于委托人的意思或者意志,更重要的是独立于国家司法机关,如在刑事诉讼中,律师一旦接受被告人的委托,便不得就其因执业活动而获悉的尚未被追诉机关掌握的被告人的其他罪行向有关机关检举揭发,即使辩护律师就该罪行被调查询问,也有权拒绝提供证言。这也是对律师地位独立性和功能自治性的有力维护。另一方面有利于律师有效地为当事人提供法律服务。当事人毫无保留地将全部事实告诉律师,包括对其有利的或不利的事实,律师只有在完全了解当事人的实情之后,才能有效地采取行动,作出最佳的辩护方案。如何使当事人无所顾忌地将事实真相告诉律师,特别是对当事人不利的秘密,只有设立保密特权,才能消除当事人的顾虑。如果当事人肯定律师不会被迫披露他所知的事实,他们就会毫无保留地把实情告诉律师。

我国 2007 年修订的《律师法》第 38 条规定:"律师应当保守在执业活动中知悉的国家秘密、商业秘密,不得泄露当事人的隐私。律师对在执业活动中知悉的委托人和其他人不愿泄露的情况和信息,应当予以保密。但是,委托人或者其他人准备或者正在实施的危害国家安全、公共安全以及其他严重危害他人人身、财产安全的犯罪事实和信息除外。"该规定较 2001 年修正的《律师法》有关条款的规定有所发展,表现在:首先扩大了律师保密的范围,不再仅限于国家秘密、商业秘密和个人隐私;其次,规定了律师保密的例外情况;再次,取消了 2001 年《律师法》第 35 条、第 45 条关于律师"不得隐瞒(重要)事实"的规定。但与国外关于律师保密权的规定还存在一定差距。第一,我国并没有确立职业秘密的概念,也缺乏律师特权的含义。如前所述,职业秘密即是一项权利,又是一项义务,而我国有关的法律、法规只强调律师的保密的义务,而未赋予律师这项权利。第二,《律师法》把律师所保守的秘密范围限于国家秘密、当事人的商业秘密及个人隐私,混淆了律师的一般保密义务与保守职务秘密义务界限。众所周知,保守国家秘密是我国《宪法》和《保守国家秘密法》规定的我国每一个公民都应当履行的义务,律师当然也不例外。另外,保守当事人的商业秘密和个人隐私也是每一个公民应尽的法定义务。因此,《律师法》中规定的这一义务不能够反映律师职业的特性。第三,没有相关的配套措施作保障。没有律师和当事人之间交流的保障措施,没有赋予律师拒绝搜查和扣押的权利。《刑事诉讼法》第 96 条还规定,律师会见在押的犯罪嫌疑人时,侦查机关可以派员在场。司法实践中,律师会见时一般都有侦查人员在场,使有关保密的规定不能得到真正的实施。

(四) 利益冲突和回避

利益冲突是指律师与委托人存在相反的利益取向,如果继续代理会直接影响到委托人的利益。律师在维护当事人合法权益过程中与其自身的利益发生冲突,当律师的利益与客户的利益相反或不一致时,就产生了利益冲突。作为律师在接受委托之前,律师及其所属律师事务所应当进行利益冲突查证。只有在与委托人之间没有利益冲突的情况下才可以建立委托代理关系。律师在接受委托后才发现有利益冲突,应及时将这种关系明确告诉委托人。委托人提出异议的,律师应当予以回避。建立利益冲突回避制度是非常有必要的。

首先,是维护委托人利益的需要。如果律师与委托人解除委托关系后,再担任对方当事人的代理人,这时律师对其委托人的情况,掌握的证据非常了解,再接受其对方当事人的委托,势必使原委托人处于不利的境地。再有,如果接受对方当事人的委托办理其他事务,虽然不是同一案件,但律师很难摆正自己的位置,而且律师与双方当事人接触时间久了,难免受到人情、关系、经济利益等诸多因素的影响,这也将影响到委托人的利益。

其次,是维护律师与委托人之间的信任关系的需要。律师如果代理有利益冲突的案件,容易使委托人对律师产生疑虑。因为即使律师在办理案件的过程中,能够不为私利,依法办事,摆正这种关系,兼顾双方当事人的合法权益,使案件得到公正的处理,委托人也会产生怀疑,认为律师偏袒一方,导致对律师不信任。

一些国家和地区对利益冲突作了非常详细的规定,随着我国律师队伍的迅速扩大和律师服务的普及,利益冲突问题成为律师执业中不可避免而又亟待解决的问题,但我国并未建立该项制度,只是在有关的法律、规章和其他规范性文件中规定了律师执业冲突的有关内容。《律师法》第39条规定:律师不得在同一案件中为双方当事人担任代理人,不得代理与本人或者近亲属有利益冲突的法律事务。《律师执业行为规范(试行)》第78条、第79条和第83条对利益冲突的回避规定如下:拟接受委托人委托的律师已经明知诉讼相对方或利益冲突方已委聘的律师是自己的近亲属或其他利害关系人的,应当予以回避,但双方委托人签发豁免函的除外。律师在接受委托后知道诉讼相对方或利益冲突方委聘的律师是自己的近亲属或其他利害关系人,应及时将这种关系明确告诉委托人。委托人提出异议的,律师应当予以回避。委托人拟聘请律师处理的法律事务,是该律师从事律师职业之前曾以政府官员或司法人员、仲裁人员身份经办过的事务,律师和其律师事务所应当回避。从上述规范可以看出,我国关于利益冲突的规范还比较粗浅,而且一些规范效力和约束力很低,对于利益冲突的其他类型规范基本上处于空白状态。

利益冲突具有普遍性和复杂性,律师在职业活动中也不可避免地遇到利益冲突。利益冲突主要表现为以下四种:一是当事人之间的冲突。同时作为利益有明显冲突的双方当事人的代理人,这既可能在同一案件,也可能存在于不同案件中。这种类型的利益冲突比较容易判断。二是律师与对方当事人有冲突。三是律师与前委托人存在利益冲突。四是律师之间有冲突。如在同一案件中,一方当事人的代理律师与对方当事人的代理律师之间存在利益关系或其他利害关系。律师的利益冲突有明显的,也有潜在的,如果律师放任这种矛盾的存在,就有可能使这种矛盾激化,在当事人与律师之间造成紧张关系,从而破坏律师与当事人之间的信任关系,损害当事人的合法权益。当律师面临利益冲突时,应将利益冲突的情形和可能导致的后果告诉当事人,只有在当事人明示的许可后,才可继续代理;否则律师要撤回代理。

(五)提供法律援助

法律援助(legal aid),又称法律扶助或法律救济,是指国家对某些经济困难或特殊案件的当事人给予减免费用提供法律帮助的一项法律制度。法律援助有广义和狭义之分。广义上包括诉讼费在内的整个法律程序的各个环节提供法律帮助;狭义上是从律师、公证和基层法律服务方面提供免费或减少收费的法律帮助。法律援助虽是政府的责任,但也是律师的一项义务,律师是实施法律援助的主要力量。律师、律师事务所应当按照国家的规定履行法律援助的义务,为受援人提供符合标准的法律服务,维护受援人的合法权益。不得拒绝或疏怠履行有关国家机关、律师协会指派承担的法律援助和其他公益法律服务的义务。对于律师而言,律师提供法律援助可以提高律师的责任和形象。作为法律服务者,律师不仅仅是为了金钱而工作,更重要的是为了实现法律的公平和正义,法律援助则是其中一条重要的途径和方法。

(六)勤勉尽责地服务

勤勉尽责地服务是律师对委托人的首要义务。《律师执业行为规范(试行)》第7条规定:"律师必须诚实守信,勤勉尽责,依照事实和法律,维护委托人利益,维护法律尊严,维护社会公平、正义。"勤勉尽责地服务要求律师办案无论大案小案,简单复杂的案件,都要一丝不苟,不准敷衍塞责。律师尽最大的努力热忱地为委托人提供法律服务,以维护当事人合法权益。律师勤勉尽责地为当事人服务表现在以下几个方面:

第一,不得进行虚假的承诺。有些律师为了招揽业务,向当事人许诺"保证胜诉",案子"没问题"等。我们知道,律师根据事实和法律,提出自己的意见和建议,对案件的判决起一定的影响,但案件判决结果是由法官作出的。因此,律师作虚假的承诺,只能损害当事人的利益。律师不得为建立委托代理关系而对委托人进行误导。《律师执业行为规范(试行)》第66条至第70条对此进行了规定。

第二,不得非法谋取委托人的利益。律师接受当事人的委托,为当事人提供法律帮助是律师的职责。律师不能利用国家法律赋予的职责牟取私利。为了防止律师滥用权利,《律师执业行为规范(试行)》作了以下规定:(1)除依照相关规定收取法律服务费用之外,律师不得与委托人争议的权益产生经济上的联系,不得与委托人约定胜诉后将争议标的物出售给自己,不得委托他人为自己或为自己的亲属收购、租赁委托人与他人发生争议的诉讼标的物。(2)律师不得向委托人索取财物,不得获得其他不利于委托人的经济利益。

(3) 非经委托人同意,律师不得运用来自于向委托人提供法律服务时所得到的信息牟取对委托人有损害的利益。

第三,妥善保管委托人的财产。律师应当妥善保管与委托事项有关的财物,不得挪用或者侵占。律师事务所受委托保管委托人财物时,应将委托人财产与律师事务所的财产严格分离。委托人的资金应保存在律师事务所所在地信用良好的金融机构的独立账号内,或保存在委托人指定的独立开设的银行账号内。委托人其他财物的保管方法应当经其书面认可。委托人要求交还律师事务所受委托保管的委托人财物,律师事务所应向委托人索取书面的接收财物的证明,并将委托保管协议及委托人提交的接收财物证明一同存档。律师事务所受委托保管委托人或第三人不断交付的资金或者其他财物时,律师应当及时书面告知委托人,即使委托人出具书面声明免除律师的及时告知义务,律师仍然应当定期向委托人发出保管财物清单。

第四,律师不得接受委托人提出的非法要求。律师不得在明知委托人的要求和行为是非法的、不道德的或具有欺诈性的情况下,仍然为其提供帮助。有些律师认为律师收人钱财,就得为当事人办事,对当事人不合法的要求也予以满足。无原则地迁就委托人的个人利益,或者为迎合委托人的不正当要求曲解法律,或者授意委托人规避法律,这都是违反职业道德的。律师提供有偿的法律服务,但不意味着律师对当事人要唯命是从,甚至非法的要求也答应。委托人拟委托的事项或者要求属于法律或者律师执业规范所禁止时,律师应当告知委托人,并提出修改建议或者予以拒绝。

(七) 委托代理关系的终止

律师与委托人关系的终止主要有两种情形,一种是自然终止,即委托事项办理完毕,一种是法定终止,即在法律规定的情形下,律师与委托人的关系终止。《律师执业行为规范(试行)》第107条规定,律师在办理委托事项过程中出现下列情况,律师事务所应终止其代理工作:(1) 与委托人协商终止;(2) 被取消或者中止执业资格;(3) 发现不可克服的利益冲突;(4) 律师的健康状况不适合继续代理;(5) 继续代理将违反法律或者律师执业规范。终止代理,律师事务所应当尽量不使委托人的合法利益受到影响。终止代理,律师应当尽可能提前向委托人发出通知。律师事务所在征得委托人同意后,可另行指定律师继续承办委托事项,否则应终止委托代理协议。

二、律师与同行的行为规范

律师在从事执业活动的过程中,不可避免地与自己的同行发生各种各样的关系。作为律师职业中的一员,律师在处理与同行之间的关系时,既要维护自身的利益,又要尊重作为同行的其他律师的利益,进而维护律师行业的整体利益。这要求,律师执业必须遵守律师的行为准则和同行之间的竞争规则,不得违反职业道德、执业纪律和从事不正当竞争。只有这样,才能营造良好的执业氛围,才能建设健康的律师队伍,才能使律师职业获得全社会的认可。律师之间的关系包括同一委托人委托的律师之间、同一方的律师之间、与对方律师之间的关系,作为同行即使是"对手",也要彼此相互尊重,公平竞争。

(一) 尊重与合作

律师无论是与同方的律师还是和对方律师之间,在办理法律事务中应遵循以下规范:(1) 律师和律师事务所不得阻挠或者拒绝委托人再委托其他律师和律师事务所参与同一事由的法律服务。(2) 就同一事由提供法律服务的律师之间应明确分工,相互协作,意见不一致时应当及时通报委托人决定。(3) 律师和律师事务所不得在公众场合及传媒上发表贬低、诋毁、损害同行声誉的言论。(4) 在庭审或谈判过程中各方律师应互相尊重,不得使用挖苦、讽刺或者侮辱性的语言。

(二) 禁止不正当竞争

律师执业不正当竞争行为是指律师和律师事务所为了推广律师业务,违反自愿、平等、诚信原则和律师执业行为规范,违反法律服务市场及律师行业公认的行业准则,采用不正当手段与同行进行业务竞争,损害其他律师及律师事务所合法权益的行为。律师的不正当竞争行为会损害律师形象、声誉,破坏律师行业的公平竞争秩序,扰乱法律服务市场,具有极大的危害性。《律师执业行为规则(试行)》第 143 条至第 150 条规范了律师或律师事务所与委托人、与司法行政机关、与司法机关及与律师和律师事务所相互之间的行为。

第一,律师和律师事务所在与委托人及其他人员接触中,不得采用下列不正当手段与同行进行业务竞争:(1)故意诋毁、诽谤其他律师或律师事务所信誉、声誉;(2)无正当理由,以在同行业收费水平以下收费为条件吸引客户,或采用承诺给予客户、中介人、推荐人回扣、馈赠金钱、财物方式争揽业务;(3)故意在委托人与其代理律师之间制造纠纷;(4)向委托人明示或暗示律师或律师事务所与司法机关、政府机关、社会团体及其工作人员具有特殊关系,排斥其他律师或律师事务所;(5)就法律服务结果或司法诉讼的结果作出任何没有事实及法律根据的承诺;(6)明示或暗示可以帮助委托人达到不正当目的,或以不正当的方式、手段达到委托人的目的。

第二,律师或律师事务所在与行政机关或行业管理部门接触中,不得采用下列不正当手段与同行进行业务竞争:(1)借助行政机关或行业管理部门的权力,或通过与某机关、某部门、某行业对某一类的法律服务事务进行垄断的方式争揽业务;(2)没有法律依据地要求行政机关超越行政职权,限定委托人接受其指定的律师或律师事务所提供的法律服务,限制其他律师正当的业务竞争。

第三,律师和律师事务所在与司法机关及司法人员接触中,不得采用下列不正当手段与同行进行业务竞争:(1)利用律师兼有的其他身份影响所承办业务正常处理和审理;(2)在司法机关内及附近200米范围内设立律师广告牌和其他宣传媒介;(3)向司法机关和司法人员散发附带律师广告内容的物品。

第四,依照有关规定取得从事特定范围法律服务的执业律师和律师事务所不得采取下列不正当竞争的行为:(1)限制委托人接受经过法定机构认可的其他律师或律师事务所提供法律服务;(2)强制委托人接受其提供的或者由其指定的其他律师提供的法律服务;(3)对抵制上述行为的委托人拒绝、中断、拖延、削减必要的法律服务或者滥收费用。

第五,律师和律师事务所相互之间不得采用下列手段排挤竞争对手的公平竞争,损害委托人的利益或者社会公共利益:(1)串通抬高或者压低收费;(2)为低价收费,不正当获取其他律师和律师事务所收费报价或者其他提供法律服务的条件;(3)非法泄露收费报价或者其他提供法律服务的条件等暂未公开的信息,损害所属律师事务所合法权益。

第六,律师和律师事务所不得擅自或非法使用社会特有名称或知名度较高的名称以及代表其名称的标志、图形文字、代号以混淆、误导委托人。所称的社会特有名称或知名度较高的名称是指:(1)有关政党、国家行政机关、行业协会名称;(2)具有较高社会知名度的高等法学院校名称;(3)为社会公众共知、具有较高知名度的非律师公众人物名称;(4)知名律师以及律师事务所名称。律师和律师事务所不得伪造或者冒用法律服务质量名优标志、荣誉称号。使用已获得的律师以及律师事务所法律服务质量名优标志、荣誉称号的应当注明获得时间和期限。

三、律师广告与宣传方面的行为规范

(一)律师广告方面的规范

律师广告是指律师和律师事务所为推广业务与获得委托,让公众知悉、了解律师个人和律师事务所法律服务业务而发布的信息及其行为过程。《律师执业行为规范(试行)》第122条至第132条对律师广告作了如下规定:律师广告应当遵守国家法律法规和本规范。坚持真实、严谨、适度原则。律师广告应当具有可识别性,应当能够使社会公众辨明是律师广告。律师广告可以以律师个人名义发布、也可以以律师事务所名义发布。以律师个人名义发布的律师广告应当注明律师个人所在的执业机构名称。下列情况下,律师和律师事务所不得发布律师广告:(1)没有通过年度年检注册的;(2)正在接受暂停执业处分的;(3)受到通报批评处分未满一年的。

律师个人广告的内容应当限于律师的姓名、肖像、年龄、性别、出生地、学历、学位、律师执业登记日期、所属律师事务所名称、在所属律师事务所的工作时间、收费标准、联系方法,以及依法能够向社会提供的法律服务业务范围。律师事务所广告的内容应当限于律师事务所名称、办公地址、电话号码、传真号码、邮政编码、电子信箱、网址、所属律师协会、所辖执业律师及依法能够向社会提供的法律服务

业务范围简介。

律师、律师事务所作广告注意以下问题:(1)律师不得利用广告对律师个人、律师事务所作出容易引人误解或者虚假的宣传。(2)律师和律师事务所发布的律师广告不得贬低其他律师或律师事务所及其服务。(3)律师和律师事务所不能以有悖于律师使命、有失律师形象的方式制作广告,不能采用一般商业广告的艺术夸张手段制作广告。(4)律师在执业广告中不得出现违反所属律师协会有关律师执业广告管理规定的行为。

(二)有关律师宣传方面的规范

《律师执业行为规范(试行)》还对律师的宣传作了规范。律师宣传是指通过公众传媒以消息、特写、专访等形式对律师和律师事务所进行报道、介绍的信息发布行为。律师进行宣传要做到以下几点:(1)律师和律师事务所不得自己进行或授意、允许他人以宣传的形式发布律师广告。(2)律师和律师事务所不能进行歪曲事实或法律实质,或可能会使公众产生对律师不合理期望的宣传。(3)律师和律师事务所可以宣传所从事的某一专业法律服务领域,但不能自我声明或暗示其被公认或证明为某一专业领域的专家。(4)律师和律师事务所不能进行律师之间或律师事务所之间的比较宣传。(5)通过公众传媒以回复信函、自问自答等形式进行法律咨询的行为,亦应当符合有关律师宣传的规定。

四、律师与仲裁及司法人员的行为规范

律师作为为社会提供法律服务的执业人员,在其从事业务活动的过程中,尤其是从事诉讼代理业务、担任辩护人、接受委托参与仲裁时,必然与法官、检察官、仲裁员等法律职业者发生关系。律师在处理这些关系时,必须遵守一定的原则,主要包括尊重、坦诚、廉洁等等。

首先,律师在执业过程中,必须尊重法官、检察官、仲裁员等法律职业者。这是对法律的尊重,也是对自己职业的尊重。我国《律师执业行为规范(试行)》规定,律师要尊重法庭。律师尊重法庭表现在以下几个方面:律师遵守法庭、仲裁庭的纪律,律师还要尊重法官

和仲裁员。

其次,在我国,《律师法》及《律师执业行为规范(试行)》等法律法规中都有律师真实义务的规定,要求律师坦诚面对法庭。主要内容有:(1)律师不得伪造证据,不能为了诉讼意图或目的,非法改变证据的内容、形式或属性。(2)律师不得威胁、利诱他人提供虚假证据。(3)律师不得提交已明知是由他人提供的虚假证据。

最后,律师应当维护法官、仲裁员等法律职业者职务的廉洁性,不得通过违法的手段谋求对其委托人有利的裁判结果。我国《律师法》及《律师执业行为规范(试行)》等法律法规对律师行为作出了一些禁止性的规定:(1)律师不得以不正当动机与司法、仲裁人员接触。律师在执业过程中,因对事实真假、证据真伪及法律适用是否正确而与诉讼相对方意见不一的,或为了向案件承办人提交新证据的,可以与案件承办人在司法机关内指定场所接触和交换意见。(2)律师不得向司法机关和仲裁机构人员馈赠财物,更不得以许诺回报或提供其他便利(包括物质利益和非物质形态的利益)等方式,与承办案件的司法或仲裁人员进行交易。(3)律师不得向法官、检察官、仲裁员以及其他有关工作人员行贿或者指使、诱导当事人行贿。

第三节 律师行业责任

律师行业责任主要是指律师因为违反了行业内部制定的职业道德准则、执业纪律等相关行业规范所要承担的违纪责任,它是律师行业进行自我管理的一种重要形式。《律师协会会员违规行为处分规则》(1999年12月18日四届全国律协第五次常务理事会通过,2004年3月20日五届全国律协第九次常务理事会修订)规定了对律师协会会员违规行为处分的种类、适用和管辖,处分的实施机构,回避,受理和立案调查,处分的决定与程序,复查等。

一、处分的概述

(一)处分的种类

对律师的处分的形式有训诫、通报批评、公开谴责、取消会员资格四种。对律师事务所的处分有训诫、通报批评、公开谴责。

(二) 处分的机构

1. 纪律委员会

中华全国律师协会设立纪律委员会，负责律师行业处分相关规则的制定及对各级律师协会处分工作的指导与监督。

2. 惩戒委员会

各省、自治区、直辖市律师协会及设区的市律师协会设立惩戒委员会，负责对违规会员进行处分。处分复查机构由各省、自治区、直辖市律师协会，负责受理复查申请和作出复查决定。

3. 复审委员会

复查机构应由业内和业外人士组成。业内人士包括：执业律师及司法行政人员；业外人士包括：法学界专家、教授；司法机关有关人员。惩戒委员会原参加调查决定人员不能再作为复查机构的组成人员。

二、处分的适用

(一) 对律师的处分

1. 训诫和通报批评

律师有下列行为之一的，由省、自治区、直辖市、设区的市律师协会惩戒委员会予以训诫，情节严重的给予通报批评处分：(1) 同时在两个律师事务所以上执业的或同时在律师事务所和其他法律服务机构执业的；(2) 在同一案件中为双方当事人代理的，或在同一案件中同时为委托人及与委托人有利益冲突的第三人代理、辩护的；(3) 在两个或两个以上有利害关系的案件中，分别为有利益冲突的当事人代理、辩护的；(4) 担任法律顾问期间，为顾问单位的对方当事人或者有利益冲突的当事人代理、辩护的；(5) 不按规定与委托人签订书面委托合同的；(6) 接受委托后，无不正当理由，不向委托人提供约定的法律服务的，拒绝辩护或者代理的。包括：不及时调查了解案情，不及时收集、申请保全证据材料，或者无故延误参与诉讼、申请执行，逾期行使撤销权、异议等权利，或者逾期申请办理批准、登记、变更、披露、备案、公告等手续，给委托人造成损失的；(7) 无不正当理由，不按时出庭参加诉讼或者仲裁的；(8) 泄漏当事人的商业秘密或者个人隐私的;(9)私自接受委托,私自向委托人收取费用,或者收取规定、约定之外的办案费用,违反律师收费管理规定或者收费协议约定,擅自提高收费的;(10)超越委托权限,从事代理活动的;(11)利用提供法律服务的便利牟取当事人利益,接受委托后,故意损害委托人利益的,或者与对方当事人、第三人恶意串通分割委托人利益的;妨碍对方当事人合法取得证据的;(12)为争揽业务,向委托人作虚假承诺,或者宣称与承办案件的法官、检察官、仲裁员有特殊关系的;(13)利用媒体、广告或者其他手段作不符合实际宣传的;(14)捏造、散布虚假事实,损害、诋毁其他律师、律师事务所声誉的;以诋毁其他律师或者支付介绍费等不正当手段争揽业务的;(15)利用与司法机关、行政机关或者其他具有社会管理职能组织的关系,进行不正当竞争的;(16)明示或者暗示法官、检察官、仲裁员为其介绍代理、辩护、仲裁等法律服务业务的;(17)为阻挠当事人解除委托关系,威胁、恐吓当事人或者扣押当事人提供的材料的;(18)假借法官、检察官、仲裁员的名义或者以联络、酬谢法官、检察官、仲裁员为由,向当事人索取财物或者其他利益的;(19)执业期间以非律师身份从事有偿法律服务的;(20)承办案件期间,为了不正当动机,在非工作期间、非工作场所,会见承办法官、检察官、仲裁员或者其他有关工作人员,或者违反规定单方面会见法官、检察官、仲裁员的;(21)在事前和事后为承办案件的法官、检察官、仲裁员牟取物质的或非物质的利益的。为了承揽案件事前和事后给予有关人员物质的或非物质利益的;(22)曾任法官、检察官的律师,离任后未满两年,担任诉讼代理人或者辩护人的,或者担任其任职期间承办案件的代理人或者辩护人的;(23)违反规定,携带非律师人员会见在押的犯罪嫌疑人、被告人,或者违反规定为其传递信息、信件、物品的;(24)因过错导致出具的法律意见书存在重大遗漏或者错误,给当事人或者第三人造成重大损失的,或者对社会公共利益造成危害的;(25)向司法行政机关或者律师协会提供虚假材料、隐瞒重要事实或者有其他弄虚作假行为的;(26)在受到停止执业处罚期间,或者在律师事务所被停业整顿期间、注销后继续执业的;(27)因违纪行为受到行业处分后在规定的期限内拒不改正的;(28)受到治安管理处罚的,或者从事其他有悖律师职业道德、公民道德规范的活动,严重损害律师职业形象的;(29)违反《律师协会章程》以及不履行会员义务的;(30)其他应受处分的违规行为。

2. 取消会员资格

律师有下列情形之一的,由省、自治区、直辖市律师协会取消其会员资格,同时报请同级司法行政机关吊销其律师执业证书:(1)泄漏国家秘密的;(2)向法官、检察官、仲裁员以及其他有关工作人员行贿或者指使、诱导当事人行贿的;(3)提供虚假证明材料、唆使被调查人员作伪证的。律师因故意犯罪受刑事处罚,律师证书被吊销之决定已生效的,律师协会应取消其会员资格。

(二) 对律师事务所的处分

1. 训诫和通报批评

律师事务所有下列行为之一的,由省、自治区、直辖市、设立的市律师协会惩戒委员会给予训诫,情节严重的给予通报批评处分:(1)未经司法行政机关批准在异地执行的;(2)不按规定统一接受委托、签订书面委托合同,统一收取委托人支付的各项费用的,或者不按规定统一保管、使用律师专用法律文书、票据、财务档案材料的;(3)不向委托人开具正式的律师收费票据的;(4)不按规定公开收费办法和收费标准的;(5)违反律师收费管理规定,擅自提高收费标准,或者索取规定、约定之外的办案费用的;(6)利用媒体、广告或者其他方式进行不真实或者不适当的宣传的;(7)采用支付介绍费、许诺等不正当方式争揽业务的;(8)利用司法机关、行政机关或其他具有社会管理职能组织的关系,排斥其他律师事务所,进行不正当竞争的;(9)捏造、散布虚假事实,损害、诋毁其他律师事务所和律师声誉的;(10)在同一案件中,委派本所律师为双方当事人或者利益冲突关系的当事人代理、辩护的,但本县(市)内只有一家律师事务所,并经当事人同意的除外;(11)泄漏当事人的商业秘密或者个人隐私的;(12)投资兴办公司,直接参与商业性经营活动的;(13)向司法行政机关、律师协会提供虚假证明材料、隐瞒重要事实或者有其他弄虚作假行为的;(14)在本所律师受到停止执业处罚期间,允许或者默认其以律师名义继续从事业务活动的;(15)采用出具或者提供律师事务所介绍信、律师专用文书、收费票据等方式,为尚未取得律师执业证书的人员或者其他律师事务所的律师从事违法执业提供便利的;(16) 为未取得律师执业证书的人员印制律师名片、标志或者其他有关律师身份证明的,或者已知本所人员有上述行为而不制止的;(17) 在事前和事后为承办案件的法官、检察官、仲裁员牟取物质的或非物质的利益的。为了承揽案件事前和事后给予有关人员物质的或非物质利益的;(18) 其他应予处分的行为。

2. 取消会员资格

律师事务所有下列行为之一的,由省、自治区、直辖市律师协会取消其团体会员资格,同时报请同级司法行政机关吊销其律师事务所执业证书:(1) 泄漏国家秘密的;(2) 向法官、检察官、仲裁员行贿的;(3) 受到刑事处罚的,或者从事其他违法活动,严重损害律师形象的;(4) 受到停业整顿处罚后拒不改正,或者在停业整顿期间继续执业的。

(三) 减轻与加重的情形

1. 从轻、减轻或免予处分的情形

会员有下列情形之一的,可以从轻、减轻或免予处分:① 初次违规并且情节轻微的;② 承认违规并作出诚恳的书面反省的;③ 自觉接受纪律委员会规范执业建议的;④ 主动、及时采取有效措施,避免发生违规结果的。

2. 加重处分的情形

会员有下列情形之一的,应当从重处分:① 曾因违规行为受到行业处分或受到司法行政机关行政处罚的;② 违规行为造成严重后果的;③ 逃避、抵制和阻挠调查的;④ 对投诉人、证人和惩戒委员会工作人员打击报复的。

三、处分的程序

(1) 接待投诉。投诉人向律师惩戒委员会投诉的,工作人员应认真接待并填写投诉登记表,妥善保管书面证据材料,建立会员违规档案。

(2) 立案。惩戒委员会应在接到投诉案件后的 10 个工作日内对案件作出是否立案的决定。

(3) 调查。惩戒委员会认为应当立案的,应于10个工作日内(偏远地区可适当延长)向被投诉会员发出通知,要求被投诉会员到律师协会说明情况,回答质询,并提供书面答辩。需由司法行政机关或其他律师协会处理的投诉案件,应予移送,并告知投诉人。调查终结,惩戒委员会确认会员有违规违纪行为,除应按规则给予处分外,确认该会员不具备律师基本素质和能力,不能胜任律师工作的,可建议司法行政机关暂缓注册或停止执业。

(4) 听证。惩戒委员会在作出决定前,应通知被投诉会员本人到会陈述、申辩。被投诉会员不到会的视为放弃;放弃陈述或申辩权利的,不影响作出决定。惩戒委员会在作出决定前,应当告知被投诉会员有要求听证的权利。要求听证的,惩戒委员会应当按照规则组织听证。

(5) 决定。惩戒委员会应当集体作出决定。会议至少应由2/3的委员出席,决定由出席会议委员的2/3以上的多数通过,并作出决定书。处分决定书经惩戒委员会主任签发后,应当在15日内送达当事人及其所在的律师事务所,同时将决定书及证据材料副本报同级司法行政部门和上级律师协会备案。处分决定属律师行业内部处分,不得提起行政诉讼。

(6) 复查。律师对惩戒委员会作出的决定不服的,可在接到决定书的30个工作日内向上一级律师协会复查机构申请复查。复查机构在对被申请复查的原裁定所依据的事实、证据、行业规范等进行审查的基础上,作出维持原裁定、补正原裁决、撤销原裁决、变更原裁决的复查决定。复查决定书一经作出即具有确定力、约束力和执行力。非经法定程序不得任意改变或撤销。复查机构作出的复查决定为最终裁决。

第十七章　律师技能：会见

会见是律师调查取证中的一项重要内容,也是律师的重要职责,律师为了弄清案情,需要会见当事人、证人等,以了解案件和收集与案件有关的信息,为其辩护和代理打下基础。会见主要有两种类型,一类是会见当事人,另一类是证人。虽然被追诉人是一种特殊当事人,但是由于刑事诉讼具有特殊性,因此,会见被追诉人也具有特殊性。

第一节　会见当事人

一、会见的目的

(1) 建立信任的关系。律师在与当事人的第一次会见,关键是与当事人建立一种信任关系。在初次的会见中,通常当事人要向律师介绍案件的基本情况,这是律师了解案件的过程,也是当事人了解律师的过程。当事人都愿意来聘请一位精通法律知识,工作能力强,有耐心和责任心的律师。

(2) 了解案情。了解案情通常分为三个阶段:开放式陈述阶段——要求当事人陈述其所记得的一切案件事实,调查阶段——回顾当事人陈述的故事,通过提问弥补缺失信息,明确模糊信息,回顾阶段——根据你的理解重述故事中的重要部分,为当事人提供机会纠正。[①] 通常当事人要向律师陈述案情,就像讲述故事一样,使律师了解案件的案情。律师一般不要打断当事人的陈述,但是如果当事人思路不清,有些漫无边际,无关的事实也夹杂其中,律师可进行适时的提问,引导当事人的陈述。之后律师对一些没有听清的或是关

[①] 斯蒂芬·克里格、理查德·诺伊曼著:《律师执业基本技能》,中伦金通律师事务所译,法律出版社2006年版,第104页。

键的事实、情节进行再次询问。最后律师最好把了解的案情向当事人叙述一遍,以便核实是否弄清了案情。

(3) 了解当事人的目标。律师不能自以为是地为当事人确定目标,如劳动争议的案件,律师也许以为当事人想得到赔偿,但是当事人希望不是赔偿,而是单位能够跟他继续签约。如果律师错误地理解了当事人的目标,就会错误选择策略,有时可能赢得官司,但结果与当事人的愿望确是事与愿违。

二、会见时询问的内容

(1) 询问原始事实或信息来源。询问当事人的事实一定是原始的事实,而不能是道听途说,如果是间接得来的信息,要问清弄哪里得来,是从第三人处得到,律师就要考虑是否要把他列为证人。

(2) 询问细节。询问与案件有联系的所有细节。对于每一个证人以及牵连进该案的人员,尽量多地获取当事人所能提供的其身份信息。此外,律师还要了解案件到目前为止的事态发展情况,双方的争议在哪里。

(3) 就律师费进行协商。究竟采取哪种收费方式,收取多少,由律师和他的当事人协商确定。律师对律师费用的金额及其交纳、支付方式要与当事人明确说明,而且最后要用书面的形式,以免日后产生争议。

三、会见时应注意的问题

(1) 应当避免的问题:第一,接受存在利益冲突的当事人;第二,错过法定时效限制或其他期限信息,从而导致当事人权利的灭失或受阻;第三,对正在遭受直接威胁损害的当事人,没有采取应急行动予以保护。[1]

(2) 注意会见中的职业道德问题:第一,律师不得建议当事人作伪证或伪造证据或者协助当事人进行上述的两类行为;第二,恪守保

---

[1] 斯蒂芬·克里格、理查德·诺伊曼著:《律师执业基本技能》,中伦金通律师事务所译,法律出版社2006年版,第114页。

密的义务。

（3）不要作不负责任的保证。律师所能做的是告诉当事人律师会尽最大努力帮助他，或者告知当事人律师为了他的案件作了哪些工作，如搜集了哪些证据，研究了哪些问题，采取了哪些措施等。

（4）如何对待隐瞒事实或对待当事人的说谎。当事人隐瞒事实可能是无意的，对自己不利的事实或情节不愿意说，或者避重就轻，所以会见时要告诉当事人作为律师要了解全部事实，包括不利的事实，才能够作出相应的判断，提出相应策略，以出色完成辩护或代理，更好维护其权益。

第二节　会见证人

我国法律规定证人有作证的义务，证人可以向法官、检察官作证，也可以向律师作证。为防止律师被追究伪证罪，最好的办法是让证人在法庭上作证，并接受双方的质证。但是有些证人身体等原因不能出庭作证，律师还是要亲自会见证人。

一、会见前的准备

（1）对发现的事实进行证明或者反驳某项事实。对于不能出庭作证的人，律师调取其证言。律师通过会见，了解证人所知事实的情况，将获得的证言提交给法庭。

（2）会见前要制作会见提纲，要问哪些问题，并做到心中有数，通常对以下问题进行询问：第一，与案件或者当事人的关系。第二，证言的内容及其来源，即所听到的内容是直接听到、见到的，还是间接得来的。第三，证人感知案件事实时的环境、条件和精神状态。证人当时离现场的远近，现场光线的强弱。第四，证人的感知力、记忆力和表达力，记忆力是否有差错。第五，证人作证是否受到外界的干扰或影响。是否受到他人的贿赂、胁迫、指使等情况。第六，证人的年龄以及生理上、精神上是否有缺陷。如果是重要的证人，你又发现证人可能在说谎，申请证人到法庭上作证，接受你的交叉询问。

（3）通过会见筛选证人。如果有多位证人对同一事实作证，律师通过会见,筛选出没有瑕疵的证人,既了解全部案情事实,又口头表达能力强,能够出庭作证的人作证,并根据其作证的内容,确定作证的次序。

(4)为法庭上的举证做好准备。法庭上的质证需要很高的技巧,因此庭前的会见尤为重要,对于证人的情形有大致的了解,对于不同的证人采用不同的策略,以揭示案件的真相。如对于易紧张的或害羞的证人,律师首先询问一些简单的问题,包括背景的问题,尽量创造融洽的气氛。对于经验老到的证人不能单刀直入,采用间接的询问,或者迂回的策略,趁其心理防备松懈的时候再出其不意提出关键性的问题。此外,刑事诉讼中律师会见证人要经证人同意;向被害人取证还要经人民检察院和法院的批准。

(5)告诉己方的证人出庭作证时注意的事项。会见己方的证人时,告诉证人出庭作证的注意事项,如从容不迫地回答;确信自己听懂了问话再回答问题;使用简单明白的语言,回答要简明扼要,没有问的不要说;不要猜测;要有礼貌和耐心;要讲实话等。

律师在会见之前对一些情况进行了解,不要盲目会见证人,特别是对方证人,有些证人与被告人有利害关系,他可能避开某些关键性事实;有些证人品行不端,他可能借机报复被告人。所以律师对证人基本情况的考察和了解是必要的。通常要对以下情况进行了解:第一,证人与案件事实的关系。案件的处理结果与其或亲人有利害关系,或与案件的当事人有特殊关系,可能隐瞒或夸大某些情节,以判断其证言的可信性。第二,证人与被告人、被害人的关系。平素关系很好,或者就有宿怨,决定证词是否可信。第三,在以前所做的证言与其他证据的关系,即是否有矛盾。

二、会见证人应注意的问题

(1)律师向证人表示尊重。第一,与证人打招呼时称呼其姓名,并为占用其时间表示歉意。第二,言辞表现出虚心("我正试图查明……您能告诉我吗?我正试图查明……")。第三,含蓄地将自己置身于一个知情较少者的境地,而不显得外行或有损体面,询问该证人是否能将其所知的众多信息告知他("而我能做到这一点的唯一方法就是与亲眼目击该事件的人交谈"),这种方法很多人都无法拒绝。①

(2) 尽快会见证人。律师决定接受委托,确定要向哪位证人取证后,应当尽快地去会见证人,不要拖延,因为证人的记忆随着时间的流逝会减退,或者因他人评论、疑惑而歪曲事实。

(3) 在会见中将证人隔离。不要允许证人的朋友、家人或其他证人在场。原因有三:第一,在别人面前谈话,证人可能会试图讲述一些能够为其赢得他人尊重的事情,或者可能会避免讲述一些会令其丧失他人尊重的事情。第二,其他人的在场可能会转移证人的注意力,而你则希望能够将其注意力集中于你所需要获得的信息上。第三,其他人可能会插入他们自己的评论,从而影响证人的记忆。②

(4) 在会见时宽泛的开放式的询问和窄式的开放式问题交互进行。通常一开始律师会见证人使用宽泛的问题,让证人陈述整个案件的过程,如果对一些细节证人没有讲清楚,用狭窄式的问题,弄清细节。所提的问题按部就班地进行,不要跨越。证人在叙述时尽量不要打断他。

由于刑事诉讼的特殊性,在刑事诉讼中的会见,不同于民事诉讼或非诉讼案件的会见,而且刑事诉讼中的会见还存在一定的风险,因此,下面专门介绍刑事诉讼中会见的技能。

第三节 会见被追诉人

一、会见被追诉人的种类

因刑事诉讼比较复杂,律师会见被追诉人包括犯罪嫌疑人和被告人,根据被追诉人是否被羁押分为被羁押的被追诉人和未被羁押的被追诉人;因诉讼的阶段不同,分为侦查阶段、审查起诉阶段和审判阶段的会见,其中审判阶段的会见又分为第一审会见、第二审会

---

① 斯蒂芬·克里格、理查德·诺伊曼著:《律师执业基本技能》,中伦金通律师事务所译,法律出版社 2006 年版,第 143 页。
② 同上。

见、再审会见。根据会见的对象不同,可分为会见犯罪嫌疑人、会见被告人、会见被上诉人。

二、会见被追诉人的次序

律师的调查活动包括会见、阅卷等,通常情况下律师要先会见,因为律师作为其辩护人要取得被追诉人的认可,并让其在授权委托书上签字,因此会见至少是两次,但是如果案件简单,事实清楚、证据确凿,被追诉人认罪的案件,也许一次即可。第一次会见办理委托手续,同时初步了解案情,然后再去阅卷,对案情基本上有了一个全面的了解,在此基础上再会见犯罪嫌疑人或被告人,就会做到心中有数,积极主动。对于一些案情复杂、案卷材料众多或涉及一些技术性问题的案件,会见犯罪嫌疑人或被告人与查阅卷宗材料要多次交叉进行。这样,既可以在初步重点查阅一些案卷材料以后会见犯罪嫌疑人、被告人,然后再去查阅全部案卷材料,再会见犯罪嫌疑人、被告人,这样反复多次有序地进行。

三、侦查阶段、审查起诉阶段和审判阶段会见的不同

(一) 侦查阶段

在侦查阶段,律师会见犯罪嫌疑人时可以向其了解有关案件的情况,包括以下内容:(1) 犯罪嫌疑人的自然情况,如出生年月日、刑事责任能力、女犯罪嫌疑人是否怀孕等,要进行仔细核对。(2) 是否参与以及怎样参与所涉嫌的案件。犯罪嫌疑人是否参与案件他自己最清楚,因此律师询问其参与案件的情况。(3) 如果承认有罪,陈述涉及定罪量刑的主要事实和情节。(4) 如果认为无罪,陈述无罪的辩解。(5) 被采取强制措施的法律手续是否完备,程序是否合法。对犯罪嫌疑人被拘留、逮捕的时间,都要加以核对,是否出示相关的文件,是否存在超期羁押的情形。(6) 被采取强制措施后其人身权利及诉讼权利是否受到侵犯。律师询问犯罪嫌疑人有无被刑讯逼供或变相地被刑讯逼供的情形。由于在侦查阶段犯罪嫌疑人的权利容易遭到侵犯,办案人员破案心切,采取违法取证的手段,这会影响到犯罪嫌疑人供述的真实性,律师要了解情况后,向有关部门反映。

(7) 其他需要了解的情况。

这阶段会见,通常侦查人员会派员在场,而且不允许律师谈及案情,这个阶段的工作主要是提供法律咨询。律师会见犯罪嫌疑人时可为其提供法律咨询,包括以下内容:(1) 有关强制措施的条件、期限、适用程序的法律规定;(2) 有关侦查人员、检察人员及审判人员回避的法律规定;(3) 犯罪嫌疑人对侦查人员的提问有如实回答的义务及对与本案无关的问题有拒绝回答的权利;(4) 犯罪嫌疑人有要求自行书写供述的权利,对侦查人员制作的讯问笔录有核对、补充、改正、附加说明的权利以及在承认笔录没有错误后应当签名或盖章的义务;(5) 犯罪嫌疑人享有侦查机关应当将用作证据的鉴定结论向其告知的权利及可以申请补充鉴定或者重新鉴定的权利;(6) 犯罪嫌疑人享有的辩护权;(7) 犯罪嫌疑人享有的申诉权和控告权;(8) 刑法关于犯罪嫌疑人所涉嫌的罪名的有关规定;(9) 刑法关于自首、立功及其他相关规定;(10) 有关刑事案件侦查管辖的法律规定;(11) 其他有关法律问题。

律师提供法律咨询,不能理解为仅仅宣读法律条文或者对法律条文本身进行解释,也不能理解为仅仅回答犯罪嫌疑人提出的法律问题,对与犯罪嫌疑人有关的法律的问题,不论其是否向律师提出,律师都有责任提供帮助。犯罪嫌疑人可能最关心的是羁押的期限,和有关定罪量刑的问题,律师要比较详尽地耐心给予解答。

(1) 要非常详尽地给犯罪嫌疑人讲解《刑法》中有关犯罪构成方面的问题。① 主观方面的法律规定,让犯罪嫌疑人了解什么是故意犯罪、过失犯罪,什么是犯罪动机、目的,直接故意和间接故意对性质的认定,罪与非罪的区别,以达到让犯罪嫌疑人正视自己行为时的心理态度并避免作出对自己不利的供述的目的。② 给犯罪嫌疑人讲解《刑法》中关于犯罪客观方面的法律规定,让犯罪嫌疑人了解所设罪名在客观活动方面应具备哪些条件,哪些行为是其所涉罪名当中的危害行为和危害后果,如何构成因果关系,哪些事实或行为情节对其量刑有影响。向犯罪嫌疑人仔细列举和分析所涉罪名客观方面的行为特征,行为上的差异对于性质认定、危害程度的认定有什么样的影响(如果律师的分析和阐述非常详细和透彻)当事人自然会结合自己的行为特征,有针对性地向律师提出问题,这实际上也就是向律师介绍了自己向侦查机关供述的内容,而律师在掌握情况后,才可以有目的地向当事人作更进一步的解答和咨询。律师应该将法律及相关司法解释及从当地司法实践中掌握的立案、定罪、量刑的数额、幅度详细列举出来,这同样也可以使当事人有针对性地向律师提出具体问题,将有关的信息传递给律师。

(2)律师应当针对不同案件的特点,强调该案犯罪构成的关键方面。① 在办理贪污、受贿、职务侵占罪,国有公司、企业、事业单位人员失职罪,滥用职权罪,公司企业人员受贿罪案件时,就应当着重解释犯罪构成的主体方面。② 在办理抢劫、抢夺罪;挪用资金罪、挪用特定款物罪时,就应当着重解释犯罪侵犯的客体方面。③ 在办理故意伤害罪、过失致人重伤罪、危害公共安全罪中故意破坏或过失损害设备罪时,就应当着重解释犯罪构成的主观方面。④ 在办理盗窃罪、虚假出资、抽逃出资罪、走私罪等案件时,应当着重解释犯罪构成的客观方面。⑤ 对于共同犯罪,应解释什么是实行犯、什么是帮助犯以及什么是主犯、从犯、胁从犯,其相互之间有何区别,对量刑有什么影响。①

(二)审查起诉阶段

在审查起诉阶段,犯罪嫌疑人一般已经在羁押场所关押了有一段的时间了,身体上、心理上都已经适应了被羁押的环境,他对案情的表述和辩解已经程式化和条理化,但是思维相对固定,自己也很难突破。律师在审查起诉阶段与犯罪嫌疑人会见,其目的是要通过与嫌疑人谈话寻找到为其辩护的理由和证据(或证据线索),因此,与律师在侦查阶段的谈话方式不同,律师要用一切方法拓展会见时谈话的深度和广度,以发觉对嫌疑人有利或不利的蛛丝马迹,有利的事实和情节要发展成辩护理由和辩护证据,不利的事实和情节要早作准备,将其解释为合理的和无害的,以此来对抗或消弭指控的严峻性。如果律师在侦查阶段已会见嫌疑人了,对案情已有大致了解,需

---

① 李文剑:《侦查阶段律师会见犯罪嫌疑人的一些体会》,载顾永忠主编:《中美刑事辩护技能与技巧研讨》,中国检察出版社2007年版,第224页。

要对细节或有疑问的事实进行重点询问;如果该阶段是律师的第一次会见,律师还要着重询问案情。此外,律师还要了解被追诉人供述和辩解以外的其他相关证据的证明情况。被追诉人对于其是否实施以及怎样实施起诉书指控的犯罪事实心里最清楚,也最有条件提出证明其无罪、罪轻、从轻、减轻或免除处罚的证据材料和证据线索。因此,律师庭前会见被追诉人还应当向他了解其他相关证据,即应当要求其提供作出供述或辩解的事实依据。这样做既有助于对被追诉人的供述和辩解是否有理有据作出判断,而且也有利于审查、判断证据目录、证人名单所载相关证据的内容是否客观真实、证据的范围和数量是否有遗漏。

(三)审判阶段

律师在庭审前会见被追诉人有着与以往会见不同的特点:首先,这是被追诉人已得到起诉书之后的会见,其对检察机关的指控罪名和事实有了正式的了解,进而也会对自己案件的发展及诉讼结果有了一定的推测和判断;其次,由于知道了检察机关指控的罪名和事实,将会有针对性地谈出对起诉书指控事实的供述和辩解;最后,由于知道了起诉书指控的罪名和事实并在此基础上对审判结果有了一定的判断,很可能出于各种原因不同程度地对以往的供述和辩解作出改变,甚至推翻。因此,律师同被追诉人谈话正式开始时,第一个内容也是最重要的内容,就是要认真听取被追诉人对起诉书的意见,听其发表对起诉书的看法,以弄清起诉书的疑点。因为,起诉书是指控方对犯罪事实、犯罪性质、被追诉人在犯罪中的地位,作用以及应当受到什么刑罚等一系列问题认识的总结性材料,被追诉人对起诉书的看法以及辩解最有参考价值。这种先听取被追诉人对起诉书意见的看法,既突出了谈话的重点内容又可能发现律师在阅卷时忽视的问题和起诉书没有认定的有利于被追诉人的情节,印证律师阅卷后形成的辩护观点,使谈话一开始就围绕着重点问题进行。听取犯罪嫌疑人或被追诉人对起诉书的意见,律师应对起诉书上认定的事实向犯罪嫌疑人或被追诉人征求意见,从犯罪嫌疑人或被追诉人陈述中,了解哪些事实清楚,能够认定;哪些事实有出入,不清楚,不能认定或事实不存在等。

此外，律师确立辩护方向后还要征求被告人的意见，即是作无罪辩护还是罪轻辩护，这时律师也对起诉书进行了研究，并掌握了一些证据，也确立了大致的辩护方向，最好就辩护的思路与被告人达成共识。向被告人分析案件有利和不利的方面，让被告人有清楚的认识。如果双方实在达不成一致，在不损害被害人的前提下，律师可以请求退出案件。最后，律师还要向被告人介绍庭审的程序。被告人往往是第一次出庭受审，心理难免紧张，为了使诉讼顺利进行，律师告诉被告人庭审的程序，享有的诉讼权利和义务等，以及开庭中注意的问题。律师和被告人密切地配合，在法庭上对于律师没有说到的地方，被告人也可补充为自己辩护，改变单纯依靠律师的被动局面。

（四）审判后

宣判后，律师会见被告人主要是征询被告人对判决的意见。被告人可能服判或者不服判，如果被告人服判，但律师认为判决有错误，律师可以把自己的观点告诉被告人，征求被告人是否上诉的意见，另外还要向被告人讲解上诉不加刑的原则；对于被告人不服判，表示要上诉的，律师可以协助其上诉。

四、会见被追诉人的技巧

由于被追诉人处于被控地位，会有很多顾虑和想法，被追诉人有可能隐瞒自己的罪行，因此在会见被追诉人这一环节，看起来简单，但实际很复杂，律师要掌握以下技巧：

第一，介绍身份，建立与被追诉人之间的信任关系。

律师在看守所见到被追诉人后，要主动、诚恳地自我介绍身份，让被追诉人知道来者是其亲属为他聘请的某律师事务所的辩护律师或是人民法院为他指定的辩护人。然后坦率地说明前来会见的目的，使被追诉人懂得律师是专程为他而来的，应当珍惜这一机会。由于被追诉人人身自由受到限制后，一直在看守所羁押，一种特有的心理使其对周围的一切都留有戒备，律师热情主动地介绍身份和诚恳地说明来意，会使被追诉人感到律师亲切和蔼可以信赖，起到了消除其紧张恐惧心理的作用，为谈话逐步深入奠定基础。

第二，说明辩护律师工作性质和职责，打消被追诉人的顾虑。

当律师向被追诉人介绍身份后,接下来就是要向被追诉人说明辩护律师工作的性质和职责。说明律师是根据事实和法律进行辩护,维护被追诉人的合法权益,使他无罪不受刑罚处罚,轻罪不受重的刑罚处罚,让被追诉人消除顾虑,信任律师。同时也要阐明律师无权不顾事实真相,盲目地为被追诉人不法利益和不法行为进行辩护,不为被追诉人意志左右。使被追诉人懂得只有如实地回答律师提出的问题,谈出事实真相,才能达到通过辩护所希望得到的目的。否则会使辩护成为徒劳。在谈话没有接触案情前,直截了当地阐明律师工作的性质和职责,会使被追诉人对与律师的谈话有一个比较清楚的认识,打消其企图隐瞒罪行的侥幸心理,避免其在接触案情时绕圈子说谎话加长谈话时间。

第三,认真对待被追诉人的翻供。

会见中要特别了解被追诉人对起诉书指控的事实在历次交代中是否有变化,为什么会变化。遇有被追诉人翻供的情形,更要问清原因,说明根据,查出证据。这样既可防止对被追诉人偏听偏信,又可掌握充分的事实和证据在庭审中支持被追诉人有事实根据的翻供或进行有力、有效的辩解。被追诉人提出的与起诉有矛盾的问题,在未查清前,对问题没有十分把握,应持冷静、客观、慎重的态度,不要轻易发表肯定或否定的意见,要灵活的有策略的给予回答,以免引起被追诉人对律师不满或影响对律师的信任,造成被动。因为被追诉人所提出反驳起诉的问题,可能真实,也可能虚伪,不可能在一次谈话中完全弄清楚,必须通过法庭的审判调查或其他旁证加以证实才能解决。另外,律师在会见被追诉人时,不能就案件的结果对被追诉人作任何许诺,只能表示自己一定要根据法律与事实尽到辩护人的责任。

第四,做好简要的谈话笔录。

会见应当二人进行并作详细记录,有条件的最好对会见过程进行录音,以防被追诉人一旦认罪态度发生变化,特别是推翻以往的供述,被他人误解为律师会见导致的结果。近几年,在不少检察人员中有一种普遍的看法,被追诉人一旦在庭审中翻供,就认为是律师会见造成的,甚至明确指出是律师诱使的。有的地方还借机追究辩护律师的刑事责任。律师对会见内容作详细的文字或录音记录,可以有效地防范不测,保护自己。此外,记录谈话中有参考作用的东西,如被追诉人对起诉中的意见,提出的新的人证,物证的线索及对辩护有意义的东西,都要记录下来。做好简要的谈话笔录,不仅使律师加深了对案情的了解,记录了需要而易忘记的东西,而且还会为律师在构思、制作辩护词时提供实际资料。

第五,适当传递亲情。

被追诉人突然被限制人身自由,而且与外界几乎是隔绝,心理上有很大的压力,也会思念亲人,想知道家人的状况。除非家人和案情有关,律师可以主动地将家人的情况告诉被追诉人,如告诉他的家人一切安好,聊解其思亲之苦,给予其心理的慰藉。适当传递亲情,还可以增强被追诉人对律师的信赖。第一,会见被追诉人时,以律师询问为主要方式。律师通常是在阅卷后会见被追诉人,所以律师对案情已有一定的了解,没有必要听被追诉人重新复述全部事实,如果一味让被追诉人无时间限制地去谈案情,必然会冲淡谈话的重点,浪费宝贵时间。因此,谈话始终要以律师发问,被追诉人详细回答的方式进行。为使谈话更富有成效,一般律师应在谈话前,做到对要询问的事项心中有数或者有询问提纲,比如就关键性、重点问题进行询问,如果被追诉人的供述与案卷材料不一致,再询问其所谈的根据和理由,使谈话有条不紊地继续下去。律师的提问尽量短小精悍,简单明了,不要用专业术语,因为复杂的句子和不易明白的术语让本来就紧张不安的嫌疑人不知道如何回答。

五、会见被追诉人应注意的问题

刑事案件有一定的保密性,律师会见应当遵守有关规定,不可作出违反职业规范甚至违反法律的行为,此外,律师面对的是被追诉人,也要小心谨慎,学会保护自己。律师会见被追诉人应当遵守下列规定:

(1)律师会见在押的被追诉人,应携带以下文件:律师事务所出具的会见被追诉人的专用信函;律师本人的律师执业证;委托人签署的《授权委托书》。

（2）律师会见被追诉人，应当遵守羁押场所依法作出的有关规定，不得私自为犯罪嫌疑人传递物品，不得通过传递信函为犯罪嫌疑人串供创造条件，不得将通讯工具借给犯罪嫌疑人使用，不得进行其他违反法律规定的活动。

（3）会见在押的被追诉人，要在看管场人员指定的房间会见，提高警惕，严防被告人逃跑、行凶、自杀等事件的发生。律师会见完毕后，应与羁押场所办理犯罪嫌疑人交接手续。

（4）律师会见犯罪嫌疑人，应当制作会见笔录，并交被追诉人阅读或者向其宣读。如果记录有遗漏或者差错，应当允许被追诉人补充或者改正。在被追诉人确认无误后要求其在笔录上签名。律师会见犯罪嫌疑人，可以进行录音、录像、拍照等，但事前应征得被追诉人同意。

第十八章　律师技能:阅卷

第一节　律师阅卷的范围

一、律师阅卷的法律规定

为了解所被委托诉讼事务的事实情况,律师可以通过阅卷的方式获得相关信息。律师查阅案卷材料是律师履行辩护或代理的前提,是律师的一项非常重要的诉讼权利,也是律师依法履行职务,切实维护当事人的合法权益,维护法律正确实施的必要手段。

律师阅卷是指律师在接受当事人委托后,为完成代理的诉讼事务,了解案情,而查阅、摘抄、复制与案件有关的诉讼材料的行为。从广义理解,律师阅卷包括刑事诉讼、民事诉讼和行政诉讼中的阅卷行为;从狭义理解,主要指律师在办理刑事辩护案件中的阅卷行为。

我国法律对于律师阅卷进行了明确规定:

《律师法》第 34 条规定:"受委托的律师自案件审查起诉之日起,有权查阅、摘抄和复制与案件有关的诉讼文书及案卷材料。受委托的律师自案件被人民法院受理之日起,有权查阅、摘抄和复制与案件有关的所有材料。"

《刑事诉讼法》第 36 条规定:"辩护律师自人民检察院对案件审查起诉之日起,可以查阅、摘抄、复制本案的诉讼文书、技术性鉴定材料,可以同在押的犯罪嫌疑人会见和通信。其他辩护人经人民检察院许可,也可以查阅、摘抄、复制上述材料,同在押的犯罪嫌疑人会见和通信。辩护律师自人民法院受理案件之日起,可以查阅、摘抄、复制本案所指控的犯罪事实的材料,可以同在押的被告人会见和通信。其他辩护人经人民法院许可,也可以查阅、摘抄、复制上述材料,同在押的被告人会见和通信。"

《民事诉讼法》第 61 条规定:"代理诉讼的律师和其他诉讼代理

人有权调查收集证据,可以查阅本案有关材料。查阅本案有关材料的范围和办法由最高人民法院规定。"

《行政诉讼法》第 30 条规定:"代理诉讼的律师,可以依照规定查阅本案有关材料,可以向有关组织和公民调查、收集证据。对涉及国家秘密和个人隐私的材料,应当依照法律规定保密。"

从以上规定可以了解到,我国《律师法》和三大诉讼法律都明确地规定了律师阅卷的相关内容,并对律师阅卷给予了必要的法律保障。

二、律师阅卷的目的和意义

(一)律师阅卷的目的

律师阅卷的目的主要为了解案情,开展辩护或代理工作。律师只有在全面了解案情的基础上才能充分发挥辩护或代理作用。由于所代理法律事务不同,律师在诉讼中面临问题也不同。在民事和行政诉讼中,律师作为不同法律程序中当事人的代理人,代理事项中由于当事人立场不同而各有不同,其所掌握的诉讼材料也千差万别,如果不及时的阅卷,了解之前案件的有关情况或者对方的情况,案件将无法进展。在刑事诉讼中,由于辩护人与国家司法机关地位以及获取证据来源的不对等,律师只有通过阅卷才能深入了解案情,进一步开展辩护工作。

(二)律师阅卷的意义

1. 查明案件事实,保障诉讼顺利进行

诉讼的目的在于查明事案件事实,以作出公正的判决,维护公平与正义。阅卷有利于律师掌握案件材料,制定诉讼方案,提出事实疑点,有利于法庭查明案件事实,正确判断证据,准确适用法律,对案件作出正确的处理。同时律师在阅卷中了解案件的办理程序,对于案件违反程序的部分及时提出意见,确保法律适用的公平正义。在刑事案件中,此作用尤为明显,阅卷是律师办理刑事辩护案件的基本环节,也是律师掌握证据的重要方式,更是律师行使辩护职能的重要手段。律师通过有效阅卷,可以全面了解案情,确认对犯罪嫌疑人、被告人的指控是否可靠、充分,全面了解已经形成的有利于犯罪嫌疑人、被告人的相关资料，尽早发现案件疑点，选择有效的辩护途径和方式，进而提出高质量的辩护意见。倘若律师没有充分的阅卷权，则很难全面了解案情，很难正确提出犯罪嫌疑人、被告人无罪、罪轻或者减轻、免除其刑事责任的材料和意见，甚至可能影响律师及时发现案件疑点，以致错失调查取证的良机，这对律师履行辩护职责，有效进行辩护和保证公正审判极为不利。因此律师阅卷可以弥补律师在刑事诉讼中相对于司法机关的诸多不足；也有利于密切辩护律师与当事人的关系，使犯罪嫌疑人对审判活动增强信心，推动刑事诉讼活动稳步发展。

2. 律师阅卷制度是律师辩护制度的重要保障

（1）保障律师实现辩护的诉讼功能

阅卷保障制度是律师辩护制度的重要内容，是律师了解案情的必要条件，是律师进行辩护工作的基本前提，没有阅卷权利的法律保障，辩护制度就失去了其设定的意义。

由于在刑事诉讼中，律师调查取证必须经过证人、有关单位和个人的同意，如果不同意，律师就无法调查与案件相关的证据和情况，律师不具有完备、充分的调查取证权。法律规定辩护律师如果想获取证据，可以申请人民检察院、人民法院收集、调取证据。经人民检察院或者人民法院许可，并经被害人或者近亲属、被害人提供的证人的同意，可以向他们收集与本案有关的材料。所以在证据收集上，往往使辩方依附于控方，而且法律规定及实务要求中对律师提供证据的要求比较严格，《律师法》和有关法律规定，律师执业活动中，提供虚假证据、隐瞒事实，要吊销律师执业证书，构成犯罪的，依法追究刑事责任。由于辩护律师调查取证的难度大，保持律师阅卷权利则显得更加重要。所以阅卷保障制度保障律师能够了解案情，保障律师实现辩护功能，对维护犯罪嫌疑人、被告人的合法权益起到良好的效果。

（2）实现证据展示制度的重要保证

证据展示制度就是要求刑事诉讼中控诉方有义务向辩护方揭示本方的证据，以期达到司法公正的目的。证据展示制度要求控诉方承担两个方面的义务：一是预先提供信息的义务，即控诉方应向辩护方告知他将要在法庭审判中作为指控根据所适用的证据;二是展示的义务,检察官有义务使辩护方得到他不打算在审判过程中使用的任何相关材料,即所谓对检察官无用的材料。辩护律师的职责是根据事实和法律提出证明犯罪嫌疑人、被告人无罪、罪轻或者减轻、免除其刑事责任的材料和意见,维护犯罪嫌疑人、被告人的合法权益。如果不能确保辩护律师的阅卷权,辩护律师不能全面、完整的阅卷,将无法履行辩护律师的职责,提出有利于犯罪嫌疑人、被告人的材料和意见。在完善的阅卷制度保障下,控诉方将有关案件证据向辩护方展示,实现证据展示制度的要求。

(3) 实现控辩平衡的重要手段

在我国的刑事诉讼中,辩护律师的权利普遍受到限制,难以发挥应有的作用。控辩双方在法庭上的地位极不对等。控方利用其作为公共权力的优势,在刑事诉讼中享有很大的主导权。律师辩护权的行使如果缺乏保障机制,更显出双方力量的悬殊。实践证明,在刑事诉讼中,如果一方的力量过于强大,另一方的力量过于弱小,则很难保证公正的实现。司法若不能做到公正,便达不到教育公民遵纪守法的目的,也达不到使犯罪分子认罪伏法的目的,很多尖锐的社会矛盾得不到化解与消融,其结果可能使某些当事人陷入同态复仇的恶性循环,极不利于和谐社会的构建。所以在诉讼机制上赋予辩方某些权利,以实现诉讼杠杆的平衡,从而体现公平正义的法制原则。律师阅卷的权利是实现控辩平衡的重要手段,切实保障了辩护方的辩护权利。

三、律师在刑事诉讼中的阅卷范围

律师阅卷的重要性主要体现在刑事诉讼中,对此法律进行了详细的规定。

(一) 审查起诉阶段

根据我国《刑事诉讼法》的规定,犯罪嫌疑人在被侦查机关第一次讯问后或者采取强制措施之日起,可以聘请律师为其提供法律咨询、代理申诉、控告。犯罪嫌疑人被逮捕的,聘请的律师可以为其申请取保候审。受委托的律师有权向侦查机关了解犯罪嫌疑人涉嫌的罪名,可以会见在押的犯罪嫌疑人,向犯罪嫌疑人了解有关案件情况。

根据以上规定可知,法律没有赋予律师在侦查阶段享有律师阅卷权利,在侦查阶段,律师不能到侦查机关查阅、摘抄、复制询问笔录等有关案件材料。侦查机关正在搜集调查取证,全面调查案件事实情况,案件材料也在形成过程中,而且涉及案件侦破的有关内容,法律规定这一阶段辩护律师没有阅卷权也是可以理解的。

自人民检察院对案件审查起诉之日起,可以查阅、摘抄、复制本案的诉讼文书、技术性鉴定材料。这里的诉讼文书包括立案决定书、拘留证、批准逮捕决定书、逮捕决定书、逮捕证、搜查证、起诉意见书、等为立案、采取强制措施和侦查措施以及提请审查起诉而制作的程序性文书。技术性鉴定材料包括法医鉴定、司法精神病鉴定、物证技术鉴定等由有鉴定资格的人员对人身、物品及其他有关证据材料进行鉴定所形成的记载鉴定情况和鉴定结论的文书。

《人民检察院刑事诉讼规则》及《关于人民检察院保障律师在刑事诉讼中依法执业的规定》对律师如何在检察机关阅卷作出了明确规定,辩护律师以及被害人及其法定代理人或者近亲属委托作为诉讼代理人的律师查阅、摘抄和复制本案的诉讼文书、技术性鉴定材料,应当向审查起诉部门提出书面申请,审查起诉部门应当要求提出申请的辩护律师提供表明自己身份和诉讼委托关系的证明材料。审查起诉部门接受申请后应当安排办理;不能当日办理的,应当向律师说明理由,并在3日内择定办理日期,及时通知律师,查阅、摘抄和复制本案的诉讼文书、技术性鉴定材料应当在文书室内进行。在人民检察院审查起诉期间和提起公诉以后,辩护律师发现犯罪嫌疑人无罪、罪轻、减轻或者免除处罚的证据材料向人民检察院提供的,人民检察院公诉部门应当接受并进行审查。

(二)审判阶段

辩护律师和担任诉讼代理人的律师,自人民法院受理案件之日起,可以查阅、摘抄、复制本案所指控的犯罪事实的材料,根据最高人民法院《关于执行〈中华人民共和国刑事诉讼法〉若干问题的解释》的规定,律师接受委托担任辩护人,人民法院应当核实其身份证明和辩护委托书。人民法院应当为辩护律师查阅、摘抄、复制本案所指控的犯罪事实的材料提供方便,并保证必要的时间。但审判委员会和合议庭的讨论记录及有关其他案件的线索材料,辩护律师不得查阅、摘抄、复制。律师担任诉讼代理人,可以查阅、摘抄、复制与本案有关的材料,了解案情。诉讼代理人应当向人民法院提交由被代理人签名或者盖章的委托书;如果被代理人是附带民事诉讼当事人的,诉讼代理人应当向人民法院提交有被代理人签名或者盖章的委托授权书。根据规定,人民法院对律师、其他辩护人和诉讼代理人查阅、摘抄、复制本案所指控的犯罪事实的材料,只收取复制材料所必需的工本费用。

四、律师在其他业务活动中的阅卷

(一) 民事诉讼中的阅卷

在诉讼中,律师可以通过查阅案卷的方式了解案件基本事实,对方当事人的基本观点及主要依据,当事人双方的主要分歧和矛盾焦点,审查证据的来源、证人与当事人之间的关系及调查取证的方法,并进而分析对方当事人的目的和诉讼心理状态。另外根据《最高人民法院关于民事诉讼证据的若干规定》,经当事人申请,人民法院可以组织当事人在开庭审理前交换证据。或者由人民法院对于证据较多或者复杂疑难的案件,组织当事人在答辩期届满后、开庭审理前交换证据。律师可以通过证据交换的方式了解对方证据情况,使当事人各方相互了解其主张与新拥有的证据,知己知彼,也可以调动当事人举证的积极性,使自己提出的主张或事实得到充分的证据支持,或者对对方提出的主张或事实给予有力的反证或抗辩。

为保障代理民事诉讼的律师依法行使查阅所代理案件有关材料的权利,保证诉讼活动的顺利进行,《最高人民法院关于诉讼代理人查阅民事案件材料的规定》对民事诉讼的阅卷行为进行了较为详细的规定。在不影响案件审理的前提下,代理民事诉讼的律师作为诉讼代理人有权查阅所代理案件的有关材料。诉讼代理人为了申请再审的需要,可以查阅已经审理终结的所代理案件有关材料。

诉讼代理人在诉讼过程中需要查阅案件有关材料的,应当提前与该案件的书记员或者审判人员联系;查阅已经审理终结的案件有关材料的,应当与人民法院有关部门工作人员联系。人民法院应当为诉讼代理人阅卷提供便利条件,安排阅卷场所。必要时,该案件的书记员或者法院其他工作人员应当在场。诉讼代理人查阅案件有关材料应当出示律师证。查阅案件有关材料应当填写查阅案件有关材料阅卷单。诉讼代理人在诉讼中查阅案件材料限于案件审判卷和执行卷的正卷,包括起诉书、答辩书、庭审笔录及各种证据材料等。案件审理终结后,可以查阅案件审判卷的正卷。诉讼代理人查阅案件有关材料后,应当及时将查阅的全部案件材料交回书记员或者其他负责保管案卷的工作人员。书记员或者法院其他工作人员对诉讼代理人交回的案件材料应当当面清查,认为无误后在阅卷单上签注。阅卷单应当附卷。诉讼代理人不得将查阅的案件材料携出法院指定的阅卷场所。诉讼代理人查阅案件材料可以摘抄或者复印。涉及国家秘密的案件材料,依照国家有关规定办理。复印案件材料应当经案卷保管人员的同意。复印已经审理终结的案件有关材料,诉讼代理人可以要求案卷管理部门在复印材料上盖章确认。复印案件材料可以收取必要的费用。查阅案件材料中涉及国家秘密、商业秘密和个人隐私的,诉讼代理人应当保密。诉讼代理人查阅案件材料时不得涂改、损毁、抽取案件材料。人民法院对修改、损毁、抽取案卷材料的诉讼代理人,可以参照《民事诉讼法》第102条第1款第1项的规定,认定其行为属于伪造、毁灭重要证据,妨碍人民法院审理案件的行为,人民法院可以根据情节轻重予以罚款、拘留;构成犯罪的,依法追究刑事责任。

(二)行政诉讼中的阅卷

行政诉讼中,律师可以根据案件进展或诉讼代理阶段,向法院申请查阅案卷,基本程序类似于民事诉讼的阅卷。根据《行政诉讼法》的规定,行政诉讼的被告"对作出的具体行政行为负有举证责任,应当提供作出该具体行政行为的证据和所依据的规范性文件"。也就是说,行政诉讼中的主要举证责任在被告,它不但要举出证据证明自己为什么要作出该具体行政行为,而且要提供作出该具体行政行为的法律依据。另外,根据我国《行政诉讼法》的规定,被告及其诉讼代理人在诉讼过程中不得自行向原告和证人收集证据。从以上法律规定可知,律师在行政诉讼中如果作为原告的诉讼代理人在阅卷过程中主要了解:(1) 具体行政行为所依据的事实是否存在,真实性程度如何;(2) 原告的诉讼请求及其理由是否符合法律、法规和规定,涉及的行政赔偿的请求是否有根据,是否正当合法;(3) 行政机关或复议机关作出的具体行政行为和复议决定的合法性与适当性及其违法性与不当之处各有哪些。例如,适用的法律、法规、是否现行有效;与所调整的行政法律关系是否对号;所作出的具体行政行为在程序和实体上是否合法;是否超越职权或滥用职权等;(4) 主要证据是否确实充分,各种证据之间是否存在矛盾,证据取得方式是否合法等。如果代理被告,主要工作在于组织准备现有证据材料,查阅案卷,主要了解:(1) 证明行政机关作出的具体行政行为或者复议机关作出的复议决定的合理性、合法性的材料和依据;(2) 证明行政处理决定或复议决定的材料、证据是否符合客观事实、证言是否稳定可靠;(3) 证明行政处理、处罚和复议决定所依据的证据是否确定充分,证据之间有无矛盾。

根据《最高人民法院关于行政诉讼证据若干问题的规定》第 21 条规定,对于案情比较复杂或者证据数量较多的案件,人民法院可以组织当事人在开庭前向对方出示或者交换证据,并将交换证据的情况记录在卷。律师可以通过证据出示或证据交换的方式详细了解案情。

第二节 律师阅卷的主要内容

一、起诉书(状)

起诉书是人民检察院对公安机关移送审查起诉或自行侦查的案件,认为被告人的犯罪事实已经查清,证据确实充分,依法追究刑事责任时所制作的向人民法院提起公诉的法律文书,是人民检察院行使公诉权重要的法律凭证。律师的刑事辩护活动一项重要工作就是对起诉书进行详细阅读研究。其中包括重点审查起诉指控被告人的犯罪事实、犯罪的动机、目的、时间、地点、手段、情节、后果等;共同犯罪中被告人在犯罪中的地位作用、犯罪情节的轻重;有无从轻、减轻或者免除处罚的情节;有无不追究刑事责任的情节;被告人是否达到了应负刑事责任的年龄;被告人有无刑事责任能力;被告人有无前科,是否为累犯;证据是否确实、充分;犯罪性质和罪名的认定是否符合相关法律规定,起诉书所引用法律条文是否得当等。

起诉状是公民、法人或其他组织在自身权益受到侵害或与他人发生争议时,向人民法院提出保护其合法权益的请求时使用的诉讼文书。起诉状分为民事起诉状、行政起诉状和刑事自诉状。律师通过研究起诉状,了解案件法律关系发生、变化和消灭的事实,纠纷发生的时间、地点、原因、经过与结果的事实,了解对方当事人的基本观点,为制定诉讼方案奠定基础。

二、物证和书证资料

物证是指以自己的客观属性、特征和存在状况证明案件事实的实物或者痕迹。实务中,对于因体积大不能或者不便于搬动,或者是易腐烂物品,或者是容易遭受破坏的痕迹,一般以相片、摄像、模型或笔录方式予以固定和提取。

书证是指能够根据其表达思想和记载的内容查明案件真实情况的一切物品。这些物品大致可包括:用文字记载的内容来证明案情的书证,以符号表达的思想来证明案情的书证,以用数字、图画、一张或其他方式表露的内容或意图来证明案情的书证。

物证与书证对于查明案件事实,正确确定当事人之间的权利义务关系,明确责任,起到极为重要的作用。律师在阅卷过程中,应当对案件所涉及物证与书证与其他证据进行综合分析,对其是否具有客观性、关联性、合法性进行了解。对于物证,应当了解物证与案件事实是否存在联系,有无因果关系;物证被发现的时间、地点;物证的提取方法是否符合法律规定;物证是否被伪造;与其他证据之间有无矛盾。对于书证应当研究该书证是否伪造,是否需要进行有关鉴定;内容是否真实,制作过程是否存在暴力、威胁、利诱、欺骗等情况;与其他证据是否存在矛盾等等。

三、当事人陈述

当事人陈述是指诉讼当事人就他们所感知、理解和记忆的有关案件的事实情况,向人民法院所作的陈述。在民事诉讼和行政诉讼中,主要指案件当事人基于诉讼利益而参加诉讼,向人民法院作出有关案件情况的陈述。在刑事诉讼中,指刑事诉讼被害人对于案件的陈述。当事人的陈述一般包括其对案件事实的陈述;关于诉讼请求的说明以及案件处理意见;自己对证据的分析和应否采用的意见;对案件所适用法律的意见。律师在阅卷过程中要对当事人对案件事实的陈述重点重视。

由于当事人属于案件事实的经历人,是引起争议实体法律关系发生、变更、和消灭的行为的实施者,所以当事人对于争议案件事实情况了解最全面、直接。其陈述直接围绕争议事实的焦点展开,有助于查明案件事实,正确断案。另外由于当事人与案件处理结果有直接的利害关系,刑事诉讼被害人因被犯罪行为侵害而有强烈的严惩犯罪的愿望,往往当事人的陈述中会隐瞒对其不利的事实和证据,夸大甚至编造对自己有利的事实和证据,导致其存在虚假性。对于以上情况,律师应当在阅卷时准确了解双方争议焦点,组织诉讼方案,通过与其他证据结合,有的放矢。

在民事诉讼中,《最高人民法院关于民事诉讼证据的若干规定》规定,一方当事人对另一方当事人陈述的案件事实和提出的诉讼请求,明确表示承认的,对方当事人无需举证。这就规定了,当事人一方对他方所主张的不利于自己的事实承认其为真实或者对他方的诉讼请求明确作出承认的意思表示,则其不需要对此再进行举证。对于这种意思表示视为当事人的自认。对于自认一旦作出,原则上不能撤销,除非自认的当事人证明其所作的自认出于错误而不符合事实真相;或者对方当事人同意撤销的;或者自认属于被诈欺、胁迫或者因他人具有刑事上应受处罚行为而不得已作出的;或者是诉讼代理人代为自认,本人知道后立即撤销的;或者自认与法院知悉的情况正好相反,在上述情况下才可以撤销自认。所以律师阅卷中,对于当事人陈述中是否存在自认应当予以高度重视。

四、犯罪嫌疑人、被告人供述和辩解

犯罪嫌疑人、被告人供述指犯罪嫌疑人、被告人就有关案情,向侦查人员、检察人员和审判人员所作的陈述。在司法实践中通称为"口供"。我国《刑事诉讼法》第46条规定:"对一切案件的判处都要重视证据,重调查研究,不轻信口供。只有被告人供述,没有其他证据的,不能认定被告人有罪和处以刑罚;没有被告人供述,证据充分确实的,可以认定被告人有罪和处以刑罚。"本条规定有效地防止了以前在实务当中重口供,轻其他证据的做法,有利于保护犯罪嫌疑人、被告人合法权益,保障查明案件事实。

犯罪嫌疑人、被告人供述和辩解主要包括以下三个方面内容:

(1) 承认自己犯罪事实的供述。犯罪嫌疑人、被告人承认被控告的是犯罪事实,并向司法机关讲清实施犯罪的全部事实和情节。一般表现为自首、坦白和供认。

(2) 犯罪嫌疑人、被告人说明自己无罪或罪轻的辩解。犯罪嫌疑人、被告人否认自己有犯罪行为,或者虽然承认自己犯罪,但可提出依法不应追究刑事责任以及从轻、减轻、或者免除处罚等的申辩和解释。表现为否认、申辩、反驳、提供反证等。犯罪嫌疑人、被告人在辩解中提出的事实情况往往比较复杂,其中既有无根据的辩解,也有有理由的辩解,也有有真有假的辩解。

(3) 犯罪嫌疑人、被告人揭发检举他人犯罪行为的陈述。犯罪嫌疑人、被告人也可能在承认自己犯罪以后,揭发其他共同犯罪人或者举报他人有犯罪行为;也可能是否认自己犯罪,而举报他人犯罪。

由于犯罪嫌疑人、被告人是刑事诉讼的核心人物,他对于自己是否犯罪,为何犯罪,以及犯罪的具体过程和细节比其他任何人都知道的清楚,其供述和辩解可能全面直接的反映案件事实情况,会更直接、全面地反映出其犯罪的动机、目的、手段、时间、地点、后果等事实。其所作的无罪或罪轻的辩解也会提出一些具体的事实根据和申辩理由,便于了解案件真实情况。其所作的揭发举报他人犯罪行为的陈述有助于打击犯罪,所以在律师阅卷的过程中应当作为重点分析。但由于犯罪嫌疑人、被告人作为刑事诉讼中被追诉的对象,案件的处理结果对其有极大的利害关系,其在刑事诉讼中的供述和辩解都将影响其最终的处理。所以大多数情况下,为了逃避法律制裁,犯罪嫌疑人、被告人往往要隐瞒罪行,避重就轻,或者编造谎言,所以犯罪嫌疑人、被告人的供述和辩解虚假的可能性较大,真假混杂。同时由于思想起伏很大,犯罪嫌疑人、被告人随时可能翻供。这就要求律师在阅卷时,要采取慎重、谨慎的态度,将犯罪嫌疑人、被告人供述和辩解详细审查,审查其逻辑性,其内容是否符合事物发展的一般规律,前后是否一致,是否合乎情理,是否存在矛盾。将其与其他证据相互比较,相互印证,如果发现有检举揭发他人犯罪的情况,应当及时向有关司法机关反映核实;如果发现犯罪嫌疑人、被告人有被刑讯逼供的情况时,要及时地对该证据提出异议,维护其合法权利。

五、证人证言

证人是指知晓案件的有关情况而向司法机关查办案件的有关人员陈述案件情况的人。《民事诉讼法》规定,凡是知道案件情况的单位和个人均有义务作证,不能正确表达意志的人不能作证。《刑事诉讼法》规定,凡是知道案件情况的人,都有作证的义务。在生理上、精神上有缺陷或年幼不能表达意志的人不能作证。即证人作证属于公民对国家应尽的一项义务。

证人证言是指证人在诉讼过程中向司法机关陈述的与案件情况有关的内容。由于证人是知晓案件有关情况而向司法机关陈述该情形的案件当事人之外的第三人,证人与案件没有法律上的利害关系,在许多情况之下,证人证言更具有客观真实性。根据证人证言,可以证明案件所涉及法律关系中一部分或全部内容,有利于查明案件的有关真实情况,而且由于证人证言具有相当的客观真实性,可以与案件其他证据材料相互印证,核实其他证据的真实性。当然由于证人证言属于证人的陈述,虽然描述当时发生的事实,但由于个人对事实的观察角度不同,或者提供证人证言的目的不同,或对于事实理解认识加入个人的好恶及判断,都会影响案件事实的认定。所以律师在阅卷过程中,要审查证人证言的来源,证人得知案件事实的来源,证人是否能正确表达意志,证人与案件当事人的关系。对于同一证人多次证言内容是否连贯,不同证人对于同一事实的描述是否存在矛盾,有关司法机关调查取证的方式是否符合法律规定等事项要继续详细分析。另外,司法实践中,有些司法机关把同案被告人的供述也当成证人证言的做法不符合法律规定,律师在阅卷过程中应当予以注意。

六、其他证据材料

其他证据材料主要指鉴定报告、评估报告、审计报告等技术性鉴定结论材料,以及勘验、检查笔录及现场笔录。

鉴定结论是由鉴定人接受委托或聘请,运用自己的专业知识和现代化科技手段,对诉讼所涉及的某些专门性问题进行检测、分析、判断后,所出具的结论性书面意见。鉴定结论是全部鉴定过程的最终结果。勘验、检查笔录及现场笔录属于在不同性质案件中,有关司法机关对现场、物品、人身等与处理案件有关的查验笔录性证据。

鉴定主要包括法医鉴定、司法精神病鉴定、文件鉴定、毒物分析鉴定、痕迹鉴定、物品鉴定、工程技术鉴定、司法会计鉴定、价格鉴定等等。由于鉴定是专业人员运用专门的知识,借助必要的仪器和设备,根据其知识技能对案件有争议的专门性问题进行检测、分析、鉴别后得出的判断性结论,是查明案件事实,确定案件性质,明确责任,正确处理案件的重要依据。勘验、检查笔录及现场笔录属于有关司法机关对于案件有关的场所、物品、人身等由特定专门机关的办案人员依其职权和法定程序,进行勘验、检查而作的客观记载,其客观性较强,而且不仅应当全面反映被勘验检查对象本身的全面情况,还应当客观地反映对象与周围事物的关系,应当当场制作,是发现、收集和固定保全证据的重要方法。

律师阅卷时要注意,由于鉴定结论依赖于鉴定人的专业技能作出,会反映鉴定人的个人见解和看法,具有一定程度的主观性;勘验、检查笔录及现场笔录虽然要求客观的记录所观察到的事实,但对于办案人员要求比较高,要求其不仅有相应的专业知识,而且必须与案件没有利害关系或先入为主,即该种证据并非完全的具有客观性。所以法律对于鉴定人的主体资格、鉴定程序、勘验、检查笔录及现场笔录制作程序进行了较为详细的规定。律师在阅卷时应当注意鉴定人、勘验、检查笔录及现场笔录制作人是否具备法定的主体资格;该鉴定人或笔录制作人是否具备法定的回避条件;委托或勘验检查程序是否合法;送检材料是否符合法定或技术性要求;鉴定报告中的论证过程是否严谨、科学;如果该鉴定或勘验、检查存在严重瑕疵,律师应当根据法律规定及时的要求重新鉴定或勘验、检查。

七、法律手续

法律手续是指案件卷宗中所保存的各种法律文书,是诉讼活动是否合法进行的文书记载形式,是检验诉讼活动合法进行的依据之一。为保障案件的顺利审理,促进案件的办案质量,防止超期羁押、材料事后弥补的情况发生。例如根据《刑事诉讼法》第 73 条和第 75 条的规定,辩护律师在审查起诉阶段如发现公安机关、检察机关对犯罪嫌疑人采取的强制措施不当,或者强制措施超过法定期限的,可以向公诉机关提出解除、撤销、变更犯罪嫌疑人的强制措施的意见。律师在对相关法律手续进行细致的查阅并进行必要的辨别之后,对于所发现情况,可以向公诉机关提出解除、撤销、变更犯罪嫌疑人的强制措施的意见。

八、依法不能查阅的内容

根据法律规定,依法不能查阅的内容,不能要求有关部门出示。根据我国《刑事诉讼法》及有关司法解释规定,律师在侦查阶段为犯罪嫌疑人提供法律帮助,只能向侦查机关了解犯罪嫌疑人被指控涉嫌犯罪的罪名,由于涉及案件侦破,不得到侦查机关查阅摘抄、复制案件材料。在审查起诉阶段,辩护律师有权到人民检察院查阅摘抄防止诉讼文书和技术性鉴定资料,其他材料不能查阅。在审判阶段,律师有权到人民法院查阅、摘抄、复制状况犯罪的材料,审判委员会和合议庭的讨论笔录不能查阅。

民事诉讼案件及行政诉讼案件中,双方律师都有平等的阅卷权,但是审判委员会和合议庭的讨论笔录不能查阅。

第三节 律师阅卷的方法

一、一般方法

(一) 查阅

查阅案卷是律师阅卷最常用的方法,是律师接触案件、了解案情的最普遍的渠道。查阅以浏览、通读为主要方式,细致全面、快速准确地了解案件情况。一般来说,阅卷要求律师亲自、全面查阅,要对案卷材料有整体把握,了解案卷中有哪些材料。在查阅案卷前,最好详细查阅起诉书(状),了解案件基本事实,发现并归纳问题,带着问题进行查阅。刑事案卷中,首先查阅犯罪嫌疑人的供述,了解其向侦查机关的供述情况对比查阅当事人的陈述,了解辩方对控方指控的基本态度和理由;查阅法律手续,发现侦查和审查起诉过程中诉讼程序的违法之处。争取通过查阅的方式对于案件事实有个初步了解和宏观的体会。

(二) 摘抄

在查阅基础上,对焦点问题所涉及的证据材料进行必要的摘抄。必须标明摘抄出处,明确所在案卷的册数、页码、标题,并且不能有任何加工,要客观真实的体现证据材料。律师在摘抄的过程中通过分析思考,还原案件发生的客观情况,提炼出问题,目的在于对发现问题,重点研究或者利用,使摘抄的材料成为解答问题的有效材料。如刑事案件中,对于以下材料要重点摘抄:犯罪嫌疑人或被告人的基本情况,如年龄、职业、心理生理状况、家庭和经济状况等;犯罪嫌疑人或被告人被控犯罪事实,如犯罪时间、地点、行为过程等,要注意摘抄现场的记录和起诉书是否一致,伤口的描述和凶器是否相一致,作鉴定结论的单位的资质以及鉴定人员的主体资格是否适格等。对于支持控辩双方主要观点的证据材料或者对于辩方观点不利的证据也要进行重点摘抄。

摘抄考察律师对证据材料的宏观把握能力,体现了律师对案卷材料的能动反应,是律师实际操作能力和实践经验的总结。

（三）复制

属于摘抄的另一种形式，比摘抄更直观、准确、方便，是随着办公现代化发展，复印机广泛应用的产物，也是科技进步在立法和法律适用中的体现。根据有关规定，律师只能在指定的场所阅卷，而且为了避免与法官在阅卷时间上发生冲突，也不可能有充足的时间让律师阅卷。复制的方式解决这一问题，节约了大量的时间，给律师工作也提供了一个便利条件，使律师能充分、合理的安排阅卷时间。复制分为全部复制和选择复制两种形式。全部复制指将全部案件材料全部复制，选择复制指有选择的将案卷材料复制。

由于在实践中，虽然没有规定阅卷的次数，但由于阅卷必须与法官沟通、确定阅卷时间，所以为防止重复要求阅卷，节省成本，在条件许可情况下，特别是办案经费许可情况下最好全部复制。目前也有律师采用拍照的方式复制案卷材料，该方式法律没有规定，如果不是采用法律所禁止的拍照工具，应当属于可以采用的方式。

二、特殊方法

（一）对比查阅法

对比查阅法是指将证据材料进行查阅，对比分析，找出矛盾焦点的阅卷方法。该方法要求律师在阅卷过程中要善于对比，查找案卷中证据材料的不同之处。例如在刑事案件中，查阅时首先了解犯罪嫌疑人或被告人供述是否存在前后不一致的情况，如果存在则需要重点查阅。另外，对于犯罪嫌疑人或被告人供述与其他证据不同之处，作为阅卷的重点突破方向。对于出现证明事实不同，或者截然相反的证据，需要从案卷材料中寻找佐证材料，求证证据的证明效力，或者查找出证据的疑点。最好能在控方认定事实的证据中查阅到矛盾之处，争取为我所用。另外侦查机关不仅搜集证明犯罪嫌疑人有罪的证据，也要搜集对犯罪嫌疑人有利，证明其无罪、罪轻的证据，所以对于侦查机关搜集到的不同证据，重点对比分析。对比查阅法的关键在于通过对比分析，发现问题，并寻找解决问题的方法。而且对于控方的主要证据，尽量在案卷中发现应对的证据材料或者批驳方法，是律师阅卷比较有效的方法。

(二) 重点查阅法

重点阅读法是指对案件材料中的要害内容，进行分析查阅，为我所用的方法。在某些案件中，如果所阅案卷比较多，材料繁杂，而且律师准备的时间比较紧，无法很细致的将所有卷宗看完，可采用该方法。

例如在刑事案件中，可以根据起诉书所指控内容以及当事人对律师委托的具体要求，或者会见犯罪嫌疑人或被告人之后，对于案件情况有了一个大概的了解，及时归纳出和案件有关的重点问题，在问题指引下有目的的重点查阅案卷。推动问题的明晰和确定。具体可以归纳罪与非罪、罪名如何确定、有无从轻、减轻处罚情节的问题，并查找相关证据，争取做到有的放矢，节省时间，在最短的时间完成最有效的工作。对于时间紧、难度大的案件，此种方法属于"应急措施"，但能体现出律师的经验和理论功底。

(三) 因果关系法

因果关系阅卷法是指律师在阅卷时，从案件的结果入手，分析推导产生这一结果的原因，在案卷材料中寻找该原因与当事人行为具有关联性的材料的方法。掌握该方法的关键在于正确理解因果关系和条件关系在法律上的区别。因果关系指有原因必然有结果，二者之间是直接的内在的必然的联系，就是所谓的一因一果，它决定着案件的性质。与之容易产生混淆的是条件关系，条件关系指某一条件出现并不一定必然导致结果出现，当条件不具备时，则结果肯定不存在，就是所谓的多因一果，在实践中容易出现错误认定因果关系导致混淆法律关系的情况。

因果关系不仅是认定事实真相，明确责任的重要依据，实务中律师从案件结果着手，查找出直接原因，理清案件的法律关系，往往会起到事半功倍的效果。例如律师在办理刑事案件中尤其要注意犯罪嫌疑人或被告人的行为与案件结果的因果关系，可以直奔主题，判断出正确的代理思路，避免走弯路，受到不必要的干扰。

(四) 追踪阅卷法

追踪阅卷法是指律师对某个问题进行追踪了解，解决疑虑、顺藤摸瓜的阅卷方法。该方法适用于在对案件有一定了解的基础上，对案件提出问题,按照该问题组织材料,得出结论。由于律师对案件已经有了一定的认识,比如律师与委托人会谈后了解了案件基本情况,并详细分析了起诉书或起诉状,对案件的关键事实提出问题;或者在案件二审或再审时已经发现案件的主要问题,对此律师需要从案卷材料中寻找依据,解答问题。在阅卷时不仅要寻找对当事人有利的证据,对于案件中对委托人不利的事实或材料,应当作为重点,多次详细查阅。在条件允许的情况下,对于提出问题所涉及的材料应当在一段时间后再次阅读,争取将问题解释清楚,达到阅卷应有的广度与深度。由于问题的提出在于律师主观对于案件的理解,并对提出的问题在案件中寻找答案,主观色彩比较明显,所以律师需要注意在阅卷过程中根据了解的材料,检验自己已经形成的方案、问题是否正确,及时发现、调整问题。此方法的关键在于律师发现、调整问题的能力。

(五)整体浏览法

整体浏览法是指律师在案件办理时间比较充足,在详细掌握案卷材料的基础上,可以对案件整体浏览,重点掌握,将多种阅卷方法综合运用,细化问题点,仔细研究,充分论证,选择最适合本案的代理思路的方法。由于往往需要大量的时间和投入大量精力,实践中不一定能适应。但对于律师团队办案,由于可以内部进行分工,各有侧重的交叉阅读,通过浏览把握案件的基本脉络,通过详细阅读把握案件的关键材料,通过摘录、复制将重点内容固定,通过分析、研究形成办案的基本思路,通过精湛的表达,将律师的智慧展现出来,形成规模化效果。整体浏览法在一些大案要案的办理中比较常见。

三、制作阅卷笔录

律师在阅卷的基础上,将案卷材料主要内容、发现的问题及阅卷的心得体会进行归纳总结,制作阅卷笔录,使之能全面反映案件情况,突出案卷材料重点,成为律师办理案件的重要参考资料。制作阅卷笔录包括制作笔录和绘制图表两种方式。

(一)制作笔录

首先,制作笔录的前提是应当全面、仔细地阅读案卷材料。律师通过灵活运用阅卷方法，在法律规定的时间内，及时、高效地查阅全部卷宗材料后，认真作出分析，才能在笔录中提炼出案件的重点，才能提纲挈领地反映案件全貌。另外，阅卷笔录是纲要性的材料，阅卷人必须抓住重点，用简练的语言概括、归纳案卷材料，使之成为能够一目了然，纵观全案的提纲。为此，阅卷人可以先作出阅卷提纲，列出阅卷所需要着重了解的问题。然后根据阅卷过程，进行阅卷摘录，由于阅卷不可能一次性完成，所以要在每次阅卷时要注意摘录，对于和案件事实有关的证据材料要详细记录，对于发现的新问题、疑点要随时摘录，防止遗忘。

其次，阅卷笔录必须客观全面地摘录。制作阅卷笔录的目的是通过阅卷笔录反映案件情况，是对案卷材料的浓缩，是律师的重要工作记录，律师通过制作阅卷笔录，可以进一步熟悉案卷材料，调整代理思路，也是在参加庭审时举证质证的重要参考资料。笔录的基础是案卷材料，笔录一定要客观地反映案卷材料的真实情况，不能超出案卷的范围，随便主观臆测，不能把案卷材料中没有的材料也记录，在记录时应当保证使用证据材料中的语句，保证"原汁原味"，没有经过律师主观加工。同时，由于反映案件主要事实的证据往往散见于案卷材料内，或者某个细节之处，有时需要多次阅读才可能发现，阅卷笔录中应当全面记录，不能部分记录，不能凭自己的主观想象，不顾客观事实地取舍摘录。制作阅卷笔录时要注意，阅卷笔录不是对案卷的简单的复制，并不是要求对案卷材料中的每一部分内容、每一个细节都写进笔录。在摘录时注意区分重点，需要在客观全面的基础上分清主次轻重，围绕案件核心事实进行摘录，防止记录成流水账，导致无法区分主次，也要求摘录要详略得当，简明扼要。

再次，在阅卷过程中，可以从不同的角度记录，可以案件事实的时间顺序、案件事实性质或者行为人主体为主线，根据摘录材料性质、作用、证明目的等进行归纳，组织证据推敲、论证案件事实，完善诉讼方案。另外，制作阅卷笔录的目的是为了解案情，更好地利用案卷材料，为出庭诉讼提供参考材料，在对阅卷摘录进行整理时，一定要注明摘录出处，每摘录一份材料，都要在其后边用括号注明属于某卷宗第几页第几行。这样做的目的，是为了在法庭辩论中，谈到某个事实或证据时,便于援引说明,做到有根有据。

最后,阅卷笔录主要为了工作便利而制作,在形式上没有特殊的要求,但为了体现工作的连续性和阶段性,笔录中应当记录笔录制作人姓名和笔录制作时间。

(二) 绘制图表

为了保证阅卷笔录更加直观,重点突出,便于诉讼使用,可以根据案情的不同和案件处理需要的不同,采用绘制图表的方式将案件事实描述。

1. 按照事实发展时间顺序绘制图表

根据阅卷所了解的案件事实按照时间发展顺序排序,制作出线索图,简述出当事人行为的过程,列明各个时间点的行为以及有关证据。对于时间的认定往往涉及有关法律的适用以及当事人行为能力认定问题,在实务操作中很重要。以贪污、受贿等职务犯罪的辩护实务为例,由于《刑法》修改以及最高人民法院对于上述犯罪曾发布过若干司法解释,根据《刑法》规定从旧兼从轻原则,当时法律是如何规定有关行为或如何适用当时的法律往往成为辩护的重点。所以可以将法律规定变化的时间作为图表的标注,从当时法律对被告人行为的规定作为案件突破口。如此绘制图表,一目了然,能够从宏观的角度把握案件,达到意想不到的效果。

2. 按照案件事实分类列表

如果案件所涉及事实较多,为分清事实的发展过程以及各个事实之间的联系及区别,可以按照案件不同的事实分类列表。例如刑事案件中被告人数次作案,违反不同的法律规定,要数罪并罚的情况下,可在阅卷后用统一制表的办法将每项指控用一张表格表示出来,列明指控事实,行为时间、地点、方式以及相关证据,防止出现混乱。特别在共同犯罪中,由于基本上会涉及数个指控,而且共同犯罪人数众多,分工明细,按照被指控事实分类列表,能分清条理,理顺辩护思路。

3. 按照案件主体分别制作表格

如果案件所涉及主体众多,事实复杂,可以案件主体为线索制作表格,有利于发现矛盾、辨明真伪,明确每一个案件主体在整个纠纷案件中所处的地位或应当承担什么责任。在办理刑事案件中,共同犯罪,特别是涉及黑社会案件,案件重大、案情复杂,往往同案被告人存在多份供述,供述各不相同,而且往往相互推卸责任,有时个人所犯罪行也容易与共同犯罪混同。采用一人一表的方法详细描述出被告人的行为时间、地点、方式、结果,细化每个被告人在共同犯罪中所起作用,便于查清案情,区分个人犯罪和共同犯罪,明确被代理人的责任,保护其合法权益。

4. 将证人证言列表

证人证言作为传统的证据形式,在很多案件中起到重要作用。对于对方当事人提供的证人证言或控方证据中的证人证言进行重点分析是律师阅卷中很重要的工作之一。如果证人证言中出现矛盾之处,对于律师辩论将十分有利。可以在详细阅卷的基础上,对个别证人多次证言的矛盾,或者对两个以上的证人证言中矛盾部分用列表的方法展示在法庭上,从而将对方的证据基础打乱,达到以彼之矛攻彼之盾的效果,进而打碎对方的证据链条。

第十九章　律师技能：谈判

谈判是解决冲突和争端的最佳方法,也是维持良好商业合作关系的唯一途径。因为,绝大多数民事纠纷最终都是通过协商谈判而解决的,任何商业合作关系都是通过协商谈判而建立的。作为律师就应该在谈判中发挥出自己的积极作用,了解谈判过程中的常识,把谈判作为一项基本技能,掌握谈判中的有关技巧。

谈判不仅仅存在于非诉讼业务,在大多数的诉讼中也存在着谈判,如诉讼中的协调、调解等。谈判也成为当前衡量律师技能的一项重要标准,作为年轻的律师更要从谈判中学到更多的技能,为自己今后的成长奠定基础。

第一节　谈判前的准备

一、谈判的目标

谈判的目标是律师在谈判过程中所要追求的结果。谈判前和谈判中,根据分析和评估影响谈判的各种因素和当前当事人的要求,得到最近的谈判目标。谈判目标被视为律师谈判工作的追求,也是谈判工作的主旨。律师在谈判工作中所有的工作安排和所采取的谈判方式、技巧等都要围绕着谈判目标来确定。

（一）竞争性谈判目标

任何事物都充满着竞争,谈判也不例外,每场谈判都有竞争。其实谈判的本质就是在不断的竞争中寻求满足己方的需求,这种需求不仅仅表现在自己的需求得到满足,也表现在双方达到共赢。双方为了满足需求必须进行利益交换,在交换的过程中存在着竞争和较量,处于优势利益的一方就难免有利益独占的倾斜,而处于劣势的一方在采用其他的方法尽力挽回利益。于是双方就在利益的斗争中展现身手,采用不同的策略和技巧,展现着各自的本领和能力,所以说,谈判的竞争性是不可避免的。没有竞争的谈判不能称得上是真正的谈判。

谈判的终极目标应该是双方都感到自己有所收获。谈判中的竞争也表现出了协调谈判人员的行为。通过这种协调中的竞争,谈判人员都在维护自己的利益中衡量对手的实力,以达到竞争中的胜利。

竞争中的谈判是需要相互配合的,如果谈判人员在竞争中的谈判中一意孤行,只为自己,就难免陷入了僵局中,也可能会导致谈判的中止或中断。

(二) 合作性谈判目标

谈判中的合作性首要前提是所有的参与者都有满足的需求,否则就不能出现合作性的谈判。谈判的终极目标是合作,双方通过一系列的合作性谈判,实现彼此合作,双方都有所收获。否则,就不会发生谈判。

合作性的谈判目标着眼于参与各方的双赢,不是那种一边倒的情况,即一方完胜和一方完败,而是参与方都有所收获。作为谈判者要重视谈判的合作性,这也是给自己为接下来的谈判留条路,使之能在友好合作的前提下,取得利益目标的一致性。所以谈判人员在谈判的过程中要关注彼此的制约利害关系,采用合理的技巧把双方的需要引导到共需的目标上。达到自己获得了利益,同时又能与对方保持着关系利益。从某种意义上来说,与合作伙伴、家庭成员、职业同事、政府机关以及世界各国保持长远的良好的关系,要比从任何谈判中所得到的实质利益更重要。重视谈判的合作性特征,将谈判视为合作过程,既可以使谈判达成各自满意的协议,又可以建立长期友好的合作关系。

二、谈判前的准备

任何谈判都是在有计划有组织的行为过程中进行的,要做好谈判工作,不管是谈判前的背景资料收集及拟定谈判方案,还是在谈判中坚持原则、精心选择策略、灵活运用谈判技巧等,都离不开谈判前的准备。这些准备不单单是要有精明强干的谈判人员,还要有翔实的背景资料以及谈判方案的确定等等。谈判前的准备为谈判的成功打下了坚实的基础,做到了有把握有目标的进行谈判。

(一) 团队组织准备

要使谈判达到预期的目标,提高它的成功率,团队组织准备尤为重要。怎样来组建谈判团队、怎样来选择谈判人员直接影响己方处理与对方关系的能力,影响到己方人员之间的配合及谈判的结果,因此备受重视。针对于一些小的谈判,一两个人就行了,但有些大的谈判却需要谈判团队,而多数的谈判都是集体性的,所以这就需要组织团队。但在组织团队的过程中,确定团队成员规模是第一位的,多少人合适呢?从一般的团队组织来说,没有明确的定数,但是结合当前的谈判多为四至五人为宜,当然这些人数都是根据对手来决定的。另外谈判团队人数多可以起到震慑对手的作用,使他们在无形当中感到一些压力,使己方从心理上得到了初步胜利。结合谈判项目的多寡、内容难易,则可以分为若干项目小组进行谈判,适当增加团队人员。

在组建团队过程中,选择谈判人员一定要认真对待,结合不同的类型发挥谈判人员的优势。选择适合自己团队的人员是至关重要的,因为谈判是一种对思维要求较高的活动,是团队人员知识、智慧、勇气、耐力等的测验,是团队人员与对手之间的较量。一般来说,团队人员的个体素质主要是指团队人员对与谈判有关的主客观情况的了解程度和解决谈判中遇到的问题的处理、协调能力。组建谈判团队,一定要注重成员之间的知识上的互补和能力上的衔接,从在谈判过程中谈判人员的分工来说,一个谈判团队应包括下述成员:

(1) 团队领导者。所谓团队的领导者就是谈判过程中的主谈判人,也是谈判的主要发言人。针对谈判负有领导和组织的全面责任,直接关系到谈判的成功与否,是整个谈判的总指挥。

(2) 专业人员。任何一个团队人员都不可能是万能的,所以那些涉及比较复杂的疑难专业问题就需要有专门专业人员来解决,以求谈判的继续进行和成功。

(3) 商务人员。根据不同的谈判内容来说,有些商务谈判要有通晓市场、金融、运输、保险等方面知识、熟悉合同主要条款的商务人员参加的,他们也构成了谈判团队中的一员,并且是不可或缺的,这是因为这样可以更好地把握住市场的变化。

(4) 律师及相关人员。这里的法律人员不仅仅包括律师,也包括其他与法律有关的专业人员,更多要求是从法律的角度上来分析、把控风险,从合同或协议条款上来解释和把关,从当前的法律法规上提出建议。

(5) 翻译人员。随着在经济的发展增长,在谈判过程中可能就要出现涉外谈判,如果出现谈判人员不能使用外语交流或不便交流的情况,就有可能借助具有翻译能力的人员,这样能解决团队的不足。

当一个团队组织准备完成之后,就必须要在各个成员之间进行工作分工。为了实现人尽其才的目的,就要在谈判内容的分工上作出明确的划分,各司其职,各负其责,使每个团队人员发挥出自己的特长。同时,要按照谈判方案的确定使每位成员相互协调、相互配合,互为补充。

(二) 背景资料准备

"知己知彼、百战不殆",也就是说在了解自己的同时也要了解、掌握对手的信息,才能使自己采取的策略做到有的放矢,逐步达到自己的目标。对于谈判来说收集对方的背景资料是谈判准备工作的重要环节,它往往会成为影响谈判成功的关键所在。

对于背景资料来说,在准备的过程中要有所选择,有所侧重,不能所有的资料都收集,那样就有可能会耗费大量的人力和物力而得不到有效的背景资料。一般来说,根据谈判内容的不同对背景资料的准备也有所不同。背景资料应包括:

(1) 能反映对方主体身份的资料。从法律的角度上来说,也就是对方的谈判主体资格和谈判行为能力两方面。谈判的主体资格就是谈判方是不是具有参加谈判的能力和承担谈判后果的能力。谈判行为能力就是对方能不能以自己的谈判行为,来享有权利和承担义务的行为。

谈判主体资格是谈判行为的基础,如果谈判主体资格不合格就不能以自己的谈判行为来进行谈判,将直接导致谈判无法进行,或者使已经完成的谈判变为无效。在现实生活中，常常会因为不注意谈判主体身份问题，而导致谈判直接或间接地进行不下去了，所以，在谈判之前应当通过合法手段来搜集能反映对方主体身份资料的信息。

（2）能反映谈判期限的资料。任何谈判都不可能是无限期的谈下去，收集谈判期限的资料能使谈判占据主动，采用时紧时松的谈判技巧，能有很大的效果。

（3）能反映谈判人员的资料。这主要是指参加谈判人员的资料问题，能反映出谈判人员的个人情况，能搜索出谈判人员的忌讳，同时能在处理谈判信息上达到删繁就简的功效，直接能反映谈判人员的最核心的资料。

（三）谈判方案准备

谈判方案是落实谈判目标的比较详细的规划，它有助于律师在谈判中总体上把握谈判的战略战术，在谈判中做到胸中有数，心中不慌。拟定周密细致的谈判方案是保证谈判顺利进行的必要条件，也是谈判成功的最关键的因素之一，所以拟定谈判方案是谈判准备工作的核心，也是谈判人员的智慧在谈判过程的集中体现。

一般的谈判方案的主要内容包括：

（1）明确谈判目标。谈判目标是指谈判方案所直接要达到的结果。一般可以分为最佳目标、可接受目标和最坏目标三个层次，对此，作为谈判律师事先要有所准备，做到心中有数做好最坏的打算。同时要对谈判最坏目标要严格保密，绝不泄露给别人。谈判目标如有修改，要经过商定，共同讨论决定。

（2）明确谈判期限。在谈判方案中要明确列明谈判期限的计划安排和进程，这样能提高谈判效率，使谈判在最佳的时间内达到目标。这样作为谈判律师能结合不同的期限阶段作出调整，除去任何不利的时间限制影响等问题。因而，应在谈判之前对谈判方案里的时间作出精确计算和适当安排，最后规定一个谈判期限。

（3）列明谈判议程。当谈判的目标和期限确定之后，就要列出谈判议程。按照谈判的先后、难易预先编制，列明谈判的时间、地点、内容、议题等等，这样才不至于出现混乱，使谈判有序进行，这本身就是一种战术。列明议事日程本身就是一种谈判战术。

三、律师在谈判中的地位和作用

（一）担任谈判顾问

律师以其专业知识及丰富的经验，根据当事人的不同请求，给予当事人就法律知识和谈判知识上的支持，分析和确定各方当事人的权利和义务。分清当前的形势利弊，把握风险，提出合理的法律解决方案。

（二）担任主谈人

律师不管是在诉讼中还是在非诉中都要参与到谈判过程中，在当事人的授权权限中，代表当事人进行意思表示，提出条件，进行问题的解决和磋商等事宜。律师作为主谈人，与本方当事人有更多的工作配合关系。

（三）担任第三方评价者

律师往往从法律的角度，对谈判的内容进行法律解释和适用，为双方当事人提供解决问题的标准。这时，律师是作为中立的第三方的立场来表述出法律的解决问题的方案。

（四）担任法律文件起草者

律师在谈判过程中，往往会记录当前的谈判内容，像备忘录、谈判纪要等，这样就可以在谈判之后将其作为具有可执行的法律文件。谈判的内容可能就会以合同或协议的方式来确定下来，这样律师就担当了文件起草者的角色，为当事人起草法律文件。

第二节 陈述与反驳

一、陈述

在谈判过程中，一般都是通过言语的陈述来表达观点和回答问题的，作为律师在谈判过程中，要适用严谨的语言来陈述，尽可能少的减少语言陈述的漏洞，不给对方可能之机，为当事人维护最大的利益。

(一) 表达观点

表达观点的时候要态度坚决、明确、毫不保留,也要高于期望目标。因为作为谈判人员的律师只有在表达观点中表现出来的气势才能给人以理直气壮、诚实认真之感,同时也可以充分展示自己的自信心,不要显得犹犹豫豫、吞吞吐吐,否则会被视为信心不足,从而提高了对方的自信。同时在表达观点时不要给自己设限,要达到前后统一、逻辑严谨、合理又合法,这样才能找到令人信服的理由加以辩护。

表达观点时要清楚和明确。既然是观点就要直接能反映出问题的实质,使用精简的语言和准确的言辞,提建议时要条理清楚不紊乱。特别是作为律师要注意用词尽量不要有歧义,以免引起对方曲解或误解。只有做到了双方理解的唯一性,才能不出现分歧和风险。

表达观点时不要有繁琐的解释和说明。这样往往会给人以凌乱而找不到观点的实质所在,不能用口头表达的,可以形成书面的文字,这样可以避免解释不清带来的风险。

表达观点时可以多次重复。在谈判中,多次重复强调所表达的观点,能加强观点的力度,让对方重视起来,这样可以经过多次的交流沟通使观点得到认可。在这之后再谈判,易于被对方接受,可以减少谈判的阻力。

(二) 回答问题

谈判中,如果对方直接询问一些己方不愿告知的重要信息,作为律师应该如何应答呢?要视情况而定,可以正面回答的就当面回答,不可以正面回答的就直接拒绝回答,同时也可以采用迂回策略来回答,让对方无法获得有关这个主题的信息。从通常的情况来看,最佳的方式当属于迂回策略,这样能让双方都不会出现难堪的境地,又能防御了对方的窥测,一举两得,避免了回答不当给自己带来不利形势。

二、反驳

任何谈判过程中,都不可能出现完全同意的局面,不同的声音总是适时出现,这也就是反驳。只有在不断地反驳和同意中,谈判才能最终达成一致。

(一) 倾听

一个好的谈判者总是一个好的倾听者,因为他能从不同的反驳中找到问题的症结所在,适时调整自己的谈判策略和谈判技巧,同时,也能通过倾听总结观点给对方以回击。但是,在倾听的过程中,也要区分信息的有用和无用,找到与观点最为接近最为有利的信息,才能加以利用。

(二) 提问

谈判开始以后,接下来就进入了彼此接触摸底、相互了解的阶段。这一阶段,能探测对方多少信息,将影响到下阶段谈判中能拥有多少筹码。

一般提问的方法有两个:第一个是直接法,即直接向对方提出一个特定问题,要求对方坦率地回答。这种方法是最有效的提问方式,也能得到最有用的信息,但是这种方式却是最能让对方迂回回答的提问,也可能会出现难堪的境地。另一个方法是间接法。通过旁听侧敲的方法,提出一个问题从中套出真相来。一般来说,如果要探寻的信息很明显的和谈判的主题相关,而且把他们摆到桌面上没有什么不良影响,那就可以采取直接法,让对手有话直说。如果探寻信息时不想直接显示自己的意图,或不宜直接询问主题,那么最好采用间接法。

(三) 反驳

谈判中,各方因观点、立场产生差异、出现反驳是常有的事,如果各抒己见、互不妥协,互相反驳往往会出现僵持严重以致谈判无法继续的局面。要运用一定的策略去化解反驳,才能使谈判良好地进行。一般有:

(1) 避其锋芒的反驳。当对方咄咄逼人的时候可以采用避其锋芒,绕过去的方法,从另一个侧面去反驳。

(2) 转换议题的反驳。如果双方都只对一个谈判话题纠缠不清,没任何意义,也很难使谈判进行下去,这是可以转换话题反驳,使对方的矛头偏移。

（3）寻找替代方案反驳。采用相同或相近的方案来反驳对方，打击对方的气势，从心理上产生了压力，这样对问题的解决就多了几种途径，主动权越来越多。

第三节　谈判的策略与技巧

一、谈判的策略

（一）谈判策略的意义

谈判策略是在谈判中扬长避短和争取主动的有力手段。谈判的双方都渴望通过谈判实现自己的既定目标，这就需要认真分析和研究谈判双方各自所具有的优势和弱点，即对比双方的谈判"筹码"。在掌握双方的基本情况之后，若要最大限度地发挥自身优势，争取最佳结局，就要靠机动灵活地运用谈判策略。

谈判策略是谈判双方维护自身利益的有效工具。谈判双方关系的特征是，虽非敌对，但也存在着明显的利害冲突。因此，双方都面临如何维护自身利益的问题，恰当地运用谈判策略则能够解决这一问题。在谈判中，如果不讲究策略或运用策略不当，就可能轻易暴露己方意图，以致无法实现预定的谈判目标，作为律师的谈判者应该能够按照实际情况的需要灵活运用各种谈判策略，达到保护自身利益、实现既定目标的目的。

灵活运用谈判策略有利于谈判者通过谈判过程的各个阶段。谈判过程的复杂性决定谈判者在任何一个阶段对问题处理不当，都会导致谈判的破裂和失败，尤其是始谈阶段更为重要。

谈判者要想营造一个良好的开端，使谈判能顺利发展，达到预期的谈判目标，就必须重视和讲究谈判的策略和技巧。只有这样，才能克服谈判中出现的问题和困难，将谈判逐步推向成功。

合理运用谈判策略有助于促使谈判对手尽早达成协议。谈判的当事双方既有利害冲突的一面，又有渴望达成协议的一面。因此，在谈判中合理运用谈判策略，及时让对方明白谈判的成败取决于双方的行为和共同的努力，就能使双方求同存异在坚持各自基本目标的前提下互谅互让,互利双赢,达成协议。

(二) 谈判策略的制定原则

谈判的基本原则是谈判的指导思想、基本准则,它贯穿于谈判的整个过程中,是谈判策略的核心。离开了这种指导思想,整个谈判过程就会分散凌乱,缺乏各个部分的内在统一,谈判也就失去了指导,也就不可能成功。谈判的基本原则构成了谈判最重要的组成部分,是一切成功的谈判的基础,能否成功的谈判关键是谈判人员是否遵循下述谈判的基本原则。

1. 平等互利的原则

平等互利的原则主要是指谈判各方在追求各自有益的谈判结果的情况下,享有平等的权利、承担平等义务进行洽谈的原则。

谈判是手段,协议是目的,满足双方的协议是最终目的。要想使利益都得到满足就必须取得对方的同意和认可。因此,谈判的成功在于互惠互利。

要想实现互惠互利就必须平等相待。谈判中出现不同意见、不同观点是不可避免的,但只能通过协商加以解决,而决不能采用强硬、胁迫手段将自己的意志强加于人。

平等互利原则适用于各个层次、各种类型的谈判。尤其是在涉外谈判中,更应该本着互利互惠、彼此尊重、相互理解、平等相待的精神去谋求共同利益,这样才能建立起友好的交往关系。

2. 友好协商的原则

从来就没有无争议的谈判,几乎在所有的谈判中,谈判各方都会出现这样或那样的争议。不管争议的内容和分歧程度如何,各方都应本着友好协商的原则来谋取解决,不能使用强硬手段来威胁或要挟等手段。如一旦出现几经协商仍无望的谈判时,则宁可终止,也不能违反友好协商的原则。终止谈判的决定一定要慎重,要全面分析对手的实际情况,看其是否缺乏诚意,或是否确实不可满足己方的最低要求,再决定是否放弃谈判。只要尚存一线希望,就要本着友好协商的精神,尽最大努力达成协议。谈判不可轻易进行,也切忌草率终止。

3. 客观标准的原则

分歧是经常存在于谈判中的,谈判本来就是各方利益冲突的焦点和分歧的凝聚点,这是无可避免的。但是却可以通过谈判来消解分歧,实现利益最大化,一般情况下是通过各方的让步或妥协来完成的。坚持客观标准能够克服主观让步可能产生的弊病,有利于谈判人员达成一个明智而公正的协议。

所谓客观标准是指对立的、公正的、不偏不离通用的标准。它既可能是一些惯例通则,也可能是职业标准、道德标准、科学标准等。由于谈判所涉及的内容广泛,所以客观标准也各不相同。但从总体来看,客观标准具有普遍性、公正性和适用性的共同特点。

在谈判中坚持使用客观标准有助于各方和睦相处,冷静而又客观地分析问题,有助于各方达成一个明智而又公正的协议。由于协议的达成是依据客观标准,各方都感到自己利益没有受到损害,因而会积极有效地履行合同。

二、谈判的技巧

谈判的交锋阶段是体现谈判本质的阶段过程,可以说,如果交锋,那么就不能算做真正的谈判。由于此阶段是全部谈判活动中最为重要的阶段,故而投入精力最多、占用最长,涉及问题最多。

在谈判的交锋阶段,谈判各方都有想从谈判中获取利益的目标,而能否达到目标就要依靠谈判人员正确、灵活、有效地运用智慧、策略、技巧和手段来获得谈判的成功。谈判的交锋阶段贯穿着交替进行的激烈发言,充满着错综复杂的斗智场面,策略和技巧的作用在本阶段得到了充分体现。绝大多数的谈判策略都适用在本阶段中适用。

(一) 时机的把握

时机的把握是使谈判对手从谈判期限、谈判时间上感到一种压力,从而与己方的时间与主动权形成一种对比。

任何谈判方都有从开始到结束的时间限制。在时间限制中能做好时机的把握就会对谈判的对方的心理与情感产生影响。获取主动权,将对手置于被动地位,是控制谈判进程,调动或操纵谈判对手的

一个重要手段。要想做到时机的把握应做到:

(1)心理准备要足够。

心理准备要足够就是要求谈判各方要忍受住谈判的时限,往往成功的谈判就是在让步和达成协议的时间都临近谈判的最后期限或者越过这个时限时出现的。大量的谈判实践证明,在各方的讨价还价中,可能达成协议的范围较小。而且谈判各方所希望的补偿越多,那么,通常为达成协议所耗费的时间就越长。同时,时间期限因素在这种谈判中所起的作用也就愈加明显。正因如此,在谈判中有足够的耐心、不急于求成、稳扎稳打的谈判人员,往往是比较容易成功的。

(2)要根据情况灵活把握。

最后期限有一种无形压力,谈判各方一般都无法摆脱这种力量的压力。为了减轻最后期限对己方形成压力,最好在制订谈判计划时,在谈判时间进度表上要针对各种不同情况安排几套方案,做到有备无患。一旦出现时机,就能用最新的方案来达成谈判。

(二)施压及合理让步的巧妙使用

施压也就是在谈判过程中,给对方带来压力,激起对方的反感,削弱对方的气势,迫使对方尽量暴露他们的弱点或者让谈判较激烈或对方来势凶猛的时候使谈判中止或暂停。在使用这种方法的时候,谈判人员有时要表现的相对傲慢,甚至要求苛刻,态度强硬,狮子大开口,目的是使谈判对手对这种谈判产生极大的反感或者畏惧。当谈判各方气氛相当紧张,谈判陷入僵局的时候,则可以稍作让步,"合理"地对待对方,表现出极其和善的姿态。

合理让步是谈判中很重要的一环,虽然合理让步可能花掉部分成本,但是却因为给对方带来了好处而使谈判在陷入僵局的时候出现转机。没有让步,谈判各方就很难达成协议,也就很难使各方利益得到满足。因此,只要是一个谈判人员,无论是第一次谈判还是久经沙场,都会对让步阶段给予百分之百的重视。

怎样才能做到合理让步呢?

第一,让步时机要合理。

从让步的时间上看,让步即不能提前,也不能靠后。提前让步会提高谈判对方的期望值,迫使己方继续让步。靠后让步则有可能失去谈判成功的机会。

第二,让步幅度要合理。

让步幅度要合理也就是让步幅度不宜过大,也不宜太小,否则会使对方认为水分很大,从而不断要求让步。一般来说,不宜承诺同等幅度的让步,关键问题力争使对方让步,次要问题可考虑先作让步。

第三,让步原因要合理。

在整个谈判过程中,要注意掩饰己方的真实意图,暴露真实意图对各方都是致命的。同时要强调合理让步对自己利益造成的损害,即使对方让步使自己获利不小,也不能喜形于色,让步原因一定要合理,才能使大家都不互相猜忌。

在谈判中,像这种威胁、合理让步的技巧和方法也经常被谈判人员运用,并借此达到自己的谈判目的,谈判的形式是又打又拉、软硬兼施,使对手前俯后仰、不能定其意,从而达到软化对手立场的目的。该策略运用较广,也较自由,不受谈判地位、时间的限制,也是谈判人员运用较多的常规策略之一。但是在应用的过程中,要注意考察谈判中对手的相关情况。如果对手具有丰富的谈判经验,并且整个谈判的形式对自己不利而对对手有利,该策略就很难达到预期的目的。反之当谈判的形式对自己有利而对对方不利的时候,特别是在谈判对手达成协议的心情较为迫切的情况下,更容易奏效。

通常情况下,威胁和合理让步不是分开应用的,要交替运用,直到谈判的目的达成为止。

(三) 心理素质的较量

在谈判的过程中,如果没有办法解决眼下的问题,为了争取时间和谈判计划,那么就该缓一缓,等找到对策再说,此即双方的心理素质的较量。很多人在很多谈判中都会运用到心理素质的较量,这一技巧形式多样,目的也不尽相同。由于它具有以静制动、少留破绽的特点,因此成为谈判中用的一种技巧手段。

心理素质的较量要求后发制人。也就是在一定条件下采用拖延的手段。以拖制胜适用心理煎熬的办法,一旦时机来临速战速决或时机尚不成熟时,避免针尖对麦芒的直接交锋,一旦时机成熟,就可后发制人,取得谈判的成功。

心理素质的较量要求以柔克强。也就是以劣势对优势,以弱小对强大的谈判局势。它是弱小的一方为了与貌似强大的谈判对手斗智斗谋玩心理战术的一种谋略手段。在利用对方麻痹的时间收集谈判信息,从而为后面的分析问题,解决问题作准备,并最终促进谈判的进展,顺利达成协议。

心理素质的较量速战速决。拖延是一种有计划的策略,它的本质是缓对方之兵,为的是己方争取时间和机会,并寻找对策,从组织上、从表现上,不是消极等待,而是积极备战,因此能够获得针对对方的某些优势。当心理素质较量时,要速战速决小心为自己埋下隐患。

(四)律师的专家作用

经过谈判的各个阶段之后,各方认为已经基本达成自己的目标,便进入了签订合同或协议阶段,这个时候作为律师要起到专家作用。主要表现在:

(1) 谈判纪要的整理。每一次洽谈之后,重要的事情就是制作一份简短的纪要,并向谈判各方公布,得到各方的认可。这样就可以确保该共识以后不至于被违反。这种文件具有一定的法律效力,在以后的纠纷中尤为有用。所载内容便是起草书面协议或合同的主要依据。

(2) 谈判协议的注意事项。谈判协议本身是谈判各方就谈判内容意思表达一致的文件,是对谈判各方相互权利义务关系的一致确定。协议一旦生效,对谈判各方便产生约束力。

(3) 起草协议文本。一般来说,协议由哪一方来起草,那一方就掌握了主动权,方便于对己方有利,也可避免陷入对方的文字陷阱。

(4) 审查协议。即使协议本身在法律上并无问题,但在缔结时仍应当注意具体事项与其他法令是否有抵触之处,是否具有内容合法性。同时审查协议的条款严密、详细、前后呼应、协调一致等相关内容。由于协议具有法律效力,一旦经各方签字并批准生效,就成为约束各方的法律文件。各方必须履行谈判协议中规定的各自应尽的义务,不然就要承担法律责任。

(5) 注意协议的签署地。对于比较重要的涉外协议,要争取在己方所在地签署。因为,如果发生了纠纷,就可以按照国际惯例,在协议签订地所在国作出判决或仲裁。

第二十章　律师技能:调查

第一节　调查的目标和种类

一、调查的目标

律师调查的目标主要是为发现和证实有利于委托人的证据材料,进而维护当事人的合法权益。调查取证是律师业务活动中的一项重要内容,是所有律师都不能回避而且必须要认真面对的问题。以事实为依据,以法律为准绳,证据是还原事实的载体,从某种程度分析,证据是律师工作的基础,离开证据,律师工作就是无源之水、无本之木,只能纸上谈兵。

律师调查取证权是指律师接受委托人的委托,依据国家法律规定对于所承办案件的所有事实证据以及与承办案件有关的其他案件事实证据进行调查、咨询、申请勘查、鉴定与保全等必要措施,以维护委托人合法权益和国家法律正确实施,维护社会公平与正义权利。调查取证权是律师依法执业应当享有的重要权利之一,也是律师完成工作任务的重要保障。律师调查有助于律师深入了解案件情况,通过向有关单位、知情人进行询问、了解、咨询、核实,发现和提供有利于委托人的证据材料,对有关事实申请勘查或鉴定,协助人民法院查明案件事实,正确适用法律,作出公平公正的判决。由于律师的任务是维护法律的正确实施,维护当事人的合法权益,履行诚信义务,不得作出对委托人不利的行为。所以对委托人不利的证据材料不在律师调查取证范围之内。

我国《律师法》第35条规定:"受委托的律师根据案情的需要,可以申请人民检察院、人民法院收集、调取证据或者申请人民法院通知证人出庭作证,""律师自行调查取证的,凭律师执业证书和律师事务所证明,可以向有关单位或者个人调查与承办法律事务有关的情况。"《刑事诉讼法》第 37 条规定:"辩护律师经证人或者其他有关单位和个人的同意,可以向他们收集与本案有关的材料,也可以申请人民检察院、人民法院收集、调取证据,或者申请人民法院通知证人出庭作证。""辩护律师经人民检察院或者人民法院许可,并经被害人或者近亲属、被害人提供的证人的同意,可以向他们收集与本案有关的材料。"《民事诉讼法第》第 61 条规定:"代理诉讼的律师和其他诉讼代理人有权调查收集证据,可以查阅本案有关的材料。查阅本案有关材料的范围和办法由最高人民法院规定。"《行政诉讼法》第 30 条规定:"代理诉讼的律师,可以依照规定查阅本案有关材料,可以向有关组织和公民调查,收集证据。"

为保障律师的调查取证权利,最高人民检察院和最高人民法院先后于 2003 年和 2006 年出台了《关于人民检察院保障律师在刑事诉讼中依法执业的规定》和《关于认真贯彻律师法依法保障律师在诉讼中执业权利的通知》,对律师调查权,包括案件有关事实、证据的收集、查阅、摘抄、复制以及申请现场勘验、证据保全和司法鉴定等权利的行使等等作出了更为明确、具体且更符合客观实际的界定。后者并特别强调"依法支持和保障律师所享有的权利,既是人民法院应当履行的法定职责,也是诉讼活动得以顺利开展的重要保障",它要求各级人民法院"对于律师提出请求人民法院调取证据,凡是符合法律规定和最高人民法院司法解释要求的,不得推诿、拒绝"。由此可以看出我国的律师法、诉讼法等基本法律对律师的调查取证权作出了具体的规定,对律师的调查取证提供了一定的保障。

律师确定调查目标主要围绕以下事项展开:

(一)委托人的委托事项

律师调查的权利基础源自于委托人的委托。只有依据委托人的委托,律师才可能开展工作。在接受委托人委托后,律师对其委托事项进行调查了解。这里主要分为两个层面,首先在非诉讼法律事务中,委托人为预防风险,保障其投资、贸易经营的安全,对于某些如商业投资、企业并购、公司上市等专项法律事务委托律师代理其对相关主体的资产状况和商业信誉,通过一定的手段进行考察和了解;或者对于不必通过诉讼程序来解决的法律纠纷,委托律师进行专门调查,了解有关情况，为其决策提供参考和依据。其次指在诉讼法律事务中，律师在接受委托人委托后，对于委托人的委托事项进行必要的调查了解，例如会见犯罪嫌疑人、被告人，了解案件发生过程，或者向委托人详细了解纠纷发生的过程，进行初步的判断，制定相应的诉讼策略。

(二) 了解案件事实

律师在案件办理过程中，针对之前对被委托事项的了解，通过对研究案件材料时发现的问题、会见犯罪嫌疑人或被告人时存在的疑点或需要收集的有利于当事人的证据材料进行详细核实。由于案件的结果与委托人有直接关系，其所介绍事实或提供证据往往具有一定片面性，有时会避重就轻甚至与案件基本事实不完全相符。律师需要从宏观角度了解案件事实，分析案件所涉及的所有法律关系，不局限于委托人所介绍的事实，查找对委托人有利及对对方不利的证据材料。在律师调查取证过程中，一定要明确对委托人不利的证据材料不在律师的调查取证范围之内，该类证据调查属于司法机关或者对方律师的工作。

二、调查的种类

律师调查在实务中主要分为非诉讼事务调查和诉讼事务调查两类。

(一) 非诉讼事务调查

非诉讼事务是指无争议的无需进行诉讼的事务，或者虽已发生争议，但不必或尚未经诉讼来解决的法律事务。简而言之，就是无须或者不用诉讼程序加以解决的法律事务。非诉讼法律事务与人们的社会活动或家庭生活息息相关，范围非常广阔，律师接受委托人的委托通过非诉讼方式办理法律事务属于律师的一项重要业务活动。诉讼事务主要通过人民法院行使审判权来解决纠纷，非诉讼事务主要是为了预防纠纷，减少诉讼，保障委托人进行正常的交往。我国《律师法》第28条对律师开展业务工作的范围进行了规定，其中第6项规定，律师的业务包括"接受当事人的委托，提供非诉讼法律服务"，是律师接受非诉讼法律事务委托人的委托，提供法律帮助的依据。

随着市场经济体系的逐步完善,各种经济组织之间,经济组织与公民之间以及公民与公民之间的经济往来日趋频繁,经济关系也日趋活跃与复杂,律师作为非诉讼法律事务的代理人,运用专业法律知识帮助委托人办理非诉讼法律实务,有助于保证办理非诉讼法律事务的准确性、真实性、合法性。由于律师在非诉讼事务中进行详细调查,明确了双方权利义务,有效地预防了当事人之间纠纷发生的可能性,达到预防纠纷,减少诉讼的目的。由于非诉讼法律事务不受诉讼程序规定的严格程序和期间限制,办理速度比较快,针对当事人之间的纠纷,由于律师作为法律专业人士介入调解纠纷,有利于当事人之间的纠纷得到及时解决,简便快捷,减轻了司法机关的压力,保证了办理非诉讼法律事务的及时性。所以律师办理非诉讼法律事务,有利于各种社会关系的正常发展,节省了社会资源,避免当事人各种纠纷影响正常的社会秩序。

　　针对非诉讼事务的种类,律师在了解委托人委托事项后,需要对所涉及的相关情况进行调查了解。目前在实务操作中,非诉讼调查主要包括以下内容:

　　(1)主体调查。对公司、企业等组织的主体状况调查主要包括股东组成情况、公司治理状况、商业信誉、不良记录、经营状况、财务状况、对外投资情况、产品信息、业务信用、高层管理人员情况等进行调查。对于个人,主要包括个人身份信息、学历、个人信誉、个人资质调查等等。

　　(2)专项调查。根据委托人的需要,对特定事务进行的合法的调查。比如房地产投资、企业融资并购、企业发行债券、股票发行上市等项目的可行性进行有关调查,分析投资可能性以及投资风险。

　　(3)对于非诉讼事务中所涉及财产权属状况进行调查,特别是对房地产、车辆等财产所有权权属状况、使用状况调查。

　　(4)反不正当竞争调查,主要针对假冒商品、虚假广告、诽谤诋毁、商业欺诈实地调查(包括商业侵权调查、合同欺诈调查)等侵权行为调查取证。

　　(5)知识产权调查。调查侵犯商标权专利权著作权及商业秘密等侵犯知识产权案件。协助查清盗版的书籍、音像制品、软件的来源,协助调查假冒伪劣产品生产线索,并获取相应证据,打击假冒伪劣产品保护知识产权。

(6) 根据有关法律法规对于涉及行政复议的事项进行调查。

(二) 诉讼事务调查

诉讼事务调查是指对诉讼证据的调查取证。诉讼证据是指在诉讼活动中使用,被法庭采信并用于诉讼的证据,是用来证明案件真实情况的一切事实。诉讼案件中,法官通常在认定案件事实的基础上进行裁判,诉讼证据是人民法院判明案情的依据,是诉讼活动的基础。

诉讼事务中,律师的调查取证显得尤为重要。我国《刑事诉讼法》中虽然规定公安机关与检察机关既要收集对被告人不利的证据,也要收集对他们有利的证据。但是由于工作性质、取证方向不同,加上长久以来形成的法律传统对于司法机关的影响,有罪推定还是一些办案人员的习惯,实践中公安机关与检察机关往往不注重收集对被告人有利的证据。如何依法取得对被告人有利的证据,对辩护律师提出了较高的要求。另外,随着法律知识普及,公民法律意识及维权意识增强,人们往往通过法律程序维护自己的合法权益,越来越多的人选择聘请律师来维护自己的合法权益、解决纷争、委托处理自己的法律事务。由于民事、行政审判方式的改革,强化了当事人举证的责任,从证据的提供方式以及期限均有较严格的要求,作为裁判基础的案件事实以及认定案件事实的有关诉讼证据均依赖于当事人的提出并承担证明责任。当事人不能提供证据或所提供的证据不足以证明其主张的,由负有举证义务的当事人承担不利后果。这就要求律师在接受委托之后,为委托人进行相关事实的调查取证,或者针对某些事实及时的申请或重新申请勘察或鉴定。

1. 刑事案件调查

根据《刑事诉讼法》的规定,辩护人的责任是根据事实和法律,提出证明犯罪嫌疑人、被告人无罪、罪轻或者减轻、免除其刑事责任的材料和意见,维护犯罪嫌疑人、被告人的合法权益。辩护律师在刑事案件中的调查主要根据当事人的委托,围绕犯罪嫌疑人、被告人无罪、罪轻或者减轻、免除其刑事责任的材料开展。

除了《律师法》及《刑事诉讼法》的有关规定外,《最高人民法院、最高人民检察院、公安部、国家安全部、司法部、全国人大常委会法制工作委员会关于刑事诉讼法实施中若干问题的规定》、《最高人民法院关于执行〈中华人民共和国刑事诉讼法〉若干问题的解释》等法规及司法解释对律师调查取证有较为详尽的规定。

辩护律师在办理案件过程中,经证人或者其他有关单位和个人的同意,可以向他们收集与本案有关的材料。也可以申请人民检察院、人民法院收集、调取证据,或者申请人民法院通知证人出庭作证。辩护律师经人民检察院或者人民法院许可,并经被害人或者近亲属、被害人提供的证人的同意,可以向他们收集与本案有关的材料。对于辩护律师申请人民检察院、人民法院收集、调取证据,人民检察院、人民法院认为需要调查取证的,应由人民检察院、人民法院收集、调取证据,不应当向律师签发准许调查决定书,让律师收集、调取证据。辩护律师申请向被害人及其近亲属、被害人提供的证人收集与本案有关的材料,人民法院认为确有必要的,应当准许,并签发准许调查书。辩护律师向证人或其他有关单位和个人收集、调取与本案有关的材料,因证人、有关单位和个人不同意,申请人民法院收集、调取,人民法院认为有必要的,应当同意。辩护律师直接申请人民法院收集、调取证据,人民法院认为辩护律师不宜或者不能向证人或者其他有关单位和个人收集、调取,并确有必要的,应当同意。人民法院根据辩护律师的申请收集、调取证据时,申请人可以在场。

另外关于申请重新鉴定和勘验也有相关规定。《刑事诉讼法》第159条规定:"法庭审理过程中,当事人和辩护人、诉讼代理人有权申请通知新的证人到庭,调取新的物证,申请重新鉴定或者勘验。"《最高人民法院关于执行〈中华人民共和国刑事诉讼法〉若干问题的解释》第156条规定:"当事人和辩护人申请通知新的证人到庭,调取新的证据,申请重新鉴定或者勘验的,应当提供证人的姓名、证据的存放地点,说明所要证明的案件事实,要求重新鉴定或者勘验的理由。审判人员根据具体情况,认为可能影响案件事实认定的,应当同意该申请,并宣布延期审理;不同意的,应当告知理由并继续审理。……"

根据以上有关律师调查取证权的法律规定,刑事诉讼中,律师为了获得有利于当事人的材料,而向有关单位和个人收集或了解有关材料,或者申请人民法院收集、调取,并根据案件情况,申请重新鉴定或勘验。由于刑事诉讼的特殊性,律师在调查取证过程中,需注意以下问题:

首先,律师取证有时间要求,为了保证案件顺利侦查,不受意外因素干扰,《刑事诉讼法》规定律师只能在审查起诉阶段介入调查取证活动。

其次,律师进行刑事证据调查必须符合刑事诉讼的特殊规定,必须经过有关单位和个人同意后才能调查取证,或者经过人民法院批准后才可以进行。而且相对于我国《刑事诉讼法》第45条"人民法院、人民检察院、公安机关有权向有关单位和个人收集、调取证据。有关单位和个人应当如实提供证据"之规定,律师的证据调查行为不具有法律强制性。律师的调查取证行为只是一种带有访问性质的活动。

再次,根据《律师法》及律师职业道德要求,律师的刑事调查取证权偏重于对被告人有利证据的收集。依照法律职责,律师进行证据调查,不应当寻找和收集不利于被告人的证据,这样容易混淆律师的抗辩职责,而充当了第二公诉人的角色,律师应当从维护当事人合法权益的角度出发,收集能够证实犯罪嫌疑人、被告人无罪、罪轻或者减轻、免除其刑事责任的事实和理由。但是律师在调查取证过程中,不得置国家法律于不顾,毁灭、伪造证据,帮助当事人毁灭、伪造证据,威胁、引诱证人违背事实改变证言或作伪证,破坏正常的司法审判秩序,走上另一个极端。

最后,律师调查所取得的证据材料不能直接作为法庭定案的依据,必须经过法庭调查核实后,才能作为证据使用。例如证人证言,根据《刑事诉讼法》的规定,证人应当出庭作证。即只有在法庭调查过程中,经过询问证人、控辩双方质证等环节后,才能确定其证据效力。另外,律师在刑事诉讼中要及时的行使法律规定的调查取证请求权,对于调取不到的证据,辩护律师申请人民检察院、人民法院以国家权力,收集、保全有利于己方的证据,或对鉴定结论申请重新鉴定。虽然只是请求的权利,最终决定权在人民检察院或人民法院,但对于查明事实,保障案件顺利审理也有积极作用。

2. 民事诉讼事务调查

由于民事诉讼的性质,民事诉讼中提出证据的责任主要由当事人承担,《民事诉讼法》第 64 第 1 款规定:"当事人对自己提出的主张,有责任提供证据。"具体地说,原告应就其诉讼请求所依据的事实承担证明责任;被告应就其答辩及其反诉的诉讼请求所依据的事实承担证明责任。"谁主张,谁举证"的原则要求当事人就自己主张积极地提出证据,同时对对方当事人所提出的不利证据提出反证。没有证据或者证据不足以证明当事人的事实主张的,由负有举证责任的当事人承担不利后果。随着审判方式改革的逐步深入,最高人民法院制定的《关于民事诉讼证据的若干规定》对于举证方式和举证期限进行了详细的规定,这对民事诉讼的调查取证提出了更高的要求,律师必须在充分理解案件现有材料的情况下,根据案件性质,有针对性的调查取证。

另外,对当事人及其诉讼代理人因客观原因不能自行收集的证据材料,或者人民法院认为审理案件需要的证据材料,人民法院应当调查收集。律师应当根据案件的实际情况,向法院申请或者提醒法官调取证据,弥补律师取证的不足。

律师在民事诉讼事务调查过程中,应当围绕民事诉讼对于举证责任的相关规定进行。

(1) 按照举证责任一般规则进行举证。

最高人民法院《关于民事诉讼证据的若干规定》规定了举证责任的含义:当事人对自己提出的诉讼请求所依据的事实或者反驳对方诉讼请求所依据的事实有责任提供证据加以证明。没有证据或者证据不足以证明当事人的事实主张的,由负有举证责任的当事人承担不利后果。当事人对自己提出的主张有提供证据加以证明的责任。在民事诉讼案件中,以原告为例,原告在起诉时必须向法院提供符合《民事诉讼法》第 108 条符合起诉实质要件的基本证据,即证明原告是与本案有直接利害关系的公民、法人和其他组织;有明确的被告;有具体的诉讼请求和事实、理由;属于人民法院受理民事诉讼的范围和受诉人民法院管辖,法院才能受理该案。在诉讼中原告还必须补充提供足以证明诉讼请求的证据才能使自己的诉讼主张获得法官的支持。被告则在应诉、答辩过程中对自己的诉讼主张及否认、反驳原告的主张或者提出反诉以一定的事实作基础并提供证据加以证明,其主张才能得到法官的支持。

(2) 注意诉讼中举证责任的特殊要求。

对于法律法规中规定的对举证责任有特殊要求的案件,律师在代理过程中一定要予以高度重视。

① 合同纠纷中的举证责任分配。

最高人民法院《关于民事诉讼证据的若干规定》第 5 条规定:"在合同纠纷案件中,主张合同关系成立并生效的一方当事人对合同订立和生效的事实承担举证责任;主张合同关系变更、解除、终止、撤销的一方当事人对引起合同关系变动的事实承担举证责任。对合同是否履行发生争议的,由负有履行义务的当事人承担举证责任。对代理权发生争议的,由主张有代理权一方当事人承担举证责任。"

② 举证责任分配倒置。

根据《中华人民共和国民法通则》、《中华人民共和国侵权责任法》和最高人民法院《关于适用〈中华人民共和国民事诉讼法〉若干问题的意见》、最高人民法院《关于民事诉讼证据的若干规定》及有关法律、法规的规定,我国民事诉讼中举证责任倒置主要有两大类:

首先,是特殊侵权诉讼,根据最高人民法院《关于民事诉讼证据的若干规定》第 4 条规定,主要有以下情况:A. 因产品制造方法发明专利引起的专利侵权诉讼。由制造同样产品的单位或者个人对其产品制造方法不同与专利方法承担举证责任。B. 高度危险作业致人损害的侵权诉讼。由加害人就受害人故意造成损害的事实承担举证责任。C. 因环境污染引起的事实损害赔偿诉讼。由加害人就法律规定的免责事由及其行为与损害结果之间不存在因果关系承担举证责任。D. 建筑物或其他设施以及建筑物上的搁置物、悬挂物发生倒塌、脱落、坠落致人损害的侵权诉讼。由所有人或者管理人对其无过错承担举证责任。E. 饲养动物致人损害的侵权诉讼。由动物饲养人或管理人就受害人有过错或第三人有过错承担举证责任。F. 因缺陷产品致人损害的侵权诉讼。由产品的生产者就法律规定的免责事由承担举证责任。G. 因共同危险行为致人损害的侵权诉讼。由实施危险行为的人就其行为与损害结果之间不存在因果关系承担举证责任。H. 因医疗行为引起的侵权诉讼。由医疗机构就医疗行为与损害结果间不存在因果关系及不存在医疗过错承担举证责任。

其次,根据最高人民法院《关于民事诉讼证据的若干规定》第6条规定:"在劳动争议纠纷案件中,因用人单位作出开除、除名、辞退、解除劳动合同、减少劳动报酬、计算劳动者工作年限等决定而发生劳动争议的,由用人单位负举证责任。"所以劳动争议案件实行举证责任倒置。

(3) 律师在调查中还需要注意,根据法律规定,举证责任免除的事项无须举证。

举证责任的免除是指当事人处于法定或酌定情形,无须举证,免除其本应承担的举证责任。根据法律及最高人民法院有关司法解释的规定,当事人处于以下几种情况无须举证:① 众所周知的事实;② 自然规律及定理;③ 根据法律规定或者已知事实和日常生活经验法则,能推定出的另一事实;④ 已为人民法院发生法律效力的裁判所确认的事实;⑤ 已为仲裁机构的生效裁决所确认的事实;⑥ 已为有效公证文书所证明的事实。①、③、④、⑤、⑥项,当事人有相反证据足以推翻的除外。

(4) 如果在诉讼中,对方当事人存在自认的,对于其自认的事实,也不需举证。

自认是当事人对于自己不利的事实的承认。诉讼中的自认一旦作出,不仅对当事人产生拘束力,对法院的裁判行为也产生拘束力。它不仅免除了对方当事人的举证责任,作出自认的当事人除非有充分的证据否则不得撤回自认;法院应当受当事人自认的事实约束,依当事人自认的事实作出裁判。

最高人民法院《关于民事诉讼证据的若干规定》第8条规定:"诉讼过程中,一方当事人对另一方当事人陈述的案件事实明确表示承认的,另一方当事人无需举证。但涉及身份关系的案件除外。对一方当事人陈述的事实,另一方当事人既未表示承认也未否认,经审判人员充分说明并询问后,其仍不明确表示肯定或者否定的,视为对该项事实的承认。当事人委托代理人参加诉讼的,代理人的承认视为当事人的承认。但未经特别授权的代理人对事实的承认直接导致承认对方诉讼请求的除外;当事人在场但对其代理人的承认不作否认表示的,视为当事人的承认。当事人在法庭辩论终结前撤回承认并经对方当事人同意,或者有充分证据证明其承认行为是在受胁迫或者重大误解情况下作出且与事实不符的,不能免除对方当事人的举证责任。"律师在民事诉讼中,针对对方的自认行为,适当调整自己的诉讼方案,达到事半功倍的效果。

(5) 为弥补律师调查取证的不足,根据法律规定,由人民法院依职权收集或申请人民法院收集证据。

根据《民事诉讼法》第 64 条规定"当事人及其诉讼代理人因客观原因不能自行收集的证据,或者人民法院认为审理案件需要的证据,人民法院应当调查收集"。人民法院的查证主要包括依职权收集和依当事人申请收集证据。人民法院依职权收集的证据主要指人民法院认为审理案件需要的证据:① 涉及可能有损国家利益、社会公共利益或者他人合法权益的事实;② 涉及依职权追加当事人、中止诉讼、终结诉讼、回避等与实体争议无关的程序事项。以上证据主要涉及可能有损国家、公共利益,或一些程序事项,律师可以向法院提出由法院依职权收集证据。

人民法院依当事人申请收集的证据主要有:① 申请调查收集的证据属国家有关部门保存并须人民法院依职权调取的档案材料;② 涉及国家秘密、商业秘密、个人隐私的材料;③ 当事人及其诉讼代理人确因客观原因不能收集的其他材料。上述情况中,有些是涉及国家秘密,档案材料等不便于律师调查取证的证据;在更多情况下,律师在调查取证时,经常会遇到一些部门以其内部的规章制度规定拒绝律师调查取证的要求,如银行、税务等有关职能部门以涉及商业秘密、个人隐私为由拒绝向律师提供相关证据,导致案件事实无法查清。对于以上情况,为避免出现由于无法取得上述证据导致案件无法查清的后果,可以向法院申请由其调查取证。

3. 行政诉讼的调查取证

行政诉讼的中心任务是审查具体行政行为的合法性。因此，对被诉具体行政行为合法性的证明是行政诉讼活动的基础和主要内容，包括与被诉具体行政行为合法性有关的实体法事实和程序法事实的证明。这是行政诉讼证据区别于其他诉讼证据的最重要特征。行政诉讼中律师由于代理原告或被告的不同，其调查取证的重点而不同。

《行政诉讼法》第 32 条规定："被告对作出的具体行政行为负有举证责任，应当提供作出该具体行政行为的证据和所依据的规范性文件。"在立法上明确了作为被告的行政机关应当提供证据证明被诉具体行政行为的合法性。行政机关在作出裁决之前，应当充分收集证据，然后根据事实、依据法律、法规、规章作出裁决，而不能在毫无证据的情况下，对公民、法人或者其他组织作出行政行为。当被告不提供或者不能提供证据证明具体行政行为合法时，则由被告承担败诉的后果。原告方并不因为举不出证据证明具体行政行为的违法性而败诉。被告在承担举证责任提供证据时，既要提供作出特定具体行政行为的事实根据，也要提供作出该具体行政行为的法律根据，即所依据的法律、法规、规章等规范性文件。而且根据《行政诉讼法》的规定，在行政诉讼过程中，被告及其诉讼代理人不得自行向原告和证人收集证据。对此律师必须要充分重视。

原告的举证责任范围根据《最高人民法院关于执行〈中华人民共和国行政诉讼法〉若干问题的解释》第 27 条的规定，原告对以下事实承担举证责任：一是证明起诉符合法定条件；二是在起诉被告不作为的案件中，证明其提出申请的事实；三是在一并提起的行政赔偿诉讼中，证明因受被诉行为侵害而造成损失的事实。根据最高人民法院颁布的《关于行政诉讼证据若干问题的规定》规定，原告向法院提起行政诉讼，应当提供符合起诉条件的相应的证据材料。在起诉被告不作为的案件中，原告方应当提供在行政程序中曾经提出申请的证据材料，但下列情形除外：被告应当依职权主动履行法定职责的；原告因被告受理申请的登记制度不完备等正当事由不能提供相关证据材料并能够作出合理说明的。原告律师应当调查与之相关的证据材料,当然如果能搜集到证明被诉具体行政行为违法的证据,也可向法庭提交。即便提供的该证据不成立,并不免除被告对被诉具体行政行为合法性的举证责任。

《行政诉讼法》第 34 条规定,人民法院有权要求当事人提供或者补充证据。人民法院有权向有关行政机关以及其他组织、公民调取证据。根据《行政诉讼法》第 34 条第 2 款的规定,有下列情形之一的,人民法院有权向有关行政机关以及其他组织、公民调取证据:(1) 涉及国家利益、公共利益或者他人合法权益的事实认定的;(2) 涉及依职权追加当事人、中止诉讼、终结诉讼、回避等程序性事项的。上述事项主要为可能有损国家、公共利益,或者为一些程序事项,人民法院可依职权调取,律师可根据案件实际情况,向法院提出由法院依职权收集证据。

作为行政诉讼的原告或第三人,如果不能自行收集,但能够提供确切线索的,针对以下证据,可以申请法院调取:(1) 由国家有关部门保存而须由人民法院调取的证据材料;(2) 涉及国家秘密、商业秘密、个人隐私的证据材料;(3) 确因客观原因不能自行收集的其他证据材料。律师在办理案件中为弥补调查取证的不足,可以通过申请法院调取方式来保障当事人合法权益。

第二节 尽职调查

一、尽职调查的概念

尽职调查也叫审慎调查,英文称"Due Diligence",指就股票发行上市、收购兼并、重大资产转让等交易中的交易对象和交易事项的财务、经营、法律等事项,委托人委托律师、注册会计师等专业机构,按照其专业准则,进行的审慎和适当的调查和分析。在资本市场上,按照调查行为主体的不同,尽职调查一般可以分为律师尽职调查、注册会计师的财务尽职调查和投资银行尽职调查等三种类别。

律师尽职调查是一种法律调查行为,律师通过收集并从法律或规范性政策文件的角度进行调查、研究、分析和判断目标公司相关资料、文件、信息以及其他事实情况,以获知公司交易行为(资产收购、股权收购、公司并购、重大资产转让等)所需了解的属于目标公司的重要事实,从而为交易行为提供合法性意见和风险性意见。2001 年中国证券监督管理委员会发布了《公开发行证券公司信息披露的编报规则第 12 号——律师法律意见书和律师工作报告》(简称"编报规则第 12 号"),该规则第 5 条规定:"律师在律师工作报告中应详尽、完整地阐述所履行尽职调查的情况,在法律意见书中所发表意见或结论的依据、进行有关核查验证的过程、所涉及的必要资料或文件。"这是第一次在我国的法律规范性文件中出现"尽职调查"这一概念。2007 年中国证监会和司法部联合发布了《律师事务所从事证券法律业务管理办法》,对律师事务所从事证券法律业务进行全面规范。提出借助律师法律专业技能和特殊的职业信誉,赋予其市场'守门人'角色,使其担当第一线的监督功能,通过律师在证券业务中核查和验证有关事实,并形成法律意见来实现"守门人"的角色和"第一线的监督功能"。其中对于核查和验证事实即法律尽职调查进行了较为详细的规定。

尽职调查的目标主要在于目标公司的资产和负债情况、经营和财务情况、目标公司所面临的机会以及潜在的风险等关键和基本信息。尽职调查的重要目的是律师将调查了解情况客观真实地向委托人详细告知,提示与防范风险。目前尽职调查已经成为公司开展业务的重要行为,特别是证券律师的尽职调查,在帮助证券监管部门把关,做到信息真实披露,起到对公众负责,对社会负责的重要作用。

律师尽职调查主要分为两大类:一类是为了完成某种法律服务对目标公司进行有针对性的法律调查,即普通的尽职调查,实务中,普通的尽职调查主要为公司投资或者公司融资中的法律尽职调查。一般说来,公司投资行为主要为公司收购(主要为资产收购、股权收购、公司并购等),公司融资最为常见的为银行贷款和发行股票、债券等。由于收购的法律程序比发行上市的程序简单,花费时间较少,可以更快的实现公司的业务整合与规模的扩张,目前被广泛采用。在收购前,出让方通常会对目标公司的存续与经营的风险和义务有很清楚的了解,收购方处于明显劣势地位。通过实施法律尽职调查,律师可以协助委托人(收购方)充分地了解目标公司的历史沿革、股权变更、组织结构、资产产权状况等方面的法律状态;发现和分析目标公司的法律风险和问题,以及问题的性质和风险的程度,了解哪些情况可能会对委托人带来责任、负担。可以弥补收购方与出让方在信息获知上的不平衡,有效控制风险。

另一类为专门的企业改制和上市的尽职调查,即上市尽职调查。对于拟上市的企业,改制重组是前提。改制重组是否彻底直接关系到改制后的股份公司发行上市的时间进度和能否顺利进行。通过法律尽职调查,律师可以发现问题、揭示风险,从而协助当事方制订合理、合法、有效、可行的改制方案。根据中国证券监督管理委员会《公开发行证券公司信息披露的编报规则第12号公开发行证券的法律意见书和律师工作报告》的规定,拟首次公开发行股票公司和已上市公司增发股份、配股,以及已上市公司发行可转换公司债券等,拟首次公开发行股票公司或已上市公司所聘请的律师事务所及其委派的律师应按该规则的要求出具法律意见书、律师工作报告并制作工作底稿。法律意见书和律师工作报告是发行人向中国证监会申请公开发行证券的必备文件。律师在律师工作报告中应详尽、完整地阐述所履行尽职调查的情况,在法律意见书中所发表意见或结论的依据、进行有关核查验证的过程、所涉及的必要资料或文件。2007年5月1日实施的《律师事务所从事证券法律业务管理办法》对律师事务所从事证券法律业务进行全面规范,其中核查和验证事实即法律尽职调查,是律师在证券业务中的基础工作。

二、尽职调查的基本原则

(一) 独立原则

律师应当独立地进行尽职调查并作出自己的判断,不应受到不良因素的影响,排除不良因素产生的干扰。

律师尽管受当事人委托进行法律尽职调查,但是,律师并不从属于委托人,其地位是独立的,不受委托人的意志左右,其意见是独立的。在办理法律事务过程中,如果尽勤勉尽职义务之后仍不能发表肯定性意见时,应发表保留意见,并说明相应的理由及其对尽职调查事项影响程度。律师进行核查和验证时,同样须保持执业的独立性,既不受委托人意志的左右,也不受其他中介机构的干预。律师在不损害委托人合法权益的前提下,独立决定办理法律事务的内容、方法和程序。在律师独立进行尽职调查中,还需注意掌握工作方法,与有关人员及时沟通,包括律师与客户间、调查团队成员与主持律师间、律师与其他中介机构间、调查人员与档案管理部门间,及其他人员之间的及时沟通,相互配合。对于在尽职调查过程中所了解的属于委托人或者被调查事项中无法通过公开渠道获得的文件及资料(包括商业秘密、公司计划、运营活动、财务信息、技术信息、经营信息及其他商业秘密),律师应当予以保密。

(二) 全面原则

要求律师在尽职调查中要全面。首先:调查内容要全面,要求能全面反映公司的运行状况以及是否符合法律规定。要涵盖公司股权状况、组织体系、各项权利义务、劳动人事关系、股东及关联公司状况等情况。例如公司股权状况及组织体系方面,尽职调查需要涉及公司的沿革、合法性、股东的构成与变更、内部治理结构、下属机构以及关联公司等;公司权利和义务方面,需要调查公司财产所有权状况、知识产权及债权等权利以及银行贷款、借款、或有负债、正在进行或者面临的诉讼、仲裁或行政处罚以及税收等义务;劳动人事方面,公司对有关劳动法律的执行状况,对重要部门雇员劳动合同的履行状况,是否存在劳动纠纷等问题。对于证券律师,根据中国证监会关于股票发行上市的一系列规定,对发行方进行更加全面、严格的调查。

其次,收集材料要全面。针对调查内容,律师必须尽可能的调集所有材料,关注细节,对于所涉及的问题,均必须有证据来进行佐证,不能有遗漏,也不能主观臆测,这也是律师客观真实的进行尽职调查的要求。

(三) 勤勉、透彻原则

律师在进行尽职调查过程中应当利用专业知识去查实、分析和评价有关的信息,对有关材料进行详细的核实,对于能提交原件的,应当要求提交原件,不能提交原件的,应当将原件与复印件进行核对,公司从有关部门调取的材料要求应当加盖该部门的相关印章,必要时律师应当亲自核实相关情况。实务中,大部分文件材料都是由目标公司提供的,其提供资料有可能不完整,甚至存在提供虚假文件的可能性。为保证律师能深入了解有关情况,律师应要求目标公司安排有关人员陪同律师到相关部门调阅档案材料,如前往工商局调取工商档案、知识产权管理部门调取专利使用情况、税务部门调取纳税情况,如果目标公司不能安排的,律师应当主动去相关部门进行调查、核实,确保材料的真实、准确、完整。如果有些事实缺乏记载,应当对相关人员进行询问,制作询问笔录,由当事人和律师签字;对于某些专业问题,可以委托专业机构或专家出具专业意见,在出具法律意见时应当注明材料取得情况。

调查中,在全面了解目标公司状况的基础上,对于所调查的问题,应当根据法律规定,调查透彻深入,了解清楚。例如在调查公司股权状况时,不仅对股权比例进行了解,还需了解公司股东是否涉及重大的诉讼、仲裁或者行政处罚,其股权是否被质押等,要加大调查深度,深入了解。

(四) 区别对待原则

律师在尽职调查中,为确保调查效率和质量,应当根据调查对象的自身特点,确定不同的调查重点。

根据公司的实际发展状况、公司发展背景及公司经营领域等进行实际分析,确定调查重点。如,对于处于创业阶段的企业而言,因为其股权结构以及公司权利义务状况比较简单,所以重点应集中于其创业团队、知识产权等领域;而对于比较成熟的企业,因为其成立时间相对较长,其牵涉的法律关系更加复杂,隐藏的风险点也就更多,因此就应该全面调查。

公司发展背景不同直接决定调查重点不同,例如相对于国有公司,对于民营企业的调查要重点关注其内部制度的规范性、公司的股权架构、公司与自然人之间的借贷、关联交易等因素;在企业改制的尽职调查中。企业设立之初即为股份制企业的,其股权结构相对清晰,因此其重点应集中于公司治理结构;对于那些改制为股份公司的企业,改制是否规范、改制文件是否齐全、相关利益主体的利益是否已经妥善解决则是必须关注的。

关于公司的经营领域,如果为高耗能高污染的公司,要重点调查公司生产经营是否符合国家相关法律规定,办理相关证照是否及时,如是否进行过环评、环保措施是否到位和是否因污染被提起民事诉讼或者受过行政处罚等;如果公司经营高科技领域产品,此类公司如果存在知识产权归属不清或者存在权属争议,则可能导致整个企业的核心竞争力缺失,甚至连企业存在的基础也将丧失,所以知识产权的尽职调查属于该类公司的重点。

三、尽职调查的方法

(一)对调查事项进行详细了解

律师在接受委托后,必须了解需要调查的事项,听取委托人讲述目标公司历史沿革、产权结构、组织结构、发展方向、经营状况等以及目标公司需要律师尽职调查所需要解决的问题。通过听取目标公司的讲述,律师梳理出公司可能存在或出现的法律问题,发现公司发展中可能面临的法律风险,为进一步详细调查做好准备。

(二)主要以提问的方式进行调查,对获取资料需要进行核查、验证

(1)律师针对已经发现的问题及目标公司在讲述时提出的急需解决的问题向其提问。律师可以根据需要了解的情况向公司出具一份基础的调查提纲,列出要求公司提供的基础资料,提纲要尽量详细,一般要根据尽职调查项目的种类、具体特点、项目大小来列,最好涵盖所需要的全部材料。

(2)由于尽职调查是为委托人或者其合作公司进行服务,在材料提供方面基本没有太多障碍,律师需要针对其提供的基础资料了解分析后出具法律意见书。为保证尽职调查的工作质量,特别是在证券业务中对律师出具文件作出了真实性、准确性、完整性的要求,《律师事务所从事证券法律业务管理办法》中要求律师事务所及其指派的律师在从事证券法律业务中,应当遵守法律、行政法规及相关规定,遵循诚实、守信、独立、勤勉、尽责的原则,恪守律师职业道德和执业纪律,严格履行法定职责。应当按照依法制定的业务规则,勤勉尽责,审慎履行核查和验证义务。律师进行核查和验证,可以采用面

谈、书面审查、实地调查、查询和函证、计算、复核等方法。在调查、核实过程中,可以采用以下方法:

第一,要求目标公司根据律师提交的调查提纲提交所涉及的所有资料,在提交复印件时应当及时的核实目标公司留存的原件。如果不能提供的资料,应当要求公司进行说明,不能与原件核对的复印件也应当注明。另外,通过网络、电视、报纸等媒体了解公司在经营过程中对外公开发布的信息材料,验证其提供资料真实性。向公司其他客户侧面了解公司的经营状况。与公司重要的债权人和债务人沟通和了解公司债权债务、接受担保和对外担保等情况。

第二,向有关登记机关或政府职能部门核查验证公司提供的材料,比如向税务、环保部门了解其是否正常纳税,其前期建设是否通过环保部门的评审,是否受到过相关行政处罚;向劳动和社会保障部门查询劳动用工和社会保险费缴纳状况;向该公司注册的工商局查询了解公司工商登记信息,股东或其章程的真实情况资料,调查公司股权权属状况及质押情况;向土地管理部门和房产管理部门查询所涉及的土地使用权、房屋产权权属及抵押、查封等情况。

第三,为进一步对公司了解,应当对公司进行实地考察,参观公司生产业务流程,与企业高管和职能部门负责人员进行现场访谈,了解公司的真实经营状态,进行相关记录。与公司聘请的律师等常年专业顾问进行沟通(发行上市业务中比较常见,如了解公司重要交易合同的签署、订立、履行的法律状态,了解公司是否存在诉讼、仲裁、行政调查事项及潜在的法律后果),根据调查项目不同,例如在并购或上市等业务中,与公司聘请的会计师、投资银行等中介机构进行及时沟通。

第四,对于尽职调查搜集的有关材料应当妥善保存,及时归档。特别是在证券业务中要求律师应及时、准确、真实地制作工作底稿,将律师在为证券发行人制作法律意见书和律师工作报告过程中形成的工作记录及在工作中获取的所有文件、会议纪要、谈话记录等资料及时整理保存。工作底稿的质量是判断律师是否勤勉尽责的重要依据。

四、尽职调查的内容

针对不同的律师法律服务,需要知悉的信息也不同,律师尽职调查内容也各有不同,所起到作用也不同。但从尽职调查的本质上理解,各种尽职调查的主要内容基本相同,主要是对被调查公司主体资格、股权状况、公司治理结构、资产状况以及运行情况等内容调查分析,以下以公司并购为例,介绍尽职调查的内容:

(一)目标公司概况

(1)审查目标公司主体资格的合法性。

审查目标公司的主体资格是为了确保交易的合法有效,要求其提供各种官方批准文件。对目标公司主体的合法性的调查主要包括两个方面:

第一,主体状况,即目标公司是否依法成立并合法存续,包括其登记机关、成立时间、注册登记情况、经营范围、股东情况、注册资本交纳情况、公司变更、公司年检、有无吊销或注销、公司的税务登记证、开户银行证明等等。

第二,是否具备从事营业执照所确立的特定行业或经营项目的特定资质,如经营许可证、建筑资质、房地产资质等。

(2)目标公司自组建以来的全部章程、发起人协议、股东协议,目标公司成立以来董事会记录、股东会记录、董事会决定和股东会决议。通过审查公司股东会、董事会的权力,公司重大事项的表决、通过程序等相关信息,了解公司治理状况是否正常,并确定本次收购是否存在程序上的障碍,是否获得了合法的授权等等,以确保本次收购交易的合法、有效,避免可能争议的发生。

(3)了解目标公司的股东及权属情况,要求提供目标公司发布的股东名册、股权证书、期权证或者其他认股证书的副本或复印件,审查目标公司的股权结构、股权结构的变革过程及其合法性,防止出现股权结构混乱、矛盾、不清晰或其设置、演变、现状不合法而影响或制约并购。了解控股股东出资及产权过户情况,在前述基础上要进一步审查目标公司各股东(特别是控股股东)出资的合法、合规性,重点是审查股东出资方式、数额是否符合相关法律、合同和章程的规定;出资后是否有抽回、各种形式的转让等。

(4)对目标公司发展过程历史沿革的调查,主要对目标公司的背景和所处行业的背景进行尽职调查。调查了解目标公司管理的规章制度。

(5)了解公司全部子公司以及分支机构(包括但不限于分公司、办事处、研发中心、培训中心、售后服务中心、产品销售中心等非法人单位)设立情况及公司的对外投资,以利于评估该公司的市场渠道和管理风险。

(6)绘制目标公司的产权关系图和组织结构图。律师在详细掌握目标公司上述基本资料后,为直观了解目标公司目前状态下的产权联系,绘制出目标公司的股东与公司、公司与子公司、分公司、参股公司、其他有股权及联营关系的公司等的关系图。为了解目标公司的组织体系,可以绘制出与公司实质上统一经营的全部机构的管理结构图。

(7)了解目标公司在其业务领域中的市场状况,包括公司的主要合作伙伴,主要竞争对手,公司产品的上下游合作,市场分布及所占市场份额、竞争力等,据此绘制目标公司的市场结构图。

(二)目标公司主要财产和财产权利情况以及财务状况

(1)了解不动产相关情况。不动产主要包括土地使用权及建筑物,律师需要查阅目标企业拥有或租赁的土地使用权、房产的权属凭证、相关合同、支付凭证等资料,并向房产管理部门、土地管理部门核实是否存在担保或其他限制目标企业房地产权利的情形,律师对目标企业的房地产权利的合法有效性以及是否存在法律纠纷或潜在纠纷做出判断。

(2)查阅目标企业主要生产经营设备、拥有的其他公司股权等主要财产的清单及权属凭证、相关合同、保险单等资料,并向工商部门等核实是否存在担保或其他限制目标企业上述财产权利的情形,律师需要对目标企业拥有或租赁主要生产经营设备的合法有效性以及是否存在法律纠纷或潜在纠纷作出判断。同时通过机器及设备的先进程度了解目标公司的技术水平,从侧面判断公司价值。

如果目标企业尚未取得对上述财产的所有权或使用权完备的

权属证书,律师还需对取得该等权属证书是否存在法律障碍作出判断。

(3) 了解目标公司的财务报表信息,目标公司近期(一般为3个会计年度)经过审计的财务报表及审计报告,以及自上一个经审计的财务报表之日起最新编制的未经审计的中期财务报表,还有近期的资产负债表、损益表及现金流量表,说明目标公司义务经营净利润以及亏损情况。

(三) 知识产权情况

(1) 了解知识产权的权属。主要应审查有关的商标证书、专利证书、待批准的专利申请、非专利技术成果鉴定证书等,审查知识产权是否是通过受让而取得,是否存在权利瑕疵,比如权利质押或其他担保情形的相关法律文件,是否存在有关侵权诉讼,是否存在被法院查封等权利限制的情况,等等。

(2) 审查许可使用。某些高科技公司中,以知识产权形式存在的无形资产的价值远高于其有形资产的价值。专利、贸易商标、服务商标、技术秘密和其他形式的保密信息可以是目标公司直接所有,也可能是目标公司仅拥有所有权人授予的使用许可,或目标公司已许可他人使用。应对上述知识产权的细节进行全面的审查,而不应仅限于审查政府机关颁发的权利证书本身。

(3) 审查知识产权的到期续展、有效性。对于注册的知识产权要包括对注册和续展费用支付情况的审查,有关专利的到期日期应予以特别的注意,对服务和贸易商标应当确认注册权人的适度使用情况,对于根据许可证而享有的权利或因许可而限制使用的情况,应当对相应的许可协议进行审查,明确许可的性质,以确保不存在有关应控制权转变而终止许可的条款。

(四) 重大合同履行情况及重大债权、债务情况

(1) 对于目标公司的存续与发展相当重要的交易合同,是收购方律师仔细审查的重要对象,这些合同通常包括长期购买或供应合同、技术许可合同、大额贷款合同、公司担保合同、代理合同、特许使用合同、关联交易合同等等。对其合法性、有效性以及是否存在潜在风险作出判断,例如合同中是否将股权变化所导致的股东控制权变

化作为合同履行或解除的条件,或者合同是否属于与关联公司之间约定,其中权利义务是否平衡,是否存在显失公平等情况,如果继续履行对收购方是否不利等等。

(2)目标公司的债权、债务:贷款文件,包括长短期贷款合同和借据(如为外汇贷款,则包括外汇管理机构的批文及登记证明)以及资产抵押清单及文件(包括土地、机器设备和其他资产);目标公司与其他公司或自然人签订的公司通过民间借贷方式融资的借款协议书;担保文件和履行保证书,包括公司签订的各类担保协议,包括目标公司为自己债务的担保协议,也包括为他人提供的担保,如果为外汇担保,则需要提供外汇管理局批文及登记证明;目标公司对客户或供应商的欠款;已拖欠、被索偿或要求行使抵押权之债务及有关安排。

(五)目标公司管理层和员工信息

(1)了解目标公司的主要劳动人事制度,要求目标公司提供有关规章制度,以及劳动协议、咨询协议、录用函、专有发明协议、保密协议格式文本。

(2)目标公司董事、高级管理人员任职情况表;公司的董事、高级管理人员、核心技术人员简历;公司与管理层、核心技术人员的所有协议副本;在上个及本财政年度期间目标公司向董事、高级管理人员支付的所有薪酬清单,包括工资、奖金及非现金福利;目标公司董事和高级管理人员在最近5年内没有刑事犯罪的描述。

(3)职工情况说明,包括职工总数、工种等,了解是否与全部职工签署了劳动合同。了解公司近期(一般为3年)发生的一切劳动纠纷(包括但不限于劳动仲裁、不公平劳工待遇、工作环境、安全及劳动卫生等方面的诉讼或行政程序)。

(4)目标公司参加社会保险的情况(包括但不限于养老保险、失业保险、医疗保险、工伤保险、生育保险、住房公积金),以及公司在社会保险之外向员工提供的商业保险、退休福利计划、退休安排和其他雇员福利计划的情况,包括相关的政策、内部规则、合同、计划,以及公司社会保险缴费情况。

（六）环境问题

重点审查公司是否取得了环保和其他行政监管部门的符合环保和其他行政监管的许可、同意、批复，以及公司是否按规定缴纳相应规费，环境保护装置是否完备，是否存在被有关行政机关进行行政处罚以及存在与环境污染有关诉讼的情形。

（七）税务问题

目标公司适用的所有税种、税率说明，如增值税、营业税、所得税、印花税等；目标公司的所有纳税申报单或其他纳税申报材料；目标公司所享受的税收优惠待遇的详情及有关批准文件或目标公司享有的减税或免税的证明；目标公司有无重大税务纠纷，欠缴税款或者被税务部门处罚。

（八）涉及的诉讼与仲裁

任何有关或涉及公司、公司的董事、监事、总经理、其他高级管理人员的已经发生的、正在进行的或已有明显迹象表明可能要发生的全部的诉讼、仲裁将直接关系到公司的责任和损失的可能。并购律师应当了解目标公司成立以来影响到目标公司的已生效的仲裁或诉讼案件清单，了解近期（一般为3年）中对目标公司不利的重大诉讼或仲裁案件的结果，了解生效案件的执行情况；对于正在进行的诉讼或仲裁分析胜诉的可能性，以及由此可能产生的法律费用和赔偿责任的开支；了解目标公司成立以来遭受客户投诉及投诉解决的情况，有无被有关部门处罚的情况。

第三节　证据收集

证据收集是查明案件事实的前提，也是办案的必经阶段，是完成证明任务，实现证明过程的基础。律师证据收集指在诉讼或非诉讼法律事务中，代理律师运用法律许可的方法和手段，依照法定程序，发现、采集、提取证据和固定与案件有关的各种证据材料，使之证明自己事实主张的专门活动。收集证据是律师正确办理各类法律事务的首要工作。

一、证据收集的原则

(一) 充分利用现有证据材料的原则

由于法律并没有对律师调查取证有司法强制力的保障,律师也没有司法机关的调查取证权力,在律师实务中,调查取证需要有关单位或个人的协调配合,但法律并没有规定不配合律师调查会有什么法律后果,律师调查难是一个现实存在的问题。这就要求律师在办理案件过程中,首先要对现有的案件材料进行详细认真的分析,找出其内在联系,依托现有的证据材料最大化地还原案件事实。一般情况下,当事人为了证明案件的基本事实,会保存有案件争议事实的基本资料,这些证据材料是案件办理的基础,构成了案件的基本脉络,案件的性质、案情发展、责任划分,通过这些证据材料均有体现。律师应当从现有证据材料中发现对自己有利的证据,完善代理思路,并根据目前掌握的证据,指导下一步调查取证情况,争取做到"运筹于帷幄之中",避免漫无目的的调查,防止千辛万苦调取的证据毫无用处或用处不大,争取做到取证目标明确,成果突出,效果良好,避免律师调查困难的尴尬。

(二) 及时、合法、有效原则

及时、合法、有效原则指律师在接受委托后,根据案件的性质,采用合法、有效的方式及时调查取证,避免证据材料随着时间推移而发生变化,或者发生超过举证期限的情况。

诉讼案件当事人委托律师基本在案件发生后,由于时间推移,自然因素和其他客观情况的变化,有些证据材料会自然灭失或性状发生变化,有些证据的内容会发生变化或者消失;有些当事人或证人的记忆会随着时间的推移而失真,或者由于人员流动而无法找寻。一般情况下,离案件或纠纷发生的时间越近,与案件有关的痕迹、物品就越容易发现,证据材料内容的变化就越小,因而收集到的证据材料也就越可靠。所以律师在接受委托后,在充分分析现有证据材料的前提下,对于必须要调查的证据材料应当采取及时有效的调查。

另外,在调查取证时必须注意到举证期限的情况,如在民事诉讼中,当事人应当在举证期限内向人民法院提交证据材料,当事人在举证期限内不提交的,视为放弃举证权利。所以律师在接受诉讼委托后,应当及时了解有关该案件举证期限规定,如果该案件规定了举证期限,则争取在举证期限届满前提交证据材料,如果当事人在举证期限内提交证据材料确有困难的,应当及时在举证期限内向人民法院申请延期举证,经人民法院准许,可以适当延长举证期限。当事人在延长的举证期限内提交证据材料仍有困难的,可以再次提出延期申请,是否准许由人民法院决定。

对于符合法律规定情形,属于当事人确实无法获取的有关证据材料,律师应当按照法律规定及时向检察院或法院申请收集调取。

律师在调取证据材料时,必须注意严格遵守法律规定的步骤、时间、顺序和方式方法,例如辩护律师未经人民检察院或者人民法院许可,向被害人或者其近亲属、被害人提供的证人收集的与本案有关的材料不能作为证据使用。办理民事案件中,根据最高人民法院《关于民事诉讼证据的若干规定》第68条规定"以侵害他人合法权益或者违反法律禁止性规定的方法取得的证据,不能作为认定案件事实的依据",律师如果以上述方法获取的证据材料,不符合法律规定,反而不利于保障当事人合法权利。另外,调查取证时也应当注意要讲求取证质量,符合法律规定,如调取到的书证应当提交原件,物证应当提交原物。

(三) 自我保护原则

律师在调查取证过程中,特别是刑事诉讼的调查取证过程中,存在诸多风险。

首先,律师可能会面临人身或人格风险。由于律师是为当事人提供服务的法律执业人员,其调查没有强制力,律师调查也没有司法机关人员调查时的权利保护。有时在调查取证时可能在身体上会遭受伤害,或者在人格上、名誉上受到对方当事人及其亲朋或者有可能是执法人员的侮辱、贬低等。

其次,律师执业中的职务风险。《律师法》第49条规定:"律师有下列行为之一的,由设区的市级或者直辖市的区人民政府司法行政部门给予停止执业6月以上1年以下的处罚,可以处5万元以下的罚款;有违法所得的,没收违法所得;情节严重的,由省、自治区、直辖市人民政府司法行政部门吊销其律师执业证书;构成犯罪的,依法追究刑事责任……(4)故意提供虚假证据或者威胁、利诱他人提供虚假证据,妨碍对方当事人合法取得证据的……律师因故意犯罪受到刑事处罚的,由省、自治区、直辖市人民政府司法行政部门吊销其律师执业证书。"根据律师申请执业证书的规定,律师如果在取证过程中违反了该禁止性规定被吊销执业证书,将意味着其终生不得再从事律师职业。

最后,也是最重要的,律师面临着刑事风险。这主要是指律师在参与刑事诉讼过程中,因调查取证行为而可能招致的涉及刑事责任的风险。

对于以上风险,律师一定要注意自我保护,律师首先要严于律己,一身正气,堂堂正正做事,清清白白做人,做公道正派律师。其次坚持律师职业道德约束,以律师执业行为规范为基本行为准则,提高抵御风险和诱惑的能力,以诚信为执业之基本原则,忠于法律、维护正义,为委托人或当事人勤勉尽责,树立良好的律师形象。再次,严格按照法律规定调查取证,遵守程序规定,讲究调查取证的方式方法,比如由两位律师共同会见犯罪嫌疑人或被告人,共同向证人调查取证,用法律赋予的权利保护自己。总之律师只有保护好自己,才能完成法律赋予的任务。

(四)节俭原则

节俭原则指律师在调查取证过程中应当尽可能地为委托人节省开支,降低调查成本,维护委托人的合法权益。调查取证是一项艰苦的工作,要付出成本。司法机关的调查成本是由国家财政支出,律师的调查成本则是由委托人承担,而且律师的调查取证由于法律没有赋予其任何特权和优先权,成本可能会更大些。实务中,当事人不仅只关注诉讼结果,对于诉讼成本也相当关注,律师应当考虑委托人的切身利益,避免委托人和律师由于调查取证的成本而发生不必要的纠纷。这要求律师在调查取证,如何合理使用办案费用应当注意以下情况:

(1)要求律师应当详细了解案情,尽可能地减少不必要的调查项目,充分分析和使用现有证据,避免重复调查和无用调查,对于证据的使用应当以质取胜而不是以量取胜。脱离案件事实,盲目的搜集证据,接到案件后东奔西跑,风餐露宿,甚是辛苦,让委托人也很感动,材料收集了很多,但在法庭上很多都是没有法律价值的,对案件的处理没有丝毫的影响,无法实现调查取证的目的,造成取证成本与取证效益的极大反差,虽然在委托人看来律师投入大量的工作,但无法取得良好的实际效果,最终委托人也无法满意。

(2) 要求律师合理使用办案费用,在调查取证过程中,对于不必要的支出,尽可能地减少,对于可以节省的支出,尽可能地降低费用标准。但是必须明确,节俭不是目的,对于合理的支出,比如为会见重要证人,需要在正式场所见面,或者相关证据有可能灭失,需要尽快采取措施保全证据时,这时不能为了节省费用,错失取证良机。必须明确律师调查取证目的是为了获取证据,必须分清哪些是必要的开支,哪些是浪费,必须让当事人理解为了调查取证,必要的开支是必须的,律师需要对调查取证的支出进行必要的说明,做到支出公开、明确,避免委托人误解。律师也必须恪守职业道德,不能贪图蝇头小利,以调查名义游山玩水,导致因小失大,丧失律师的良好名誉和人格魅力,甚至受到相关执业纪律处罚。

二、证据收集方式

证据收集是律师的一项重要技能,如果取证不利,对于委托人来说与其相关的法律事务无法达到预期效果,或者无法最终完成举证义务,导致其人身自由、合法财产、人格信誉以及其他权利可能会受到损害。对于律师来讲,收集证据材料的基本方法是调查研究,通过以下几种方式收集:(1) 通过会见、访问、座谈、进行谈话,制作记录;(2) 复制、抄录资料。对可用作证据的书面材料,如文件、函电、账簿、图表等,律师虽无权调取、扣押,但可以在征得持有人同意的情况下加以复制;(3) 对于书证、物证可以采用拍照的方式收集;(4) 对于谈话内容可以采用录音、录像的方式真实反映;对于应当鉴定但未予鉴定的问题或对卷中鉴定结论的正确性有疑问的,可以申请鉴定或重新鉴定,还可以向有关专家进行咨询,出具专家意见。

在我国实务中,由于律师调查没有强制力,收集证据材料需要向有关部门或个人交流法律知识,进行普法宣传;需要在现有的法律体系下尽可能地寻求查找证据材料的保障。在证据材料收集过程中考验的是律师的综合能力,实践中为了获得某些证据材料往往更多的需要律师的耐心和毅力。

(一)向有关单位调查

直接向有关单位了解与案件有关的情况,调查相关档案资料及相关事实,复制抄录资料,是律师调查、收集证据的主要方式之一。《律师法》第35条规定:"律师自行调查取证的,凭律师执业证书和律师事务所证明,可以向有关单位或者个人调查与承办法律事务有关的情况。"本条规定突破了以前《律师法》规定的律师向有关单位或个人调查取证需要经过其同意的约束,有效提高了律师调查取证的效率。

实践中,对于了解案情的单位,它应当对所了解的案件事实详细陈述,出具相应的证据材料。另一方面,律师需要了解与案件有关的证据材料应当向哪些职能部门调查,这主要通过一些部门的职责范围确定。例如,要了解与案件有关公司的股东情况或其章程,可向公司注册的工商局查询公司的股东、出资、章程及其变更、年检资料,通过工商登记部门能了解到一个公司的基本情况。对于案件中可能涉及的税务状况可向税务部门查询,是否存在偷税、漏税情况及是否受过行政处罚等等;对涉及土地使用权权属或者抵押、被查封状况可向土地管理部门、房屋所有权或者抵押、被查封状况可向房屋管理部门查询;涉及的车辆所有权及车辆保险状况可以向车辆管理部门了解;对劳动用工和社会保险状况可向劳动和社会保障部门查询用工登记及社会保险费缴纳情况等等。

需要注意,以上材料根据《物权法》、《公司法》等法律规定属于应当对外公开的档案材料,但有些单位根据其内部规定,上述材料只针对公、检、法的调查出示,一般不对公众公开。只有涉及与律师代理案件有关主体的材料,才可以向律师出示,即调查取证时必须出示与该调查主体有关案件的立案证明,这对于律师从事非诉讼业务中的调查取证造成极大不便,对此应当引起重视。实务当中,律师应当根据法律规定据理力争,指出其依据内部规定执法的错误性。如果对方依然以该内部规定为由拒绝提供有关材料,可以告知其行政行为的违法性,针对其行政不作为提起相应的行政诉讼,以争取合法权利。

(二) 向当事人调查

在非诉讼法律事务中,律师需要向当事人进行详细调查,了解被委托事项的详细情况,例如,在为证券法律业务提供服务时,对于公开发行股票、可转换公司债、证券投资基金及及其配售、增发、上市公司的重点资产置换、购买及重大股权交易并购中,律师需要对当事人进行详细调查了解,进行相关尽职调查后出具法律意见,向当事人进行全面、翔实、客观的调查才能保证委托事项顺利完成。

当事人作为案件的直接参与者,清楚的了解案件的事实经过,但是由于自身素质或者认识问题,对于某些证据的证明效力认识不够;或者由于某种目的,有可能对律师进行一些不实的陈述,或者对某些重要事实进行隐瞒,影响律师办理案件。对此律师在办理案件过程中,有必要深入细致的向所委托方的当事人了解案情,进行相关的调查了解。在与当事人交流沟通时,如果有可能,应当制作谈话记录,对于谈话内容以及当事人向律师介绍的案件事实情况详细记录,可以根据当事人的陈述了解到案件发展的过程,不放过每一个细节,从中提取问题,再向当事人核实,通过当事人的陈述结合其提供的有关材料,还原案件事实,避免由于当事人的不正确或不全面陈述导致律师错误分析事实,对案件造成不利影响。针对对方提出的主张,当事人必须首先从自身查找原因,防止由于自身原因导致案件败诉,当事人如为公司,有些经济案件中,其公司内部股权状况以及治理结构有可能成为案件的关键因素,有可能构成表见代理或者无权处分等等,所以有必要让当事人提供或者调查其在工商部门登记备案的材料,了解案件事实。还必须向当事人了解在案件发生后有无采取应急措施,保留有什么证据,或者向对方出示过什么材料,为下一步制订方案奠定基础。

(三) 实地调查

实地调查是指对案件发生地或者当事人办公场所、生产场地、合同履行地进行实地观察,查看了解案件发生的相关情况或者当事人的办公场所、生产场地,以对案件形成直观认识,确认案件相关事实。实地调查,一般要制作调查记录。

在非诉讼案件中,对于当事人办公场所、生产场地、合同履行地进行实地观察,便于了解双方的履约能力,或者发生纠纷的原因,有助于推动当事人间相关事务的解决或者纠纷的调解。

诉讼事务中,在当事人介绍案情的基础上,律师为了对案情有更直接的认识,避免当事人由于自身理解或认识原因导致对案件细节的遗漏,或者为了向法庭更形象的表述案件事实发生的过程,律师需要对与案件有关的相关场所进行实地调查。律师在实地调查过程中,可以更客观地还原案件事实,形成直观的认识,可能会发现些当事人认为无关紧要,甚至被遗落,但对于认定案件事实至关重要的证据,也有助于完善律师的代理思路。比如律师在相邻权纠纷的案件中,通过实地调查,可以了解到纠纷发生的起因,或者对现场状况有较全面的印象,向法官陈述案情时能够做到详略得当,言简意赅;另外根据现场情况可通过拍照、录像的方式固定证据,或者可申请法院现场勘查。在刑事案件中,有时实地调查会有单凭阅卷所无法达到的直观效果,对于还原案发过程,发现案件真相会有意外的帮助。在尽职调查中,实地调查属于律师必须进行的工作。

(四) 向证人调查或在法庭上对证人的交叉询问

(1) 向证人调查取证是律师最常见的一种调查取证方式。目前,由于人们法律意识缺乏,多一事不如少一事的观点根深蒂固,再加上律师并无强制证人作证的权力,证人不配合导致无法获取相关证据是目前律师在向证人调查时所面临的普遍问题,向证人调查是目前律师调查取证的难点,在向证人调查过程中体现了律师的能力和技巧。

首先如何让证人同意作证是律师必须解决的问题。一项调查任务能否完成,从某种程度上讲,其主动权并不是掌握在律师手中,而恰恰是掌握在证人手中。这样的现实,使得每一个从事调查取证的律师必须认真而尽力地了解被调查对象的情况,包括姓名、性别、住所、学历、性格、品格、修养、爱好等,争取能在沟通时能控制主动权。在和证人沟通时应当从以下几方面着手:

第一,律师必须详细了解案情,熟悉案情的基本细节,根据案情需要事先酝酿好调查提纲并熟记于心。在方式上应当从证人的性格分析,采用直接调查、直奔主题的方式,还是朋友式的谈话等等,都要事先作出考虑和安排制定出不同的工作预案。向证人或以拉家常,或先自我介绍,取得证人的信任后逐步深入转向主题,切忌一开始就摆好纸笔拉开取证架势,有时会使证人反感或者害怕,不讲话或不讲真话。

第二,如果证人不愿意作证,律师可以从情理上进行沟通,对案件的后果加以渲染,感化、打动证人,比如被害人的悲惨状况、被告人所面临的诉讼结局等,让其认识到其证言的重要性,激发其社会责任感或同情心。或者向证人进行法律宣传,用案件与证人证据的关联关系,把证人融入司法活动中,让证人了解法律的相关规定,了解证人出庭作证是公民的义务,让其明白证人作证并非是惹闲事,给自己添麻烦,而是维护社会公平正义的行为。另外由于证人作为了解案件真实情况的人,或多或少地与案件有某种关联性,律师要打消证人是局外人的念头,使其认识到作为了解案件事实的人有责任有义务向法庭陈述事实真相。

第三,在与证人沟通时要注意安排好时间、地点及方式,比如是到其办公室调查,还是到其家中调查还是约其到律师事务所,还是约见到一个比较正规的商务谈判的场所,一般来说比较熟悉的地点对证人心理压力小些,会比较放松。

第四,向证人调查取证,可以由证人自己书写证人证言,也可以由律师制作调查笔录,在制作调查笔录时,虽然法律没有明确规定,但为保证调查过程顺利进行,最好由两位律师进行,如果只有一位律师,最好找一位见证人陪同。如果条件许可,可以采用音像设备对询问过程进行固定,防止证人以后反悔,推翻原来证言。在制作文书格式要写明调查的时间、地点;调查人、记录人;被调查人、在场人。主要依次写明被调查人姓名、性别、年龄、民族、职业、工作单位、住所以及与本案当事人的关系;在场人只写姓名、性别、年龄、民族、职业、住所。

在询问证人时,如果调查之前就知道证人的基本情况,最好见到证人之前就将调查笔录的首部填写好。如果调查之前不知道,可以在之前列好空格,在向证人说明来意,相互介绍后,有大概了解后进行填空,最好不要对证人一问一答式的记录,给证人增加压力。调查时首先要告知证人律师的身份,出示相关证件;告知向其调查取证的目的;告知证人履行作证的权利和义务,明确有意隐瞒事实或作伪证的法律后果。律师应根据调查前事先拟好的问卷提纲,有重点,有条理地问被调查人,并将被调查人所回答的具体问题和主动提供的其他与案情有关的事实、线索一一记录在案。记录时可采取一问一答方式,也可只记录被调查人提供的主要情况。调查笔录应紧扣与调查事项有关的内容记录,以保证调查笔录简明扼要,重点突出。调查笔录一定要真实地反映证人提供的情况,绝对不能弄虚作假,不能掺入调查人的主观看法和意见。调查笔录经证人审核(如果证人不识字或无法阅读,应当念给其听),经本人同意后,应在调查笔录上签名盖章(或摁指印)并注明"上述笔录经我阅读,与我所述一致,无误"或"上述笔录已读给我听,与我所述一致,无误"。最后由调查人、记录人分别在调查笔录上签名,并写明调查日期。

以上情况需要综合分析运用,才能做到事半功倍,收集到相应的证据以支持自己观点。在交流时还需要掌握交流方式,甚至说话语气,不能激怒证人不作证,或者制造矛盾把证人推向对立面。

在说服证人作证的基础上,动员其到法庭直接作证。对于证人证言,法律规定应当经过法庭质证后才能作为证据使用,例如在民事诉讼中,《民事诉讼法》及最高人民法院《关于民事诉讼证据的若干规定》规定除了证人确有困难不能出庭,经人民法院许可,可以提交书面证言之外,证人应当出庭作证,接受当事人的质询。最高人民法院《关于民事诉讼证据的若干规定》第56条规定:《民事诉讼法》第70条规定的"证人确有困难不能出庭",是指有下列情形:一是年迈体弱或者行动不便无法出庭的;二是特殊岗位确实无法离开的;三是路途特别遥远,交通不便难以出庭的;四是因自然灾害等不可抗力的原因无法出庭的;五是其他无法出庭的特殊情况。前款情形,经人民法院许可,证人可以提交书面证言或者视听资料或者通过双向视听传输技术手段作证。如果存在"证人确有困难不能出庭"的情况,律师应当严格按照法律规定的律师调查取证的程序及时将证人证言固定;如果不存在"证人确有困难不能出庭"的情况,证人应当出庭作证,接受当事人的质询,否则该证人所提供证言将无法经过质证并作为证据使用。所以向证人调查取证时必须做好证人工作,争取其不仅接受律师的调查取证,而且要做到出庭作证。

(2)在法庭上对证人的交叉询问。随着审判方式改革的深入,证人证言必须经过法庭质证,律师在法庭上可对证人进行交叉询问。在交叉询问制度下,证人的询问是由控辩双方或者原被告双方进行的,而由于双方的立场不同,看问题的出发点也不一样,因而交叉询问有助通过主询问和反询问两种完全对立的询问方式引导证人全面揭示案件事实和情节。对于本方证人的询问,律师要循循善诱,因势利导,启发证人按照证人证言中的陈述如实向法庭陈述有利于委托人的事实;对对方证人的询问,律师要运用二难推理的逻辑方式,语锋凌厉,让其在回答问题中显现错误,出现漏洞,置其于被动地位,最终使法院无法采信该证据。具体可以从以下几个方面进行询问、质证:第一,证人证言的来源是亲身经历还是道听途说;第二,证人提供的证言是否受到外界非法的干扰、是否受当事人或其他人的指使、收买、威胁;第三,证人与当事人是否有利害关系、亲属关系,与案件有无利害关系;第四,证人的基本情况(是否未成年人,是否能正确感知当时情况,是否能正确回忆、表述),对客观事物的感受如何表达,陈述是否确切、感受是否深,记忆时间长短,语言表达能力强弱,感受事物时精神状态如何,感受事物时客观环境如何;第五,个体证人证言与其他证据是否存在矛盾,证人前后的证言是否矛盾;第六,另外,证人的品格、犯罪前科都可以成为质疑的对象。如证人的证言多次反复、有受到过行政、刑事处罚记录的,都可以降低证据的证明力。

需要注意,由于在法庭上对证人交叉询问,机会对于双方都是平等的,在目前很多证人都是第一次到法院,难免会有些恐惧,另外大多数证人是通过反复的思想斗争后才同意出庭作证,当面对法官有关作证的法律说明,以及专业素养很强的律师咄咄逼人的发问,其心情紧张是显而易见的。所以律师要善于揣摩证人的心理状态,适时的有选择的提出问题。对本方的证人而言,律师是坚强的后盾,随着问题的提出,律师要让证人稳定情绪,适应法庭,清楚顺畅的解答问题;对于对方证人,律师可以适当的注意声音语调,通过法律规定和生活经验设计问题,敏锐地发现证人证言的矛盾,采用中间突破、全面开花的方式,彻底击溃证人的心理防线,达到良好的质证效果。

(五) 申请鉴定或重新鉴定

律师作为法律专业人员,在诉讼活动中也是独立的诉讼参加人,法律赋予其相应申请鉴定或重新鉴定的权利。这也是律师收集有利于本方当事人证据的一个重要的途径。

由于决定鉴定的权力在于司法机关,所以律师需要在详细研究案情的基础上了解案件是否存在需要申请鉴定的问题,或者在仔细研究鉴定结论的情况下,发现其矛盾点和疏漏之处。综合查明案件事实的需要,为申请鉴定或重新鉴定提供充分的事实依据和法律依据,充分论证其理由,争取说服司法机关,接受律师的申请,为查清案件事实提供确实、充分、科学、合法的证据材料,还案件事实以本来面目,真正做到不枉不纵,真实可靠。

为使申请能够被司法机关接受,律师还应广为走访有关专业技术人员,开拓思路。综合各方材料,分析论证案情或已有的鉴定结论,充分论证申请的理由,从鉴定人资格到检材的收集,从论证的材料到论证的逻辑关系,从程序到实体,全面分析研究,提出问题,说明理由,不放弃任何一种可能,不放弃任何一点努力,用科学的态度揭开案件事实的真相。

三、证据的保全

证据的保全是指为了防止特定证据材料自然灭失、人为的毁灭或者以后难以取得,因而在收集时、诉讼前或诉讼中用一定的形式将证据材料固定下来,加以妥善保管,以便在分析、认定案件事实时使用。对于律师调查取证来说,律师在发现证据材料后,应当按照法律规定的程序和方法将证据处理收集固定,妥善保管,以便在诉讼活动中证明或认定案件事实时使用。证据的保全是律师执业活动中非常重要的环节。

(一) 复制

采用复制的方式是律师常用的证据保全方法。首先,律师在接受委托后,可以根据法律规定前往检察机关和人民法院复制卷宗,或者前往有关部门复制相关档案材料,以复制的方式获取有关证据,对于此类证据放置在安全处所即可。其次,为防止由于处理法律事务程序上的时间限制,导致证据自然状况发生变化或者被人为地毁灭,对于物证,可以及时提取原物,对于可能灭失或日后难以取得的证据材料或者由于体积巨大,或者材质特殊,无法提取原物的,还要通过拍摄、复制等方式予以固定。这种固定实际是利用现代科技手段,对于那些难以直接搬到法庭上举证的证据材料所进行的一种忠实于原貌的复制。对于这些固定下来的信息内容进行保管,不得歪曲和篡改,在法庭上才能应用。对于书证,应当及时提取原证,如果无法获得,可以采用复制、拍照的方式进行固定并妥善保管。

(二) 公证机构证据保全

我国《民事诉讼法》第67条规定:"经过法定程序公证证明的法律行为、法律事实和文书,人民法院应当作为认定事实的根据。但有相反证据足以推翻公证证明的除外。"《公证法》第11条规定:"根据自然人、法人或者其他组织的申请,公证机构办理下列公证事项:……(九)保全证据……律师实务中,对于可能灭失或以后难以取得的证据,如证人年高、疾病可能死亡,或出国定居;有些证据经过一段时间后可能会灭失、变形或被破坏失去证明力;有些物品可能变质、腐烂或被自然耗掉;书证可能被篡改;视听资料可能被抹去而失去价值等等,律师可以代理当事人,也可以告知当事人直接向公证机构申请办理公证事项。公证机构根据申请,依法对保全对象通过采用现场拍照、录像、询问证人、记录或录制证言、记录或录制操作过程及结果等方式,依法进行事先的收存、固定或保管,全面客观地反映真实情况,以保持该证据的真实性和证明力。

一般情况下,除非对方当事人向人民法院提供了足以推翻公证证明事项的相反证据,该证据可以作为人民法院认定事实的根据。目前证人证言证据保全、送达行为证据保全、房屋拆迁证据保全、知识产权侵权证据保全(特别是网上侵权证据保全)、房屋建筑装修质量问题证据保全等应用比较多。

另外,对于收集到的能够证明案件真实情况的证据材料,律师担心毁损、灭失或不易保管的,也可以代理当事人向有管辖权的公证机构提出申请,依法办理相关公证事项,以实现证据保全的目的。

(三) 法院证据保全

法院证据保全主要指诉讼中的证据保全,包括刑事自诉中的诉讼保全、民事诉讼中的证据保全和行政诉讼中的诉讼保全。《民事诉讼法》第74条规定,在证据可能灭失或者以后难以取得的情况下,诉讼参加人可以向人民法院申请保全证据,人民法院也可以主动采取保全措施。最高人民法院《关于民事诉讼证据的若干规定》规定当事人向人民法院申请保全证据,不得迟于举证期限届满前7日。当事人申请保全证据的,人民法院可以要求其提供相应的担保。法律、司法解释规定诉前保全证据的,依照其规定办理。人民法院进行证据保全,可以根据具体情况,采取查封、扣押、拍照、录音、录像、复制、鉴定、勘验、制作笔录等方法。人民法院进行证据保全,可以要求当事人或者诉讼代理人到场。

《行政诉讼法》第36条规定,在证据可能灭失或者以后难以取得的情况下,诉讼参加人可以向人民法院申请保全证据,人民法院也可以主动采取保全措施。最高人民法院《关于行政诉讼证据若干问题的规定》规定当事人向人民法院申请保全证据的,应当在举证期限届满前以书面形式提出,并说明证据的名称和地点、保全的内容和范围、申请保全的理由等事项。当事人申请保全证据的,人民法院可以要求其提供相应的担保。法律、司法解释规定诉前保全证据的,依照其规定办理。人民法院依照《行政诉讼法》第36条规定保全证据的,可以根据具体情况,采取查封、扣押、拍照、录音、录像、复制、鉴定、勘验、制作询问笔录等保全措施。人民法院保全证据时,可以要求当事人或者其诉讼代理人到场。

据此,律师作为诉讼参加人可以直接向人民法院提出证据保全的事情,人民法院经审查认为符合证据保全的条件,应当依法作出裁定,对证据进行保全。律师应当根据案件情况,适时妥善地向人民法院申请采取证据保全措施,更好地行使举证、质证的权利和义务。

第二十一章 律师技能:论辩

第一节 律师论辩概述

一、律师论辩的概念和特征

(一)律师论辩的概念

律师论辩,是指律师接受当事人的委托,依据事实和法律确定对案件的见解,反驳对方错误的观点和看法,以便得到正确的认识或者共同的意见,以维护委托人合法权益而进行言辞交锋的专业活动。在律师实务中,律师论辩活动大量存在,种类繁多,例如有民事案件、经济案件、行政案件、刑事案件和非诉讼案件的论辩等;有一审诉讼论辩、二审诉讼论辩和审判监督程序论辩等。律师论辩并不是简单的法律性质的论辩,它要求律师在论辩过程中,必须充分掌握法律知识和法律原则,还必须学习和运用关于表达材料、表达方式等方面的技巧和策略。律师论辩具有丰富而复杂的技巧性,是将口语作为主要表达方式,将态势语言(表情、目光、手势、形体动作)或有关视觉材料作为辅助方式,把人们的视觉和听觉结合起来,形成多渠道、多层次的信息传递方式。

(二)律师论辩的特征

律师论辩具有如下特征:

(1)言辞性。律师论辩是要律师以言辞的方式不仅要论证自己的观点的正确,而且还要反驳对方的观点。这要求律师具有高超的语言表达能力,运用自己得体的风度证明本方论点鲜明,证据充分,说理清晰,辩驳有力。在律师实务中,论辩技术水平的发挥离不开口才,再好的论辩技巧也要通过良好的口才施展出来。因此,律师论辩首先就是专业性的语言表达活动。

(2)法律性。律师论辩既是语言表达活动,又是法律服务的实践活动,具有法律和语言的两重性质。首先,律师论辩需要有法律意义上的对手,即论辩过程中持相反论断的对方。在不同诉讼活动中,律师论辩的对手是不同的,如在刑事诉讼活动中,律师的论辩对手主要是公诉人,当然也包括被害人、证人、鉴定人等。他们各持相反的论断,互为争论的对手。其次,律师论辩是围绕若干有争议的法律焦点展开的。所谓法律争议焦点,就是论辩双方争论的问题,需要通过法律规定和案件证据确定其真实性、合法性的论断。法律争议焦点是律师辩护或代理的内容所在,通过论辩达到律师辩护或代理的目的。再次,律师论辩的目的是帮助人民法院或有关部门全面了解案情、正确适用法律,对案件作出适当的裁决,以维护国家和人民的利益,维护社会主义法律的尊严。最后,作为法律服务的实践活动,律师论辩必须严格遵循法律规定的程序和律师工作准则进行。

(3)公正性。律师论辩的公正性是律师职业的性质和地位决定的。律师是受当事人的委托从事诉讼或非诉讼活动的,在论辩中虽然要维护委托人的合法权益,但律师又有独立的法律地位,不受当事人不合理、不合法意愿的左右。律师职业性质决定律师能够而且必然提出公正合理的论辩意见。律师论辩的公正性,能够树立律师的信誉,能够取得当事人与有关单位的信任,也易于被对方当事人、对方律师所接受,在诉讼中也易于为人民法院采纳。律师论辩的公正性要求律师不能为了取得当事人的高额报酬,不顾原则,片面迎合当事人的无理要求,强词夺理进行诡辩。

(4)严肃性。律师论辩的严肃性要求律师严肃对待论辩事项,辩前要作好充分的调查研究工作,辩中要提出合理合法、恰如其分的论辩意见,以维护法律的严肃性,保障法律的正确实施。严肃性还要求律师在论辩时要言出如山、庄严谨慎、严肃认真,不能信口开河、强词夺理、胡搅蛮缠、巧言令色。律师论辩的严肃性还表现在,律师应要求当事人如何陈述案情,提供证据,不能有丝毫的虚假和伪造。

(三)律师论辩与辩论、辩护

我国《律师法》第36条明确规定:"律师担任诉讼代理人或者辩护人的,其辩论或者辩护的权利依法受到保障。"律师辩论或者律师辩护是律师享有受到法律保障的权利,二者与律师论辩既有联系,又有区别。

1. 律师论辩和律师辩论

律师辩论是律师论辩一种具体形式,也是律师论辩的组成部分。律师辩论,是律师参与诉讼案件审理的一个重要方法,是法庭辩论的核心部分。在刑事诉讼案件、民事诉讼案件和行政诉讼案件的审理过程中,都要进行法庭辩论。法庭辩论,是指在法庭调查的基础上,原被告(控辩)双方对于法庭归纳案件争议焦点、案件证据等,进行互相争论的一个重要环节,是庭审中必不可少的阶段。通过原被告(控辩)双方的辩论,将进一步揭示案情,明确如何适用法律,为案件的正确裁判奠定基础。律师在法庭上进行的辩论,即是律师辩论,它是律师论辩的组成部分。

但律师论辩不仅仅局限于律师在法庭上的辩论,还包括与律师有不同见解的人,如己方当事人、对方当事人、公诉人、第三人等在各种场合进行的论辩。律师论辩,不仅仅发生在诉讼活动过程中,它适用于律师参与诉讼或非诉讼法律事务的全过程。因此,律师论辩与律师辩论在适用范围等方面有一定的区别。

2. 律师论辩和律师辩护

律师论辩与律师辩护,两者也有区别。律师辩护,是指律师接受刑事案件被告人及其亲属的委托,在法庭上进行的辩论活动,也是律师辩论的组成部分。律师辩护,仅仅发生在刑事诉讼案件辩护过程中,是律师论辩在刑事诉讼活动中的体现,两者之间是共性与个性、一般与具体之间的关系。

二、律师论辩的意义和原则

(一) 律师论辩的意义

1. 律师论辩有助于揭示事物的本质

论辩本质在于使人们通过言语辩驳区分正误、辨清是非,达到对真理的认识。律师办理案件,首先要弄清事物的是非曲直,通过不断的争辩和互相反驳、质疑,可以使案件事实明,适用法律更准,透过表象看到内在的、真正的本质。

2. 律师论辩有助于维护当事人的合法权益

律师执业就是通过代理、辩护手段,维护当事人的合法权益,保证法律的正确实施。律师论辩,是维护当事人合法权益的有效手段。在刑事案件中,律师从认定犯罪事实、适用法律条文和对被告人本身有利的情况等方面进行反驳和辩护,提出证明被告人无罪、罪轻或者减轻、免除其刑事责任的材料和意义,维护被告人的合法权益。在民事和行政案件中,律师运用确凿的证据,通过论辩,为法庭提供翔实的材料和各种观点,使审判人员作出正确裁决,从而维护当事人的合法权益。在非诉讼案件中,律师通过论辩反驳对方的错误观点,用自己的观点影响和引导对方,从而达成共识,维护当事人的合法权益。

3. 律师论辩有助于推进社会主义民主法制化

在办理案件过程中,律师通过充分的论辩手段,明辨是非,可以达到查清案件事实、准确运用法律的目的。律师通过论辩既实现了诉讼民主化形式,又推动了法制民主化进程。在诉讼活动中,没有律师论辩的法庭审理和没有律师参与的诉讼案件,都是不可想象的。

4. 律师论辩有助于展现律师良好形象

律师在普通人的心中往往是与能言善辩联系在一起的。人们经常为滔滔不绝、出口成章、思维敏捷、观点鲜明、逻辑严密的律师论辩而折服。在现实生活中,律师能言善辩,通过对己方观点的阐述和对对方观点的反驳,澄清案件事实,打动每一个听众,能够极大地提升自己在社会上的形象,展现当代律师的良好风采。

(二) 律师论辩的原则

律师论辩是律师参与诉讼或非诉讼法律事务的重要方法。律师是法律服务的专业人员,具有与其他诉讼参加人不同的特殊性。除要遵循论辩的基本原则外,律师论辩还有其自身特有的原则:

1. 依法辩论原则

依法辩论是律师论辩应遵守的原则。它包含以下主要内容:(1) 参加论辩是律师的权利,律师必须依法行使论辩权。(2) 律师在论辩中必须依法履行一定的义务,凡是法律规定当事人应当履行的论辩义务,作为代理人的律师要切实履行。(3) 律师论辩中所作的分析,或者提出的意见,都要符合法律规定,有一定的法律依据。

2. 依法维权原则

依法维权原则是指律师论辩要维护当事人的合法权益。根据这一原则,当事人可以要求律师维护自己的合法权益,律师也应当主动维护当事人的合法权益。律师维护当事人的合法权益,是通过各种途径和方法来实现的,其中论辩是一个主要方面。

3. 辩论平等原则

辩论平等原则是律师进行论辩活动的准则。它包含:(1)双方当事人的论辩地位是平等的;(2)双方律师与双方当事人论辩地位是平等的,论辩机会是均等的;(3)双方律师之间的论辩地位也是平等的。

三、律师论辩的范围和分类

律师职业的特点决定了律师在全部执业活动中都可以进行论辩,因此,律师论辩的范围几乎覆盖了律师执业的全部领域。为便于理解,我们可以依据不同的标准对于律师论辩进行分类。

(一)以代理不同法律事务为标准

依据律师代理的法律事务内容的不同,律师论辩可以分为诉讼代理中的论辩和非诉讼代理中的论辩。

律师代理诉讼法律事务是指律师参与人民法院在主持的按照法定程序依法审理纠纷案件的活动。律师代理非诉讼法律事务,是指律师接受公民、法人或其他社会组织的委托或者请求,通过非诉讼方式办理法律事务的一种业务活动。非诉讼法律事务和诉讼法律事务同属于法律事实,都能引起法律关系的产生、变更和消灭。非诉讼法律事务尽管不具有诉讼的性质,但也有一个对事务进行全面认定的问题,因此律师仍需要通过论辩,全面分析事务的现状,了解事情的真相。此外,一些非诉讼法律事务,有纠纷或分歧,只不过不想通过诉讼程序解决,而是采取调解、仲裁等形式,例如,在仲裁中、谈判中的律师可以以论辩方式来解决纠纷。

(二)以代理不同性质诉讼为标准

依据律师代理诉讼案件的性质不同,律师论辩可以分为刑事诉讼辩护案件的律师论辩、刑事诉讼代理案件的律师论辩、民事诉讼代理案件的律师论辩和行政诉讼代理案件的律师论辩。

(1) 刑事诉讼辩护案件的律师论辩。刑事诉讼辩护案件的律师论辩,律师作为辩护人参与刑事诉讼,具有独立的诉讼职能,是独立的诉讼参与人,有着独立的诉讼地位。律师根据犯罪嫌疑人、被告人的委托或者人民法院的指定参与刑事诉讼,并根据事实和法律,为犯罪嫌疑人、被告人作有利辩护,以维护他们的合法权益,其特殊的身份决定了诉讼地位的独立性和论辩的独立性。

(2) 刑事诉讼代理案件的律师论辩。刑事诉讼代理案件的律师论辩,律师可以接受公诉案件的被害人及其法定代理人或者近亲属、附带民事诉讼的代理人及其法定代理人、自诉案件的自诉人及其法定代理人的委托,以刑事诉讼代理人的身份参加诉讼,展开论辩。律师担任刑事诉讼代理人,其法律地位是从属于被代理人的,因被代理人诉讼地位的不同而不同。

(3) 民事诉讼代理案件的律师论辩。民事诉讼代理案件的律师论辩是指律师、当事人和其他诉讼参与人在人民法院主持下,按照法定程序依法审理纠纷案件的活动中律师进行的论辩。民事诉讼中的律师论辩常见的类型有合同纠纷、损害赔偿纠纷、相邻关系纠纷、著作权纠纷、婚姻、继承纠纷。

(4) 行政诉讼代理案件的律师论辩。由于行政诉讼具有与民事诉讼不同的特点,因而其律师论辩也有一定的特殊性。行政诉讼代理的论辩,是为了实现行政诉讼的目的而展开的。行政诉讼目的有两个层次:一是解决因具体行政行为引起的行政争议,保护公民、法人和其他组织的合法权益;二是通过对具体行政行为的合法性审查,监督行政机关依法行政,确保行政活动的实现。由于行政主体和行政相对人在行政诉讼的权利义务有所区别,其代理律师的论辩范围也会相应受到影响。行政诉讼中律师论辩常见的类型有涉及公安机关的行政诉讼、涉及工商机关的行政诉讼、涉及税务机关的行政诉讼等。

(三) 以代理不同主体诉讼为标准

依照律师代理诉讼主体的地位不同,可以将律师论辩分为代理当事人的论辩、代理共同诉讼人的论辩、代理诉讼代表人的论辩和代理第三人的论辩等。

（1）代理诉讼当事人的律师论辩。当事人的概念,在刑事、民事和行政诉讼中不完全一致,但从一般含义上来说,当事人都是与案件有直接的利害关系,以自己的名义进行诉讼,并受人民法院裁决约束的人。

（2）代理共同诉讼人的律师论辩。共同诉讼,就是指当事人一方或双方各为两人以上的诉讼。其中,原告为两个以上的,称为共同原告;被告为两人以上的,称为共同被告。共同原告和共同被告则被统称为共同诉讼人。

（3）代理诉讼代表人的律师论辩。代理诉讼代表人是民事诉讼规定的一项制度,它适用于代表人诉讼。所谓代表人诉讼,又称为群体诉讼,是指具有相同利害关系的一方当事人人数众多,而由成员中的一个或数人代表众多当事人起诉或应诉,法院所作的判决对该群体所有成员均有约束力的诉讼。我国民事诉讼法所确立的代表人诉讼,是根据国内的司法实践,并借鉴外国民事诉讼法中集团诉讼的某些规则而以制定的。

（4）代理诉讼第三人的律师论辩。诉讼中的第三人,是指对他人之间争议的标的具有独立的请求权,或者虽无独立的请求权,但案件的处理结果与其有法律上的利害关系,因而参加到他人已经开始的诉讼中来的人。

（四）以案件不同诉讼程序为标准

在不同诉讼程序律师论辩的内容、方法有所不同。同一性质的诉讼,其程序、阶段不同,律师论辩的内容、方法也有所不同。我国诉讼程序从总体上划分,基本上可以分为三个阶段:起诉和受理阶段、一审阶段、二审阶段。另外,还有审判监督阶段,也称再审程序,是指人民法院对已经发生法律效力的判决和裁定,如果违反法律、法规规定,根据诉讼法的有关规定,对案件再次进行审理的程序。它是检验人民法院生效裁判质量的一种监督程序,也是律师论辩观点不被人民法院采纳的事后补救措施。

第二节 律师论辩方法

律师职业的突出特征就是论辩,而论辩对律师的基本要求即逻辑思维。

一、律师论辩的逻辑思维

概念、判断、推理是理性认识的基本形式,也是思维的基本形式。概念是反映事物本质属性或特有属性的思维形式;判断是对思维对象有所断定的思维形式;推理是由一个或几个判断推出一个新判断的思维形式。这些正是律师思维的特殊性所在。在论辩中,每一个内容都要运用概念、判断、推理这个基本的思维形式来表达。律师思维的特殊性与形式逻辑关系十分密切,每一个律师正确地运用形式逻辑,是律师论辩的必备条件。

律师的思维是复杂的、灵活的,但最基本的思维形式之一是逻辑思维形式。律师之所以要以逻辑思维为基本的思维形式,这要从律师这一职业的性质来看。律师的工作是以办理案件为内容,以法律为指导的工作。律师要掌握运用法律,就离不开严密的科学的逻辑思维。逻辑思维是对客观事物间接、概括的反映过程,这个过程是在感性认识所取得材料的基础上,律师只有依靠逻辑思维,才能找出案件的内部联系,掌握事物的本质和特点。律师具有这最基本的思维形式,就会达到律师论辩的逻辑要求,即分析论据要符合思维逻辑,形成观点要符合思维逻辑,展开论辩要符合思维逻辑。

二、律师论辩的思维方法

逻辑思维方法,是指律师在论辩中运用形式逻辑的思维方法,它包括归纳思维、演绎思维、辐射思维、收敛思维等。

(1)归纳思维方法。归纳是从个别认识归纳出普遍一般性原理的思维方法。归纳思维方法就是归纳推理在论辩中的运用。归纳思维有不同的方法,例如枚举法、求同法、求异法、共变法。上述四种归纳思维方法很灵活,都可以帮助律师从不同思维角度分析案情,使论辩晓之以理,动之以情,充满着智慧,达到令人信服的效果。

(2) 演绎思维方法。演绎思维同归纳思维相反,是从一般性原理推断出个别性结论的思维方法。演绎思维结论的可靠程度与前提的可靠程度有密切的联系,前提如果是经过实践检验为确实可靠的,那么得出的结论必然可靠;相反,如果前提不真实可靠,结论必然不可靠。律师如果具有此思维方法,既可以使自己的论辩具有强大的逻辑力量,又可以在对方依据的前提并不十分正确时,通过此思维方法揭示对方前提的错误并加以反驳。

(3) 辐射思维方法。辐射思维也叫发散思维、扩散思维、多元思维等。辐射思维是指根据已有信息,从不同角度,不同途径,向不同方向思考,从多方面寻求多样性答案的一种发散性思维方式。这种思维突出的特点是沿着各种不同的方向去思考,体现了思维的灵活性、敏捷性、独特性,能为律师论辩打开思路,寻求多种答案,确定进攻路线。因此律师在论辩中要想进退自如,稳操胜券,必须善于运用辐射思维方法。

(4) 收敛思维方法。收敛思维又称聚合思维、集中思维、收缩思维等。收敛思维是指根据已有信息,向某一方向思考,力图得出一个符合逻辑的正确答案的一种有方向、有范围的思维方法。收敛思维的突出特点是能从已知信息中寻求到一个最佳的结论,可以说它是在辐射思维基础上得出的结论。辐射思维是收敛思维的基础,二者相互独立,又相互依存。律师运用此法思维应注意:要从辐射思维收集的大量材料中,选取那些最典型、最有攻击力量的素材组织论辩;制作辩词时,要扣住论辩的主题和基本问题,这样得出的结论才会有说服力。

三、律师论辩的论证方法

论证,是律师提出观点,进行论证的论辩方法。逻辑论证方法,是指律师把形式逻辑的基本规律运用到律师论辩中去的具体方法,其主要论证方法有因果互证法、三段论论证法、类比论证法。

(1) 因果互证法。任何事情发生的原因都与出现的结果有着必然的联系,依据这种必然联系,以原因证明结果或以结果证明原因,称为因果互证。在论辩中,用此法来论证观点,会收到无可置疑的成功效果。律师运用因果互证法应注意:第一,分析因果关系,要善于在纷繁复杂的案件关系中找出具有因果关系的事例。因果论证的关键就是找出现象的原因,"因"明"果"必明,只有充分认识了因果关系,才能正确运用因果互证方法。第二,运用因果互证法,一定要符合逻辑的基本规律,既要从原因中推导结果,又要从结果中找到问题的原因。推导过程合情、合理、合法,也就证明了事情结果的必然合理。第三,因果关系对案件的处理有着重要的作用,律师论证时,还可以通过环环相扣的因果关系揭示事物的本质,突出重点,达到肯定或否定的目的。

(2)三段论论证法。三段论是由两个包含着一个共同项的性质判断,推出一个新的性质判断的演绎推理。律师在运用三段论时要注意:第一,前提必须真实。这是正确运用三段论的必要条件。只有在前提真实的条件下得出的结论才真实可靠。第二,中项必须同一,中项在三段论中起媒介作用,通过它和小项、大项发生联系,从而推出结论。如果中项不同一,就违背了逻辑思维的要求,就会推出错误的结论。第三,推理形式要正确,否则推理无效。

(3)类比论证法。类比论证就是根据两个或两类对象在一些属性上相同或相似,从而推出它们在其他属性上也相同或相似的论证方法。这种论辩方法灵活、机智,如果运用得当,可以极大地展示出律师的雄辩才华。类比论证的结论是或然性的,因此律师在论辩中运用此法应注意:如果前提所提供的类比对象之间相同或相似的属性愈多,那么,结论的可靠性就愈高,愈有说服力。类比时不要把两类事物表面的某些相同情况作比,其结论会出现"机械类推"的逻辑错误。

第三节 律师论辩技巧

律师论辩技巧是指律师为委托人提供法律服务过程中,为实现委托人合法权益,达到预期目的或效果,在依据事实和法律的基础上,就自己的诉讼主张所作出的言辞表达或者其他表达的方式和方法。论辩表达得好坏取决于表达的内容,但表达技巧也是关系到表达成功与否的关键所在。一个称职的律师,不仅要有好的文字组织能力,还应具有准确、简洁、清楚、生动的语言表达能力。

一、文字表达技巧

在律师论辩中多数言辞表达都是以文字稿为基础的,律师侃侃而谈表面的背后是作了大量深入、细致的文字和案头工作。因此,律师论辩技巧第一个环节应该是抓好文字表达。综合案情,理顺论辩思路,写好包括代理词、辩护词在内的法律文书,是每一位律师在论辩必做的一项基础工作。材料的组织必须做到:(1) 字斟句酌,用词准确;(2) 调配语句,合理布局;(3) 篇章衔接,环环相扣;(4) 结构严谨,条理清楚;(5) 重点突出,详略恰当。

二、语言表达技巧

纵观每位成功律师,在出庭辩论、代理时,都具有驾驭、支配论辩形势的能力。在论辩中,律师应当注意以下语言表达技巧:

第一,论辩切题、充分说理。

律师必须针对对方提出的内容进行辩论。在论辩中,要对不正确的内容进行反驳,不能无的放矢,你说你的,我说我的,论而不辩。在论辩切题的前提下,还必须有充分的道理,是以事实为根据,以法律为准绳,建立在证据充分确定的基础上的。做到立论有据,辩之有理,使对方推不翻、驳不倒,并使对方提出的问题站不住,立不了论。

第二,抓住要害,运用对策。

有了充分的理由,还要有正确的表达形式。这就要求律师做到抓住要害,主题明确。用充分的理由表达论点,集中,言简意赅。在实践中常用的对策有:(1) 失实以真实对辩。如果对方理由不符合实际情况,律师在论辩中必须具体地引用证据,证明事实真相,驳其不实之词。(2) 片面以全面对辩。如果对方观点片面,对某一事实只强调有利的方面,不看重不利的一面,律师应以两点论方法把事实讲全面,以克服其片面性。(3) 谬误以真理对辩。如果对方语出谬误、强词夺理,则律师据理依法加以反驳。(4) 一般以具体对辩。如果对方脱离案件事实空泛地讲大道理,律师一般来说不要与之相辩,避免"空对空",应侧重个性的研究,结合案件事实把事物的特殊性讲清楚。

律师也可以通过选择适当的论辩角度来抓住要害。律师一般可以如下四方面来展开:(1)从案件事实上论辩。事实自己并不会说话,需要雄辩。事实是处理案件的根据。因此,律师论辩应针对案件事实,辨析其真与假、实与虚,通过对事实证据的论辩,弄清案件的真相。(2)从案件性质上论辩。例如在刑事案件中,有的案件犯罪嫌疑人或被告人的行为、结果是清楚的,证据是充分的,但在认定性质上有错误;有的把无罪认定为有罪、有的将此罪认定为彼罪,特别是把轻罪认定为重罪,律师论辩时都要提出。(3)从案件情节上论辩。如果案件事实清楚、证据确凿、定性准确,则从情节上进行论辩,以求减轻被告人的刑事责任或委托人的经济民事责任。情节包括当事人行为的动机、目的、手段、后果以及外部环境等。(4)从案件程序上论辩。案件的诉讼活动,必须依照一定的程序进行,这是案件得到正确解决的保证。如果违反了这些程序,就可能造成限制或缩小当事人权利、作出不正确判决的后果。因此,律师应当注意诉讼程序方面的问题。诉讼程序是否合法,在法庭辩论中应作为一个辩论的角度。

第三,语言清晰、快慢适宜。

有了好的论辩内容,还要有一个好的论辩口才。律师论辩时,做到口齿清楚、发言准确、音调和谐、快慢适度,即便于书记员听清楚、记得下来,又能使旁听群众感到条条有理、句句是道。力争达到声调上的抑扬顿挫,以提高论辩感染效果。律师的论辩语言以情感人,是可取的,但应注意:(1)具体案件的论辩语言感情色彩,要有与案情相适应的基调。(2)绝不能带有当事人的感情色彩。(3)情感措辞应是发而不露、放而不纵、委婉、曲折、含蓄的中性语言。

三、体态形象技巧

除了文字表达、语言表达技巧外,律师还应具有良好的体态语言表达技巧。有声与无声、语言与体态的融合统一,才能体现律师精湛的表达能力。在论辩中,律师要能做到柔中有刚,举止大方。所谓柔,就是要求律师论辩时,语言柔和,切忌趾高气扬,态度生硬。所谓刚,就是在实质性问题上要坚持原则,要据理力辩。柔与刚是对立的统一。在论辩中柔是方法,刚是实质,柔为刚服务,刚则通过柔而取得胜利。举止大方是指律师在论辩中要有风度,有气魄,不卑不亢。在论辩得势时,不忘乎所以,轻视对方;在失利时,不惊慌失措,手忙脚乱。发言必须权衡,切不可轻率发表无准备、无水平的言辞。在任何情形下,都应举止大方,沉稳有序,言而有据。律师应具有这种刚柔并济、以静制动、以稳求成的形象。

第二十二章 律师技能:咨询与代书

第一节 法律咨询

一、法律咨询的概述

(一) 法律咨询的概念

法律咨询,是指律师就国家机关、企事业单位、社会团体以及公民个人提出对有关法律事务的询问,作出解释或者说明,或者提供法律方面的解决意见或者建议的一种专业性活动。

(二) 法律咨询的特点

(1) 法律咨询具有专业性。律师的法律咨询不同于其他咨询,仅限于法律方面,带有很强的专业性。

(2) 法律咨询具有广泛性。一方面,法律咨询的对象具有广泛性,不仅包括国家机关、企事业单位、社会团体以及公民,也包括港、澳、台的单位、组织和个人。另一方面,法律咨询的内容具有广泛性,从国内法到国际条约,从生活琐事到大政方针,无所不有,无所不包。

(3) 法律咨询具有经常性。法律咨询是律师一项基础性工作,是律师提供法律服务最便捷、最直接、最普遍的方式。律师进行法律咨询没有严格时间限定,形式也表现出多样性,既有书面解答,又有电话解答;既有在律师事务所面向来访者的形式,又有在街头设点解答的形式;既有在电视、电台、报纸等传统媒体上进行的解答,又有在网络上的解答等等多种形式。

(4) 法律咨询无法律约束力。由于律师事务所与咨询者之间一般不签订书面合同,没有合同关系,只是律师运用自己的法律知识和专业技能为咨询者提供一种法律服务。因此,与律师接受委托担任代理人或者应聘担任法律顾问不同,律师就有关问题所作的解答,所提出的建议、方案等均不具有法律效力,对律师和咨询者均无法律约束力。

（三）法律咨询的意义

随着社会主义民主法制的不断完善和社会主义市场经济体系的建立，公民的法律意识和维权意识越来越强，法律咨询的业务量越来越大，律师做好法律咨询工作具有十分重要的意义。

（1）法律咨询有助于法律宣传。律师通过法律咨询，可以告诉咨询者，什么是合法的，什么是违法的，从而直接、有针对性地普及法律知识，宣传社会主义法制，增强公民的法制意识。律师可以通过这种最直接、最简便的形式，有利于律师准确、及时地把法律、政策的精神贯彻到人民群众去。

（2）法律咨询有助于平抑诉讼、定纷止争。通过律师的法律咨询，可以帮助咨询者提高认识，正确对待和处理矛盾、纠纷，把纠纷消灭于萌芽状态，起到平抑诉讼、定纷止争的作用。

（3）法律咨询有助于党和政府与群众的沟通。通过律师的法律咨询，也为党和政府密切联系群众起到了桥梁和纽带作用。律师通过法律咨询，可以急群众之所急，想群众之所想，掌握社会动态，及时向有关机关沟通情况，以利于其作出更符合人民群众要求的决策。

（4）法律咨询有助于提高律师的执业水平。在律师解答法律咨询过程中，律师会接触到各种的复杂问题，这就要求律师必须拥有广博的法律知识和社会经验，有利于全面锻炼律师，从而激发律师不断学习，促使律师不断提高业务素质和办案能力，增长才干。

二、法律咨询的原则

法律咨询的原则，是指律师解答咨询者提出的问题应当遵循的工作原则。律师作为专业的执业人员，在解答法律问题时，必须坚持以下原则：

（一）坚持以事实为依据、以法律为准绳的原则

律师一定要准确、全面和深入掌握客观事实和分析适用法律的基础上，客观、公正地表达自己的法律意见和建议。在进行法律分析时，要准确适用法律原则，既不能一味迎合，甚至助长咨询者的错误观点和主张；也不能因为忌讳各种压力，避重就轻，敷衍了事。只有

坚持这个原则,咨询者的合法权益和法律公正性才能得到最终保证。

(二)坚持伸张正义的原则

律师应当区分当事人的正当要求和不正当要求。对于当事人的正当要求,律师应当为其提供多种形式的法律帮助,在法律允许的范围内作出最大的努力,尽可能提出最好的方案,以维护当事人的合法权益。当然,对于不利于当事人的问题,律师也不能隐瞒。对于当事人的不合法要求,律师应尽量说服其放弃。

(三)坚持息诉解纷的原则

律师在解答咨询者提出的问题时,应当坚持询问其事实真相,帮助其辨明是非曲直。对不应通过诉讼途经解决的问题,多做说服教育、劝解和调停工作,促进纠纷得到正确、合理解决,防止矛盾激化,尽力避免造成损失或者损失扩大。

三、法律咨询的范围

法律咨询的范围,是指律师依法解答咨询者提出的请求回答的有关法律问题的事项范畴。由于公民、法人和其他组织常常会碰到许多有关法律的问题,为了更好地依法办事或者依法行政,经常得向熟知法律的律师咨询。又由于经济的不断发展和市场经济是法治经济,是竞争的经济,是信用的经济,因此,法律咨询事项越来越多,一般说来,法律咨询的范围有如下三大部分:

(1)解答实体法方面的法律咨询,即律师解答咨询者就刑法、民法、经济法、行政法等实体法方面事关维护咨询者人身和财产等权益的咨询。

(2)解答程序法方面的法律咨询,即律师解答咨询者就刑事诉讼、民事诉讼、行政诉讼等程序法方面事关维护咨询者合法权益的咨询。

(3)解答非诉讼法律事务方面的法律咨询,即律师解答除诉讼以外的有关事项的法律咨询,如解答通过非诉讼方式解决债权债务纠纷,以及公民的婚姻纠纷、继承和财产纠纷、赡养纠纷等的法律咨询。

四、法律咨询的程序

（一）口头解答

律师口头解答法律咨询，首先要做好登记工作，写明咨询者的基本情况和所问的具体问题；作出回答的，所答的内容也应而要记录。律师口头回答法律咨询要掌握好"听、问、看、析、答"五个环节。"听"是要求律师认真耐心地倾听咨询者的陈述；"问"是要求律师针对关键性的事实和情节向来访者提问；"看"是要求律师仔细阅读咨询者随身带来的材料和文件，并随时注意观察咨询者的情绪变化；"析"是指律师正确快速地运用法律知识和理论分析判断问题；"答"是指律师认真准确而且通俗易懂地回答咨询者的询问。以上五个环节是相互联系，不可分割的，在排列上也无绝对的前后顺序。律师在实践中，往往是灵活掌握，综合运用的。

（二）书面解答

律师书面解答法律咨询，是律师根据公民、法人或者其他组织来人来访或者邮寄信函所提出问题，根据有关法律、法规的规定，以书面形式所作的解答。律师书面解答法律咨询要把握好两个环节：一是要认真阅读来信或者咨询者提供的有关材料，掌握所提问题的主要事实。对于事实清楚，可以依据法律作出解答；对于事实含糊不清的，则要慎重对待，不可轻率答复。二是复函要针对性强，文字清晰明确，语言通俗易懂。律师在解答法律咨询时，可能会遇到一些疑难问题，一时难以搞清的，律师应以科学态度认真对待，虚心向他人请教，不能不懂装懂，敷衍了事。那样会贻害无穷，甚至会产生社会不安定因素，扰乱整个社会秩序。

最常见的书面解答形式就是法律意见书。法律意见书是指律师应当事人的要求，针对某项法律事务，根据掌握的事实和材料，正确运用法律进行阐述分析，作出肯定或者否定结论，出具给当事人的意见。一般来说，法律意见书不具有约束力和强制力。

法律意见书一般采用以下写法：（1）首部，写明"法律意见书"或"法律咨询意见书"。（2）正文。正文第一部分是抬头，要写明法律意见书送达的单位、机关的名称。正文第二部分写明律师对咨询者提出的问题所作的解答,在该部分写作的写作时,律师一定要注意:① 合法性。律师的回答必须符合法律规定。每一个问题的回答必须有法律依据,必须援引明确具体的法律条文、司法解释等;② 针对性。即针对咨询者咨询事项作出针对性的解答。解答要根据咨询者提供的材料和事实,依法解答,不能泛泛议论,甚至答非所问;③ 结论性。法律意见书是律师运用法律进行阐述分析,出具给咨询者的书面意见,律师应当作出肯定或者否定结论的意见。(3) 尾部。尾部应当注明结束语,律师签章并加盖律师事务所印章,并注明制作法律意见书的具体日期。

第二节 法律代书

一、法律代书的概述

(一) 法律代书的概念

法律代书,是指律师受当事人的委托,以委托人的名义,以事实为根据,以法律为准绳,为当事人书写有关法律文书的业务活动。

(二) 法律代书的特点

(1) 以委托人的名义书写。不但在法律文书中的内容要以委托人的名义,而且在语气上也应反映委托人的名义。

(2) 反映委托人的合法意志。法律代书并不是完全照搬委托人的意志,不是律师机械地"录事",更不是"代笔",因此律师要了解案情和证据,分析证据的可靠性、关联性,用法律的尺度来衡量,最终代其写出适合其请求的法律文书。对于显然是无理缠诉的,要拒绝代书;对明显没有理由起诉或者上诉的,要说服当事人息讼解纷;对合法权益确实受到侵害,理由充分的,应当伸张正义,积极为其代书。

(3) 代书的内容必须具有法律意义。法律代书主要是诉讼文书和非诉讼法律事务文书。如不涉及法律事务,如入党申请书、救济申请书不属于法律代书的范围,也不宜由律师代书。

(4) 代书是律师一种创造性的活动。代书不应是对当事人陈述事实的简单罗列和有关法律条文的堆砌,而是律师综合运用其法律知识、逻辑知识、文字表达等技能,对有关事实和法律进行提炼的成果。

(三) 法律代书的意义

律师的法律代书业务在现实生活具有十分重要的意义。

第一,法律代书能够为当事人提供法律帮助,保障其更好地行使诉讼权利,维护其合法权益。广大人民群众由于主客观因素的制约,一旦合法权益遭到侵害,就需要由法律专业人员为其代写诉讼文书或者其他法律文书。

第二,法律代书可以宣传社会主义法治,提高公民的法律意识,教育公民遵纪守法。律师在代书过程中,通过对有关事实所进行的依法评断,可以使委托人知晓法律、明辨是非。

第三,法律代书可以为人民法院立案和审判工作奠定良好的基础,促进诉讼的顺利进行。律师作为专业人士,在代书过程中能够坚持以事实为依据,以法律为准绳,制作的法律事务文书一般论点明确、叙述清楚、请求具体,合乎法律规定,从而为法庭提高工作效率、顺利审判创造条件、奠定基础。

第四,法律代书能够严格依照法律的规定进行,对于防止纠纷或者对纠纷的正确处理,有着重要的意义,从而有利于维护当事人的合法权益,促进社会的稳定。

二、法律代书的范围

法律代书的范围非常广泛,凡是当事人需要撰写的法律事务文书都可以由律师代为起草。按照一般的分类方法,可以将代写法律文书范围分为诉讼类的法律文书和非诉类的法律文书两类。

(1) 诉讼文书。诉讼文书是指各个诉讼阶段为实现一定诉讼目的而制作的有关法律文书。诉讼文书适用于刑事、民事和行政诉讼的各个阶段。如起诉状、答辩状、上诉状、申诉状、答辩状、反诉状、撤诉状、各种申请书,包括管辖异议申请书、回避申请书、延期开庭申请书、证据保全申请书、财产保全申请书、先予执行申请书、执行申请书、查扣财产申请书、刑事鉴定申请书、要求传唤证人的避申请书等。

(2) 非诉讼文书。非诉讼文书是指诉讼文书以外的其他有关法律事务的文书。如复议申请书、仲裁申请书、收养协议书、遗嘱、析产协议书等。

三、法律代书的基本要求

法律事务文书不同于公文,有其语言风格及表达方式。写好法律事务文书不仅要具备全面系统的法律知识,而且要具备一定的写作能力和文字素养,二者缺一不可。律师进行法律代书应当做到以下几点:

(1) 叙事清楚、语言明确。这是代书的最基本的要求,律师要沿着案件发生、发展、变化的线索,把事实的来龙去脉、前因后果叙述清楚。另外,法律文书尤为强调语言的准确性,切忌模棱两可,让人产生歧义。

(2) 观点明确、突出争议焦点。代书时要观点明确,主要观点与次要观点要一致,注意论点和论证的内在联系,把握住案件的实质性问题,突出双方的争议焦点。

(3) 说理充分,以理服人。代书时对涉及双方当事人责任、是非的问题,要摆事实讲道理,依据事实和法律,循循善诱,以理服人,尤其对主要的、关键性的道理更要分析透彻。

(4) 合乎格式,制作规范化。法律事务文书从行使到内容都有一定的要求,代书时一定要按照要求制作,做到内容完整,事项齐全。

法律代书要充分领会当事人的意图和目的;文字书写的形式上,要规范;在文书表述上,要做到主题突出;在文书书写上,要清晰;在文书格式上,遵循法定的或者通行的格式;在文书技术性问题上,注意特别要求。

四、常见的法律文书的写法

(一) 起诉状

起诉状包括民事起诉状、刑事自诉状和行政起诉状。民事起诉状和刑事自诉状是民事诉讼的原告和刑事自诉案件的自诉人,依法向人民指控被告,以维护自己合法权益的一种诉讼文书。行政起诉状则是公民、法人或者其他组织依法要求人民法院对行政主体作出的具体行政行为或者拒绝作出某种具体行政行为是否合法作出裁判,为此而向人民法院呈递的一种诉讼文书。起诉状由以下几个部分组成:

(1) 首部。这部分要写清标题和当事人的基本情况。第一,标题。居中写明"民事起诉状"、"刑事自诉状"或者"行政起诉状"。第二,当事人的基本情况。如果有第三人,应写明第三人的姓名、性别、出生年月日、民族、籍贯、职业、工作单位和住址等。如果第三人是法人或者其他组织的,应写明法人或者其他组织的名称和住所,以及法定代表人或主要负责人的姓名和职务。第三,案由。第四,诉讼请求。写明原告请求人民法院依法解决的有关权益争议的问题,即诉讼标的。

(2) 正文。这部分主要写明案件的事实与理由。第一,事实部分。应写明原告、被告法律关系存在的事实,以及双方发生权益争议的时间、地点、原因、经过、情节和后果。一般应以时间顺序,既要如实地写明案情,又要重点详述被告侵权的行为后果。第二,理由部分。要根据案情和有关法律、法规和政策,阐明原告对本案的性质、被告的责任以及如何解决纠纷的主张。第三,证据。写明向人民法院提供的能够证明案情的证据的名称、件数或证据线索,并写明证据来源。有证人的,应写明证人的姓名和住址。

(3) 尾部。这部分一般包括:第一,致送人民法院的名称。第二,原告签名。如果是法人或其他组织应加盖公章,如果仅委托律师为原告代书起诉状,可在起诉状的最后写上代书律师的姓名及其所在律师事务所的名称。第三,起诉时间。

(4) 附项。附项一般写明两项内容:第一,诉状副本的份数,诉状副本份数应按被告(含第三人)的人数提交。第二,有关证据及证明材料。

(二) 上诉状

上诉状,是案件当事人或者其法定代理人不服一审人民法院的判决、裁定,在上诉期限内,要求上一级人民法院进行审理,撤销、变更原审裁判所提出的法律文书。上诉的当事人可以自己行使上诉权,也可以委托代理人代为行使上诉权。无行为能力的人、限制行为能力的人的法定代理人和指定代理人可以直接以被代理人的名义提出上诉。一审中的特别授权的全权委托代理人也可以以被代理人的名义上诉。法人、其他组织由其法定代表人或主要负责人行使上诉权。法律于维护当事人的合法权益、避免错误裁判生效或促使二审维持正确裁判都有积极意义,也是上一级人民法院进行二审程序的依据。

上诉状由以下部分组成:

(1) 首部。这部分包括的项目有:第一,标题。居中写明"民事上诉状"、"刑事上诉状"或者"行政上诉状"。第二,当事人基本情况。写明上诉人和被上诉人的姓名、性别、出生年月日、民族、籍贯、职业、工作单位和住址等。如果上诉人和被上诉是法人或者其他组织的,应写明法人或者其他组织的名称和住所,以及法定代表人或主要负责人的姓名和职务。公诉案件没有被上诉人,只写上诉人即可。第三,上诉请求。写明上诉人请求二审人民法院依法撤销或者变更原审裁判,以及如何解决本案权益争议的具体要求,须写明第一审人民法院的名称、判决书或裁定书的编号及案由。

(2) 正文。这部分包括的项目有:第一,上诉理由。明确提出原审裁判在认定证据、事实方面,在适用法律方面或在诉讼程序方面存在的错误或不当之处,可以是其中一个方面,也可以是两个或三个方面,但都必须运用充分的事实证据和有关的法律依据加以论证,以说明自己的上诉请求是合法的。第二,证据。如有新的证据、证人,应写明向人民法院提供的能够证明上诉要求的证据名称、件数,证人姓名和住址。

(3) 尾部。除当事人称谓和文种名称不同外,其余写法同起诉状。

(4) 附项。除当事人称谓和文种名称不同外,其余写法同起诉状。

(三) 答辩状

答辩状,是刑事自诉案件、民事案件和行政诉讼案件在诉讼过程中,被告对于原告的起诉状或者被上诉人对于上诉人的上诉状所作的解释和答复的一种诉讼文书。提出答辩状是当事人的一项诉讼权利,不是诉讼义务;但被告或被上诉人逾期不提出答辩状,不影响人民法院审理。

答辩状由以下部分组成:

(1) 首部。

① 标题。居中写明"民事答辩状"、"刑事答辩状"和"刑事答辩状"。

② 答辩人的基本情况。写明答辩人的姓名、性别、出生年月日、民族、职业、工作单位和职务、住址等。如答辩人系无诉讼行为能力人,应在其项后写明法定代理人的姓名、性别、出生年月日、民族、职业、工作单位和职务、住址,及其与答辩人的关系。答辩人是法人或其他组织的,应写明其名称和所在地址及其法定代表人(或主要负责人)的姓名和职务。如答辩人委托律师代理诉讼,应在其项后写明代理律师的姓名及代理律师所在的律师事务所名称。

③ 答辩缘由。应写明答辩人因××一案进行答辩。

(2) 正文。

① 答辩的理由。应针对原告或上诉人的诉讼请求及其所依据的事实与理由进行反驳与辩解。无论是一审被告还是二审被上诉人,提出的答辩理由一是要实事求是,二是要有证据支持。一审被告的答辩要从证据、事实、案件性质及原告之诉讼请求等方面进行答辩,同时可以提供新的证据以证明原告证据与事实之虚伪。此外,还可以从其他方面进行答辩,例如提出原告不适格,或原告起诉的案件不属于受诉法院管辖,或原告的起诉不符合法定的起诉条件,说明原告无权起诉或起诉不合法,从而否定案件。二审被上诉人的答辩主要从实体方面针对上诉人的证据、事实、理由和请求事项进行答辩,全部否定或部分否定上诉人所依据的事实和证据,从而否定其上诉理由和诉讼请求。但是如果上诉人提出了新的证据、事实,被上诉人则应当对此进行重点答复与辩驳,如果上诉人就一审程序问题提出指责,涉及被上诉人责任的,答辩状中应予辩驳或解释。

② 答辩请求。答辩请求是答辩人在阐明答辩理由的基础上针对原告的诉讼请求向人民法院提出的请求。应根据有关法律规定,

请求人民法院保护答辩人的合法权益。一审民事答辩状中的答辩请求主要有:第一,要求人民法院驳回起诉,不予受理;第二,要求人民法院否定原告请求事项的全部或部分;第三,提出新的主张和要求,如追加第三人;第四,提出反诉请求。如果民事答辩状所请求事项为两项以上,在写请求事项时应逐项写明。二审被上诉人的答辩状的请求应为支持原判决或原裁定,反驳上诉人的要求。

③ 证据。答辩中有关举证事项,应写明证据的名称、件数、来源或证据线索。有证人的,应写明证人的姓名、住址。

(3) 尾部。

附件包括如下项目:① 致送人民法院的名称;② 答辩人签名,答辩人是法人或其他组织的,应写明全称,加盖单位公章;③ 答辩时间。

(4) 附项。

附件包括如下项目:① 本答辩状副本份数应按原告的人数提交;② 其他有关证据及证明材料。

后　　记

　　经全国高等教育自学考试指导委员会同意,由法律专业委员会负责教育自学考试法律专业教材的组编工作。

　　法律专业《公证与律师制度》自学考试教材由马宏俊担任主编。参加本书编写的人员有:

　　马宏俊　中国政法大学法学院教授(第一、三、四、七、十二章)

　　齐玮　北京市方正公证处公证员(第二、五、六、八、九、十、十一章)

　　袁钢　中国政法大学法学院讲师(第十三、十四、十五、二十一、二十二章)

　　程滔　中国政法大学法学院副教授(第十六、十七章)

　　张纲　北京中银律师事务所律师(第十八、十九、二十章)

　　参加本教材审稿讨论会并提出修改意见的有:司法部律师公证工作指导司副司长牛文忠、中国政法大学证据科学研究院副院长王进喜教授、北京市公证协会会长王士刚公证员。在此表示感谢。

　　全书最后由主编马宏俊教授修改定稿。

全国高等教学自学考试指导委员会
法学专业委员会
2010 年 7 月

全国高等教育自学考试法律专业
法 律 专 业

公证与律师制度自学考试大纲

(含考核目标)

全国高等教育自学考试指导委员会制定

出版前言

为了适应社会主义现代化建设事业的需要，鼓励自学成才，我国在20世纪80年代初建立了高等教育自学考试制度。高等教育自学考试是个人自学、社会助学和国家考试相结合的一种高等教育形式。应考者通过规定的专业课程考试并经思想品德鉴定达到毕业要求的，可获得毕业证书；国家承认学历并按照规定享有与普通高等学校毕业生同等的有关待遇。经过近三十年的发展，高等教育自学考试为国家培养造就了大批专门人才。

课程自学考试大纲是国家规范自学者学习范围、要求和考试标准的文件。它是按照专业考试计划的要求，具体指导个人自学、社会助学、国家考试、编写教材及自学辅导书的依据。

为更新教育观念，深化教学内容方式、考试制度、质量评价制度改革，更好地提高自学考试人才培养的质量，全国考委各专业委员会按照专业考试计划的要求，组织编写了课程自学考试大纲。

新编写的大纲，在层次上，专科参照一般普通高校专科或高职院校的水平，本科参照一般普通高校本科水平；在内容上，力图反映学科的发展变化以及自然科学和社会科学近年来研究的成果。

全国考委法学类专业委员会参照普通高等学校《公证与律师制度》课程的教学基本要求，结合自学考试法律专业的实际情况，组织编写的《公证与律师制度自学考试大纲》，经教育部批准，现颁发施行。各地教育部门、考试机构应认真贯彻执行。

全国高等教育自学考试指导委员会
2010年6月

一、课程性质与设置目的

(一) 本课程性质和特点

公证与律师制度是一门独立的学科,是基本理论和执业技巧相结合的课程。公证制度与律师制度都是国家司法制度的重要组成部分,是一个国家法治建设是否完备的重要的标志。我国的公证制度与律师制度的发展都经历了一个曲折的过程,随着《公证法》、《律师法》的相继颁布,我国的公证业、律师业都步入了法治化的轨道。公证员与律师是法律职业共同体的人员,法治也是法律人之治。因此掌握本门课程对于了解我国的公证制度与律师制度,从事公证和律师职业具有重要的作用。在高等教育自学考试中设置本课程,是为了使学员熟悉并掌握公证与律师制度的基本理论、基本知识和基本技能,培养从事公证和律师工作的素质和能力,提高理论和实际工作水平。《公证与律师制度》自学考试大纲与教材,是个人自学、社会助学和国家考试的依据,也是编写自学辅导书的根据,因此,该大纲和教材在自学考试中具有决定性作用。

(二) 本课程的基本要求

通过本课程的教学活动,不仅使学生掌握公证与律师的基本概念和相关的理论知识,还要使学生掌握将来作为公证员或律师的执业操作技能。与以前的教材相比,本教材在体系上更加系统、完整、全面;在内容方面,加大了实务操作方面即技能培训的内容。本课程分为公证与律师两编,每编又分为制度和技能两个部分。作为制度部分学生应理解基本的概念、特征、种类、意义等,技能部分学生应学会操作方法,以适应实践的需要。在公证制度部分,公证活动的原则、公证员的权利义务、公证书的效力、公证的法律责任、公证程序为本课程的重点内容,公证证明活动是本课程的难点;律师制度部分律师事务所、律师的管理体制、律师的执业行为规范、律师的法律责任为本课程的重点内容,律师权利义务是重点也是难点。

(三) 本课程与相关课程的联系、分工或区别

本课程是一门交叉学科,就法律制度而言,与宪法学有着紧密的联系,是诸多宪法原则的具体化;就公证员、律师以及这两个行业的权利义务和资格取得而言,又与组织法学密不可分;在计划经济体制和社会转型时期,公证与律师都属于司法行政管理的范畴,把它划为部门行政法也是有道理的;作为法律服务产品的公证实务和律师实务,则与实体法、诉讼法有着不可分割的联系,成为公证员、律师执业活动的基础和依据;在我国实行统一司法考试制度以后,形成了业内公认的法律职业共同体,法律职业伦理也成为独立的学科,而且越来越被法学界和实务部门重视,法律职业伦理是法学和伦理学的交叉,本课程又构成了和法律职业伦理的交叉;司法的公平正义需要让人们看到和感觉到,公证的目的是预防纠纷,律师的目标是解决纠纷和维护权益,那么法律文书就是实现正义和公民感觉公平正义的重要形式,公证员和律师的各项执业活动无不牵涉法律文书。在大多数法治国家都有独立的《公证法》和《律师法》,也建立了相对完善的规章制度,有自己独立的研究对象和发展规律,形成了独立的学科体系,学习该门课程最好是在基本的法律课程,特别是相关的实体法和程序法学完之后,可以更容易理解和认识相关的原理,更好地系统掌握专业知识。

二、课程内容与考核目标
（分章编写）

上篇　公　证　制　度

第一章　公证法律制度概述

学习目的与要求

掌握公证制度的概念、特征及其与相关法律的关系，明确公证制度的任务，了解我国公证制度简历和发展的过程。

第一节　公证法律制度的概念、特征

一、公证、公证法、公证法学和公证法律制度的概念

公证是公证机构根据自然人、法人或者其他组织的申请，依照法定程序对民事法律行为、有法律意义的事实和文书的真实性、合法性予以证明的活动。

二、公证法律关系

公证的法律关系是受公证法所调整的公证机构、公证当事人、公证利害关系人以及其他公证参与人，在办理公证事项，进行公证活动过程中形成的，以公证法上的权利义务为内容的法律关系。

三、公证的特征

公证是一种证明活动;公证是一种非诉讼活动;公证证明具有特殊的法定效力。

第二节 公证法与其他相关法律的关系

一、公证法与民商法的关系

民商法是公证制度的基础;公证法是正确实施民商法的保证;公证法和民商事法律是不同的法律规范。

二、公证法与民事诉讼法的关系

公证法与民事诉讼法都是程序法,在许多法律制度上有相似之处。但是,二者性质不同、法律后果不同、不服法院裁判与不服公证解决的方式不同。

三、公证法与行政法的关系

公证法与行政法的调整对象、主体性质、主体是否可以采取强制性措施、主体是否具有主动性不同。

四、公证法与宪法的关系

公证法与宪法的法律地位不同。

第三节 公证法律制度的建立与发展

一、新中国公证制度的确立与发展

从1949年到1957年,是新中国公证制度的初创和初步发展时期,也是我国公证制度初见规模的时期。这一时期的公证制度得到初步发展,在法制建设中,发挥了重要作用。

二、公证制度受到的冲击和影响

1958年及"文化大革命"期间,国内的公证业务基本上停止,公证工作受到严重的削弱与破坏。

三、公证体制改革和《公证法》的颁布实施

2005年8月28日,第十届全国人大常委会第十七次会议审议通过了《中华人民共和国公证法》,该法在2006年3月1日施行。司法部于 2006 年 3 月 8 日颁布实施的《公证员执业管理办法》,自 2006 年 7 月 1 日起施行的《公证程序规则》,基本形成了公证法律、法规的完整体系。

第四节　公证法律制度与市场经济的协调发展

一、公证法律制度对市场交易安全的保障作用
二、公证法律制度的预防纠纷作用
三、公证机构的独立法律地位
四、专业化的公证员队伍建设

考核知识点

1. 公证法律制度的概念、特征
2. 公证法与其他相关法律的关系
3. 公证法律制度的建立与发展
4. 公证法律制度与市场经济的协调发展

考核要求

1. 公证法律制度的概念、特征
识记:(1) 公证的概念;(2) 公证的特征。
领会:公证法律关系。
2. 公证与其他相关法律的关系
领会:(1) 公证法与民商法的关系;(2) 公证法与民事诉讼法的关系;(3) 公证法与行政法的关系;(4) 公证法与宪法的关系。
3. 公证法律制度的建立与发展
领会:公证体制改革和我国《公证法》的颁布实施。

4. 公证法律制度与市场经济的协调发展

识记:(1) 公证的独立性;(2) 公证的预防性;(3) 公证的专业性。

领会:公证法律制度的作用。

第二章 公证活动的基本原则

学习目的与要求

深刻领会基本原则对公证活动的指导意义,掌握各项基本原则的主要内容、精神实质及其特征。

第一节 真实原则

真实原则,是指公证文书所证明的法律行为、有法律意义的法律文书和事实是确实发生的事实,没有任何虚假因素。
一、当事人申请公证确系自己的真实意思表示
二、当事人申请公证的事项必须真实可靠

第二节 合法原则

合法原则,是指公证机构证明的法律行为、具有法律意义的事实和文书的形式、内容、取得方式及公证程序,都应当符合国家的法律、法规、规章的规定,不违反国家政策的公共利益。

第三节 独立原则

公证机构是国家专门设立的法律证明机构,独立行使司法证明权,依法履行公证机构的职责,不受任何团体和个人的非法干预,维护公证程序,保证办证质量,维护公证机构的权威和当事人的合法权益。这是独立行使公证职能原则。但并不意味着公证机构依法公证的活动可以不受任何制约和监督。

第四节 自愿与法定公证相结合的原则

自愿公证,是指公证机构办理公证业务,必须根据当事人的自愿申请,由当事人基于自己的真实意愿自行决定是否申请办理公证。法定公证,是指法律、法规和规章明确规定的必须采用公证形式设立、变更、终止的法律行为,或者确认有法律意义的文书和事实,当事人必须申请办理公证,否则就不发生法定效力。我国公证机构办理公证实行自愿与法定公证相结合的原则。

第五节 回避原则

公证活动的回避原则,是指公证员在公证活动中不能办理与本人、配偶及他们的近亲属有利害关系或其他关系的公证。回避原则包括两个方式:自行回避与申请回避。公证员回避的情况有以下几种:第一,本人或近亲属的公证业务;第二,与本人及近亲属有利害关系的公证业务;第三,本人与当事人有其他利害关系,可能影响正确办证的公证业务。

第六节 保密原则

保密原则是指公证机关及其公证人员,以及其他受公证处的委托、邀请或因职务需要而接触公证证明事务的人,对其在公证活动中所接触到的国家秘密和当事人的隐私不得泄露,负有保密义务。公证员保守秘密的内容十分广泛,包括:第一,公证机构对参加办理公证证明事务的人员要严格控制;第二,公证人员除对本人办理的公证证明事务有保密的责任外,对本公证处其他公证员办理的公证证明事务,也同样有保密的责任;第三,公证人员不仅要对公证证明事项的内容保守秘密,还要对拒绝公证的事项的内容保守秘密,以及对与公证证明事项有关的其他事项保守秘密;第四,接触公证证明事务的鉴定人、翻译、见证人和其他公职人员也负有保密责任;第五,公证人员要对当事人申请办证的目的、动机、用途等保守秘密;第六,公证书只能发给申请公证的当事人或其代理人;第七,办理公证的有关档案材料,应设专职人员保管,未经法定程序批准,不得查阅和复制。

第七节 使用本国和本民族语言文字原则

使用本国和本民族语言文字原则,是指公证机构和公证员在公证活动中应当使用本国的和本民族的语言文字进行各种行为,并使用本国的和本民族的语言文字制作公证文书。

考核知识点

1. 公证活动的基本原则
2. 真实原则
3. 合法原则
4. 独立原则
5. 自愿与法定公证相结合的原则
6. 回避原则
7. 保密原则
8. 使用本国和本民族语言文字原则

考核要求

1. 公证活动的基本原则
识记:公证活动基本原则的概念。
领会:公证活动基本原则的意义。
2. 真实原则
识记:真实原则的概念。
领会:真实原则的内容。

3. 合法原则
识记：合法原则的概念。
应用：合法原则的内容。

4. 独立原则
识记：独立原则的概念。
领会：独立原则的内容。

5. 自愿与法定公证相结合的原则
识记：自愿与法定公证相结合原则的含义。
应用：自愿与法定公证相结合原则的内容。

6. 回避原则
识记：回避原则的概念。
领会：公证人员回避的法定情形。

7. 保密原则
识记：保密原则的概念。
领会：保密原则的要求及内容。

8. 使用本国和本民族语言文字原则
识记：使用本国和本民族语言文字原则的概念。
领会：使用本国和本民族语言文字原则的内容和意义。

第三章 公证机构与管理体制

学习目的与要求

了解我国公证机构的性质、设置及其组成;了解我国司法行政机关和公证协会的管理体制;明确公证的监督管理职能。

第一节 公证机构的性质和任务

一、公证机构的性质

公证机构是依法设立,不以营利为目的,依法独立行使公证职能、承担民事责任的证明机构。

二、公证机构的任务

公证机构的任务是根据自然人、法人或者其他组织的申请,办理各种公证事项。

三、公证机构的权利与义务

公证机构的权利有核实权、受理或不予受理当事人的公证申请的权利、终止公证或拒绝公证的权利以及解答法律咨询,调解公证事项的纠纷,办理法律规定的其他法律事务的权利。公证机构的义务有保密的义务、出具公证书的义务、回避的义务、接受复议或者申诉的义务。

第二节 公证机构的设立

一、公证机构的设立的原则

我国公证机构采取的原则是许可设立主义。

二、公证机构的设立条件

公证机构应当具备下列条件：有自己的名称；有固定的场所；有2名以上的公证员；有开展公证业务所必需的资金。

三、公证机构的设立程序

设立公证机构的审批权依法属于省、自治区、直辖市人民政府司法行政部门。

第三节　公证协会

一、公证协会的职责

公证协会是公证业的自律性组织，依据章程开展活动，对公证机构、公证员的执业活动进行监督。

二、公证协会的组织机构

公证协会的组织机构包括全国会员代表大会、理事会和常务理事会。

第四节　公证管理体制

一、司法行政机关的行政管理体制

司法行政部门依照我国《公证法》规定对公证机构、公证员和公证协会进行监督、指导。

二、公证协会的行业管理体制

公证协会是我国公证业的自律性组织，依据章程开展活动，对公证机构、公证员的执业活动进行监督。

考核知识点

1. 公证机构的性质和任务
2. 公证机构的设立
3. 公证机构协会

4. 公证机构的管理体制

考核要求

1. 公证机构的性质和任务
识记:(1) 公证机构的性质;(2) 公证机构的权利与义务。
领会:公证机构的任务。
2. 公证机构的设立
识记:(1) 公证机构的设立条件;(2) 公证机构的设立原则。
领会:公证机构的设立程序。
3. 公证协会
识记:(1) 公证协会的职责;(2) 公证协会的组织机构。
4. 公证的管理体制
识记:我国的公证管理体制。
领会:(1) 公证的行政管理体制;(2) 公证的行业管理体制。

第四章 公 证 员

学习目的与要求

了解我国公证员的任职条件、资格取得和公证员的任免条件,明确公证员的权利与义务,掌握公证员的职业道德规范。

第一节 公证员概述

一、公证员的任职条件

公证员的任职条件包括积极条件和消极条件。

二、公证员的资格

公证员资格取得有两种:通过国家司法考试;曾经从事法律职业且考核合格。

三、公证员职务的任免

四、法律职业共同体

第二节 公证员的权利与义务

一、公证员的法定权利

公证员享有获得劳动报酬,享受保险和福利待遇的权利;提出辞职、申诉或者控告的权利;非因法定事由和法定程序,不被免职或者处罚的权利。

二、公证员应承担的义务

公证员应承担遵纪守法、恪守职业道德、依法履行公证职责、保守执业秘密的义务。

第三节　公证员的职业道德

一、忠于事实、忠于法律
二、爱岗敬业、规范服务
三、加强修养、提高素质
四、清正廉洁、同业互助

第四节　公证员的法律地位

一、依法履行职务
二、行使证明权
三、公平正义的司法理念

考核知识点

1. 公证员概述
2. 公证员的权利与义务
3. 公证员的职业道德
4. 公证员的法律地位

考核要求

1. 公证员概述
识记:(1) 公证员的任职条件;(2) 公证员的资格;(3) 公证员职务的任免。
领会:法律职业共同体。

2. 公证员的权利与义务

识记:(1) 公证员的权利;(2) 公证员的义务。

应用:(1) 公证员的获得劳动报酬权;(2) 申诉控告权;(3) 不被免职或处罚权。

3. 公证员的职业道德

应用:(1) 忠于事实、忠于法律;(2) 清正廉洁、同业互助。

4. 公证员的法律地位

应用:(1) 依法履行职务;(2) 行使证明权;(3) 公平正义的司法理念。

第五章 公 证 书

学习目的与要求

明确公证书的概念、内容、生效及送达;正确理解和运用一般公证书的证据效力,了解法定公证事项公证书的法律效力,理解和掌握债权文书公证书的强制执行效力;学会制作公证书。

第一节 公证书概述

一、公证书的概念

公证书,是指公证处根据当事人的申请,依照事实和法律,按照法定程序制作的、具有特殊法律效力的证明文书。

二、公证书的内容

公证书的内容包括公证书编号、当事人及其代理人的基本情况、公证证词、承办公证员的签名(签名章)、公证机构印章、出证日期。

三、公证书的生效

公证书自出具之日起生效。

四、公证书的发送

公证书做好后,公证机构应将制作好的公证书正本及当事人要求的若干份副本发给当事人。

第二节 公证书的效力

一、证据效力

证据效力,是指公证书在法律上具有的能够直接证明公证所确认的法律行为、有法律意义的文书和事实是真实的、合法的效力。证据效力是公证书的最基本的效力,任何公证书都具有证据效力。

二、法定公证事项公证书的效力

(一)由法律、法规和规章规定某些法律行为必须办理公证,否则不发生法律效力

1. 法定公证事项公证书效力的概括性规定
2. 关于民事法律行为法定公证的效力
3. 关于有法律意义的事实和文书的法定公证的效力

(二)按照国际惯例、国际条约或双边协定确定某些事项必须办理公证

(三)由当事人约定某种法律行为必须办理公证

三、债权文书公证书的强制执行效力

(一)对强制执行效力的理解

公证书具有强制执行效力,是指赋予了具有强制执行效力的债权文书经公证证明后,如果债务人到期不能清偿债务时,债权人有权持此文书向有管辖权的人民法院申请强制执行。

(二)赋予强制执行效力的条件

债权文书具有给付货币、物品、有价证券的内容;债权债务关系明确,债权人和债务人对债权文书有关给付内容无疑义;债权文书中载明债务人不履行义务或不完全履行义务时,债务人愿意接受依法强制执行的承诺。

(三)对于强制执行效力的争议解决

依据《最高人民法院关于当事人对具有强制执行效力的公证债权文书的内容有争议提起诉讼人民法院是否受理问题的批复》来解决争议。

第三节 公证书的制作

一、公证书的制作要求

(一)主体要求

公证书只能由具备公证员资格的公证员签字或加盖签名章,才符合法律规定。

(二) 形式要求

公证员应按照司法部《公证文书格式》制作公证书。

(三) 内容要求

二、公证书的制作过程

(一) 草拟公证书

草拟公证书是制作公证书的第一道程序。

(二) 公证审批

审批是为了适应我国公证工作的需要,为了保证公证书的质量,防止公证人员工作中的失误,而设立的一道不可或缺的工作环节。

(三) 制作公证书

公证处应按司法部规定或批准的格式制作公证书。

三、公证书的更正与撤销

(一) 公证书的更正

公证书的更正、修改,是指公证机构对已经发出的有不当之处的公证书,将其收回,进行修改、更正,或另行制发补正公证书的活动。

(二) 公证书的撤销

公证书的撤销,是指公证机构发现已经出具的公证书不真实、不合法,依法作出决定,予以撤销的活动。

考核知识点

1. 公证书概述
2. 公证书的效力
3. 公证书的制作

考核要求

1. 公证书概述

识记:公证书的概念、内容、发送。

领会:公证书的生效。

2. 公证书的效力

识记:(1)公证书的证据效力;(2)对强制执行效力的理解。

领会:(1)决定公证事项公证书的效力;(2)赋予强制执行效力的条件;(3)对于强制执行效力的争议解决。

3. 公证书的制作

领会:(1)公证书的制作要求;(2)公证书的更正与撤销。

应用:学会正确制作公证书。

第六章 公证执业区域

学习目的与要求

了解公证执业区域的概念及确定公证执业区域的原则,掌握公证执业区域的划分,掌握公证证明活动与公证执业区域,理解和掌握公证机构执业的例外规定。

第一节 公证执业区域概述

一、公证执业区域的概念

公证执业区域,是指各公证机构之间在不同的区域内办理公证业务的分工和权限。

二、公证执业区域的确定原则

公证机构依据便于当事人申请公证的原则、便于公证机构受理公证的原则、平等原则、均衡原则来确定不同机构之间办理公证业务的分工和权限。

第二节 公证执业区域的划分

一、划分公证执业区域的意义

划分公证执业区域可以保障当事人的合法权利、避免各公证机构之间不正当竞争、增强我国公证在世界各国间的公信力。

二、公证执业区域的划分

依据《公证机构执业管理办法》第 10 条。

三、公证证明活动与公证执业区域

《公证法》第 25 条规定:自然人、法人或者其他组织申请办理公证,可以向住所地、经常居住地、行为地或者事实发生地的公证机构提出。申请办理涉及不动产的公证,应当向不动产所在地的公证机构提出;申请办理涉及不动产的委托、声明、赠与、遗嘱的公证,可以适用前款规定。

第三节 公证机构执业的例外规定

公证机构执业的例外规定有两种情形:
一、使(领)馆公证
二、根据国际惯例由特定机关或特定人员出具证明

考核知识点

1. 公证执业区域概述
2. 公证执业区域的划分
3. 公证机构执业的例外规定

考核要求

1. 公证执业区域概述
识记:公证执业区域的概念。
领会:(1)便于公证机构受理公证的原则;(2)平等原则;(3)均衡原则。
2. 公证执业区域的划分
识记:(1)划分公证执业区域的意义;(2)公证执业区域的划分。
领会:公证证明活动与公证执业区域。
3. 公证机构执业的例外规定
应用:公证机构执业的例外规定的具体情形。

第七章 公证法律责任

学习目的与要求

掌握公证法律责任的概念、特征及公证法律责任要件,掌握公证刑事法律责任和公证民事法律责任的构成要件,明确公证责任保险,了解公证行政法律责任的特征和构成。

第一节 公证法律责任概述

一、公证法律责任的概念和特征

公证法律责任是指公证机构及公证员在办理公证业务时违反与公证相关法律、法规及规章,违反公证职业道德和执业纪律,给公证当事人及与公证事项有利害关系的人的合法权益造成损害时所应当承担的法律责任。

公证法律责任的特征是:(1)公证法律责任产生的原因是公证机构及公证员在办理公证时违反公证法律规定的义务;(2)公证法律责任所保护的客体是公证活动秩序;(3)公证法律责任的主体是公证机构或公证员;(4)公证法律责任是公证员在履行公证职务的过程中发生的。

二、公证法律责任的构成要件

公证员承担法律责任应当具备以下要素:(1)公证法律责任产生必须有公证机构及公证员的职务行为;(2)行为人主观上有过错;(3)承担公证法律责任的主体是公证机构或公证员;(4)行为人的行为侵害了公证活动正常秩序,造成了一定的危害结果;(5)职务过错行为与危害结果之间存在因果关系。

第二节 公证刑事法律责任

一、公证刑事法律责任的概念和法律特征

公证刑事法律责任,是指公证机构、公证员在办理公证或从事与公证有关的职务活动中,触犯了《刑法》,并且构成犯罪,依法应当承担的受到刑事制裁的法律后果。

公证刑事责任的特征是:(1)公证的刑事责任的主体是公证机构及公证员;(2)公证的刑事责任必须是在办理公证或其他有关公证的事务中出现的;(3)公证刑事责任的产生是由于触犯了刑法保护的法益。

二、公证刑事责任的主要罪名和构成要件

公证刑事法律责任主要有玩忽职守罪、提供虚假证明文件罪、故意或过失泄露国家秘密罪和出售、非法提供公民个人信息罪。

三、对公证机构和公证员主体资格的再认识

第三节 公证行政法律责任

一、公证行政法律责任的概念和特征

公证行政法律责任是指公证机构、公证员在办理公证事项的活动中或者其他与公证有关的活动中,违反行政法律、法规、规章及行政纪律的规定,但尚未构成犯罪的,依法应当承担行政法上的法律后果。

公证行政法律责任的特征是:(1)公证行政法律责任实行分级处罚原则;(2)公证行政法律责任实行责任法定原则;(3)公证行政法律责任是由于公证机构及公证员违反行政法律规范所引起的;(4)公证行政法律责任性质是国家司法行政机关依法行使国家行政处罚权,具有国家强制性。

二、公证行政处罚的条件和救济途径

第四节 公证民事法律责任

一、公证民事法律责任的概念和特征

公证民事法律责任是指公证机构及公证员在公证活动中由于过错致使公证文书发生错误,给当事人及利害关系人的合法权益造成损害,公证机构依法向当事人及利害关系人承担的民事赔偿责任。这种民事赔偿责任即公证赔偿责任,其主要是一种财产责任。

公证民事法律责任的特征是:(1) 公证民事法律责任是公证机构对当事人及公证事项利害关系人所承担的一种赔偿责任;(2) 公证民事法律责任是由于公证员违法行为所引起的;(3) 请求公证赔偿的主体是公证当事人和公证事项的利害关系人;(4) 公证民事赔偿责任的范围应与给当事人造成的损害相适应。

二、公证民事法律责任的构成要件

公证民事法律责任的构成要件是:(1) 公证机构及其公证员有过错;(2) 公证机构及其公证员的行为具有违法性;(3) 有当事人或公证事项利害关系人损害结果的出现;(4) 公证员的过错行为与当事人及利害关系人的损害结果之间存在因果关系。

三、承担公证民事法律责任的程序和法律效济

任何法律责任的追究都必须依照法定程序进行,承担公证民事法律责任同样也不例外。一般而言,承担公证民事法律责任的程序一般分为启动、调查、裁决。

四、公证处与公证员在承担民事法律责任时的关系

五、公证责任保险

公证责任保险是公证机构由于在进行公证时由于存在过错行为给公证当事人及利害关系人的合法权益造成损害,需要承担民事赔偿责任,在公证执业责任保险合同规定的范围内,由保险人对公证机构应当承担的民事赔偿金及有关费用给予支付的一种法律制度。

考核知识点

1. 公证法律责任概念
2. 公证法律责任的特征
3. 公证法律责任的构成要件
4. 公证刑事法律责任中玩忽职守罪的构成要件
5. 公证行政处罚的条件和救济手段
6. 公证民事法律责任的特征和构成要件
7. 公证处与公证员在承担民事法律责任时的关系
8. 公证责任保险

考核要求

一、公证法律责任概述

识记:(1) 公证法律责任的概念;(2) 公证法律责任的要件。

领会:公证法律责任的因果关系。

二、公证刑事法律责任

识记:公证刑事法律责任的特征。

领会:玩忽职守罪。

三、公证行政法律责任

应用:(1) 承担公证行政法律责任的条件;(2) 行政法律责任的救济手段。

四、公证民事法律责任

应用:(1) 公证民事法律责任的构成要件;(2) 公证责任保险。

第八章 公证程序

> 学习目的与要求

理解和掌握办理一般公证事项的申请与受理、审查、核实和出证等程序;了解和明确公证复查程序和争议的处理程序。

第一节 申请和受理程序

一、申请
(一)公证申请人
(二)公证申请的提出
(三)申请的方式
(四)申请公证时应提交的材料
二、受理
(一)受理的条件
(二)对申请的审查
(三)受理的程序

第二节 审查核实程序

公证的审查核实,是指公证机构受理公证申请后,在收集有关证据的基础上,对当事人申请公证的事项和提供的证据材料进行了解、查证的活动,审查核实是公证活动中比较重要的环节,是保证公证机构出具的公证书真实合法的关键。

一、审查核实的内容
二、需要核实的情形及核实方法

三、审查核实中应注意的问题

第三节 出 证 程 序

出证,是指公证机构对当事人申请公证的事项,经过审查、核实之后,认为符合法定条件,依法制作并向当事人出具公证书的行为。
一、出证的条件
(一)民事法律行为公证的出证条件
(二)有法律意义的事实或文书公证出证的条件
(三)文书上的签名、印鉴、日期的公证和文书文本公证的出证条件
(四)赋予债权文书强制执行效力公证的出证条件
二、出证的程序规则
(一)审查批准出证
(二)出具公证书

第四节 公证期限、终止公证和拒绝公证

一、公证期限
(一)出证期限,即公证机构从受理公证申请到出具公证书的期间限度。
(二)其他办证期限
二、终止公证
(一)终止公证的法定事由
(二)终止公证的程序规则
三、拒绝公证
(一)公证机构拒绝公证的法定情形
(二)拒绝公证的程序规则

第五节　公证复查程序

一、公证复查程序的概念
二、公证复查程序的适用范围
三、公证复查的程序规则
　1. 启动
　2. 审查
　3. 处理
四、公证复查期限

第六节　争议的处理程序

一、调解
二、投诉
三、诉讼

考核知识点

1. 申请和受理程序
2. 审查核实程序
3. 出证程序
4. 公证期限、终止公证和拒绝公证
5. 公证复查程序
6. 争议的处理程序

考核要求

1. 申请和受理程序

识记：(1) 申请的方式和提交的材料；(2) 受理的程序。

领会：(1) 公证申请人与公证当事人的不同；(2) 受理的条件。

2. 审查核实程序

识记：(1) 审查核实的概念；(2) 审查核实的内容。

应用：(1) 审查核实的情形和方法；(2) 审查核实应注意的问题。

3. 出证程序

识记：出证的概念。

领会：(1) 出证的条件；(2) 出证的程序规则。

4. 公证期限、终止公证和拒绝公证

识记：(1) 公证期限的概念；(2) 其他办证期限的概念；(3) 终止公证的概念；(4) 拒绝公证的概念。

领会：(1) 公证期限的意义；(2) 其他办证期限；(3) 终止公证适用的法定情形；(4) 拒绝公证适用的法定情形。

5. 公证复查程序

识记：(1) 公证复查程序的概念；(2) 公证复查程序的适用范围；(3) 公证复查期限。

领会：(1) 公证复查的程序规则；(2) 公证复查程序的意义。

6. 争议的处理程序

识记：(1) 公证调解的概念及适用范围；(2) 公证投诉的概念。

领会：(1) 公证调解的程序；(2) 公证投诉的程序；(3) 公证调解、公证投诉、公证诉讼的意义。

第九章 涉外及涉港澳公证

学习目的与要求

明确涉外公证和涉港澳公证的概念、特点及其意义,掌握涉外公证程序的特别规定,掌握涉港澳公证的特别规定。

第一节 涉外公证

一、涉外公证概述

涉外公证是指国家公证机构对含有涉外因素的公证事项,依法证明其真实性、合法性的活动。即公证当事人、证明对象或公证书使用地等诸因素中含有一处或一处以上的涉外因素,公证书通常发往域外使用的公证事项。

(一)涉外公证的涉外因素

(二)涉外公证的特点

(三)涉外公证的种类及范围

根据公证书的公证内容,涉外公证主要可分为涉外民事公证和涉外经济公证两大类。

(四)涉外公证的作用

1. 用于办理出境和入境手续
2. 用于民间往来和办理各种民事事宜
3. 用于涉外经济活动
4. 用于域外诉讼或仲裁

二、涉外公证程序的特别规定

(一)涉外公证机构及涉外公证员

1. 涉外公证机构

2. 涉外公证员
(二) 涉外公证的申请
三、涉外公证程序的特别事项
(一) 涉外公证的法律适用
(二) 涉外公证文书的文字使用
(三) 涉外公证文书的认证
(四) 涉外公证文书使用的专用水印纸

第二节　涉港澳公证

一、涉港澳公证概述
二、涉港澳公证程序的特点
三、涉港澳公证的特别程序规范
四、委托我国香港地区公证人制度
五、委托我国澳门地区公证人制度

考核知识点

1. 涉外公证概述
2. 涉外公证程序的特别规定
3. 涉外公证程序的特别事项
4. 涉港澳公证

考核要求

1. 涉外公证概述
识记:涉外公证的概念、种类、范围及作用。
领会:(1) 涉外公证的涉外因素;(2) 涉外公证与国内公证的主要区别。

2. 涉外公证程序的特别规定

识记:(1) 涉外公证机构的种类;(2) 涉外公证员。

领会:(1) 涉外公证员应当具备的条件;(2) 涉外公证的申请方式。

3. 涉外公证程序的特别事项

识记:(1) 认证;(2) 行使涉外认证权的机关。

领会:(1) 涉外公证文书适用法律的特别规定;(2) 涉外公证文书的文字使用;(3) 涉外公证文书的认证及其一般程序;(4) 涉外公证文书专用水印纸。

4. 涉港澳公证

识记:涉港澳公证的概念及特点。

领会:(1) 涉港澳公证的特别程序规范;(2) 委托我国香港地区公证人制度;(3) 委托我国澳门地区公证人制度。

第十章　公证证明活动

学习目的与要求

理解民事法律行为公证的概念和特征,了解民事法律行为公证的种类;理解有法律意义的事实公证的概念、特征和业务范围;理解有法律意义的文书公证的概念、特征和种类,重点掌握几种常见的公证证明活动的办证程序。

第一节　民事法律行为公证

一、民事法律行为公证的概念

民事法律行为公证,是指公证机构根据当事人的申请,依照法定的程序,对当事人有关设立、变更或终止民事权利义务关系的行为的真实性与合法性予以证明的活动。

二、民事法律行为公证的特征

(一)公证机构是从民事法律行为的基本特征方面来证明它的真实性的;

(二)公证机构是从民事法律行为是否为国家法律所认可方面来证明它的合法性的。

三、民事法律行为公证的种类

根据我国《公证法》规定及公证实践,民事法律行为公证主要包括:合同、继承、委托、声明、赠与、遗嘱、财产分割、招标投标、拍卖。

第二节　有法律意义的事实公证

一、有法律意义的事实公证的概念和意义

有法律意义的事实公证,是指公证机构依照法律的规定,证明各种与当事人有法律上利害关系的客观事实和情况的真实性、合法性的活动。

二、具有法律意义事实公证的特征

(一)公证机构必须依法证明具有法律意义事实的客观存在

(二)公证机构对某些非争议性的具有法律意义的事实还应依法证明其合法性

(三)必要时,公证机构还应该依法证明具有法律意义事实的成因和后果

三、具有法律意义事实公证的业务范围

(一)证明法律事件

(二)证明非争议性事实

第三节　有法律意义的文书公证

一、有法律意义的文书公证的概念和作用

具有法律意义文书的公证,是指公证机构根据当事人的申请,依照法定程序证明具有法律意义的文书的真实性、合法性的活动。

二、有法律意义的文书公证的特征

三、有法律意义的文书公证的种类

第四节　常见的公证证明活动

一、买卖合同公证

二、出生、亲属关系、有无犯罪记录公证

三、签名、印鉴、日期属实和文书文本相符公证

考核知识点

1. 民事法律行为公证
2. 有法律意义的事实公证
3. 有法律意义的文书公证
4. 常见的公证证明活动

考核要求

1. 民事法律行为公证
识记：民事法律行为公证的概念和种类。
领会：民事法律行为公证的特征。
2. 有法律意义的事实公证
识记：(1) 有法律意义的事实公证的概念和意义；(2) 有法律意义的事实公证的业务范围。
应用：有法律意义的事实公证的特征。
3. 有法律意义的文书公证
识记：有法律意义的文书公证的概念、作用和种类。
应用：有法律意义的文书公证的特征。
4. 常见的公证证明活动
领会：几种常见的公证证明活动的办证规范。

第十一章 公证法律事务

学习目的与要求

理解提存事务、保管事务的概念及意义;了解公证机构登记事务的范围,掌握提存的法定情形及办理保管事务的一般程序,明确公证机构办理提存事务应重点审查的内容及需注意的相关问题;知道公证机构的代书和咨询事务。

第一节 法律、行政法规规定由公证机构登记的事务

当事人以其他财产抵押的,可以自愿办理抵押物登记,抵押合同自签订之日起生效。当事人未办理抵押物登记的,不得对抗第三人。当事人办理抵押物登记的,登记部门为抵押人所在地的公证部门。

第二节 提存事务

一、提存的概念及意义

提存公证,是指公证处依照法定条件和程序,对债务人或担保人为债权人的利益而交付的债之标的物或担保物(含担保物的替代物)进行寄托、保管,并在条件成就时交付债权人的活动。提存公证主要分为以清偿为目的的提存公证和以担保为目的的提存公证。

二、提存的管辖及法定情形

1. 债权人无正当理由拒绝受领
2. 债权人下落不明
3. 债权人死亡未确定继承人或者丧失民事行为能力未确定监护人

4. 法律规定的其他情形
三、公证机构在办理提存公证事务时应重点审查的内容
四、办理提存公证时需注意的问题

第三节 保 管 事 务

一、保管的概念及意义
　　保管,是指公证机构根据当事人的申请,依法对遗嘱或其他有法律意义的财产、物品、文书,如结婚证书、产权证书、毕业证书等,代为保管,防止丢失或损坏的活动。
二、办理保管事务的一般程序

第四节 代书和咨询事务

一、代写与公证事项有关的法律事务文书
　　指公证机构或公证员代当事人起草申请公证的文书的活动。
二、提供公证法律咨询

考核知识点

1. 法律、行政法规规定由公证机构登记的事务
2. 提存事务
3. 保管事务
4. 代书和咨询事务

考核要求

1. 法律、行政法规规定由公证机构登记的事务
识记:公证机构登记事务的范围。

2. 提存事务

识记:(1) 提存的概念与意义;(2) 提存的管辖及法定情形。

领会:(1) 办理提存公证重点审查的内容;(2) 办理提存公证注意的问题。

3. 保管事务

识记:保管的概念及意义。

领会:办理保管事务的一般程序。

4. 代书和咨询事务

识记:公证员代当事人起草公证申请文书的条件。

领会:提供公证法律咨询的意义。

下篇 律师制度

第十二章 律师法律制度概述

学习目标与要求

掌握律师法律制度的概念,了解律师法与其他相关法律的关系,律师法律制度的建立和发展过程,了解律师法律制度与市场积极发展的关系。

第一节 律师法律制度的概念、特征

一、律师法律制度的概念
二、律师法律制度的特征

律师法律制度以国家法律的确认为前提;律师法律制度的核心内容是提供法律服务,且这种服务不具有强制性;律师法律制度以促进依法治国和保障公民权利为宗旨;律师法律制度是规范律师及与其相关主体的法律制度。

第二节 律师法与相关法律的关系

一、律师法与宪法的关系
二、律师法与诉讼法的关系
三、律师法与实体法的关系

四、律师法与司法组织法的关系
五、律师法与法律职业道德的关系

第三节　律师法律制度的建立与发展

一、古代律师法律制度的萌芽
二、近现代律师制度的建立与发展
三、新中国律师制度的建立与发展

根据我国律师制度的发展历程,可以把我国律师制度的发展分为初创、曲折、恢复、改革与新的发展四个阶段。

第四节　律师法律制度与市场经济的协调发展

一、律师法律制度是社会经济发展到一定阶段的必然产物
二、律师法律制度是市场经济必不可少的重要保障
三、律师法律制度是现代文明与法治的催化剂

考核知识点

1. 律师法律制度的概念、特征
2. 律师法与相关法律的关系
3. 律师法律制度的建立与发展
4. 律师法律制度与市场经济的协调发展

考核要求

1. 律师法律制度的概念、特征
识记:(1)律师法律制度的概念;(2)律师法律制度的特征。

2. 律师法与相关法律的关系

识记:(1)律师法与宪法的关系;(2)律师法与诉讼法的关系;(3)师法与实体法的关系;(4)律师法与司法组织法的关系;(5)律师与法律职业道德的关系。

3. 律师法律制度的建立与发展

领会:新中国律师法律制度的建立与发展。

4. 律师法律制度与市场经济的协调发展

领会:律师法律制度是社会经济发展到一定阶段的必然产物。

第十三章 律　师

学习目的与要求

理解律师的概念、性质、职责和种类,理解法律职业资格及其取得方式,了解律师执业证书的申领和颁发程序,了解律师收费制度,重点掌握律师的权利和义务,从而对于律师及律师执业有基本认识。

第一节　律师概述

一、律师的概念

我国的律师是指依法取得律师执业证书,接受当事人的委托或者经人民法院指定,进行诉讼、非诉讼及其他法律事务,以维护公民、法人或其他组织的合法权益,维护法律正确实施,维护社会公平和正义,依法为其提供法律服务的专门的执业人员。

二、律师的性质

律师的性质是依法取得律师执业证书,接受委托或者指定,为当事人提供法律服务的执业人员。

三、律师的职责

律师应当维护当事人合法权益,维护法律正确实施,维护社会公平和正义。

四、律师的种类

我国的律师行业已经形成社会律师、公职律师、公司律师和军队律师并存,相互配合、优势互补的格局。

五、律师的收费

律师向社会提供的是有偿的法律服务,这是律师职业的特点所决定的。律师收费制度是律师行业的基础性制度,对于规范律师行业秩序、推动律师行业健康有序发展,具有重要意义。

第二节 律 师 业 务

根据我国《律师法》第 28 条规定,律师可以从事如下业务:(1)接受自然人、法人或者其他组织的委托,担任法律顾问;(2)接受民事案件、行政案件当事人的委托,担任代理人,参加诉讼;(3)接受刑事案件犯罪嫌疑人的委托,为其提供法律咨询,代理申诉、控告,为被逮捕的犯罪嫌疑人申请取保候审,接受犯罪嫌疑人、被告人的委托或者人民法院的指定,担任辩护人,接受自诉案件自诉人、公诉案件被害人或者其近亲属的委托,担任代理人,参加诉讼;(4)接受委托,代理各类诉讼案件的申诉;(5)接受委托,参加调解、仲裁活动;(6)接受委托,提供非诉讼法律服务;(7)解答有关法律的询问、代写诉讼文书和有关法律事务的其他文书。

第三节 法律职业资格与律师执业许可

一、法律职业资格

法律职业资格是指依据法律规定,从事特定法律职业必须具备的条件。

二、取得法律职业资格的报考条件

我国取得法律职业资格的报考条件包括:国籍条件;政治思想条件;民事能力;学历条件。

三、取得法律职业资格的程序

取得法律职业资格的程序包括基本程序、颁发法律职业资格的审核程序以及资格证书的查询、年度备案和变更备案制度。

四、律师执业的条件和程序

根据我国《律师法》第 5 条的规定,我国律师执业必须具备四项条件。我国《律师法》和《律师执业管理办法》规定了律师取得一般执业和特许执业的条件和程序。

五、律师执业的法律限制

律师不得跨所执业;律师执业不受地域限制;公务员不得兼任执业律师;律师担任各级人民代表大会常务委员会组成人员的,任职期间不得从事诉讼代理或者辩护业务;没有取得律师执业证书的人员,不得以律师名义从事法律服务业务,除法律另有规定外,不得从事诉讼代理或者辩护业务。

第四节 律师的权利与义务

一、律师的权利

我国律师依法享有以下主要权利:人身权利和庭审责任豁免权;阅卷权;调查取证权;会见权;出庭时间受保障的权利;拒绝辩护、代理的权利;庭审中的权利;获取文书副本的权利;代行上诉权;代理申诉、控告权。

二、律师的义务

我国律师主要应承担以下义务:保守秘密的义务;不得在同一案件中,为双方当事人担任代理人的义务;不得私自接受委托、收取费用,接受财物或者其他利益的义务;不得利用提供法律服务的便利牟取当事人争议的权益,不得接受对方当事人的财物或者其他利益,与对方当事人或者第三人恶意串通,侵害委托人的权益的义务;不得违反规定会见法官、检察官、仲裁员的义务;不得向法官、检察官、仲裁员行贿,介绍贿赂或者指使、诱导当事人行贿的义务;不得故意提供虚假证据或者威胁、利诱他人提供虚假证据,妨碍对方当事人合法取得证据的义务;不得煽动、教唆当事人采取扰乱公共秩序、危害公共安全等非法手段解决争议的义务;不得扰乱法庭、仲裁庭秩序,干扰诉讼、仲裁活动的正常进行的义务;曾担任法官、检察官的律师,离任后两年内不得担任诉讼代理人或者辩护人的义务;依法履行法律援助的义务。

第五节　律师的法律责任

一、律师法律责任概述

律师的法律责任,是指律师在执行职务中因违反法定义务所应承担的法律责任的总称。我国《律师法》第六章以专章对律师的法律责任作了规定。

二、律师的行政法律责任

根据我国《律师法》第47条、第48条和第49条的规定,律师需要依法承担行政法律责任。

三、律师的民事法律责任

律师民事法律责任,是指律师在执业过程中,因故意或过失行为使当事人的合法权益受到损害,应承担的民事赔偿责任。

四、律师的刑事法律责任

律师刑事法律责任是指律师在执业活动中,因其行为触犯了刑法有关规定,而应当受到的刑事制裁。

考核知识点

1. 律师的概念和性质
2. 律师的职责和种类
3. 律师的收费
4. 律师业务
5. 法律职业资格及取得
6. 律师执业的条件和程序
7. 律师执业的法律限制
8. 律师的主要权利
9. 律师的主要义务
10. 律师的法律责任

考核要求

1. 律师的概念、性质、职责、种类和收费

识记:(1)律师的概念;(2)律师的种类。

领会:(1)律师的性质;(2)律师的职责。

应用:(1)律师业务;(2)律师收费。

2. 法律职业资格

识记:(1)法律职业资格;(2)取得法律职业资格的报考条件;(3)取得法律职业资格的程序。

3. 律师执业的条件和程序

识记:律师执业的条件。

领会:(1)律师的一般执业和特许执业;(2)申请律师执业的积极条件和消极条件。

应用:申请律师执业的程序。

4. 律师执业的法律限制

应用:法律执业的法律限制。

5. 律师执业的主要权利和义务

识记:律师执业的主要权利和义务。

应用:律师执业中利益冲突。

6. 律师的法律责任

识记:(1)律师的法律责任的意义;(2)律师的行政处罚的种类;(3)律师执业中可能构成的刑事犯罪。

领会:(1)律师承担民事责任的情形;(2)律师承担行政责任的不同情形。

应用:律师行政处罚的程序。

7. 律师的权利与义务

识记:律师的权利与义务。

第十四章 律师事务所

学习目的与要求

了解律师事务所的概念、设立条件和程序,理解律师事务所的设立条件、变更和终止,重点掌握律师事务所的管理制度和法律责任,了解律师执业证书的申领和颁发程序,从而对于律师执业机构有基本认识。

第一节 律师事务所概述

一、律师事务所的概念

我国《律师法》第14条规定,律师事务所是律师的执业机构。

二、律师事务所的组织形式

我国《律师法》规定了三种组织形式的律师事务所:合伙律师事务所(包括普通合伙或者特殊的普通合伙两种形式)、个人律师事务所和国家出资设立的律师事务所。

第二节 律师事务所的设立

一、律师事务所的设立条件

设立律师事务所应当具备以下条件:有自己的名称、住所和章程;有符合规定的律师;有符合规定的设立人;有符合国务院司法行政部门规定数额的资产。

二、律师事务所的设立程序

律师事务所的设立包括律师事务所名称检索和名称预核准;申请;受理并审查;审核并批准;办理有关手续;申请复议与起诉等程序。

三、律师事务所分所的设立

成立3年以上并具有20名以上执业律师的合伙律师事务所,可以设立分所。

四、律师事务所的变更

我国《律师法》第21条规定,律师事务所变更名称、位所、章程、合伙人等重大事项或者解散的,应当报原审核部门。

五、律师事务所的终止

我国《律师法》第22条规定了律师事务所终止的情形,包括:不能保持法定设立条件,经限期整改仍不符合条件的;律师事务所执业证书被依法吊销的;自行决定解散的;法律、行政法规规定应当终止的其他情形。

第三节 律师事务所的管理

一、健全管理制度

律师事务所应当建立健全执业管理、利益冲突审查、收费与财务管理、投诉查处、年度考核、档案管理等制度,对律师在执业活动中遵守职业道德、执业纪律的情况进行监督。

二、提交报告制度

律师事务所应当于每年的年度考核后,向设区的市级或者直辖市的区人民政府司法行政部门提交本所的年度执业情况报告和律师执业考核结果。

三、统一接待和收费案件

律师承办业务,由律师事务所统一接受委托,与委托人签订书面委托合同,按照国家规定统一收取费用并如实入账。

四、案件讨论制度

由于律师业务复杂,为保证办案质量,可以将案件交与律师集体讨论,研究解决方案。

五、档案管理制度

律师事务所应当按照规定建立健全档案管理制度,对所承办业务的案卷和有关资料及时立卷归档,妥善保管。

六、工作总结制度

对业务活动及时和定期开展总结,从实践中吸取经验是提高律师业务水平和工作能力,优化法律服务的重要手段,应当作为一项律师工作的基本制度。

第四节　律师事务所的法律责任

一、律师事务所的法律责任

律师事务所的法律责任,是指律师事务所在执业中因违反法定义务所应承担的法律责任的总称。

二、律师事务所的行政法律责任

律师事务所的行政法律责任,是指司法行政部门中的律师管理部门和律师协会对于律师事务所违反法律和有关律师管理的法规、规章以及职业规范的行为给予的行政处分。

三、律师事务所的民事法律责任

律师事务所民事法律责任,是指律师在执业过程中,因故意或过失行为使当事人的合法权益受到损害,由其所在的律师事务所承担赔偿责任。律师事务所赔偿后,可以向有故意或者重大过失行为的律师追偿。

考核知识点

1. 律师事务所概述
2. 律师事务所的设立
3. 律师事务所的管理
4. 律师事务所的法律责任

考核要求

1. 律师事务所概述

识记:(1) 律师事务所的概念。

领会:(1) 律师事务所的组织形式。

2. 律师事务所的设立

识记:(1) 律师事务所的设立条件;(2) 律师事务所的变更和终止的情形;(3) 律师事务所分所的设立条件和程序。

应用:(1) 律师事务所的设立程序;(2) 律师事务所的变更和终止。

3. 律师事务所的管理

(1) 识记:律师事务所的管理制度。

(2) 领会:律师事务所的统一接待案件制度。

4. 律师事务所的法律责任

(1) 识记:律师事务所的法律责任。

(2) 应用:律师与律师事务所的责任承担。

第十五章　律师管理体制

学习目的与要求

理解律师协会与律师的关系,了解我国的律师管理体制、律师协会的管理职责,司法行政部门对于律师和律师事务所的管理,重点在律师管理体制中律师协会与司法行政部门的关系,从而对于律师管理体制有基本认识。

第一节　律师管理体制概述

一、我国的律师管理体制

司法行政部门的行政管理与律师协会的行业管理相结合的管理改制。

二、司法行政机关与律师协会的关系

司法行政机关依照《律师法》对律师、律师事务所和律师协会进行监督、指导。

第二节　律师的司法行政管理

一、司法行政机关对律师的管理职责

二、司法行政机关对律师事务所的管理职责

三、律师和律师事务所执业证书的管理

四、律师事务所年度检查考核

第三节　律师协会的行业管理

一、律师协会的性质、宗旨和职责

律师协会是社会团体法人,是律师的自律性组织。

二、律师协会与律师、律师事务所的关系

律师必须加入所在地的地方律师协会。加入地方律师协会的律师,同时是中华全国律师协会的会员。律师协会会员按照律师协会章程,享有章程赋予的权利,履行章程规定的义务。

三、律师协会的设置和组织机构

全国设中华全国律师协会,省、自治区、直辖市设立地方律师协会,设区的市根据需要可以设立地方律师协会。

考核知识点

1. 我国的律师管理体制
2. 司法行政部门与律师协会的关系
3. 司法行政部门对律师的管理
4. 司法行政部门对律师事务所的管理
5. 律师协会的性质和设置
6. 律师协会的职责
7. 律师协会与律师、律师事务所的关系
8. 律师协会的设置和组织机构

考核要求

1. 我国的律师管理体制
（1）识记:司法行政机关与律师协会的关系。
（2）领会:我国的律师管理体制。

2. 司法行政部门的管理职责
（1）识记：司法行政部门对律师、律师事务所的管理。
（2）应用：律师、律师事务所执业证书的管理。
3. 律师协会的性质、宗旨和设置
（1）识记：律师协会的设置、律师协会的宗旨。
（2）领会：律师协会的性质。
4. 律师协会的职责
（1）识记：律师协会的具体职责。
5. 律师协会与律师、律师事务所的关系
应用：律师协会与律师、律师事务所的关系
6. 律师协会的设置和组织机构
识记：律师协会的设置组织机构

第十六章 律师的职业道德和执业行为规范

学习目的与要求

了解律师职业道德的概念和意义,律师基本的执业行为规范;理解律师与委托人关系建立和终止的情形,律师行业处分、行政处罚的种类和机关,律师的民事责任、刑事责任;掌握律师的拒绝辩护和代理、职业秘密、利益冲突方面的规定,律师的竞争、广告、宣传方面的规定,以及律师与侦查人员的关系规范,律师与检察人员的关系规范,还有律师与审判人员的关系规范。

第一节 律师职业道德

一、律师职业道德的概念和特征

律师职业道德是指律师在执行职务、履行职责时必须遵循的道德规范和行为准则。

律师职业道德,体现了律师职业的本质和特点,具体表现在以下方面:概括性与具体性的结合;普遍性和特殊性的统一;自律性与他律性的统一。

二、恪守律师职业道德的意义

恪守律师职业道德有利于提高律师的服务质量、有利于提高律师的整体素质、有利于提高律师形象,维护律师声誉。

第二节 律师执业行为规范

一、律师与委托人的行为规范
二、律师与同行的行为规范

三、律师广告与宣传方面的行为规范
四、律师与仲裁及司法人员的行为规范

第三节 律师行业责任

一、处分的概述
对律师的处分的形式有训诫；通报批评；公开谴责；取消会员资格四种。对律师事务所的处分有训诫、通报批评、公开谴责。
二、处分的适用
《律师协会会员违规行为处分规则》规定了对律师和律师事务所处分的不同情形。
三、处分的程序
处分的程序包括接待投诉、立案、调查、听证、决定、复查。

考核知识点

1. 律师职业道德概念、特征和意义
2. 律师执业行为规范的概念
3. 律师与委托人行为规范的内容
4. 律师与同行行为规范的内容
5. 律师与仲裁及司法人员行为规范的内容
6. 律师广告与宣传方面的行为规范的内容
7. 律师行业责任

考核要求

1. 律师职业道德
识记：(1) 律师职业道德的概念；(2) 律师职业道德的特征；(3) 律师职业道德的意义；(4) 律师执业行为规范的概念。

2. 律师执业行为规范

识记:(1) 保守秘密的概念;(2) 利益冲突的概念;(3) 法律援助的概念。

领会:(1) 保守秘密的意义;(2) 建立利益冲突规则的意义;(3) 律师法律援助的意义。

应用:(1) 委托代理的基本要求、转委托的情形、委托权限的规定;(2) 保守秘密的情形;(3) 利益冲突的情形;(4) 律师收费中应遵循的义务;(5) 委托代理关系终止的情形;(6) 不正当竞争的情形;(7) 律师广告的要求、禁止性规定;(8) 律师宣传的要求;(9) 律师对仲裁庭、法庭真实义务的要求;(10) 律师维护法官、仲裁员等法律职业者职务的廉洁性的要求。

3. 律师行业责任

识记:(1) 行业处分的种类;(2) 行业处分的机构。

应用:(1) 对律师的行业处分的情形;(2) 对律师事务所行业处分的情形。

第十七章 律师技能:会见

学习目的与要求

了解会见的种类、次序、目的和意义;理解掌握会见的思路和准备工作;掌握会见的内容,方法,会见的规则和注意事项。

第一节 会见当事人

一、会见的目的

会见的目标为建立信任的关系、了解案情、了解当事人的目标。

二、会见时询问的内容

会见时询问的内容包括询问原始事实或信息来源、询问细节、就律师费进行协商。

三、会见时应注意的问题

第二节 会见证人

一、会见前的准备

二、会见证人应注意的问题

律师向证人表示尊重,尽快会见证人,在会见中将证人隔离,在会见时宽泛的开放式的询问和窄式的开放式问题交互进行。

第三节 会见被追诉人

一、会见被追诉人的种类

二、会见被追诉人的次序

三、侦查阶段、审查起诉阶段和审判阶段会见的不同
四、会见被追诉人的技巧
五、会见被追诉人应注意的问题

考核知识点

1. 会见当事人
2. 会见证人
3. 会见被追诉人

考核要求

1. 会见当事人

应用:(1) 会见的目的;(2) 会见时询问的内容;(3) 会见时应注意的问题。

2. 会见证人

应用:(1) 会见的目的;(2) 会见前的准备;(4) 会见时应注意的问题。

3. 会见被追诉人

领会:(1) 会见被追诉人的种类和次序;(2) 不同诉讼阶段会见被追诉人。

应用:(1) 会见被追诉人前的准备;(2) 会见被追诉人的技巧;(3) 会见证人前的准备;(3) 会见证人的阶段。

第十八章　律师技能：阅卷

学习目的与要求

了解律师阅卷的重要性，掌握关于律师阅卷的法律规定，熟悉刑事案件中不同法律阶段律师阅卷的范围和律师在其他业务活动中的阅卷规定，综合理解律师阅卷的主要内容，领会并能运用律师阅卷的方法。

第一节　律师阅卷的范围

一、律师阅卷的法律规定
二、律师阅卷的目的和意义
律师阅卷的目的主要为了解案情，开展辩护或代理工作。
三、律师在刑事诉讼中的阅卷范围
四、律师在其他业务活动中的阅卷

第二节　律师阅卷的主要内容

一、起诉书（状）
二、物证和书证资料
三、当事人陈述
四、犯罪嫌疑人、被告人供述和辩解
五、证人证言
六、其他证据材料
七、法律手续
八、依法不能查阅的内容

第三节　律师阅卷的方法

一、一般方法:查阅、摘抄、复制

二、特殊方法:对比查阅法、重点查阅法、因果关系法、追踪阅卷法、整体浏览法

三、制作阅卷笔录:制作笔录;绘制图表

考核知识点

1. 律师阅卷的法律规定
2. 律师阅卷的目的和意义
3. 律师刑事阅卷的范围
4. 律师在其他业务活动中的阅卷
5. 律师阅卷的内容
6. 律师阅卷的方法
7. 制作阅卷笔录

考核要求

1. 律师阅卷的范围

识记:(1)律师阅卷的法律规定;(2)律师阅卷的目的和意义;(3)律师刑事阅卷的范围;4)律师在其他业务活动中的阅卷。

2. 律师阅卷的主要内容

识记:律师阅卷的各项内容。

3. 律师阅卷的方法

领会:律师阅卷的一般方法及特殊方法。

应用:阅卷笔录制作。

第十九章　律师技能:谈判

学习目的与要求

了解律师在谈判中的地位和作用,了解谈判过程中涉及的事务性常识,掌握谈判的有关技巧。

第一节　谈判前的准备

一、谈判的目标
(一)竞争性谈判目标
(二)合作性谈判目标
二、谈判前的准备
(一)团队组织准备
(二)背景资料准备
(三)谈判方案准备
一般的谈判方案的主要内容包括明确谈判目标、明确谈判期限、列明谈判议程。
三、律师在谈判中的地位和作用
律师在谈判中可以担任谈判顾问、谈判主谈人、第三方评价者和法律文件起草者的角色。

第二节　陈述与反驳

一、陈述
(一)表达观点
(二)回答问题

二、反驳
（一）倾听
（二）提问
（三）反驳

第三节　谈判的策略与技巧

一、谈判的策略
（一）谈判策略的意义
（二）谈判策略的制定原则
谈判人员遵循平等互利的原则、友好协商的原则、客观标准的原则。
二、谈判的技巧
（一）时机的把握
（二）施压及合理让步的巧妙使用
（三）心理素质的较量
（四）律师的专家作用

考核知识点

1. 谈判的目标
2. 谈判前的准备
3. 律师在谈判中的地位和作用
4. 陈述与反驳的内容
5. 谈判的策略与技巧

考核要求

1. 谈判前的准备
识记:(1) 谈判的目标;(2) 谈判前的准备。
领会:律师在谈判中的地位和作用。
2. 陈述与反驳
识记:(1) 陈述的概念及内容;(2) 反驳的概念及内容。
3. 谈判的策略与技巧
识记:(1) 谈判策略的意义;(2) 谈判策略的制定原则。
领会:谈判的技巧。

第二十章 律师技能：调查

学习目的与要求

了解律师调查的种类及法律规定，掌握尽职调查的作用、方法及调查内容，理解证据收集的原则，熟练运用证据收集的方式，掌握证据保全的方法。

第一节 调查的目标和种类

一、调查的目标
（一）委托人的委托事项
（二）了解案件事实
二、调查的种类
（一）非诉讼事务调查
（二）诉讼事务调查

第二节 尽职调查

一、尽职调查的概念
律师尽职调查是一种法律调查行为，律师通过收集并从法律或规范性政策文件的角度进行调查、研究、分析和判断目标公司相关资料、文件、信息以及其他事实情况，以获知公司交易行为所需了解的属于目标公司的重要事实，从而为交易行为提供合法性意见和风险性意见。

二、尽职调查的基本原则
律师进行尽职调查应遵循独立原则、全面原则、勤勉、透彻原则、区别对待原则。

三、尽职调查的方法

律师进行尽职调查的方法有对调查事项进行详细了解,以提问的方式进行调查,对获取资料需要进行核查、验证。

四、尽职调查的内容

第三节 证据收集

一、证据收集的原则
(一)充分利用现有证据材料的原则
(二)及时、合法、有效原则
(三)自我保护原则
(四)节俭原则
二、证据收集方式
(一)向有关单位调查
(二)向当事人调查
(三)实地调查
(四)向证人调查或在法庭上对证人的交叉询问
(五)申请鉴定或重新鉴定
三、证据的保全
(一)复制
(二)公证机构证据保全
(三)法院证据保全

考核知识点

1. 调查的目标和种类
2. 尽职调查的概念和原则
3. 尽职调查的方法及内容
4. 证据收集的原则及方式

5. 证据的保全

考核要求

1. 调查的目标和种类
识记:(1) 调查目标;(2) 调查的种类。
2. 尽职调查的概念及原则
识记:(1) 尽职调查的概念;(2) 尽职调查的原则。
3. 尽职调查方法及内容
领会:(1) 尽职调查的方法;(2) 尽职调查的内容。
4. 证据收集的原则及方式
领会:证据收集的原则。
应用:证据收集的各种方式。
5. 证据的保全
应用:证据保全的各种方法。

第二十一章 律师技能：论辩

学习目的与要求

了解律师论辩的概念和特征、意义和原则，了解律师论辩方法、律师论辩策略、律师论辩技巧，掌握律师论辩与相关概念的区别，初步掌握作为律师基本技能的论辩的方法、策略和技巧。

第一节 律师论辩概述

一、律师论辩的概念和特征

律师论辩，是指律师接受当事人的委托，依据事实和法律确定对案件的见解，反驳对方错误的观点和看法，以便得到正确的认识或者共同的意见，以维护委托人合法权益而进行言辞交锋的专业活动。律师论辩具有言辞性、法律性、公正性、严肃性。

二、律师论辩的意义和原则

律师论辩有助于揭示事物的本质、有助于维护当事人的合法权益、有助于推进社会主义民主法制化、有助于展现律师良好形象。律师论辩要遵循依法辩论原则、依法维权原则、辩论平等原则。

三、律师论辩的范围和分类

律师论辩的范围几乎覆盖了律师执业的全部领域。

第二节 律师论辩方法

一、律师论辩的逻辑思维

概念、判断、推理是理性认识的基本形式，是思维的基本形式，也是律师论辩的最基本的思维逻辑。

二、律师论辩的思维方法

逻辑思维方法,是指律师在论辩中运用形式逻辑的思维方法,它包括归纳思维、演绎思维、辐射思维、收敛思维等。

三、律师论辩的论证方法

逻辑论证方法,是指律师把形式逻辑的基本规律运用到律师论辩中去的具体方法,其主要论证方法有因果互证法、三段论论证法、类比论证法。

第三节 律师论辩技巧

一、文字表达技巧

律师论辩技巧第一个环节应该是抓好文字表达。

二、语言表达技巧

在论辩中,律师应当注意以下语言表达技巧:辩论切题、充分说理;抓住要害,运用对策;语言清晰、快慢适宜。

三、体态形象技巧

律师还应具有良好的体态语言表达技巧:柔中有刚,举止大方。

考核知识点

1. 律师论辩的概念和特征
2. 律师论辩的意义和原则
3. 律师论辩的范围和分类
4. 律师论辩的思维方法
5. 律师论辩的论证方法
6. 律师论辩技巧

考核要求

1. 律师论辩的概念和特征
识记:律师论辩的特征。
领会:律师论辩的概念。
2. 律师论辩的意义和原则
识记:律师论辩的原则。
领会:律师论辩的意义。
3. 律师论辩的范围和分类
识记:律师论辩的范围和分类。
4. 律师论辩的思维方法
识记:归纳思维、演绎思维、辐射思维、收敛思维。
5. 律师论辩的论证方法
识记:因果互证法、三段论论证法、类比论证法。
6. 律师论辩技巧
识记:文字表达技巧、语言表达技巧、体态形象技巧。
应用:律师论辩思路及辩论技巧、辩论意见的制作等。

第二十二章　律师技能：咨询与代书

学习目的与要求

了解法律咨询的概念、特点和意义，律师代书的概念、基本原则，理解法律咨询的工作程序，重点掌握律师不同法律文书的代书，从而初步掌握作为律师基本技能的咨询与代书。

第一节　法律咨询

一、法律咨询的概述

法律咨询，是指律师就国家机关、企事业单位、社会团体以及公民个人提出对有关法律事务的询问，作出解释或者说明，或者提供法律方面的解决意见或者建议的一种专业性活动。法律咨询的具有专业性、广泛性、经常性、无法律约束力。法律咨询有助于法律宣传、有助于平抑诉讼、定纷止争、有助于党和政府与群众的沟通、有助于提高律师的执业水平。

二、法律咨询的原则

律师进行法律咨询必须坚持以事实为依据、以法律为准绳的原则；坚持伸张正义的原则；坚持息讼解纷的原则。

三、法律咨询的范围

解答实体法、程序法、非诉讼法律事务方面的法律咨询。

四、法律咨询的程序

（一）口头解答

律师口头回答法律咨询要掌握好"听、问、看、析、答"五个环节。

（二）书面解答

律师书面解答法律咨询，是律师根据公民、法人或者其他组织来人来访或者邮寄信函所提出问题,根据有关法律、法规的规定,以书面形式所作的解答。

第二节 法律代书

一、法律代书的概述

法律代书,是指律师受当事人的委托,以委托人的名义,以事实为根据,以法律为准绳,为当事人书写有关法律文书的业务活动。法律代书业务具有十分重要的意义。

二、法律代书的范围

按照一般的分类方法,可以将代写法律文书范围分为诉讼类的法律文书和非诉类的法律文书两类。

三、法律代书的基本要求

法律代书应的基本要求是:叙事清楚、语言明确;观点明确、突出争议焦点;说理充分,以理服人;合乎格式,制作规范化。

四、常见的法律文书的写法

考核知识点

1. 法律咨询的概念和特点
2. 法律咨询的原则
3. 法律咨询的程序
4. 法律代书的概念和意义
5. 法律代书的范围
6. 法律代书的基本要求
7. 常见法律文书

考核要求

1. 法律咨询的概念和特点
识记:(1) 法律咨询的概念;(2) 法律咨询的原则。
领会:法律咨询的特点。
2. 法律咨询的程序
领会:法律咨询的程序。
应用:掌握进行口头咨询和书面解答的技能。
3. 法律代书
识记:(1) 法律代书的概念;(2) 法律代书的意义。
领会:法律代书的基本要求。
应用:常见的法律文书的写作。

三、有关说明与实施要求

为使本大纲的规定在个人自学、社会助学和考试命题中得到贯彻和落实,现对有关问题作如下说明,并进而提出实施要求。

一、关于考核目标

为了使考试内容具体化和考试要求标准化,本大纲在列出各章课程内容的同时,规定了具体的考核目标和考核要求。其目的是帮助自学应考者进一步明确考试的内容和要求,更有目的地系统学习教材;同时也使考试命题范围更加明确,便于准确地安排试题的知识能力层次和难易度。

本大纲在考核要求中,按照"识记"、"领会"、"应用"三个层次,规定了考核内容的能力层次要求。三个能力层次是递进等级关系。各能力层次的具体含义是:

识记:能知道有关的名词、概念、知识的含义,并能正确认识和表述。是低层次的要求。

领会:在识记的基础上,能全面把握基本概念、基本原理、基本方法,能掌握有关概念、原理、方法的区别与联系。是较低层次的要求。

应用:在领会的基础上,能运用基本概念、基本原理、基本方法分析解决有关理论问题和实际问题。是高层次的要求。

二、关于教材的使用

自学教材:《公证与律师制度》,全国高等教育自学考试指导委员会组编,马宏俊主编,北京大学出版社2010年版。

三、关于社会助学的要求

凡自学和社会助学者,都必须按照公证学与律师学的基本属性和特征,切实根据本大纲和教材的基本内容、学习目的和要求、考核知识和要求的规定,从课程的总则精神与具体内容相结合上进行学习,从公证与律师的管理制度和程序制度的关系上进行学习,从公证与律师的不同职权和职责上进行学习,从一般规定与特殊规定的关系上进行学习,从理论与实践的结合上进行学习。总之,要牢牢把握本课程的基础知识、基本理论和基本技能的三基要求,认真全面地学好本课程。

四、关于命题的若干要求

1. 考核内容的难易程度分为:较易、中等、较难三种,大致比例为 3∶5∶2。
2. 考核能力层次分为:识记、领会、应用,大致比例是 3∶5∶2。
3. 考核内容的主客观试题比例,结合本课程特点,确定为 4∶6。
4. 考核全卷采用百分制,以 60 分为及格线。
5. 考试题型分为六种:单项选择题、多项选择题、名词解释题、简答题、论述题、证例或案例分析题。
6. 课程考试时间:150 分钟。

附录 题型列举

一、**单项选择题**(在每小题列出的四个备选项中只有一个是符合题目要求的,请将其代码填写在题后的括号内。错选、多选或者未选均无分)

1. 公证处之间的关系为( )
   A. 领导关系　　　　　　B. 从属关系
   C. 隶属关系　　　　　　D. 制约关系

2. 张律师的下列行为中,正确的是( )
   A. 在甲律师事务所执业的同时又在乙律师事务所执业
   B. 在甲律师事务所执业的同时又在乙法律服务所执业
   C. 在甲大学担任教师的同时在乙律师事务所兼职从事律师工作
   D. 在担任市人民代表大会常务委员会副主任的同时在甲律师事务所执业

二、**多项选择题**(在每小题列出的五个备选项中,至少有两个是符合题目要求的,请将其代码填写在题后的括号内。错选、多选或者未选均无分)

1. 公证活动应遵循的原则( )。
   A. 合法原则　　　　B. 保密原则　　　　C. 直接原则
   D. 便民原则　　　　E. 独立原则

2. 不予颁发律师执业证书的情况包括( )。
   A. 16周岁以下　　　　B. 因交通肇事被行政拘留
   C. 被开除公职　　　　D. 因失火罪被判处有期徒刑1年
   E. 曾被吊销律师执业证书

三、**名词解释题**

1. 公证
2. 律师的民事责任

四、简答题

1. 简述公证的特征。
2. 律师收费的原则。

五、论述题

1. 自愿与法定公证相结合的原则。
2. 律师的保密义务。

六、案例题

1. 甲偶然在某网站上发现有对自己人身、人格和名誉进行攻击的文章，甲自己将该网页内容打印并存盘，然后向某网站提出道歉、赔偿等要求，但某网站拒绝道歉和赔偿并将该页面删除，甲带着自己打印和存盘的内容到公证处申请办理保全证据公证。

问：公证处是否可以受理证据保全公证，为什么？

2. 王某因抢劫被一审法院判处 4 年有期徒刑后提出上诉。王某父亲从报上看到张律师专打刑事诉讼官司的广告后，找到张律师。张律师称其有多年办理刑事上诉案件的经验，胜诉率在 90% 以上，而且二审法院的承办法官是他的同学，有把握争取改判。经张律师提议，王父同意聘请张律师为王某的二审辩护人，律师费为 3 万元，如果改判无罪则另付 7 万元，改判缓刑则另付 5 万元。在张律师暗示下，王父去做受害人杨某工作，希望杨某私了，如改变证词则付 4 万元。

问：（1）根据上述事实，张律师的行为违反了哪些律师执业行为规范？

（2）张律师应对上述行为承担什么责任？

后 记

《公证与律师制度自学考试大纲》是根据全国高等教育自学考试法律专业(本科)考试计划的要求,由全国考委法学类专业委员会组织编写的。

《公证与律师制度自学考试大纲》由中国政法大学马宏俊教授担任主编。

全国考委法学类专业委员会于2010年4月对本大纲组织了审稿。司法部律师公证工作指导司牛文忠副司长、北京市公证协会王士刚会长、中国政法大学王进喜教授参加审稿并提出了改进意见。

本大纲编审人员付出了辛勤劳动,特此表示感谢。

全国高等教育自学考试指导委员会
法学类专业委员会
2010年7月